KB141265

일본에서 100만부가 팔린 책! 고급영어이해의 정석

영문해석교실

이토가즈오 저 / 김경남 역

TO GIVE YOU
THE BEST

박영사

서 문

누구나 걸을 수는 있지만 걸을 때의 근육의 움직임을 설명할 수 있는 사람은 많지 않다. 호흡은 생존에 필수적인 요건이지만 그 원리를 해명할 수 있는 사람은 드물다. 생활에 필요한 활동일수록 그 과정은 무의식 중에 이루어진다. 하지만 이런 타고나는 활동과 달리, 유아기 이후의 외국어 학습에서는 어느새 의식의 바닥에 정착해서 자기도 모르게 기능하는 사고의 작용에 대해 한 번쯤 자각하고 체계적으로 학습할 필요가 있다. 언어는 원래 자연계의 사물과 달리, 단어의 의미에서부터 어법 하나하나에 이르기까지 오랜 시간에 걸쳐서 성립한 사회적인 약속의 축적이다. 이들 약속은 무질서한 집합이 아니라, 기본적 약속과 파생적 약속, 필연적 약속과 우연적 약속이 모여서 하나의 유기체를 구성하고 있다. 언어를 사용할 수 있다는 것은 이 유기적인 체계가 자신의 피와 살이 되어 있다는 것을 의미하고, 영어를 학습하는 것은 영어의 약속 체계에 익숙해지는 것이다.

그럼 구체적으로 이 약속의 중심이 되는 것, 즉 어법상의 약속이란 무엇인가? 어떤 사람은 그것을 문법의 체계라고 생각할 것이다. 하지만 라틴어의 문법을 모델로 해서 만들어진 현행 문법은 지금의 형태 그대로는 영문을 읽을 때 유효한 도구가 되지 못한다. 바꾸어 말하면, 그 문법은 영문을 읽을 때의 사고의 작용에 대응하는 구조를 가지고 있지 않다. 영문을 독해하는 방법을 확립하기 위해 문법에만 의지할 수 없었던 선학들은 메이지 시대 이래 많은 노력을 거듭해왔다. 영문 해석의 공식이라고 불리는 것을 비롯한 몇 가지 '영문해석법'은 그 고심의 흔적인데, 필자가 생각하기에 그것은 숙어 표현에 지나치게 치우쳤고 일본어를 매개로 하는 것에 거리낌이 없었다. 예를 들어 no more...than과 같이 일본어의 사유 양식과 어울리지 않는 숙어적 표현이 일본인의 시선을 끈 것은 당연하지만, 이것은 영어의 중심이 아니라 가끔씩 곁들이는 표현일 뿐이며 그것을 익히는 것과 영어 문장을 읽을 수 있는 것은 다른 차원의 일이다. 또 이른바 공식이 so…that='매우 … 때문에'처럼 단순히 일본어로 대치하는 것을 보여주는 것으로 만족하는 배경에는, 한문의 수입에서 나타난 '외국어→일본어→내용'이라는 도식이 있다. 영어 자체로부터 내용을 이해하는 것, 즉 번역을 해서 아는 것이 아니라 알기 때문에 필요하면 번역할 수 있다는 것이 학습의 목적인 이상, 이 방법에 근본적인 모순이 있다는 것은 부정할 수 없다.

번역해서 읽는 역독 중심의 학습법을 비판하는 것은 전후의 유행이었다. 기존의 학습법을 비판하는 사람들은 새로운 학습법으로서 '영어로 생각하라'고 주장했다. 즉, '직독직해'다. 하지만 방법을 가르쳐주지 않고 그저 생각하라고 한들 그림의 떡에 불과하다. 물론 읽으면서 이해할 수 있는 것이 이상적이다. 하지만 그것은 어떤 두뇌 작용인지, 어디에서부터 출발해서 어떤 연습을 거쳐야 그런 영역에 도달할 수 있는지 구체적인 과정은 보여주지 않고 주문을 외듯 직독직해를 주장해봤자 초보자에게는 아무런 도움도 되지 않는다. '많이 읽는 것이 중요하다'고 한다. 하지만 애초 읽지 못하는 사람에게 많이 읽으라고 하면, 그것은 많이 읽는 것이 아니라 많이 오해하는 것에 지나지 않는다. 오해가 모여서 어떤 과정으로 바른 이해로 변화할 수 있는가에 대한 설명은 없다. 역독의 학습법을 비판한 결과, 실제로는 방법 그 이전, 말하자면 '讀書百遍 義自見'의 영역으로 퇴보한 것은 아닌지. 필자는 문법을 경시하는 최근의 경향과 함께 현재의 영어 교육의 성과가 역독을 중심으로 하던 과거의 수준에도 못 미치는 것이 아닌가 하는 의구심을 느끼지 않을 수 없다.

필자가 이 책에서 시도하려고 하는 것은 영어를 형태에서부터 생각하는 연습, 즉 영어를 읽는 한 결코 벗어날 수 없는 기본적인 원칙을 분명히 하는 것이고, 거기에 근거해서 영어의 구조를 분석하고 독자와 함께 생각함으로써, 영어를 읽을 때 구체적으로 두뇌가 어떻게 작용하는지 혹은 작용해야 하는지를 해명하는 것이다. 너무나 기본적이기 때문에 오히려 잘 다루지 않지만, 실은 가장 중요한 사항에 철저를 기함으로써 영문을 읽을 때의 호흡을 생각하고, '영어→내용→일본어'라는 도식으로 사고하는 방법을 확립하는 것이라고 할 수 있을 것이다. 스스로 '기초'가 없다고 생각하는 학생 중에는, 의외로 문장의 5문형, 시제, 부정사, 관계사 등에 대한 나름의 지식을 갖고 있는 사람이 많다. 이런 단계에 있는 사람에게 필요한 것은 '기초'와 실제의 영문을 연결하기 위한 새로운 차원의 학습이다. '기초'를 구성하는 개개의 요소는 단순해도, 그것이 복잡하게 조합되거나 언어표현의 제약 속에 들어가면 거기에는 '기초'와는 다른 차원의 문제가 발생한다. 이 책을 이런 단계의 문제를 분석하는 것, 조금 과장하자면 직독직해로 가는 구체적인 방법의 하나를 제시하는 것으로서 받아들여준다면 필자의 바람은 달성되는 셈이다.

사용상의 주의

위에서 말했듯이, 이 책의 목적은 필자와 함께 생각함으로써 영문을 해독할 때의 자세를 확립하려는 것이다. 따라서 각 예문마다 필자가 그것을 통해 무엇을 설명하려고 하는지, 또 처음에 독자가 생각한 이해가 필자의 결론과 다를 경우에는 왜 필자가 설명하는 사고방식이 유효한지를 찬찬히 생각했으면 한다.

언어의 습득은 이해가 반이고, 이해한 내용을 몸에 익히는 것이 나머지 반이다. 몸에 익히기 위해서는 같은 종류의 구문으로 쓰인 문장을 많이, 그리고 집중적으로 읽는 것이 효과가 있지만, 지면 관계상 예문과 예제는 최소한에 그쳤다. 이런 점의 미비를 보충하기 위해서, 같은 종류의 구문이 다른 곳에 보일 때는 ⇨ 표시로 그 위치를 밝혔다. 그곳을 아직 배우지 않은 경우는 처음에는 생략해도 되지만, 두 번째부터는 이것을 활용해서 비교하면서 읽기 바란다. 별책의 Index를 구문 중심으로 한 것도 마찬가지 의도에 의한 것이므로 충분히 활용하기를 바란다.

이런 종류의 책은 어떤 의미에서 문법서와 같은 성격이 있기 때문에, 예문과 예제가 짧다는 제약이 있다. 예제에 덧붙인 **힌트** 는 이 결함을 최대한 보충하기 위해, 앞뒤 문장이 없더라도 예제의 내용을 이해하는 데 특정한 시점에서 다가갈 수 있도록 했다.

번역할 때 특히 주의해야 할 사항은 **번역의 요령** 으로 별책에 실었다.

서술의 편의상 사용한 기호에 대해서는 그때그때 설명했지만, 별책 p. 47에 일람표를 첨부했다.

마지막으로 이 책이 완성되기까지 많은 도움을 주신 겐큐샤의 오니와 요조, 사토미 후미오 두 분께 감사드린다. 필자는 학생 때 입원 생활을 한 적이 있는데, 그때 들었던 '의사는 환자가 만든다'라는 말이 잊히지 않는다. 지금 생각해보면 교사도 학생이 만드는 게 아닌가 싶다. 그런 의미에서 이 책은 필자가 지금까지 직접간접으로 관계했던 수많은 학생들과의 교류의 결과물이다. 이 지면을 빌어 깊이 감사하며 서문을 마친다.

1977년 1월

이토 가즈오

개정판 서문

1977년에 초판이 나온 『영문해석교실』은 필자가 영문 해석 관련 학습참고서의 세계에 본격적으로 발을 들인 계기가 된 책으로,

① 영어 sentences의 구조를 통일적이고 체계적으로 다시 파악해서 그 전체상을 제시함과 동시에, 최대한 명쾌하고 논리적인 해설을 붙인다,
② 모든 영문을 문장 첫머리에서 출발해서 왼쪽에서 오른쪽으로, 위에서 아래로 한 번 읽는 것만으로 그 구조와 내용을 명확하게 파악하는 '직독직해'의 독해법은 어디에서부터 출발해서 어떤 사고가 작용하는 것인지를 구체적으로 보여준다,

라는 두 가지 목표를 가지고 있었습니다. 그로부터 20년, 이 책으로 대표되는 체계성과 사고법은 항상 필자의 마음속에 있었는데, 그 세월은 또 ②의 방법을 심화하고 발전하는 시간이기도 했습니다. 개정판을 간행하면서 마음먹고 수정을 하기로 한 것은 그래서입니다. 저간의 사정에 대해 관심 있는 분은 『英文解釋敎室 基礎編』, 『同 入門編』의 '서문', 『伊藤和夫の英語學習法』('95년 駿臺文庫 p.88,90)과 잡지 『現代英語教育』(휴간)에 연재한 '受驗の英語時評'의 '93년 8~11월호의 부분(『豫備校の英語』 p.38~p.61 게재)을 참고하시기 바랍니다. 개정판은 전체의 구성, 수록된 예제와 예문, 그 배치에 관해서는 '초판'과 달라지지 않았지만, '예제'에 대한 설명은 훨씬 더 자세하고 구체적으로 바꾸었습니다. 늘어난 지면의 대부분을 '예제'의 설명에 할애함으로써, 초판 간행 당시부터 받은 '너무 어렵다'는 비평에 어느 정도 부응할 수 있지 않았나 생각합니다. 개정에 따른 두 번째 변화는 Index의 충실인데, 이 점에 대해서는 별책 p. 49를 참조하기 바랍니다.

방금 말한 대로 20년 만의 개정입니다. 하지만 같은 책이 20년 동안 서

점의 서가에 놓일 수 있었다는 것 자체가 드문 현상입니다. 20년이 흐른 뒤 같은 필자가 그간의 생각의 변화를 반영해서 같은 책을 개정하고 그 결과를 세상에 물을 수 있다는 것, 이것은 행운이라고밖에 달리 표현할 수 없다는 것을 너무나 잘 알고 있습니다. 그 행운을 가능하게 해주신 사토 요지 씨를 포함한 겐큐샤 편집부 여러분과 음으로 양으로 지지해주신 독자 여러분께 깊이 감사드립니다.

1996년 12월 27일

이토 가즈오

『신장판』을 출판하면서 해설이나 역문의 일부를 요즘 표기로 바꾸었습니다. 또 저자의 생각에 저촉되지 않는 범위에서 해설이나 번역문을 고친 부분이 있지만, 대부분의 내용은 『개정판』 그대로입니다. (편집부)

추천사

이 『영문해석교실』은 일본의 겐큐샤(研究社)에서 출판한 『영문해석교실』을 번역한 것이다. 겐큐샤는 영어(영문학, 영어학, 영어교육)와 관련된 전문 서적의 출판사로는 일본에서 글자 그대로 첫째 손가락에 꼽히는 역사와 전통과 권위를 자랑하는 출판사이다. 이 『영문해석교실』은 겐큐샤에 의하면 그동안 100만부가 팔렸다.

영어 독해의 지름길은 영어 문장을 구성하는 (구문) 문법의 통달이다. 이와 같은 전제하에서 『영문해석교실』은 정확한 구문 문법을 바탕으로 문장을 올바르게 분석하고 제대로 이해하는 정석(定石)을 터득할 수 있게 쓰이어졌다.

우리나라의 다음과 같은 영어학습자에게 이 책을 권하고 싶다.

1) 대학수능 영어시험에 나오는 독해 문제를 자신 있게 풀기를 원하는 분
2) TOEFL, TOEIC 및 각종 시험에 나오는 영어 독해 문제를 자신 있게 풀기를 원하는 분
3) 여러분의 전공분야에서 격이 높은 영어와의 자유로운 접촉을 원하는 분
4) 격이 높은 영어의 구사능력을 기르려는 분

번역본이지만 (구문) 문법을 바탕으로 문장의 해석을 분석적으로 시도한 책이 출판되는 것도 모처럼 만의 일이 아닌가 싶다. 그동안 한참 우리나라에서의 영어 교육은 듣기와 말하기에 집중되어왔고, 영어 학습의 교재들도 듣기와 말하기에 초점이 맞추어져 왔다. 그런데 일상적인 차원을 넘은, 격이 높은 고급 영어를 읽고 쓸 수 있는 능력을 기르기 위해서는 역시 듣기

와 말하기와는 차원이 다른 끈기와 노력이 필요하다.

『영문해석교실』은 여러분의 끈기와 노력을 한편으로는 시험하고, 한편으로는 북돋아 줄 것이다. 그리고 그 끈기와 노력은 여러분을 영어 독해에 대한 의욕과 자신감으로 채워줄 것이다.

서울대학교 사범대학 영문과 명예교수 **문 용**

차 례

Chapter 1

주어와 동사

S ... V(1) 1

S ... V(2) 2

(S + S) + V 3

To 부정사, etc. ... V 4

CHAPTER 1

주어와 동사

영어를 형태면에서 이해하려고 할 때 제일 먼저 배우는 것은, 문장 구조가 주어와 동사를 중심으로 구성된다는 원칙이다. 쉽게 이해되는 문장이라면 형식에 연연할 필요가 없지만, 어려운 문장을 만나서 이것을 형태에서부터 파악하려고 하는 경우의 출발점은 무엇이 주어고 무엇이 동사인지 확인하는 것이다. 물론 문장을 구성하는 요소가 주어와 동사만은 아니다. 다른 요소들을 이해하지 못하면 주어와 동사를 제대로 찾아낼 수 없다. 하지만 그들 요소를 공부할 때도 주어, 동사와의 관련은 가는 곳마다 나온다. 오히려 주어와 동사의 관계를 확실하게 하는 것이 다른 요소에 대해 배우는 최종적인 목표다. 주어와 동사의 결합이야말로 영어 학습 전체를 관통하는 기둥이라고 할 수 있다.

1.1 S ... V(1)

우선 다음과 같은 어구로 시작하는 문장을 생각해보자.

(a) The house stands...
(b) **In** the house stands...

모두 문장의 일부밖에 없지만, 부분만으로도 (a)는 전체가 S+V 문형(예: The house stands *on a hill.*)이 되고, (b)의 경우는 M(=수식어)+V+S라는 도치문(예: In the house stands *a man.* ⇨ 5-2)이 된다는 것을 알 수 있다. (a)(b) 문장은 첫머리의 In 외에는 똑같기 때문에, In이라는 단어가 이런 해석의 차이를 가져오는 기능을 한다는 것을 알 수 있다. 말하자면 In이라는 전치사에는 '...의 안에'라는 뜻 외에, the house가 주어가 아니라는 것을 보여주는 기능이 있다.

위에서도 말했듯이, 영문을 형태면에서 생각할 때 주어와 동사의 결합을 발견하는 것이 무엇보다 중요하다. 영문을 해석하는 첫 단계는 **문장에 처음 나오는, 전치사를 동반하지 않은 명사를 주어**(주부의 중심이 되는 말: S)**로 보고, 이것에 대응하는 동사를 찾는 것**이다. 동사를 찾으면 SV의 결합을 중심으로 해서 전체의 의미를 생각하고, 찾지 못하면 다시 문장 전체를 둘러보고 문장에 대한 생각을 재고한다.

1.1.1 The **freshness** of a bright May morning in this pleasant suburb of Paris *had* its effect on the little traveler.

May는 명사지만, 뒤에 있는 morning에 대한 수식어로 쓰이고 있다. *cf.* a *boy* friend

번역 이 상쾌한 파리 근교의 5월의 밝은 아침의 신선함이 작은 여행자를 자극했다.

1.1.2 **Anyone** having difficulty in a assembling the machine *may have* the advice of our experts.

having...machine은 anyone에 대한 수식어.

번역 그 기계를 조립하지 못하는 모든 분께는 당사의 전문가가 가르쳐 드립니다.

1.1.3 One fine spring morning, a great many years ago, five or six young **men** *met* together in a large hall.

One...morning은 전치사를 동반하지 않는 부사구(이런 용법은 부사적 목적격이라고 한다 ⇨6-4). a great many years *ago*는 ago로 부사구임을 알 수 있다.

번역 먼 옛날, 어느 화창한 봄날 아침에 대여섯 명의 젊은이가 큰 홀에 모였다.

참고 **The want of time** you will *feel* every year more and more.라는 문장은 The want에 대응하는 동사가 없다. 이것은 You will feel the want of time...이 도치된 형태로 목적어가 문장 앞에 나온 것(⇨5-3-0). '시간이

부족하다는 것을 해마다 점점 절실하게 느끼게 될 것이다'

우리는 예문 1-1-2를 보고 Anyone=S, having=V라고 느끼지 않는다. 그것은 동사의 −ing형이 그것만으로는 주어를 받는 **술어동사**로 쓰일 수 없다는 약속이 있기 때문이다. The Prime Minister's decision *to resign* was welcomed by the Opposition. (수상의 사직 결정에 야당은 환영했다)의 to resign, The letter *written* by him was found on the floor. (그가 쓴 편지가 바닥 위에서 발견됐다)의 written이 술어동사로 생각되지 않는 것도, to부정사나 과거분사를 그것만으로는 주어를 받는 동사로 쓸 수 없다는 원칙 때문이다. 하지만 과거와 과거분사의 형태가 같은 동사일 경우는 얘기가 달라진다. 다음의 예로 생각해보자.

(a) The girl **called** Betty.
(b) The girl **called** Betty was walking in the street.

(a)의 called는 과거형으로 '그 소녀가 베티를 불렀다'라는 뜻이고, (b)의 called는 과거분사로 '베티라고 불리는 소녀가 거리를 걷고 있었다'라는 뜻이다. (a)(b)의 문장은 The girl called Betty 부분은 같아서, (b)의 called가 과거분사라는 것은 was walking을 보기 전까지는 알 수 없다. 하지만 이것은 특별한 예이고, 실제 문장에서는 다른 요소가 관련되는 경우가 많다.

1.1.4 The **element** radium, discovered by the Curies, *is* probably the most remarkable substance in the world.

the Curies '퀴리 부부'. 주어와 동사는 관계가 밀접하기 때문에, The *Curies discovered* the radium.처럼 주어가 짧은 문장에서는 주어 뒤에 쉼표를 넣지 않는 것이 원칙이다. 그에 비해 이 문장에서는 radium과 discovered 사이에 쉼표가 있다는 점, 또 수동태에 보이는 by...(*cf.* Radium was discovered *by the Curies.*)이 discovered 뒤에 따라온다는 점에서 discovered가 과거분사라는 것을 알 수 있다.

번역 퀴리 부부가 발견한 라듐이라는 원소는 아마 세계에서 가장 주목할 만한 물질일 것이다.

1.1.5 The greatest American hobby today is photography. Every other **person** encountered at a vacation resort or seen strolling in a city park *carries* a camera.

encountered가 과거분사라는 것은, 뒤에 목적어가 없는 점과 or에 의해 encountered와 결합되는 seen이 과거분사라는 것에서 알 수 있다. every other '하나 건너'

번역 지금 미국인들의 가장 큰 취미는 사진이다. 휴일의 행락지에서 만나는 사람이나 동네 공원에서 보는 산책하는 사람들 중 두 명에 한 명은 카메라를 들고 있다.

1.1 예제(1)

❶ A sensitive and skillful handling of the language in everyday life, in writing letters, in conversing, making political speeches, drafting public notices, is the basis of an interest in literature. ❷ Literature is the result of the same skill and sensitivity dealing with a profounder insight into the life of a man.

힌트 일상생활에서의 언어에 대한 관심은 이윽고 문학에 대한 관심이 된다.

해설 ① **A...handling**을 주어로 하는 동사는 무엇인가? **A...handling of the language**가 handle the language (sensitively and skillfully)를 기초로 하는 표현이라는 것에 대해서는 ⇨8-4-5참. '〈조심해서 능숙하게〉 언어를 다루는 것'. of 이하를 **in**과 **-ing**의 반복을 실마리로,

of the language	**in** everyday life,		
	in writing letters,		
	in	*conversing*,	
		making political speeches,	
		drafting public notices,	

라고 풀어서 is라는 술어동사를 발견하는 힘이 영문을 해석하는 데 필수적이다.

converse는 conversation의 기초가 되는 동사. **making political speeches** '정치 연설을 하는 것'. **drafting public notices** '공식 통지의 초안을 잡는 것'. **the basis of an interest in literature** '문학에 대한 관심의 바탕'.

② Literature is the result of 의 뒤는 **dealing**이라는 동명사가 중심으로 **same skill and sensitivity**가 그 의미상의 주어다(⇨ 8-3-3). **deal with...** '...을 다루다'는 기본 숙어. '동일한 기교와 감수성이 ...을 다루는 결과다'. **a profounder insight**라는 비교급은 첫 번째 문장에서 말한 일상적인 언어 사용의 경우보다 '더 깊은 〈인간생활에 대한〉 통찰'이라는 의미.

▸ 전역 별책 p. 3

1.1 예제(2)

❶ One notion left over from the nineteenth century and still influencing our thoughts is that two major wars cannot happen within a few years of one another. ❷ The American civil war and the Franco-Prussian war, it is true, occurred almost simultaneously, but they were fought in different continents and by different people.

힌트 전쟁을 모르는 아이들이 어른이 되면 전쟁이 일어날 가능성이 생긴다.

해설 ① **One notion**(=S) left(=V)라고 본 사람도, left의 목적어가 없고 and가 left와 influencing이라는 현재분사를 연결하는 것에서,

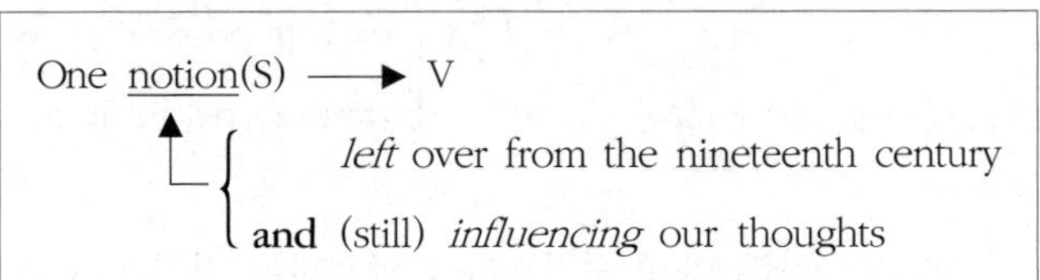

이렇게 읽어야 한다는 것을 알 수 있을 것이다(⇨ 1-1-5). left는 과거분사. One notion을 주어로 하는 동사는 아직 나오지 않았다. **leave over**의 over는 부사. '남기다. 남다'. '19세기부터 남아서 지금까지 우리의 사상에 영향을 미치는 사고방식의 하나는'. **is that**의 is가 이 문장의 중심 동사다. that은 그 보어인 명사절을 이끄는 접속사(⇨ 3-2-1). **two major wars cannot happen** '두 개의 큰 전쟁이 일어나는 것은 있을 수 없다'. **within a few years of one another**는 within...of의 형태. I live *within* a mile *of* the station.은 '역에서 1마일 이내 거리에 살고 있다'. ...within *a few years* of the disaster는 '거리'가 '시간'으로 바뀌어 '그 재해로부터 수년 이내에'. 예제 문장은 the disaster가 **one another**가 되어 '서로의 시간적 간격이 수년 이내에'라는 뜻이 된다. one another는 '서로'라고 번역되기도 하지만, 용법 면에서는 항상 대명사라는 점에 주의할 것.

② **The American civil war** '미국의 남북전쟁(1861-65)'. **the Franco-Russian war** '보불전쟁(1870-71)'. **it is true**라는 삽입절(⇨ 15-3-1)이 뒤의 **but**에 연결된다. '미국의 남북전쟁과 보불전쟁이 〈거의 동시에 일어났다는〉 것은 사실이다. 하지만 …'. *cf. It is true that* he said so, *but* he didn't mean it. (그가 그렇게 말하기는 했지만 진심으로 말한 것은 아니다.) **they were fought in different continents and by different people** '그것은 다른 대륙에서 다른

사람들이 싸운 것이다'.

▸ 전역 별책 p. 3

1.2 S ... V(2)

1.1에서는 S와 V 사이에 들어가는 어구를 전치사 또는 준동사로 시작하는 구에 한정해서 생각했다. 하지만 S와 V 사이에 관계사나 접속사로 시작하는 절이 들어가서, 문형이 S[SV...]V...이 되기도 한다. 이때 중간에 있는 절의 구조나 의미에 신경을 쓰느라 문장 앞의 주어에 동사가 필요하다는 사실을 잊지 말 것.

1.2.1 The **people** who would do me honor if I were a minister *would be* the first to throw a stone at me in adversity.

do...honor '...에게 경의를 표하다'. adversity '역경'. The people에 대응하는 술어를 찾으면서 읽을 것. who(S) → would do(V), I(S) → were(V)라고 보고, The people...would be라는 연결을 발견한다. the first (men) to throw a stone '돌을 던지는 첫 번째 사람' → '첫 번째로 돌을 던지는 사람'

번역 내가 총리가 되면 나를 존경해주는 사람들은 내가 역경에 처했을 때 앞장서서 내게 돌을 던질 것이다.

1.2.2 **Most of us** when we have seen houses which were picturesquely situated, and wore a look of unusual beauty and comfort, *have felt* a desire to know who were the people that lived in them.

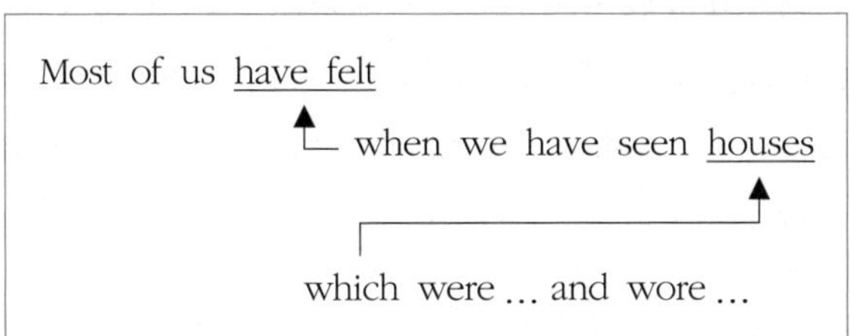

번역 그림처럼 아름다운 모양새에 보기 드물게 아름답고 편한 모습을 하고 있는 집을 보고, 그곳에 사는 사람이 누군지 알고 싶다고 생각한 경험을 대부분의 사람은 가지고 있다.

주어와 동사 사이에 들어가는 부분이 문장 속에서 하는 역할은 물론 수식어(M)다. 위치로 판단해서 이 M은 **S(← M)V**의 형태로 주어를 수식하는 형용사적 수식어거나(⇨ 1-2-1), 혹은 **S(M →)V**의 형태로 동사를 수식하는 부사적 수식어(⇨ 1-2-2) 가운데 하나다. M은 길고 복잡해서 두 개 이상의 절을 포함하더라도, 위의 예에서처럼 전체가 한 덩어리로 둘 중 한 가지의 역할을 할 때가 많다. 하지만 때로는 다음의 예에 보이듯이 **S(← m/m →)V**가 되기도 한다.

1.2.3 **Those** who live nobly, even if in their day they live obscurely, *need not fear* that they have lived in vain.

Those(=S)...need not fear(=V). who live nobly는 Those에, even if...obscurely (무명이더라도)는 need not fear에 걸린다. in one's day '살아 있는 동안, 젊은 시절에' in vain '허무하게'

번역 고결한 생활을 보내는 사람들은, 비록 이름이 알려지지 않은 채 인생을 보낸다고 해도, 허무하게 인생을 보낸 건 아닌가 하고 걱정할 필요는 없다.

1.2 예제(1)

My father, from a view of the expense of a college education, which having so large a family he could not well afford, and the mean living which many so educated were afterwards able to obtain, altered his first intention about my education.

힌트 자식을 많이 둔 아버지가 아들의 교육에 대해 궁리한다.

해설 **My father**(S), (from...), **V**라고 보고, V를 찾는다. **from a view of the expense of a college education** '대학 학비의 관점에서'. ..., **which...he could not well afford**의 which는 the expense를 선행사로 하고 afford의 목적어가 되는 관계사(⇨ 9-2-1). *cf.* I *can't afford* a new coat. (새 코트를 살 수 없다.) **having so large a family**는 could not...에 걸리는 분사구문. a *large* family의 large가 so로 인해 a 앞으로 나왔다는 것에 주의. '대가족을 부양하고 있기 때문에 지불할 수 없는 〈...비용〉'. **and** the mean...의 and는 무엇과 무엇을 연결하나(⇨ 14-2-11)? **the mean living which many**(=S) so educated(=V)라는 해석은 잘못. **educated**는 many (people)을 수식하는 과거분사. '그렇게 교육받았다' → '대학교육을 받은 많은 사람들'. which many...**were...able to obtain**이 관계사절의 골격으로, which는 obtain의 목적어(⇨ 9-2-5). 직역하면 '많은 사람들이 대학을 나온 다음에 얻을 수 있는 〈가난한 생활을 생각해서〉'. **altered his first intention** '〈내 교육에 대한〉 첫 의도를 바꾸었다'의 altered가 이 문장의 중심이 되는 술어동사. 전체 문장의 구조는 다음과 같다.

My father...altered his first intention
↑
└ from a view of { *the expense*...which...
　　　　　　　　　 and *the mean living* which...

▸ 전역 별책 p. 3

1.2 예제(2)

❶ Public libraries have a vital educational function. ❷ They must do all they can to show that books are an integral element in the full life, that they have something to offer to all men. ❸ The library that created the impression in the public mind that books and libraries were for some people but not for all would, in the long run, be a harmful, futile institution.

힌트 도서관의 사명은 모든 사람들에게 책에 대한 관심을 갖게 하는 것이다.

해설 ① **a vital educational function** '중요한 교육적 기능'.

② They must do **all they can**의 all과 they can (do) 사이에는 관계사가 생략됐다(⇨ 9-4-3). **to show that** S+V..., **that** S+V...는 must do에 걸린다(⇨ 11-2-5). and는 없지만 두 번째의 that S+V도 show의 목적어가 되는 명사절. **an integral element in the full life** '충실한 생활에 빠질 수 없는 요소'. **have something to offer to all men** '모든 사람에게 제공할 수 있는 것을 가지고 있다'.

③ **The library**를 주어로 하는 술어동사는 뭘까? **that** created the impression in the public mind '사람들의 마음속에 ...인상을 만들어내는 〈도서관〉'의 that은 관계대명사. **that books and libraries were...**의 that은 **the impression**과 동격이 되는 명사절을 묶는 접속사(⇨ 3-3-0). **...were for some people** '어떤 종류의 사람들을 위해 존재한다'. **but not for all** (people) '하지만 모든 사람들을 위한 것은 아니다'. **would, ..., be**가 The library에 대응하는 술어동사. would를 사용한 것은 that *created* 안에 포함되어 있는 가정법과거에 의한 가정을 받기 때문. *cf.* The library, *if it* created..., would be.... **in the long run** *cf.* The prophecy was right *in the* *long run.* (결국은[긴 안목으로 보면] 그 예언이 맞았다.) **a harmful, futile institution** '유해무익한 시설'.

▸ 전역 별책 p. 3

1.3 (S + S) + V

Art, science and religion *are* the three main fields of man's creative activity. (예술·과학·종교는 인간의 창조활동의 세 가지 주요한 분야다)라는 문장에서 주어는 세 개의 명사다. 이런 종류의 문장은 주어를 구성하는 개개의 명사가 단순한 경우에는 간단하지만, 수식하는 요소가 부가되면 그렇게 간단하지 않다.

1.3.1 The **regularity** of his daily walk, taken during the afternoon in all weathers, and the strict **limitation** of the hours of rest *helped* the soundness of his sleep.

둘째 줄의 and가 무엇과 무엇을 연결하는지에 주목해서, The regularity...and the strict limitation(=S)...helped(=V)라는 골격을 파악한다.

번역 어떤 기후에도 매일 오후에 규칙적으로 산책한 것과 휴식 시간을 엄격하게 제한한 것이 그의 숙면을 촉진했다.

그럼 The **home**, the **community**, the **standard** of living, the **recreations**, and the **environment** *will depend* upon your choice of vocation.을 힌트로 해서 아래의 예제를 생각해보자.

1.3 예제

❶ In choosing an occupation, you determine many things that involve your happiness and satisfaction in life. ❷ The home you make, the community in which you will live, the standard of living that you will maintain, the recreations you pursue, and the environment in which your children will grow up will largely depend upon your choice of vocation.

힌트 직업의 선택이 얼마나 많은 것에 영향을 미치는가.

해설 ① **In choosing an occupation** '직업을 선택할 때는'. **determine many things that involve...** '...을 포함하는 많은 것을 결정한다'. *your* **happiness and satisfaction** *in life*를 '행복과 인생에서의 만족'이라고 해석하는 것은 오역이다. in life를 happiness와 satisfaction 양쪽에 걸어서 '인생에서의 행복과 만족'이라고 하는 것이 맞다 (⇨ 14-2-6).

② **The home**과 **you make** 사이에는 관계사가 생략됐다. **the community in which you will live** '(당신이) 살게 되는 지역사회' (⇨ 9-3). **the standard of living** '〈당신이 유지하는〉 생활수준'. **the recreations** 뒤에도 관계사가 생략됐다. '〈당신이 추구하는〉 오락'. **and the environment** in which your children will grow up의 and는, The home..., the community..., the standard..., and...의 병렬이 끝나고, the environment... 뒤에 드디어 찾던 술어동사가 나올 것을 예고한다. '아이가 성장할 때의 생활환경'. **will largely depend upon...**이 이 문장의 중심이 되는 술어동사다. '...대부분이 당신의 직업의 선택으로 결정된다'.

▸전역 별책 p. 4

1.4 To 부정사, etc. ... V

(a) **To master** English *is* not easy.

(b) **To master** English *you must* work hard.

(a)는 '영어를 마스터하는 것은 쉽지 않다'라는 뜻으로, to부정사는 문장의 주어(명사적 용법)다. (b)는 '영어를 마스터하기 위해서는 열심히 공부해야 한다'라는 뜻으로, to부정사는 부사적 용법의 수식어다. 1.1~1.3에서 보았듯이, 명사가 주어가 되는 경우는 명사의 위치 외에도 전치사가 없다는 점이 판단의 기준이었다. 하지만 위의 (a)(b)의 경우, To master English의 부분은 완전히 일치하기 때문에 기준은 그 밖의 부분, 즉 To master에 직접 이어지는 부분이 끝났을 때, 그 뒤가 (a)처럼 To ... **V**가 되는지, 혹은 (b)처럼 To ... **S+V**가 되는지에 있다. 따라서 to부정사로 시작하는 문장을 읽을 때는 이런 식으로 생각해야 한다.

❶ to부정사가 주어인지 부사적 용법인지 예상해본다.
❷ to부정사에 이어지는 부분이 예상한 대로라면 그대로 진행하고, 예상 밖의 형태가 나오면 앞으로 되돌아가서 다시 해석한다.

실제 예문을 보자.

1.4.1 **To give** expression among a group of people to any strong feeling *is considered* bad manners.

give expression to... '...을 표현하다'

번역 사람들 속에서 강한 감정을 표현하는 것은 예의에 어긋난다고 여겨지고 있다.

1.4.2 **To recognize** that your merit is not so great as you have thought *may be* painful for a moment.

'자신의 장점을 인정하는 것은...'이라고 해석하는 것은 초보적인 실수다. that...thought는 recognize의 목적어가 되는 명사절. not so...as you have thought ⇨ 12-2-pre8.

번역 자신의 가치가 생각했던 만큼 크지 않다는 것을 알면 한동안 괴로울지도 모른다.

참고 **To taste** the full joy of exploration *it is* not necessary to go to the ends of the earth. (탐험의 기쁨을 완전히 맛보기 위해 지구 끝까지 갈 필요는 없다.)

문장이 −ing로 시작하는 경우, 이 −ing를 동명사로 보고 문장의 주어로 취할지, 분사구문의 분사로 해석할지에 대한 생각도 to부정사의 경우와 일치한다.

1.4.3 **Driving** in the fine country on a fine spring day *is* more pleasant than any other thing.

more...than any other ⇨ 13-1-9.

번역 화창한 봄날 아름다운 시골을 드라이브하는 것은 무엇보다도 즐겁다.

1.4.4 **Thinking** that you know when in fact you don't *is* a fatal mistake.

you don't의 뒤에는 know를 보충해서 읽는다.

번역 실제로는 모르면서 안다고 생각하는 것은 치명적인 잘못이다.

1.4 예제(1)

❶ To learn to read Dante in the original may or may not be worth the effort—that depends. ❷ To be able to address, and to understand, a French professor at the Sorbonne may be of the utmost moment—that depends. ❸ But to say that no one can call himself educated without learning a foreign language is not true.

힌트 '외국어에 대한 지식이 곧 교양'이라는 생각은 옳지 않다.

해설 ① **To learn** to read...이 명사용법의 부정사로 주어라는 것을 **may or may not be**...이 보여준다. **Dante**(1265-1321)는 이탈리아의 시인. **in the original** '원문[원서]으로'. **worth**는 형용사인데, 전치사처럼 뒤에 목적어를 취해 '...할 가치가 있다'라는 의미의 구를 만든다. 참고로 worthy라는 형용사는 명사를 수식하기만 한다(예: the *worthy* effort. 가치 있는 노력). **that depends** (on circumstances) '그것은 상황에 따라 다르다'.

② To be able { to address, *and* to understand, } a French professor at...→ { V / S+V

라고 예상하면서 읽어나가다가 may be를 보고 To be able이 문장의 주어임을 확정한다. **a French professor**가 address와 understand의 공통의 목적어라는 것에 주의(⇨ 14-1-3). **the Sorbonne** '소르본 대학'. '소르본 대학에서 프랑스인 교수에게 말을 하거나 그의 말을 알아들을 수 있는 것은'. **be of...moment**= be of...*importance* =be *important*.

③ But **to say** that... 두 번 있는 일은 세 번 있다고, to say도 아마 주어가 되는 부정사이고 that은 접속사다. 문장 전체는 to say (that S+V...)V로, 1-4-2의 구조와 같다고 예상할 수 있는 것이 실력이다. **no one can call himself educated**는 V+O+p.p. (⇨ 2-2-9). '〈외국어를 배우지 않으면〉 아무도 자신이 교육을 받았다고 말할 수 없다'. **is not true**가 To say에 대응하는 술부가 된다. '...라는 것은 진실이 아니다'.

▸전역 별책 p. 4

이번에는 다음과 같이 시작하는 문장을 보자.

That he ...

That이 대명사 he에 걸려서 '저 그 남자'가 되지는 않을 테니 That은 접속사로 보인다. That이 접속사라는 것은 '그 자체로 독립된 문장이 될 수 있는 S+V… 앞에 that이 와서, 그 전체를 더 큰 문장 속의 하나의 단위로 한다'라는 것을 간단하게 말한 것이므로(⇨ 3-1), 이 문장 전체의 구조는 다음과 같다.

that **S+V** … …

접속사 that으로 시작하는 절은, 앞에 so나 such가 있거나 문장 전체가 특별한 형식이 되어 있는 경우를 제외하면 원칙적으로 명사절이 된다(⇨ 3-4). 문장의 첫머리에 있는 명사를 주어로 보고 동사를 찾는 것이 영문을 읽을 때의 기본자세이기 때문에 이 문장은,

that S+V … **V**…

이 되어, that절이 문장 전체의 주어가 된다고 생각된다. 따라서 That he… 이하를 읽을 때 주의할 사항은 다음과 같다.

❶ that절이 어디서 끝나는가.
❷ that절의 내부가 그것만으로 독립된 문장이 되는가.
❸ that절 뒤에 예상대로 동사가 나오는가.

이 세 가지 조건이 충족되면(예: That he is innocent is certain. 그가 무고하다는 것은 확실하다.) that절=S라는 예상이 맞고, 그렇지 않다면 다시 생각한다.

1.4.5 **That** Beethoven, who was so passionately fond of music, should cease to hear, *seemed* too cruel to be true.

'저 베토벤'이라고 하는 것도 불가능하지는 않지만 그건 아주 예외적인 경우이기 때문에 That=접속사라고 본다.

That Beethoven … should cease … seemed

를 보고 예상이 맞았다는 것을 확인한다. 절 내부에 있는 should에 대해서는 ⇨ 7-2-0.

번역 그토록 정열적으로 음악을 사랑한 베토벤이 귀가 들리지 않게 된다는 것은 사실이라기엔 너무나 잔혹했다.

1.4.6 **That** God is the author of our existence, **that** he sent us into this world, and **that** our time and talents, as well as our bodies are his property, *are* self-evident matters.

That God...은 existence에서 끝난다. 다음의 that he...은 두 번째 주어다. and that our... 대목에서, and가 세 개의 that절을 묶어서 are의 주어로 한다는 것을 알 수 있다.

번역 신이 우리의 존재의 창조주라는 것, 신이 우리를 이 세상에 보냈다는 것, 그리고 우리의 육체는 물론 시간과 재능도 신의 것이라는 것은 자명한 사항이다.

참고 **That** a thinker like him could reach this kind of conclusion, I have never been able to *understand*.

That이 접속사이고 a thinker를 수식하는 형용사가 아니라는 것은 a가 있어서 알 수 있다. that절은 conclusion에서 끝나는데 그 뒤가 I have... 이라는 것을 보고 다시 생각해서, I have...understand that...의 도치문으로 본다(⇨5-3-4). '나는 그와 같은 사상가가 이런 식의 결론에 도달할 수 있었다는 것을 도저히 이해할 수 없었다.'

Depend upon your own efforts **whether** you may succeed or not. (성공하든 않든 자신의 노력을 믿어라)라는 문장에서 제일 앞의 Depend가 명령법의 동사이고, whether...or not은 부사절이다. 부사적 요소가 문장 앞에 올 수도 있기 때문에, **Whether** you may succeed or not, *depend* upon your own efforts.라고 해도 의미는 변함없다. 하지만,

Whether you will succeed or not *depends* upon your own efforts.

라고 하면 뜻이 근본적으로 바뀐다. depend에 3인칭단수현재형의 s가 붙어

있는 이상, Whether...or not은 명사절로 주어고, 뜻은 '성공여부는 자기 자신의 노력에 달려 있다'가 된다. 즉 접속사 whether로 시작하는 절을 문장 첫머리에 갖는 문장도, 이 절을 명사절 → 주어라고 해석할지 부사절로 해석할지는 절이 끝난 다음 부분의 구조에 의해 결정된다.

1.4 예제(2)

> ❶ Whether either the material or the intellectual changes in the past half century produced comparable changes in the American character is difficult to determine. ❷ The forces that create a national character are as obscure as those that create an individual character, but that both are formed early and change relatively little is almost certain.

해설 ① Whether로 시작하는 절의 역할을 생각하면서 절 내부를 정리해본다.

Whether { *either* the material / *or* the intellectual } changes...produced...**is** difficult...

여기서 is difficult를 보고 Whether절은 문장의 주어가 되는 명사절이라고 판단한다. **material**이 changes를 수식하는 형용사라는 것에 주의(⇨ 14-2-1). '과거 반세기의 물질적 또는 정신적 변화의 어느 쪽이 ...을 낳았는지의 여부는'. **is difficult to determine**에 보이는 S be difficult[hard, easy] to부정사 문형에서는, 주어가 의미상 to부정사의 목적어를 겸하는 것이 원칙이다. '...은 결정하기 어렵다'. *cf.* He *is hard to* please.(=*It* is hard to please *him*.) '그는 까다롭다'.

② **The forces** that create...*are* as **obscure** as those(=the forces) that create~라는 비교구문(⇨ 12-1-2)이 문장의 중심. '〈국민성〉을 형성하는 힘은 〈개인의 성격〉을 형성하는 힘과 마찬가지로 불확실

하다'. **but that...** 부분이 문제다. *that* create..., but *that*...이라고 읽은 사람도 **both are formed early and change relatively little is...**까지 와서,

❶ both...little은 따로 떼어내도 완전한 문장이기 때문에 that은 접속사다(⇨ 3-1).
관계사절과 접속사의 that으로 시작하는 절을 but으로 묶지는 못한다.

❷ 이대로는 is에 대응하는 주어가 없다.

라는 사실을 깨달으면, 문장이 but에서 한 번 나뉘어,

The forces...are as obscure as those that...
but that both are formed...and change... is certain.

이 된다는 것을 알 수 있다. **both**는 a national character와 **an individual character**를 가리킨다. **relatively**는 little을 꾸미는 부사. '하지만 양쪽 모두 일찌감치 형성되어 비교적 조금밖에 변하지 않는다는 것은 거의 확실하다'.

▸ 전역 별책 p. 4

Chapter 2

목적보어

CHAPTER 2

목적보어

The cat licked the saucer clean. (고양이가 접시를 깨끗하게 핥았다)라고 하면 '배가 많이 고팠나보다'라고 생각한다. 그런데 The cat licked the clean saucer. (고양이가 깨끗한 접시를 핥았다)라고 하면 '그런 멍청한 고양이가 있나.' 라고 반응이 바뀐다. 여기서 의미가 달라지는 것은 제5문형과 제3문형의 차이에서 온다. 제3문형에서는 'S는 O를 ...하다'라는 형태의 우리말을 대입하면 대개의 경우 의미가 파악된다. 하지만 제5문형의 대부분은 우리말에는 없는 발상이기 때문에, 이런 간단한 방법으로는 통하지 않는다. 이 문형에 대한 오해의 대부분은 영문을 우리말로 무리하게 바꾼 뒤에 영문을 떠나서 우리말의 의미를 생각하려고 하는 기계적인 태도에서 나온다. I could not make myself *understood* in English. (내 영어는 통하지 않았다)는 '나 자신(myself)을 이해(understand)하게 하다(make)'이므로 understood가 아니라 understand가 맞다고 고집하는 사람은 이런 오류를 범하고 있다(⇨ 2-2-9). 우리말에 없는 발상을 번역하려면 '영어 → 한국어 → 내용'이 아니라 '영어 → 내용 → 한국어'의 순서를 거치지 않으면 안 된다. 말하자면 먼저 영문의 내용을 파악한 다음에 그 내용을 우리말로 나타내려면 어떤 표현이 적절한지 생각하는 것이다. 제5문형의 문장에 대해 이런 식으로 사고하는 것이 몸에 붙는다면, 이 장의 목적은 거의 달성되었다고 볼 수 있다.

한 형태를 제4문형과 제5문형 중에 어느 것으로 보는지, 또 제5문형의 동사가 어떻게 분류되는지에 대해서는 다양한 문제가 있지만, 여기서는 의미를 이해하는 방법을 비롯해서 어디까지나 실제로 영문을 읽는 입장에서 크게 전체적으로 파악하는 방법을 보여주는 데 주력했다.

2.1 제5문형의 의미

제5문형의 문장을 볼 때 첫 번째 요점은, S+V+O+C의 O와 C 사이에 S와 P(=Predicate술어)라는 관계가 숨어있다는 것이다. 머리말의 예문을 다시 한 번 보자.

(a) The cat licked the saucer clean.
(b) The cat licked the clean saucer.

the clean saucer는, **the** clean **saucer**라고 느껴진다. 즉 clean은 수식의 역할을 할 뿐이고, the...saucer 전체는 문장 속에서 the saucer가 단독으로 있을 때와 마찬가지로 명사의 기능을 한다. 그런데 The cat licked **the saucer clean**.의 경우는 The saucer was clean.이라는 문장에 보이는 S와 P의 관계가 the saucer clean 속에 들어있어서, 문장 전체가 The cat licked → the saucer was clean이 압축된 것으로 느껴진다. 이런 점은 다음과 같이 바꿀 수 있는 문장을 보면 더 확실하다.

I thought **him honest**. = I thought *that he was honest*.

제5문형의 문장은 앞의 SV와 숨은 SP가 부딪치는 곳에 생기는 구문이다. 양자가 부딪치면서 불꽃이 튀는데, 이 불꽃의 색을 정하는 것이 SV의 V이다. 제5문형의 문장에 공통되는 두 번째 특징은, 이 V의 의미가 기본적으로 두 개의 중심적인 의미 가운데 어느 하나가 된다는 점이다. 제3문형의 동사는 의미가 천차만별이지만, 제5문형의 경우에는 기본적으로,

❶ O가 C라고, S가 생각하다[알다].
❷ O가 C인 상태를, S가 만들다.

라는 두 가지 의미가 있는데, 이것이 동사의 구체적인 의미와 상황에 따라 다양한 의미로 변화한다. 우선 ❶유형부터 보자.

2.1.1 He **considered** his wife's likes and dislikes somewhat *silly*.

somewhat(어느 정도)는 silly를 꾸미는 부사. *cf.* He considered *that his wife's likes and dislikes were* somewhat silly.

번역 그는 아내의 호불호를 다소 유치하다고 생각했다.

2.1.2 I was surprised to **discover** you *a fellow guest*. I did not know you were to be here.

cf. ...to discover *that you were* a fellow guest. discover(발견하다)는 어떤 것을 '알다'라는 표현의 한 가지. be to– '–일 것이다'

번역 당신도 손님으로 와계시다는 것을 알고 놀랐습니다. 당신이 오시는 줄은 몰랐습니다.

2.1.3 I have seen various places in Europe, and I never **found** myself *the worse* for seeing them, but *the better*.

cf. I never found *that I was* the worse.... never...but은 not...but의 변형. 이 구문에서는 I *found myself* alone. (나는 외톨이가 됐다)처럼 find oneself 부분이 가벼워져서 번역할 필요가 없는 경우도 있다. the worse와 the better의 용법에 대해서는 ⇨ 13–3–pre7.

번역 나는 유럽의 여러 곳을 보고 왔는데, 그것 때문에 타락한 적은 한 번도 없고 오히려 발전해서 왔다.

참고 I found *myself a flat* in the district. (나는 그 지역에 내 주거를 발견했다)는 모양은 비슷해도 myself는 간접목적어로 '자기 자신에게 → 자신을 위해 → 자신이 살'이라는 뜻. I was a flat.이 성립하지 않는다는 것에 주의.

2.1.4 I **heard** her *singing* a song.

hear, see 등의 지각동사도 이 유형인데, 위 문장을 I heard *that she was*

singing a song.이라고 하면 '그녀가 (어딘가 다른 곳에서) 노래하고 있다는 것을 (다른 사람에게서) 들었다'가 되어 의미가 달라진다.

번역 그녀의 노랫소리가 들렸다.

다음 유형을 보자.

2.1.5 Our inability to communicate with one another **makes** real contact between people of differing nationalities *impossible*.

이 유형에서는 O와 C의 관계를 that절로 나타낼 수는 없지만 *real contact...is impossible*의 관계가 포함되는 것은 변함없다. Our inability to- < We are unable to- ⇨8-4-2. 또 이 구문을 번역하는 방법에 대해서는 ⇨2-2-예(3)역.

번역 국적이 다른 사람은 서로 의사를 전할 수 없기 때문에 진정한 의미에서 접촉하는 것은 불가능하다.

2.1.6 (a) Can you **push** the door *open*?
(b) He **shouted** himself *hoarse*.

이 구문에서 동사에 위의 예와 같은 구체적인 의미((a)에서는 '밀다', (b)에서는 '외치다')가 더해지면 '...함으로써 O를 C로 하다'라는 뜻이 된다. The cat licked the saucer clean.도 이 예이다.

번역 (a) 문을 밀어서 열 수 있어요?
(b) 그는 너무 소리를 질러서 목소리가 쉬었다.

2.1 예제

❶ The civilization of the Egyptians is one of the oldest civilizations on the earth. ❷ The people lived on the banks of the Nile and the small strip of fertile country on either side. ❸ This fertile land they cultivated, and grew there a great many crops of much the same kind that we grow nowadays. ④ Besides food crops they also grew flax, and, from the thread spun from this, they wove themselves linen garments and dyed them many beautiful colours from dyes which they learned to make.

힌트 이집트 문명, 특히 농업과 염료에 대한 이야기.

해설 ① **one of the oldest civilizations on the earth** '지상에서 가장 오래된 문명의 하나'.

② **The people lived on...the small strip of fertile country** '사람들은 ... 좁고 길쭉한 비옥한 지방에 살았다'. **on either side**의 either는 '어느 한 쪽'이 아니라 '양 기슭의'라는 의미. *cf.* There are trees on *either* side of the road. '도로 양쪽에 나무가 심어져 있다'

③ **This fertile land**와 **they cultivate** 사이에 관계사가 생략되었다고 보면, This fertile land를 주어로 하는 동사가 없고 **and grew** 이하도 앞과 연결되지 않는다. 이것은 5-3에서 볼 O+S+V의 형태로, 통상의 어순으로 바꾸면 They cultivated *this fertile land* **and grew there a great many crops**가 되기 때문에 grew의 주어는 they다. '그들은 이 비옥한 토지를 경작하고 그곳에 많은 작물을 재배했다'. grew는 ...crops를 목적어로 하는 타동사. **of much the same kind**의 much the same은 '완전히 같은'(=*just* the same)이 아니라 '거의 같은'(=*almost* the same)이라는 의미다. **that we grow nowadays**의 that은 grow의 목적어가 되는 관계대명사. '우리가 현재 재배하는 것과 거의 같은 종류의 〈많은 작물〉'.

④ **Besides food crops**의 Besides는 전치사. '작물 외에'. they also grew flax(아마亞麻), **and,**의 and 뒤의 쉼표에 대해서는 ⇨ 14-3-1. **from the thread spun from this**의 spun은 thread를 수식하는 과

거분사. '여기에서 잣은 실을 사용해서'. **they wove themselves linen garments**는 제4문형(⇨ 2-1-3[참]). '자기 자신[을 위해] 린넨 옷을 짰다' → '자신이 (입을) ...을 짰다'. **dyed them many beautiful colours**가 제5문형(⇨ 2-1-2). '그것을 많은 아름다운 색으로 물들였다'. *cf.* They *were* many beautiful colours. **from dyes which they learned to make** '그들이 만들 수 있게 된 염료를 사용해서'.

▸전역 별책 p. 5

2.2 목적보어의 형태

목적어가 될 수 있는 것은 명사 및 명사 상당어구다. 그에 비해 **보어가 될 수 있는 것은 명사, 형용사, 그리고 그것에 상당하는 어구**로, 그 중에는 부정사, 분사, 및 전치사로 시작하는 구가 포함된다. 명사와 형용사의 경우는 2.1에서 봤으니까, 여기서는 주로 준동사로 시작하는 어구가 목적보어로 쓰인 형태에 대해 살펴보자. 우선 영어의 골격의 하나라고 할 만큼 중요한 V+O+to부정사 형식부터 보자.

2.2.1 Always, departing friends **implore** us not *to bother* to come to the railway station next morning. Always, we are deaf to these entreaties, **knowing** them *to be* not quite sincere.

implore us not to–, knowing them to– 두 군데에 V+O+to부정사 형식이 사용되고 있다. 이 경우도,

> ❶ O와 부정사 사이에 S와 P, 즉 S와 V의 관계가 있다.
> ❷ 중심이 되는 V는 기본적으로 두 가지 의미를 갖는다.

는 것은 변함없다. 전반은 implore(부탁하다)와 *We do not bother* to–(일부러 ...하지 않는다)를 묶어서 번역한다. not이 to부정사를 부정하는 것에 주의한다. 후반은 *We know* them to be(<We know *that they are*)에서 나온 분

사구문을 포함하고 있다. not quite sincere '별로 진지하지 않다'. *cf.* quite *in*sincere(아주 불성실한)

번역 여행을 떠나는 친구들은 항상 다음날 아침에 일부러 역까지 나오지 말라고 한다. 하지만 우리는 그들이 진심에서 그렇게 말하는 것이 아니라는 것을 알고 있기 때문에, 그런 종류의 부탁에는 늘 귀를 기울이지 않는다.

참고 We thought him a gentleman.과 We thought him *to be* a gentleman. 모두 제5문형으로 의미(우리는 그를 신사라고 생각했다)도 같은데, 후자의 to be는 a gentleman이 직접목적어가 아니라 보어라는 것을 나타내는 것이라고 볼 수 있다.

2.2.2 The ideal society will **enable** every man and woman *to make* the best of their inborn possibilities.

enable+O+to-는 'O가 ...하는 것을 가능하게 하다'라는 의미. make the best of... '...을 최대한 이용하다'

번역 이상적인 사회에서는 모든 남녀가 타고난 능력을 충분히 활용할 수 있을 것이다.

2.2.3 The appearance of a comet in the sky **caused** whole nations in former days *to tremble* with fear.

cause+O+to- (O가 ...하도록 하다)가 문장의 골격이다.

번역 옛날에는 하늘에 혜성이 나타나면 온 나라가 공포에 떨었다.

see, hear 등의 지각동사와, 사역의 의미를 포함하는 동사 중에 let, make, have 세 가지는 목적보어로 원형부정사를 취한다.

2.2.4 Do not **allow** yourselves *to fall* into skepticism which produces nothing; do not **let** yourselves *be* discouraged by the sad conditions that you may sometimes see around you.

allow oneself to–는 '자신이 ...하는[되는] 것을 허용하다'에서 '...하는[되는] 대로 되다, ...에 맡기다'라는 뜻이 된다. let 〈yourselves be discouraged〉는 *you are* discouraged(낙담하다)에 'O가 ...하게 되다'라는 뜻의 let이 더해진 것으로, 전체는 Don't *be* discouraged.와 같은 뜻을, 좀 더 길고 무겁게 표현한 것이라고 생각하면 된다. *cf.* Don't *let yourself be* fooled. (=Don't *be* fooled.) '다른 사람에게 속으면 안 됩니다'

번역 아무것도 낳지 않는 회의주의에 빠져서는 안 된다. 때로 주위에 보이는 슬픈 상황에 낙담하면 안 된다.

2.2.5 Find things out for yourself instead of **having** a parent or a teacher *tell* you.

for oneself '혼자 힘으로'. having...tell은 have+O+원형이 instead of 다음에 동명사로 바뀐 형태. 동사원형의 사용에 대해서는 ⇨2-2-8참.

번역 뭐든 부모나 선생님께 물을 것이 아니라 스스로 알아내라.

2.2 예제(1)

❶ The Englishman has a keen eye to business. ❷ Napoleon contemptuously called us a nation of shopkeepers, and what he then intended as an insult remains true today, when it is so little of an insult that the people of every nation would like to be shopkeepers also. ❸ No Englishman can readily bring himself to let an opportunity for doing business pass by him; and he will seize those opportunities, even when they occur in the course of an adventure which he has undertaken from generous motives.

힌트 일찍이 프랑스의 드골 대통령은 일본 총리를 세일즈맨이라고 평했는데, 이코노믹 애니멀이 동양의 섬나라에만 있었던 것은 아니라는 이야기.

해설 ① **has a keen eye to...** '...에 빈틈이 없다'.

② **contemptuously** '경멸적으로'. **called us**(=O) **a nation**(=C) of shopkeepers는 제5문형의 기본형(⇨ 2-1-2). '우리들 (영국인)을 상인 근성의 국민이라고 불렀다'. and의 뒤는 **what he then intended as an insult**가 주어, **remains**가 동사(⇨ 4-1-1). intended(말하려고 하다, 의미하다)의 목적어는 what 속에 포함되어 있다(⇨ 4-2-3). '당시 그가 모욕을 주려고 한 말'. remain은 He *remained* in the room. (그는 그 방에 남았다), He *remained* poor. (그는 가난한 채였다)와 같이 '완전' '불완전'의 차이는 있지만 항상 자동사다. remains **true**는 후자의 용법으로, '〈지금도〉 사실이다'. ..., **when**의 when은 today를 선행사로 하는 비제한 용법의 관계부사. '하지만 지금은'. *it* is **so...that...**의 it은 what...an insult를 가리키고 so...과 that이 연결된다(⇨ 3-4-1). **little of an insult**는 My first book was *something of* a success. (나의 첫 번째 책은 어느 정도 성공을 거두었다)를 참조. something of는 의미상 '어느 정도'라는 부사구와 같은 역할을 한다. 유사한 형태에 little of... (조금밖에 ...않다), much of... (많이 ...)이 있다. 예문은 '그 말은 모욕의 의미가 엷어져서'. **the people of every nation would like to be shopkeepers also**의 would like to－는 '－하고 싶다'. '〈영국인뿐만 아니라〉 모든 나라의 국민이 상인이 되고 싶어 한다'.

③ **No Englishman can readily bring himself to**－의 readily는 '손쉽게'. bring oneself to－는 2-2-4의 allow oneself to－의 반대가 되는 형태. 주어가 to 이하의 동작에 적극적인 자세로 임하는 것을 나타낸다. '영국인은 도저히 －할 마음이 나지 않는다'. **let** an opportunity → 원형부정사라고 보고 **pass by him**을 발견한다(⇨

2-2-4). '장사가 될 기회를 놓치다'. **seize those opportunities** '그런 기회를 잡다[이용하다]'. **even when**의 even은 when절을 수식한다 (⇨ 11-3-9). **they** occur의 they는 opportunities. **in the course of an adventure** '모험하는 도중에 〈기회가 찾아올 때조차〉'. **which he has undertaken from generous motives**의 generous는 여기서는 '관대한'이 아니라 '고귀한 동기에서 시작한 〈모험〉'.

▸전역 별책 p. 5

> (c) I heard **him call[calling]** my name.
> (d) I heard **my name called.**

(c)와 (d)의 원형 [현재분사]와 과거분사의 차이는 O와 C를 S와 P로 바꾸었을 때, 즉,

> (c') He *called[was calling]* my name.
> (d') My name *was called.*

에서의 능동태와 수동태의 차이에 해당한다. 자동사의 분사의 경우도 마찬가지로,

> I found **him going** to school.
> I found **him gone** to school.

의 차이는 He *was going* to school. (학교에 가려고 하고 있었다)과 He *was(=had) gone* to school. (학교에 가버려서 그곳에는 없었다)의 차이다.

2.2.6 When a man travels abroad and **finds** totally different habits and standards of conduct *prevailing*, he begins to understand the power of custom.

find+O+prevailing(=C). *cf.* he finds *that...different habits and standards of conduct are prevailing*(널리 행해지는, 일반적인)

번역 외국을 여행하면서 전혀 다른 습관이나 행동 규범이 널리 행해지는 것을 보면 관습의 힘을 알게 된다.

2.2.7 Poetry is the greatest glory of our nation, though we don't often **find** it *mentioned* in the history books.

mentioned가 과거가 아니라 과거분사라는 점에 주의. *cf.* We don't often find *that it is* mentioned in the history books.

번역 역사서 중에 언급하는 것은 많지 않지만, 시야말로 우리 국민의 가장 큰 명예다.

2.2.8 In Father's childhood it was unusual for boys to take music lessons, and his father hadn't **had** him *taught* music.

전반은 it...for~to-. 후반은 have+O+p.p.의 과거완료형이다.

번역 아버지가 어렸을 때는 남자아이가 음악 레슨을 받는 일이 드물었고, 할아버지도 아버지에게 음악을 배우게 하지 않았다.

참고 have+사람+원형, have+사물+p.p.라고 기계적으로 외우고 있어서 위 문장의 후반을 이해하지 못하는 사람이 많지만, 이 구문도 제5문형의 하나다. His father **had him taught** music과 His father **had him teach** music의 차이는 다음의 두 문장의 차이다.

He *was taught* music. ··································(1)
He *taught* music. ··(2)

(1)(2)의 사태를 His father라는 다른 주어의 관점에서 본 것이 위의 두

문장이다. (1)은 '그의 아버지는 그가 선생님으로부터 음악을 배우게 했다 → 그에게 음악을 배우게 했다', (2)는 '그의 아버지는 그가 다른 사람에게 음악을 가르치게 해주었다'라는 의미다. have+O+C 구문만이 제5문형을 떠나서 특별한 의미를 갖는 것은 아니다. 이 구문에서도 'O+C 사이의 S와 P의 관계를 다른 주어의 관점에서 파악'하는 것이 가장 일반적이고, 이런 이해가 때에 따라 사역이나 수동이 되기도 하고 또 다음과 같은 예가 된다고 보면 된다.

I have **had** a very unpleasant thing *happen* to me.(<*a...thing happened* to me.) '내게 무척 불쾌한 일이 일어났다'. *cf.* 2-2-5. 또 A thing *was happened* to me.가 성립하지 않는 이상, had a thing *happened*라는 형태는 있을 수 없다는 것에 주의할 것.

2.2.9 He could **make** himself *understood* to only a few highly educated people.

2-2-8참에서 말한 방식대로 make+〈*he was understood*〉라고 생각할 수 있다면, '자신의 의지를 타인에게 이해시키다'라는 말은 make himself *understood*이지 ...understand가 아니라는 것도 이해가 될 것이다. *cf.* I could not make him *understand* what I said.(<he *understood* what...) '나는 그에게 내 말을 이해시키지 못했다'. only a few에는 부정의 의미가 있다.

번역 그는 교육수준이 높은 소수의 사람들에게 밖에는 자신의 생각을 이해시키지 못했다.

2.2.10 All these things will **render** their utterances *of unusual interest and value*.

render=make. of...interest로 utterances를 수식한다면 목적보어가 없어진다. *Their utterances were* of unusual interest and value(=unusually interesting and valuable).가 제5문형 속에 압축되어, 전치사로 시작하는 구가 목적보어가

된다.

번역 이 모든 것으로 인해 그들의 발언은 보기 드물게 흥미롭고 가치 있는 것이 될 것이다.

2.2.11 President Lowell of Harvard University once **defined** a university *as a place* where nothing useful is taught.

regard로 대표되는 define, recognize 등의 동사는 V+O *as* C라는 형식으로 C 앞에 as를 취한다. 이 as는 2-2-1참에서 본 to be와 마찬가지로 목적보어라는 것을 보여주는 표시로, 뒤에는 명사나 형용사가 올 수 있다. *cf.* We regarded the discovery *as important*. (우리는 그 발견을 중요하다고 생각했다.) 제3문형의 동사가 뒤에 as...을 취하는 He *accepted* this *as* true. (그는 이것을 사실로 받아들였다)와 같은 문장까지 포함하면, V+O+to-까지는 아니더라도 이 구문도 영어의 골격의 하나가 된다.

번역 하버드 대학의 로웰 총장은 대학을 정의해서, 실용적인 것은 무엇 하나 가르치지 않는 장소라고 말한 바 있다.

참고 They *looked* **on** him *as* a great scholar. (그들은 그를 대학자로 간주했다)라는 문장에서는 위의 O as C의 관계가 V+전치사 뒤에 성립한다. think [speak] of A as B (A를 B라고 생각하다[말하다]), refer to A as B (A를 B라고 부르다) 등이 기억해야 할 숙어다.

2.2.12 He could not **make** himself *what he had wished to be*.

what으로 시작하는 명사절이 목적보어. what은 절 안에서는 to be의 보어다. *cf.* he had wished to be *something*.

번역 그는 되고 싶어 했던 대로 되지 못했다.

2.2 예제(2)

❶ We tend to think of this great invention of the sewing machine as being of use chiefly in the home. ❷ It was not this, however, that made the sewing machine of such value to the progress of mankind. ❸ Its greatest value came from its use in factories. ❹ Women became free when they and their husbands and children could go to stores and buy everything they wore ready-made.

힌트 '재봉틀의 문명사적 역할'이라고 제목을 붙이면 너무 과할런가?

해설 ① **tend to**－ '－하는 경향이 있다; －하기 십상이다'. **think of** this great invention의 think of...을 '...에 대해서 생각하다'라고 본 사람도 뒤의 **as being of**...을 보면 다시 생각해야 한다. think of A as B (A를 B라고 생각하다)는 2-2-11참의 look on A as B와 유사한 형태. think *that* this great invention...*is* of use(=useful)...이라고 해도 같은 뜻이다. this great invention **of** the sewing machine의 of는 ...invention=the...machine이라는 관계를 나타낸다. '재봉틀이라는 이 위대한 발명품은 〈주로 가정에서〉 도움이 된다고 생각한다'.

② **It was** not this, ..., **that**...의 It이 the sewing machine을 가리킨다고 보면 뒤가 연결되지 않는다. 여기서는 It was...that의 강조구문(⇨ 7-3-1). this는 앞 문장의 '재봉틀이 가정에서 편리하게 사용되는 것'을 가리킨다. **made the sewing machine of such value**는 The sewing machine *was* of such value(=was so valuable)가 made에 의해 제5문형으로 압축된 것으로 보고(⇨ 2-2-10), '재봉틀을 〈인류의 진보에서〉 이 정도로 귀중한 것으로 만든 것은 이런 것이 아니었다'라고 이해한다.

③ **its use** in factories는 use it(=the sewing machine)의 use를

명사로 바꾼 표현이라는 것에 주의(⇨ 8-4-4). '그것을 공장에서 사용하는 것〈에서 생겼다〉'.

④ **go to stores**를 '가게에 가다'라고 하면 이상하다. 가게에 물건을 사러 가는 것은 당연한 사실. 복수형 stores를 영국 영어에서는 '(기성품을 대량 판매하는) 백화점'이라는 뜻으로 사용한다. **buy everything they wore**의 everything과 they wore 사이에는 관계대명사가 생략되어 있는데, they wore에 ready-made를 연결해서 '그들이 입는 기성복을 백화점에서 사다'라고 해석하면, 이것도 너무 당연한 이야기다. 같은 제5문형이라도 **buy everything…ready-made**라고 연결해서 '〈백화점에 가서〉 몸에 걸치는 모든 것을 기성품으로 사다', 다시 말해 여성은 가정에서 바느질을 일절 하지 않아도 좋게 되었을 때 해방되었다고 해석하는 것이 맞다(⇨ 2-3-3).

▸ 전역 별책 p. 5

2.2 예제(3)

❶ It is easier to teach mathematics to very young children, for they have inquiring minds and they are self-reliant and they want to understand things for themselves.

❷ It is much harder to teach adults, because so many adults have had their confidence shaken by bad teaching. ❸ They feel they are failures at mathematics, and we all shrink from attempting something at which we are likely to fail. ❹ This sense of embarrassment leads people to make remarks such as, 'Mathematics? Oh no, I could never do that at school. None of us could.' ❺ The object of this remark is to excuse oneself. ❻ I failed, but I was not to blame; you see, everyone fails; it is only human not to be able to do mathematics. ❼ Parents sometimes talk to their children like this, and they often fail to notice that, in trying to keep themselves honoured, they are making it extremely likely that their children will fail in the same way. ⑧ For a person who expects to fail does fail.

힌트 수학공포증이 있는 사람이라면 꼭 읽어야 할 문장. 이 뒤에 '수학을 못하는 것은 순전히 교사의 가르치는 방법에 책임이 있다'라는 문장이 이어진다.

해설 ① **have inquiring minds** '탐구심이 풍부하다'. **self-reliant**(<rely on oneself) '자신이 있다'. **for themselves**는 '남의 도움을 빌리지 않고 혼자 힘으로' (⇨ 2-2-5).

② **It is much harder...** (than to teach very young children)이라고 보충해서 생각한다. '〈어른을 가르치는 것이〉 훨씬 더 어렵다'. **have had their confidence shaken**은 have+O+p.p.(⇨ 2-2-8) 현재완료형. '〈매우 많은 어른들이 서툰 교수법 때문에〉 자신감이 흔들려 왔다'.

③ **they are failures**의 S와 C 사이에는 they(=the adults)=failures라는 관계가 있기 때문에, failure는 추상적인 '실패'가 아니라 '사람'을 나타내서 '실패자'라고 본다. *cf.* He was *a success.* (그는 성공자였다.) **shrink from attempting**은 '...에서 뒷걸음질을 치다' → '...을 시도하려 하지 않다'. **something at which we are likely to fail**의 are likely to-는 '-할 것 같다; 할 가능성이 있다'. '실패할 것 같은 일'.

④ **This sense of embarrassment** '이런 당혹감'. **leads people to-**는 V+O+to-. 'O를 이끌어서 -하게 하다'라는 두 번째 유형의 의미가 기본. **make remarks**의 remarks는 '발언'. **such as**는 beautiful flowers, *such as* lilies, roses, and tulips(백합, 장미, 튤립처럼 아름다운 꽃)와 같이 such 앞의 명사의 구체적인 예를 as 이하에 보이

는 표현인데, 여기에서는 '**Mathematics?...**' 이하의 인용부호 내부를 하나의 명사처럼 취급한다. '이런 당혹감 때문에 사람들은 "수학?..."이라고 말하게 된다'. Oh no, **I could never do that at school**. '학교에서 수학을 정말 못했다'. **None of us could** (do that). '수학을 잘하는 사람은 아무도 없었다'.

⑤ **The object of this remark** '이런 말을 하는 목적'. **is to excuse oneself**는 be 다음에 보어가 되는 명사용법의 to부정사가 오는 형태. '...은 변명을 하는 것이다'.

⑥ **I failed...mathematics.**는 앞 문장의 내용을 필자가 바꾸어 말한 것. **I was not to blame**의 be to blame의 형태에서는 능동태의 to blame이 *to be blamed*와 같은 의미를 나타낸다. **you see,**는 '당신도 알고 있듯이'라는 뜻을 가볍게 보여주는 삽입부(⇨ 15-3) '알다시피 〈누구나 실패한다〉'. **it is only human not to be able to**－의 it은 to be able...을 가리키는 가주어. not이 to부정사를 부정해서(⇨ 2-2-1), '사람이 〈수학을〉 못하는 것은 당연한 일이다'. 거꾸로 말하면 '수학을 잘하는 사람은 천재거나 미친 사람(?)'이라는 의미.

⑦ **Parents sometimes talk to their children like this** 부모는 아이들 앞에서는 당당하고 싶어 하는데, 부모를 거의 신처럼 우러러보는 아이의 마음을 배신하고 싶지 않아서다. **they often fail to notice that, ..., they are** making...의 fail to－는 '－에 실패하다'보다 '－하지 못하다[않다]'라는 의미로 사용하는 경우가 많다. that이 they are making을 주요부로 하는 명사절을 묶는 접속사라는 점에 대해서는 ⇨ 3-1. **in trying to keep themselves honoured**의 keep themselves honoured가 제5문형(⇨ 2-2-9). keep은 O가 C인 상태, 이 문장에서는 They are honoured.라는 상태를 '지속시키다'라는 의미. '자신의 위엄을 유지하려고 하면서'. they are **making it extremely likely that**...도 제5문형(⇨ 2-1-5). 다만 이 it은 뒤의

that...을 받는 가목적어(⇨ 7-2-pre7 He thought it odd that...). **their children will fail in the same way** 아이가 수학을 못해서 대학에 떨어져도 수학을 못하는 것이 당연하다고 말하면서 아이를 키우는 부모에게 아이를 탓할 자격은 없다.

⑧ **For** 뒤에 나오는 **a person** who expects to fail **does fail**의 S+V 구조가, For가 접속사라는 것을 보여준다. does는 '강조'의 조동사. '실패를 예상하고 있는 사람은 그대로 실패하기 때문이다'.

▸ 전역 별책 p. 6

2.3 목적보어의 판별

(a) They **made** machines.
(b) They **made** machines *do* the work.

(a)는 '그들은 기계를 만들었다'라는 뜻으로 made는 완전타동사, 문은 제3문형이다. 이와 달리 (b)는 '그들은 기계에 그 일을 하게 했다'라는 뜻으로 made는 불완전타동사, 문은 제5문형인데, 이것을 직관적으로 알 수 있는 것은 *made* machines *do* 전체가 거의 동시에 눈에 들어오기 때문이다. 그럼 아래의 문장은 어떨까?

They **made** machines, driven by coal-fires, *do* the work which hands had done before.

이 문장이 '그들은 그때까지 손으로 하던 일을, 석탄으로 움직이는 기계에 하게 했다'라는 뜻의 제5문형이라는 것은 do를 보기 전까지는 모른다. 바꿔 말하면, 이렇게 목적어와 목적보어 사이에 다른 어구가 들어간 문장에서는 make가 보이면 자연스럽게 이 문장을 제3문형이라고 생각한다. 여기서 중요한 것은, 예상하지 못한 do를 보았을 때 문장의 형태와 전체 의미에 비추어 처음의 판단을 접고 다시 해석할 수 있는 사고의 전환이다.

목적어와 보어 사이에 있는 어구가 문장 속에서 하는 역할은 당연히 수식어(M)다. S와 V 사이에 들어가는 M에 S를 수식하는 것과 V를 수식하는 두 가지 경우가 있듯이(⇨ 1-2), 이런 위치에 있는 M도 위 문장의 driven... 과 같이 목적어를 수식하는 형용사적 수식어와, 아래 문장처럼 보어를 수식하는 부사적 수식어의 두 가지가 있다.

2.3.1 I have **heard** a man, for lack of anything to boast about, *boasting* that his cat eats cheese.

cf. The undertaking failed *for lack of* funds. (그 사업은 자금이 부족해서 실패로 끝났다.) to boast about은 anything을 수식하는 형용사적 용법의 부정사.

번역 나는 어떤 남자가, 특별히 자랑할 것이 없어서 자기 고양이가 치즈를 먹는다고 자랑하는 것을 들은 적이 있다.

그럼 다음의 두 가지에 주의해서 아래의 예를 검토해보자.

❶ 목적보어가 있음으로써 문장의 뜻이 어떻게 달라지나?
❷ 목적보어 앞의 M은 무엇을 수식하나?

2.3.2 Before I had the television set I **found** the broadcasts of news, through sound only, quite *satisfactory*. I do not, today, **find** the announcer's face, whether that of a pretty young woman or that of a well-known sportsman, *a help* to better understanding.

found the broadcasts를 '방송을 발견했다'라고 해서는 의미를 알 수 없다. 아마 제5문형이 되리라고 예상하고 읽다 보면 quite satisfactory가 보인다. find the...face...a help에 대해서도 마찬가지다. through sound only는 목적어에,

whether (it may be) that(=the face) of... sportsman은 face (is) a help에 걸린다.

번역 텔레비전을 갖기 전에 나는 음성만 나오는 뉴스 방송으로 아주 충분하다고 생각하고 있었다. 지금도 아나운서가 젊고 예쁜 여성이든 유명한 운동선수이든, 뉴스를 이해하는 데 도움이 된다고는 생각하지 않는다.

2.3.3 To hundreds of people, the most significant happenings in Europe had been the triumph of dictatorship. I had **watched** the bases on which European freedoms had seemed to rest, *destroyed*.

significant '중요한'. dictatorship '독재정치'. watched the bases(=O)...destroyed (=C). *cf. The bases...were* destroyed.

번역 수백 명의 사람들에게 당시의 유럽에서 가장 중대한 사건은 독재체제의 승리였다. 나는 유럽의 자유의 토대를 이루고 있다고 생각한 기반이 파괴되어 가는 것을 지켜보고 있었다.

2.3.4 Too much travel, too much variety of impressions are not good for the young, and **cause** them as they grow up *to become* incapable of enduring fruitful monotony.

cause them(=the young)만으로는 의미가 없다는 것에 주목해서, cause+O+to-의 형태(⇨2-2-3)를 예상하고 cause them to become이라고 연결한다. as they grow up은 to become에 걸리는 부사절. incapable of enduring=unable to endure.

번역 너무 많이 여행을 시키거나 너무 다양한 인상을 주는 것은 아이에게 도움이 되지 않는다. 그런 속에 자란 아이는 어른이 되었을 때 결실을 가져오는 단조로운 생활을 견디지 못하게 된다.

2.3.5 I **found** myself instinctively as I walked *noting* the color of a leaf.

I found...as I walked.로 문장이 끝나면 '걸으면서 본능적으로 나 자신을 발견

했다'이지만, myself(=O)...noting(=C)이라는 틀이 결정되면 해석이 달라져서 instinctively도 as...도 이 틀 안에서 작용하는, 즉 noting에 걸리는 어구가 된다. noting(<note)과 nothing을 혼동하는 것은 꼭 시력 탓만은 아니다.

번역 나는 내가 걸으면서 본능적으로 나뭇잎의 색에 주목하고 있다는 사실을 알아차렸다.

2.3 예제

❶ People who lack confidence in their knowledge of good English would like to have each spelling, pronunciation, meaning, and grammatical usage decided for them, once and for all, so that they could know that one is right and another is wrong. ❷ They feel uncertain when choices are clearly permissible. ❸ Partly because they would like to have a fixed standard to settle all questions of usage, they come to believe that one exists and operates, and constantly repeat judgments and rules without examining the basis for them.

힌트 물리나 생물 등 객관세계 자체를 다루는 학문과, 세계에 대해 사람이 사용하는 기호를 다루는 어학은 '법칙'의 성질이 다르다. 이 사실을 모르고 미로에 들어선 사람이 많다.

해설 ① **lack confidence in...** '...에 대한 신뢰가 없다'. **good** English의 good은 '좋다' 한 가지만 기억하지 말고 '바르다'라고 할 수 있어야 한다. **would like to－** ⇨ 2-2예(1) ②. **have** each spelling...만으로는 뜻이 통하지 않기 때문에 have+O → C의 형식을 예상하고 뒤에 오는 **decided**(=p.p.) **for them**을 발견할 수 있다면 실력이 있다는 증거. **each spelling, pronunciation, meaning, and grammatical usage** *are* **decided for them** '...이 그들을 위해 결정되〈게 하다〉'. 즉 '하나하나의 철자, 발음, 의미, 문법적 용법이 ...정해지다'. **once**

(and) for all '딱 잘라'. *cf.* I'm telling you this *once and for all.* (이건 한 번만 말한다.) **so that** they **could** know ⇨ 3-4-pre5. **one is right and another is wrong** '하나가 맞고 다른 것이 틀리다' → '어느 것이 맞고 어느 것이 틀린지를 〈알다〉'.

② **They feel uncertain** '불안을 느끼다'. **when choices are clearly permissible** '선택이 확실히 허용되어 있을 때는'. 어떤 문법 구조에 대해서 형태만 가지고는 판단할 수 없다, 교사가 일반적으로 가르칠 수 있는 것은 여기까지고 나머지는 각각의 상황에서 스스로 생각할 수밖에 없다는 말을 들었을 때 학생들의 얼굴에 떠오를 불안한 표정에 대해 말하는 것이다.

③ **Partly**는 because절을 수식한다(⇨ 11-3-11). **because**는 부사절을 이끄는 접속사이므로 이 문장은 Partly because [S+V], S+V ([S+V]라는 원인도 있어서 S+V)라는 형태가 될 거라고 예상하는 것이 중요하다. **they would like to have a fixed standard** '고정된 기준을 갖고 싶다'. **to settle all questions of usage**는 a...standard를 수식한다. '관용적인 모든 문제를 해결하는 〈기준〉'. **they come to believe that one exists and operates**가 이 문장의 중심이 되는 S+V. one이 a fixed standard를 받아서 '어떤 기준이 작용하고 있다고 믿게 된다'. they come to *believe*...**and** constantly **repeat**로 이어진다. '〈판단이나 규칙을〉 끊임없이 되풀이하다'. **the basis for them**의 them이 지시하는 것은 바로 앞의 judgments and rules. '그들 근거를 〈조사하지도 않고〉'.

▸ 전역 별책 p. 7

Chapter 3

that절

명사절과 접속사 1

that절 - 명사절 2

명사 + that절 3

that절 - 부사절 4

CHAPTER 3

that절

영어 단어에는 '의미'가 중요한 것과 '기능'이 중요한 것이 있다. 명사·동사·형용사 등은 전자에 해당하고, 조동사·접속사·전치사 등은 후자다. '기능' 중심의 단어는 대부분 중학영어 단계에서 전부 배우기 때문에 쉽고 이미 알고 있다고 생각하는 경우가 많다. 심지어 그런 종류의 단어가 문장 속에 나오는 것은 우연이고, 어조에 따라 결정되니까 일일이 신경 쓸 필요는 없으며, 어려운 단어의 의미만 알고 있으면 그것을 어떻게 연결할지는 '감'과 '상상력'의 문제라고 생각하는 사람도 많다.

정확한 의사전달을 추구하는 언어가 사람마다 다른 감이나 상상력을 기본으로 한다면 문제가 된다. 실은 쉽다고 생각되는 '기능' 중심의 단어야말로 중요하고 어려우며, 그것들이 '의미' 중심의 단어를 일정한 약속에 따라 조합하는 곳에 문장의 부동의 의미가 생겨난다. 쉬운 말을 사용하는 방법이야말로 영어의 기본 약속이고, 거기에서 출발해서 영어 문장을 생각할 수 있게 되는 것이 영어 구문의 연구다. 이 장에서는 그런 종류의 말 중에서도 특히 용법이 복잡한 that을 들어, 특히 그것이 절을 이끄는 경우의 문제점을 중심으로 살펴본다.

3.1 명사절과 접속사

He is innocent.는 완전한 문장이지만, He is innocent is certain.은 전혀 뜻이 통하지 않는다. 그런데,

[He is innocent] is certain.

이라고 하면, He is innocent는 보다 큰 문장 속의 하나의 덩어리라는 것, 뒤따르는 is certain.의 형태와 위치로 봐서 이 덩어리가 문장의 주어라는 것을 짐작할 수 있다. 틀을 사용하는 것은 교실에서만 통하는 약속이기 때문에, 실제 영어에서는 이 틀의 역할을 하는 단어가 필요하다. 그런 역할을

하는 것이 명사절을 이끄는 접속사로, 그 대표적인 것이 **that**이다. 반대로 생각하면 that이 관계사나 대명사가 아닌 접속사라는 것은, **that이 묶고 있는 부분이 그것만 따로 떼어냈을 때 의미와 형식의 양면에서 하나의 완결된 문장을 구성한다**는 것에서 알 수 있다.

That he is innocent is certain.과 같이, that절이 주어가 되는 문장을 읽을 때의 뇌의 작용에 대해서는 제1장(⇨ 1-4-pre5)에서 살펴봤는데, 이런 종류의 절이 S+V의 뒤로 가면 새로운 문제가 발생한다. 다음의 예로 생각해보자.

He said **that** twenty-five years ago.

라는 문장은 '그는 25년 전에 그렇게 말했다'라는 뜻으로, that은 대명사다. 그럼 He said **that** twenty-five years *ago, when in India.*라고 하면 어떻게 될까? when 이하는 twenty-five years ago와 함께 said를 수식하는 부사요소(⇨ 11-2-0)이기 때문에, 문장의 뜻은 '25년 전, 인도에 있었을 때, 그는 그렇게 말했다'로 that은 여전히 대명사다. 하지만 또 추가해서,

He said **that** twenty-five years before, when in India, *he had fallen in love with an Indian woman.*

이라고 하면 상황은 근본적으로 달라진다. 여기서 that은 he had fallen을 중심으로 하는 명사절을 묶는 접속사이고, twenty-five years before, when in India는 180도 바뀌어서 he had fallen...에 대한 수식어(⇨ 11-1-5)가 되어, 문장의 뜻은 '그는 25년 전 인도에 있었을 때 인도 여성과 사랑을 했다고 말했다'가 된다. 이상으로 알 수 있는 것은 아래의 두 가지다.

❶ that이 접속사인 것은 절의 중심이 되는 S+V가 있어야 확정된다.

❷ that이 접속사라는 것이 확정되면, that (M) S+V... 의 M은 반드시 절의 내부에서 기능한다. 즉 절 안의 동사를 수식한다.

3.1.1 Young people often imagine **that** in order to gain the necessary experience to write, *they must travel* and *see* the world; but it is not true.

in order to-는 must travel에 걸린다.

번역 젊은 사람들은 글을 쓰는 데 필요한 경험을 얻기 위해서는 여행을 해서 세상을 보지 않으면 안 된다고 흔히 생각하지만, 그것은 사실이 아니다.

3.1.2 You have probably noticed **that** nowadays, when you talk to young men and women of college age *they do not hear* you very well. Their thoughts are elsewhere.

hear you는 '당신(⇨ 1-3예역)을 듣다'라고 하는 것보다는, 풀어서 '이쪽에서 하는 말을 듣다'라고 번역하는 것이 낫다.

번역 요즘은 대학생 나이의 젊은 남녀에게 말을 걸어도 이쪽에서 하는 말을 별로 잘 듣지 않는다고 느낀 적이 있을 겁니다. 그들은 다른 생각을 하고 있는 겁니다.

참고 The girls seem to be too warmly dressed. I noticed **that** when I went out a few weeks ago.의 that은 대명사로, 앞 문장의 내용을 가리킨다. '요즘의 여자 아이들은 너무 옷을 두껍게 입는 것 같습니다. 나는 몇 주 전에 외출했을 때 그것을 느꼈습니다.'

3.1.3 Many people are persuaded **that** if thirteen people sit down to dinner, *one of them will come* to grief within the year.

are persuaded that... =believe that... ⇨ 3-2-pre5.

번역 저녁식사를 할 때 식탁에 앉은 사람이 13명이면 그 중의 한 사람이 그 해 안에 재난을 만난다고 믿는 사람이 많다.

3.1 예제

❶ There can be no denying that examples of an architecture entirely different from what our fathers were accustomed to have appeared on the scene during the last twenty years. ❷ The designers of modern architecture believe that in developing and perfecting it so as to answer this century's problems and to be in tune with its outlook, they are helping at the revival of architecture as a live art. ❸ For it is a mistake to suppose that, because modern architects are particularly concerned to relate buildings more closely to the needs they have to serve, they are only interested in the practical side of architecture. They know that they are practicing an art and therefore are concerned with the pursuit of beauty.

힌트 그림이나 음악은 미의 여신에게만 봉사하면 되지만, 건축은 실용성의 요구에도 부응하지 않으면 안 된다. 현대 건축가의 고민도 거기에 있다.

해설 ① **There can be** [There is] **no** deny**ing**은 관용표현으로, We cannot [It is impossible to] deny와 같은 뜻이다. **that**은 deny의 뒤에 있고 다음의 **examples**가 절의 주어로 보여서 접속사라고 생각된다면, 판단을 보류하고 좀 더 읽어보자. examples of an architecture를 **entirely different from...**이 뒤에서 수식하기 때문에 '...과 전혀 다른 건축의 예'. **what our fathers**(선조) **were accustomed to** have appeared 대목은 어떻게 볼까? 이곳을 They *were accustomed to* do it.으로 해석하면 examples에 대응하는 동사가 없어진다(do는 doing이 된다). 즉 접속사 that의 작용에 대해서 아무것도 모르는 것이다. what절을 정확하게 읽는 습관이 있으면, to의 목적어는 what 속에 있고 that 이하는,

...that examples of an architecture **have appeared**...
↑ entirely different from what our fathers were accustomed to

라는 구조가 된다고 읽을 수 있지만, 이것은 다음 장에서 볼 내용(⇨ 4-2-7). appeared **on the scene**은 '등장했다, 나타났다'. 전체는 '우리의 선조들이 익숙해져 있는 것과 전혀 다른 건축의 예가 과거 20년 동안 나타났다는 것은 부정할 수 없다'가 된다.

② The designers of modern architecture(현대 건축의 설계자) **believe that**...에서 that을 접속사라고 예상하고, that이 묶고 있는 명사절의 중심이 되는 S+V를 찾으면서 읽는다. **in developing and perfecting it**의 it은 modern architecture를 가리킨다. **so as to**－는 3-1-1의 in order to－와 마찬가지로 to부정사가 부사적 용법·목적이라는 것을 so as [in order]에 의해 확실하게 한 형태. *to answer* this century's problems **and** *to be* in tune with its outlook이라고 연결된다. **in tune with**...은 '...과 조화해서'. '금세기의 모든 문제를 해결하고 그 전망에 합당한 것이 되도록 건축을 발전 완성해가는 가운데'. **they are helping** at the revival 대목에서 believe that에 대해 세운 예상이 맞았다는 것을 확인한다. **as a live art**의 as는 전치사. 전치사 as는 '...으로서'라는 의미가 기본이다. live[láiv]는 형용사로 '살아 있는'. '살아 있는 예술로서'. '살아 있는 예술로서의 건축의 부흥에 자신들이 도움이 된다고 믿는다'.

③ **For**는 다음이 S+V니까 '이유'를 나타내는 접속사(⇨ 2-2예(3) ①,⑧). 번역에 대해서는 ⇨ [번역의 요령3]. **it is a mistake to suppose** '생각하는 것은 잘못이다'. suppose **that, because** S+V, [S+V](⇨ 3-1-3)라고 예상할 수 있는 것이 중요하다. **modern architects are particularly concerned to**－ '현대의 건축가는 특히 －에 관심이 있다'. **relate** buildings more closely **to** the needs '건축

물을 요구에 (지금까지)보다 밀접하게 연결시키다'. **they have to serve**를 that절의 중심이라고 보면 의미가 통하지 않을 뿐만 아니라 serve의 목적어도 없으니, 뒤따르는 they are...을 보고,

...that they **are** only **interested** in the...
└ because modern architects are ... the needs
└ they have to serve,

라고 생각을 전환할 수 있는 것이 실력의 지표다. **the needs**와 **they** 사이에는 to serve의 목적어가 되는 관계대명사가 생략되었다. serve 다음의 쉼표가 because 앞의 쉼표와 호응해서, that, ..., they are의 관계를 나타내는 역할을 한다는 것에 주의. **they** have to...의 they는 buildings를 가리킨다. '현대의 건축가는 건축물을 그것이 만족시켜야 하는 요구에 보다 밀접하게 관련시키는 것에 특히 관심이 있기 때문에'. 건축물은 예술적으로 아무리 아름답다고 해도, 집안에 있으면 이상하게 불편하다거나 영화관의 음향효과가 나쁘면 곤란하다. they are...architecture '그들이 건축〈의 실용적인 측면에만 관심이 있다고 생각하는 것은 잘못〉이다'.

④ They **know** that they are practicing an art 뒤의 **and**는 know와 **are**를 연결한다. '자신이 예술을 실천하고 있다는 것을 알고 있고, 그렇기 때문에 미의 추구에 관심이 있다'라고 해석해야 They know가 산다는 것을 생각할 것(⇨ 14-1-9).

▸ 전역 별책 p. 8

3.2 that절 – 명사절

3.1에서 본 that으로 시작하는 절이 문장 속에서 어떤 장면에 나타나는지 살펴보자. 우선 His only fault *was that* he had always been too kind. (그

의 유일한 결점은 항상 지나치게 친절하다는 것이었다)와 같이, that절이 be의 보어가 되는 구문이다.

3.2.1 In time of peace the Dutch are extremely individualistic; a striking *example* of this *is* **that** in the period between the two world wars there were over fifty political parties.

번역 네덜란드 사람은 평시에는 개인주의가 무척 강하다. 이것의 확실한 예가 두 차례의 세계대전 사이에는 정당이 50개도 넘었다는 것이다.

이 문장에서는 S+be+that S+V... 으로, S+be+that 부분이 형식으로 보나 내용으로 보나 문장의 중심이다. 하지만 다음 문장은 S+be+that S+V라고 느껴져서, 문장의 앞부분은 의미상으로는 부사적인 역할을 한다.

3.2.2 You are thinking that I am a rich man, but *the truth is* **that** I am only a poor farmer.

cf. *In truth*, I am only a poor farmer.

번역 저를 부자라고 생각하시는 것 같은데, 사실 저는 가난한 농민일 뿐입니다.

3-2-1과 3-2-2를 구별하는 열쇠는 S를 구성하는 명사다. The result [consequence] is that... (그 결과...), The trouble is that... (곤란하게도...) 등은 숙어로 미리 기억해두는 것이 좋다. 또 3-2-2의 형식에서는 S+be의 부분이 가볍게 느껴지기 때문에, *The fact is*, I can't trust what she says. (사실, 나는 그녀가 하는 말을 믿을 수 없다)와 같이 that이 생략되기도 한다. 이런 식의 구문의 주어는 단수형을 쓰는 것이 원칙이지만, *The chances are that* he will win. (아마 그가 이길 것이다)은 예외적인 형태다.

He said, "My father has gone out, but my mother is at home."을 간접화법으로 바꾸면, He said *that* his father had gone out, but *that* his mother was at home.이 된다. 이런 종류의 S+V+that... 구문에서 that절이 두 개 있을 때, 첫 번째 that은 생략할 수 있지만(⇨ 3-2-3) 두 번째 that은 생략할 수 없다고 배울 때가 많다. 하지만 실제의 영문에서는 첫 번째 that을 남기고 두 번째 that을 생략할 때도 많기(⇨ 3-2-4) 때문에, 타동사의 작용이 어디까지 미치는지가 문제가 되는 경우, that의 유무는 어디까지나 판단을 위한 하나의 재료이고 문장의 내용이 우선한다고 보는 것이 좋다.

3.2.3 I *think* we are all born with the gift for enjoying beautiful things, but **that** we are indifferent to many of them because our attention was never called to them in childhood.

I think (that) we are...but that we are...으로 이어진다. but은 두 개의 that절을 연결하는 접속사. we are all ⇨ 6-2. call attention to... '...에 주의를 끌다'

번역 나는 우리 모두가 아름다운 것을 즐기는 힘을 가지고 태어났지만, 많은 아름다운 것에 대해 무관심한 것은 어린 시절에 그런 것에 관심을 기울이는 법을 배우지 않았기 때문이라고 생각한다.

3.2.4 The middle-class American isn't, in his heart, sure that even the rebels are altogether wrong. Some, in fact, *agreed* **that** young people were not unduly critical of their country, and their criticism was actually needed.

sure that에 대해서는 3-2-pre7을 참조. rebel '반역자'. not...altogether는 부분부정의 표현. *cf.* I did*n't altogether* agree with him. (그에게 전면적으로 찬성한 것은 아니다.) be critical of=criticize. *cf.* be suspicious of=suspect (⇨ 14-1-pre4)

번역 미국의 중산계급은 사회에 반항하는 젊은이들의 생각이 완전히 틀렸다고 진심으로 믿는 것은 아니다. 오히려 젊은이들이 부당하게 자기 나라를 비난하는 것이 아니라는 것, 그들의 비판이 실제로 필요하다는 것에 동의하는 사람들도 있었다.

He said *something.*이라는 문장과 He said *that she was very pretty.*라는 문장에서는 something이라는 명사 요소와 that절이 직접 대응한다. 하지만 3-2-4의 agree는 뒤에 직접 명사를 취해서 agree the plan이라고 하지 못한다. agree *to* the plan이 맞는 형태다. 즉 agree 뒤의 that절은 전치사로 시작하는 구와 대응한다. I have been taught *English.* ↔ I have been taught *that God cares for me.* (신은 나를 사랑하신다고 배워왔다)라는 두 문장에서는 S+be+p.p. 뒤에 명사와 that절이 직접 대응한다. I am persuaded *that he is innocent.* (나는 그가 무고하다고 믿는다)도 같은 형태의 문장인데, 이 경우의 that절은 I am persuaded *of his innocence.*의 of his innocence에 해당한다.

3.2.5 I myself *am* fully *convinced* **that** the best explanation an artist can give of his aims and ability is afforded by his work.

be convinced는 뒤에 명사를 취할 때는 I am *convinced of* its truth. (나는 그것이 맞다고 믿는다)처럼 전치사 of를 필요로 한다. 따라서 that은 접속사, the best explanation은 주어라고 보고 대응하는 is afforded를 발견한다. explanation 뒤에는 관계사가 생략되었다.

번역 예술가가 자신이 목표나 능력에 대해 할 수 있는 최선의 설명은 작품에 의하는 것이라고, 나 스스로 충분히 확신하고 있다.

be persuaded 등의 뒤에 오는 that절은 전치사로 시작하는 구와 대응하기 때문에, 이것을 부사절이라고 볼 수도 있다. 이런 식으로 보면, She *is surprised that* you are not going abroad. (*cf.* She *is surprised at* the news.)처럼 감정을 나타내는 과거분사 뒤에서 '...하는 것을[에], ...때문에'라는 의미로 쓰이는 that절도 있다. 다음 항에서 볼 형용사+that절의 예를 포함해서, 이들 용법에서는 각 형태의 의미를 알면 명사절인지 부사절인지 하는 구분에는 연연하지 않아도 된다.

3.2.6 I *was flattered* **that** she wanted to speak to me, because of all the older girls I admired her most.

cf. I *was flattered by* his invitation. (나는 그의 초대를 받고 의기양양했다.) of all the older girls는 I admired...most에 걸린다.

번역 그녀가 나와 이야기하고 싶다고 해서 나는 기뻤다. 내가 연상의 여자아이 중에서 그녀를 가장 존경하고 있었기 때문이다.

3-2-4의 전반에서는 S+be+형용사 뒤에 that절이 이어진다. 이런 경우의 형용사에는 sure, certain, aware, conscious 등과 같이 인식을 나타내는 말이나, anxious, afraid처럼 의욕이나 감정을 나타내는 말이 있다. 후자는 that절 안에 should, might 등의 조동사를 쓰는 경우가 많다.

3.2.7 She *was* not *aware* **that** her husband earned 10 pounds a week.

번역 그녀는 남편이 일주일에 10파운드를 벌고 있다는 것을 몰랐다.

3.2.8 The English people *were* very *eager* **that** the Queen *should* marry and leave an heir to the throne.

번역 영국 국민은 여왕이 결혼해서 왕위후계자를 남기기를 열망했다.

S+V+that절의 구문에서도 He told me *the story*. ↔ He told me *that it was true*. / He persuaded me *of its truth*. ↔ He persuaded me *that it was true*. (그는 그것이 맞다는 것을 나에게 납득시켰다)처럼 두 종류의 대응관계가 보인다. 이 구문에서는 특히 후자의 me의 위치에 oneself가 들어간 3-2-10과 같은 형태의 번역에 주의할 것.

3.2.9 A slender acquaintance with the world, must *convince* every man, **that** actions, not words, are the true standard of judging the attachment of friends.

slender '얼마 되지 않는'. acquaintance with < be acquainted with '...을 알다'. '지식이 ...을 확신하게 하다' → '알면 ...을 확신하다'(⇨2-2예(3)역). attachment '애정, 애착'

번역 누구든 세상에 대해 조금이라도 알면, 말이 아니라 행동이 친구의 우정을 판단하는 진정한 기준이라는 것을 믿을 것이다.

3.2.10 We *satisfied ourselves* **that** all the doors and windows were secure.

satisfy oneself that '...을 확인하다'. secure '견고[안전]한'

번역 우리는 문과 창문이 전부 닫혀 있는 것을 확인했다.

3.2 예제(1)

Let me assure you, you gentlemen who sit comfortably in your armchairs and attribute no worthy motives to us climbers, that there is something more than self-satisfaction in placing our feet upon a summit where no foot has ever trod before.

힌트 '사람은 왜 산에 오르나'라는 질문에 대한 대답의 하나.

해설 **Let me assure you** '당신에게 보증하게 해 주세요'만으로는 무슨 말인지 알 수 없다. '무엇'을 보증하는지를 보여주는 어구가 뒤에 나올 거라고 예상할 수 있는지가 관건이다. **you gentlemen**은 앞의 you와 동격(⇨6-1-2). who **sit**...*and* **attribute** no worthy motives **to** us climbers의 attribute A to B는 'B에 A의 성질이 있다고 하다'. '〈팔걸이의자에 편안히〉 앉아서 우리 등산가들에게 가치 있는 동기 따위는 없다고 한다'. **that there is something**을 보면, 예문 전체는 The captain *assured* me *that* there would be no danger. (선장은 우리들에게 위험이 없다고 분명히 말했다)의 assure 사람 that S+V가 복잡하게 된 것으로, that 이하가 보증하는 내용이라는 것을 알 수 있다. **more than** 이하는 **something**에 대한 수식어. **self-satisfaction**(<satisfy oneself) '자기만족〈이상의 무언가가 존재한다〉'. **where no foot has ever trod**(<tread) **before**의 where는 a summit을 선행사로 하는 관계부사. '지금까지 사람의 발이 닿은 적 없는 산정에 〈우리의 발을 올려놓다〉'.

▸전역 별책 p. 9

3.2 예제(2)

❶ It is hard, indeed, to discern what pleasure they derived from their summer journey. ❷ The probability is that their principal satisfaction lay in proving to their neighbours that they could afford to remove themselves and their children to the sea for a month every summer.

힌트 지식욕이나 호기심에서 하는 여행도 있지만 허영을 위한 여행도 있다.

해설 ① **discern**(발견하다)의 목적어가 되는 명사절을, **pleasure**를 꾸미는 의문형용사 what이 묶고 있다(⇨ 4-3). pleasure는 derive의 목적어. derive A from B는 'B에서 A를 얻다'. '그들이 여름 여행에서 어떤 기쁨을 얻고 있었는지 알기는 어렵다'.

② **The probability is that**은 3-2-2에서 본 S be that... 형식의 숙어. 전체의 의미는 probably(아마)와 같다. **their principal satisfaction lay in...**의 lie in...은 '...에 존재하다[있다]'. '그들의 주된 만족은 ...에 있었다'. **proving to their neighbours** '이웃사람들에게 증명하다'를 보고 '무엇'을 증명하는지를 생각하는 것이 prove...

that...이라는 V+M+O의 구문을 이해하기 위해 필요하다. could afford to– '–할 (시간·금전상의) 여유가 있다' (*cf.* 1-2예(1)). **remove**는 '옮기다, 이사시키다' (⇨[번역의 요령4]). **to the sea**도 **for a month**도 remove를 꾸민다. '이웃사람들에게 여름마다 아이들을 데리고 한 달간 바닷가에서 지낼 여유가 있다는 것을 보여준다'.

▸전역 별책 p. 9

3.2 예제(3)

❶ We are all, whatever part of the world we come from, persuaded that our own nation is superior to all others. ❷ Seeing that each nation has its characteristic merits and demerits, we adjust our standard of values so as to make out that the merits possessed by our nation are the really important ones, while its demerits are comparatively trivial.

힌트 감정은 이성에 앞선다. 나라 자랑을 하다보면 희한한 억지가 생긴다.

해설 ① **We are all**을 '우리는 모두이다'라고 하면 말이 안 된다. all은 We와 동격(⇨6-2)이고, 읽다보면 are에 연결되는 요소가 나올 거라고 예상하는 것이 중요하다. **whatever part of the world we come from** (세계의 어느 곳 출신이더라도)이라는 양보의 부사절(⇨4-3-10)을 지나서 **persuaded that**...이 보이면, 3-2-5 앞에서 설명한 be persuaded that...의 구문이라는 것을 알게 된다. **our own nation is superior to all others**(=other nations) '자신의 나라가 다른 모든 나라보다 훌륭하다고 믿고 있다'.

② **Seeing that**...은 여기서는 단순한 분사구문으로 해석해서 '...을 보면'이라고 해도 되지만, 좀 더 발전한 *Seeing that* you have come, we will settle it now. (너도 왔으니까 지금 정하자)가 되면 접속사라고 불린다. **its characteristic merits and demerits**의 characteristic은 형용사. '〈각 나라에〉 특징적인 장점이나 단점이 있다'.

we adjust our standard of values '가치 기준을 조정하다'. **so as to**－는 ⇨ 3-1예②. **make out**은 여기서는 '주장하다'라는 뜻으로, that절이 그 목적어다. '...이라고 주장하기 위해서'. that절의 내부는 **the merits...are**가 중심이고, **possessed**는 the merits를 꾸미는 과거분사(⇨ 1-1-4). '〈자기 나라가〉 가지고 있는 장점은 〈정말 중요한 것〉이다'. **while its demerits are comparatively trivial** '반면에 그 단점은 비교적 중요하지 않다'.

▸전역 별책 p. 9

3.3 명사 + that절

먼저 아래의 두 문장을 비교해보자.

(a) He denied **the fact that was known** to everyone.
(그는 누구나 알고 있는 사실을 부정했다.)

(b) He denied **the fact that it was known** to everyone.
(그는 누구나 그것을 알고 있다는 사실을 부정했다.)

that으로 시작하는 절이 the fact를 수식하고 있다는 점은 (a)(b)에 공통되지만, (a)의 that절의 내부는 지금까지와 달라서 was known to everyone 만으로는 독립된 문장이 되지 않는다. 이것은 that이 절을 묶는 것 외에 was에 대한 주어의 역할도 겸하고 있기 때문이다. 즉 that은 관계대명사다 (이 점에 대해서는 ⇨ 9-1). 내용적으로는 그가 부정한 것은 누구나 알고 있는 사실, 예를 들어 '지구가 태양의 주위를 도는 것'이다. 이에 반해 (b)의 that은 절의 구성으로 보면 접속사이지만, that절 전체가 문장 속에서 하는 역할은 3.2에서 본 주어·보어·목적어의 어느 하나도 아니고, 앞의 the fact에 대한 설명이다. 이것은 **동격명사절**이라고 불리는 용법으로, the fact=that절이라는 관계가 바탕이 된다. 즉 그가 부정한 것은 '누구나 그것을 알고 있다는 것'이다. (a)와 (b)가 형식과 내용 양면에서 다른 종류의 표현이라는 것은 다음의 두 문장에서도 마찬가지다.

> (c) There was **no hope that** he had realized.
> (that은 관계대명사로 realized의 목적어.
> '그가 이룬 바람은 없었다'. *cf.* He had realized *the hope*.)
> (d) There was **no hope that** he had realized it.
> (동격명사절. '그가 그것을 이루었을 가능성은 없었다')

3.3.1 Give girls the same *advantages* **that** you give their brothers.

that은 관계대명사로 give의 직접목적어다.

번역 남자아이들에게 주고 있는 것과 같은 편의를 여자아이들에게도 주어라.

3.3.2 In spite of the *difficulties* **that** confront industrial civilization, there is a *possibility* **that** stabilization can be achieved and **that** war can be avoided.

difficulties that...의 that은 관계대명사로 confront의 주어. a possibility를 꾸미는 동격명사절이 두 개 있다. *that* war의 that이 형용사가 아니라는 것에 주의. stabilization '안정'

번역 공업문명이 직면하고 있는 어려움에도 불구하고, 안정을 실현하고 전쟁을 회피할 가능성도 있다.

3.3.3 During the Middle Ages, astronomers had clung to the *theory* of a Greek philosopher of the second century A.D., named Ptolemy, **that** the Earth is the fixed center of the universe.

astronomer '천문학자'. the theory의 내용은 that...the universe가 보여준다. named는 philosopher를 수식하는 과거분사. Ptolemy '프톨레마이오스'

번역 중세의 천문학자들은 지구가 우주의 고정된 중심이라는 기원 2세기의 그리스 철학자(이름은 프톨레마이오스)의 설에 매달렸다.

동격명사절이 앞에 있는 대명사의 내용을 나타내는 경우도 있다.

3.3.4 We are all equal in *this*, **that** we all have twenty-four hours in the day.

equal in... 이하에서 말하고자 하는 것을 this로 미리 정리함으로써 문장을 일단 끊어 이해를 돕는 구문. 우리말의 '이런 것, 그러니까...'이라는 표현에 해당한다.

번역 누구나 이런 점, 즉 모두가 하루에 24시간을 갖는다는 점에서는 평등하다.

3.3.5 I take *it* **that** you are fully acquainted with the case.

it=that절. take는 '생각하다'의 의미. 다음의 문장은 V+전치사+it=that절이 된다. *cf. See to it that* you do not fall. (넘어지지 않게 조심해.)

번역 당신이 그 사건의 사실을 충분히 알고 있다고 본다.

참고 I was born in the year **that** my uncle died. (나는 삼촌이 죽은 해에 태어났다)의 that은 my uncle 이하를 하나의 독립된 문장으로 할 수 있기 때문에 관계대명사가 아니다. 하지만 He denied the fact *that* it was known to everyone.과 같은 동격명사절에 보이는 the fact=that절의 관계가 성립하지 않는다는 점에서 보면, 이 that을 접속사, 절 전체를 동격명사절로 보는 것도 불가능하다. 이 that은 관계부사고, that절은 형용사절이다. 위 문장의 that은 when과 같은데, 다음과 같은 예도 있다. He didn't reason in the same way **that**(=in which) I did. (그가 논리를 전개하는 방식은 내 방식과는 달랐다. ⇨9-4-11)

3.3 예제(1)

My father had a strong idea that half the disobedience of little children arose from want of employment, and that they had a very early perception of the difference between amusing themselves and doing something that saved trouble to others.

힌트 옛날에는 자녀 교육에 자기 생각을 가진 아버지도 있었다는 이야기.

해설 **My father had a strong idea**의 idea와 동격의 **that**절이 두 개 있다 (⇨ 3-3-2). '아버지는 …이라는 강한 신념을 가지고 있었다'. have an idea that…에 대해서는 다음의 숙어 표현에 주의. *cf.* I *have an idea that* something will happen today. (오늘은 무슨 일이 일어날 것 같은 기분이 든다.) / We *had no idea that* the task would take such a long time. (그 일이 그렇게 시간이 걸릴 줄은 몰랐다.) **the disobedience of little children** '아이가 부모의 명령을 듣지 않는 것'. **arose from want of…**의 want는 '욕구'가 아니라 '부족'. '〈일〉이 없는 데서 생기는'. **they had a very early perception of the difference between…** '아주 어릴 때부터 … 사이의 차이를 알고 있다'. **amusing themselves** '즐기다' (⇨ 3-2예(2)역). **something that saved…**의 that은 관계대명사. '〈다른 사람의 고생을〉덜어줄 일'.

▸ 전역 별책 p. 9

3.3 예제(2)

❶ Our notion of time as a collection of minutes, each of which must be filled with some business or amusement, is wholly alien to the Greeks. ❷ For the man who lives in a pre-industrial world, time moves at a slow and easy pace; he does not care about each minute, for the good reason that he has not been made conscious of the existence of minutes.

힌트 시계가 있기 때문에 몇 분 몇 초에 쫓긴다. 시계가 없는 세상의 시간은 좀 더 느리게 흐르고 있을 것이다.

해설 ① **Our notion of time as a collection of minutes**의 as는 전치사. '...으로서'. a collection of minutes '분의 집합체'란 '(day나 hour가 아니라) 분을 단위로 해서 측정되는 것'을 의미한다. '분의 집합체로서의 시간이라는 우리의 생각' → '시간을 1분 1분의 집합체라고 생각하는 것'. **each of which**의 which의 선행사는 minutes, **must be filled**의 주어는 *each* of which(⇨ 9-3-2). '그 하나하나를 일이나 놀이로 메우지 않으면 안 된다'. **is wholly alien to the Greeks**가 선두의 Our notion에 대응하는 술어(⇨ 1-2-1). '...이라는 생각은 그리스인에게는 전혀 관련이 없는 것이다'.

② **For** the man의 For가 전치사라면 뒤는 *For*+명사S+V, 3-1예 ③의 *For* it is...과 마찬가지로 접속사라면 뒤는 For the man(=S)...V가 될 것이다. 어느 쪽이 맞을까? **who lives in a pre-industrial world**의 pre-는 '앞'을 나타내는 접두사. '공업화 이전의 세계에 살고 있는'. **time moves**를 보고 For는 전치사라고 판단한다. '...사람에게는 시간은 〈천천히 느긋하게〉 간다'. **care about each minute** '1분 1분에 신경을 쓰는 〈일은 없다〉'. **for the...reason that...**의 that은 동격명사절을 이끄는 접속사. '...이라는 〈충분한〉 이유로'라는 뜻인데, 이 부분 전체가 접속사 because와 같은 역할을 한다. '전치사+명사+that' 전체가 접속사처럼 쓰이는 숙어에는 for fear that(=lest), on condition that(=if) 외에도,

He was dismissed **on the ground that**(=because) he was lazy.
(그는 게으르다는 이유로 해고당했다.)
The burglar wore gloves, **with the result that**(=so that ⇨ 3-4-pre5) there were no finger-prints to be found.
(도둑은 장갑을 끼고 있었기 때문에 지문이 발견되지 않았다.)

등이 있다. he **has** not **been made conscious of**...은 has made him conscious of... (그에게 〈분의 존재〉를 의식하게 했다)의 수동태.

▸ 전역 별책 p. 10

3.4 that절 – 부사절

wesen, wesenful, wesenfully라는 세 단어의 의미를 아는 사람은 없을 것이다. 이것은 필자가 마음대로 만든 단어고 의미는 처음부터 없기 때문이다. 하지만 의미가 없어도 wesen 명사, wesen*ful* 형용사, wesenful*ly* 부사라는 것은 느껴진다. 이것은 beauty, beauti*ful*, beautiful*ly*라는 어형 변화에서 유추해서 -ful, -fully가 각각 형용사와 부사의 어미라고 생각되고, 또 기본이 되는 wesen은 beauty와 같은 기능을 가진 말, 즉 명사라고 느껴지지 때문이다.

이렇게 영어 단어 중에는 의미를 나타내는 요소뿐만 아니라 기능을 나타내는 접미사가 포함되어 있어서, 앞뒤에 관계없이 품사, 즉 문장 속에서의 기능이 결정되는 경우가 많다. 그럼 that절의 경우는 어떨까? that이 관계대명사인 경우는 절의 구조를 보면 알 수 있고(⇨ 3-3-0), 동격명사절의 대부분은 명사 바로 뒤에 접속사 that으로 시작하는 절이 나오는 것이 판단에 도움이 된다. 그런데 접속사 that으로 시작하는 절이 부사의 역할을 하는 경우도 있다. 이 경우에는 that... 전체에 -ly를 붙일 수 없는 이상, 형태상의 표시는 없다. 그럼에도 불구하고 실제의 영문에서 that절의 기능을 제대로 판별할 수 있는 것은 다음의 두 가지 사항이 있기 때문이다.

❶ that절 외의 부분의 구성

that절이 명사의 작용을 할 때 문장 속에서의 역할은 S, O, C 또는 동격 명사절 가운데 하나다. 거꾸로 말하면, 이미 S, O, C가 모두 갖추어진 문장에 또 that절이 추가되는, You must be mad **that** you should do such a thing. (그런 일을 하다니 너는 머리가 어떻게 된 게 틀림없다. ...that절은 판단의 근거를 나타낸다)과 같은 문장에서 that절은 부사절이다.

❷ 부사절이라는 것을 보여주는 표시

that절이 부사절일 때는, 앞에 so나 such가 있거나 절 안에 can, may 등의 조동사가 나오는 경우가 많다.

3.4.1 The rate of change has been accelerated *so* much **that** before we have time to adjust ourselves to new conditions they in their turn have been outdated.

so...that이라고 보고 that에 대응하는 S+V를 찾아, they...have를 찾아낸다 (⇨3-1-0). in their turn은 '이번에는(그 상황이 더)'라는 의미. *cf.* Permit me to ask you a question *in my turn.* ((지금까지는 당신의 질문에 대답했지만) 이번에는 내가 질문하게 해주세요)

번역 변화하는 속도가 무척 빨라져서 새로운 상황에 적응할 새도 없이, 이번에는 그 상황이 시대에 뒤처지고 만다.

3.4.2 A doctor is *so* familiar with most of the things that can happen to minds and bodies **that** little can startle him.

so familiar...that can으로 얼핏 so...that처럼 보이지만, 이 that은 can의 주어가 되는 관계대명사다. 포기하지 말고 찾아서 that little(=S) can startle(=V)을 찾아낸다(⇨12-2-7참).

번역 의사는 사람의 몸과 마음에 일어나는 거의 모든 것에 정통하고 있기 때문에, 웬만한 일에는 놀라지 않는다.

참고 so...that= '매우 ...때문에'라고 배웠기 때문에 so=very라고 생각하는 사람이 많다. 하지만 so의 기본적인 의미는 어디까지나 '그만큼, 그렇게'이며, so를 단순한 강세로 사용하는 것은 주로 여성에게 보이는 특수한 용법이다. very는 단순히 강조를 위한 말이지만, so의 경우는 '그만큼'이 '얼마만큼'이고 '그렇게'가 '얼마나'인지 생각해봐야 한다. so의 내용은 전후 관계에서 알 수 있는 경우도 많지만, so...that이나 so...as to- 등의 구문에서 so의 내용을 that이나 as to 이하가 설명할 수도 있기 때문에, so에 대한 설명을 찾으려는 자세가 없으면 위의 예처럼 so와 that이 떨어져 있는 구문은 이해하기 힘들다. 다만 so...that을 파악한 뒤에 전체를 우리말로 옮길 때 어떤 역어를 쓰는 것이 적당한지는 별개 문제다. 이상의 내용은 such...that에 대해서도 말할 수 있다.

3.4.3 *Such* is the pleasure you give **that** you cannot come too often.

Such에 내용을 제공하는 것은 어느 부분인가? give는 뒤에 직접 that절을 취할 수 없다(pleasure와 you 사이에는 관계사가 생략)는 것에 착안해서, Such...that이라고 본다. The pleasure you give is *such that*...=You give *such* a pleasure *that*...이라고 해도 문장의 의미는 같다. *cf.* Children *cannot* be taught *too* early. (아이들은 얼마든지 일찍부터 가르쳐도 된다.)

번역 당신을 보면 무척 기쁘니까 얼마든지 오셔도 좋습니다.

3.4.4 An incident happened to me in the lake of Lausanne. I record this incident **that** it *may* be a warning to others.

it may be 이하의 구성으로 봐서 that은 접속사. 앞의 I...this incident가 그것만으로 완전한 문장이 된다는 것과 절 안의 조동사 may를 보고, that 이하는 목적을 나타내는 부사절이라고 이해한다.

번역 로잔 호수에서 내게 어떤 사건이 일어났다. 이 사건을 기록하는 것은 그것이 다른 사람들에게 경고가 되었으면 하는 마음에서다.

so that으로 시작하는 절은 He ran fast *so that* he *might* [*could*] catch the train. (그는 열차를 탈 수 있도록 빨리 달렸다)과 He ran fast, *so that* he caught the train. (그는 빨리 달려서 열차를 탔다)과 같이, that절 안의 may 또는 can의 유무를 목적과 결과를 구별하는 기준으로 가르치는 경우가 많지만, He works hard so *that* his family *will* live happily. (가족이 행복하게 살 수 있도록 그는 열심히 일한다)나 아래의 예처럼 조동사가 없는 경우도 많기 때문에, 기계적으로 대응할 것이 아니라 앞뒤의 내용에 유의하자.

3.4.5 By having a defined role in society each individual may cultivate his ability in that role *so* **that** it *is* better *performed*, to the advantage of the community.

to the advantage of... '...에 유리하게'

번역 각자가 사회 속에서 명확한 역할을 가짐으로써 그 역할에 필요한 능력을 기르고, 그것을 훌륭하게 수행해서 지역사회에 이바지할 수 있다.

3.4 예제(1)

We all know by instinct that it is unnatural to marry for money or social position instead of for love; yet we have arranged matters so that we must all marry more or less for money or social position or both.

힌트 이상과 현실의 불일치는 일상다반사. 결혼도 그렇다.

해설 **We all know** by instinct **that**... (우리들은 모두 본능에 따라 ...을 안다.) marry *for*...**instead of** *for* love의 instead of... (...대신에)라는 전치사는 명사(⇨ 2-2-5)뿐만 아니라 전치사구를 목적어로 할

수도 있다. '사랑이 아니라 〈재산이나 사회적 지위〉를 위해 결혼하는 〈것은 부자연스럽다〉'. **yet**은 '아직'이 아니라 '하지만'. **have arranged matters** '세상의 구조를 결정하다'. so that...must는 앞뒤 문맥으로 '결과'가 아니라 '목적'을 나타내는 부사절로 해석한다(⇨ 3-4-5). A **or** B **or both**는 'A 또는 B, 또는 A B 모두'. '〈돈〉 또는 〈사회적 지위〉, 또는 그 두 가지 모두를 위해 〈결혼한다〉'.

▸ 전역 별책 p. 10

3.4 예제(2)

❶ It is now almost a century since a literate woman was sufficiently a curiosity to have the fact of her sex noted every time her literary activities were mentioned, and so *authoress* is going out of use. ❷ No one could have foreseen, fifty year ago, that women were soon to do so much that men had thought they alone could do that to attempt to call attention to it would burden the language.

힌트 셋째 줄의 authoress가 이탤릭체인 것은 왜일까? 차별어 철폐 운동은 '이름에서 내용으로'라는 형식을 취하는데, 이것은 '내용'의 변화가 '이름'을 바꾼 예.

해설 ① **It is...since~** '~이래, ...(의 시간이) 경과했다'는 It으로 시작하는 기본 구문. '...때부터 〈벌써 100년이나〉 지났다'. **literate**는 '읽고 쓸 수 있는'에서 여기서는 '학식이 있는'. 셋째 줄의 **literary**는 '문학의'. *cf.* literal '글자(대로)의'. a...woman **was...a curiosity** 부분을 '...여성은 호기심이 있다(=was curious)'라고 본다면 이 예제를 해석하는 것은 무리다. a woman=a curiosity(⇨ 2-2예(3)③)의 관계에서 '학식 있는 여성은 희소가치가 있는 존재였다'라고 해석한다. **sufficiently...to－** = ...enough to－. **have the fact of her sex noted**는 2-2-8에서 본 have+O+p.p. 형식인데, 이것도 '그녀의

성의 사실이 주목되었다'고 하면 무슨 말인지 알 수 없다. 앞뒤 문맥에서, '지금 문제가 되고 있는 사람은 남자가 아니라 여자라는 것이 주목되었다'라고 보충해서 생각해야 한다. **every time**은 whenever와 같은 의미로 사용하는 접속사. '〈그들의 문학 활동이 화제에 오를〉 때마다, 그 사람이 여성이라는 사실이 주목의 중심이 되었다'. **and so *authoress* is going out of use** 'authoress는 쓰이지 않게 되었다'는 여성작가에게 의뢰가 들어오지 않았다는 말이 아니다. author(작가)에 '여성'을 나타내는 ess라는 어미를 붙인 authoress라는 단어가 쓰이지 않게 된 것이다.

② No one **could have foreseen**에 보이는 '조동사의 과거+have +p.p.'는 **fifty years ago** 속에 들어있는 가정을 받는다. '50년 전에도 아무도 예견하지 못했을 것이다'. ①이 100년 전의 일이었는데, 여기서는 이야기가 50년 현재에 다가왔다는 것에 주목할 것. **women were** soon **to do** '여성이 이윽고 ...하게 된다'. were to는 '예정'을 나타내는 조동사의 용법. **so much** that에서 so...that 구문으로 읽으면 뒤가 연결되지 않는다. 이 that은 앞의 do의 목적어가 된 much라는 명사(*cf.* 12-2-7[참])를 선행사로 해서, **men had thought they alone could do**의 do의 목적어가 되는 관계대명사(⇨ 9-2-9). thought와 they alone 사이에는 접속사 that이 생략되었다. '남자밖에 못 한다고 남자가 생각하던 많은 일을 여자가 하게 되다'. do *so* much**...that to attempt...would burden...**이라고 읽는 것이 같은 so...that 구문에서도 바른 해석이다(⇨ 3-4-2). to attempt는 would burden의 주어(⇨ 1-4-1)임과 동시에, would burden에 대한 가정을 포함하고 있다. **call attention to it** ⇨ 3-2-3. princ*ess*, godd*ess*(여신)는 그렇다 치더라도, author*ess*, actr*ess*, mistr*ess*(여교사), poet*ess*(여류시인), waitr*ess*(여종업원)와 같은 단어를 새로 만들면서까지 그 일을 하는 것이 남자가 아니라 여자라는 사실에 사람들의 주의를 끌려고 하는 것. **burden the language** '언어에 〈불

필요한〉 부담을 지우다'. author, actor, master, poet, waiter 외에 쓸데없는 단어가 생긴 만큼, 사전은 무의미하게 두꺼워지고 수험생은 불필요한 부담에 허덕인다.

▸ 전역 별책 p. 10

Chapter 4

what절

what - 관계[의문]대명사 1

what절의 특수구문 2

what - 의문[관계]형용사 3

CHAPTER **4**

what절

You asked him a question.이라는 문장을 더 큰 문장 속의 하나의 단위로 만들려면 앞에 that을 집어넣어서, 예컨대 I know that you asked him a question.이라고 하면 된다. 이 점에 대해서는 앞 장에서 언급했다. 그런데 What did you ask him?을 I know에 이어서 쓸 때는, what 자체에 접속의 역할이 있기 때문에 I know what you asked him. (네가 그에게 무엇을 물었는지 나는 알고 있다)이라고 하면 된다. 이 문장의 what은 명사절을 묶는 역할과 asked의 직접목적어로서 대명사라는 두 개의 역할을 갖기 때문이다.

This is what he asked. (이것이 그가 질문한 것이다)의 what은 의문대명사가 아니라 관계대명사인데, 명사절을 묶는 것과 절 안에서 대명사로 쓰인다는 두 가지 점에서는 위의 what과 다르지 않다. I know what question you asked him. (네가 그에게 어떤 질문을 했는지 나는 알고 있다)의 경우는 what이 의문형용사이기 때문에 사정은 다르지만, what이 절을 묶는 것 외에 절 안에서 기능하는 점은 같다.

what이 만드는 명사절은 ❶ 문장 전체에서의 명사절의 역할, ❷ 명사절 안의 의문사나 관계사의 역할, ❸ 의문사와 관계사의 의미라는 세 가지 문제가 복잡하게 얽혀 있어서, 이것을 풀기란 쉽지 않다. 이 장에서는 관계[의문]대명사 what의 일반적인 역할, 관계사 what이 만드는 특수한 구문, 그리고 의문[관계]형용사로서의 what절이라는 세 가지 각도에서 위의 문제를 살펴보고, 아울러 what과 비슷한 문제를 포함하는 whatever절에 대해서도 알아본다.

4.1 what – 관계[의문]대명사

먼저 what이 절 안에서 대명사로 쓰이는 경우에 한정해서, what으로 시작하는 절의 문제점을 예를 통해 살펴보자.

4.1.1 **What** I *saw* and *heard* and *learned* in my boyhood days *made* lasting impressions on me.

what이 의문문을 이끄는 것이 아니라는 것은 What did I see?라는 의문문의 어순이 아니라는 점에서 바로 알 수 있다. 문장 앞에 있는 전치사를 동반하지 않은 명사가 주어가 된다는 원칙(⇨ 1-1)에 따라서 what(명사절)=S라고 보고, 이것에 대응하는 동사 made를 찾아내서 예상이 맞았음을 확인한다. boyhood는 days를 꾸미는 명사. what은 관계대명사로, 절 안에서는 saw, heard, learned 공통의 목적어다.

번역 소년시절에 보고 듣고 배운 것이 내게 지속적인 인상을 주었다.

4.1.2 **What** *interested* me more than anything else then *was* the writing of short stories.

이번에는 What 자체가 interested의 주어다. 이 문장이 What interested me...? 이라는 의문문이 아니고 what절이 주어라는 것은 was the writing...을 보고 알 수 있다. 이 what도 관계대명사다. more than anything else ⇨ 13-1-9 참.

번역 당시에 다른 어떤 것보다 내 관심을 끈 것은 단편소설을 쓰는 것이었다.

4.1.3 If you watch a bug as it goes along about its business, you can *find* out **what** a bug's world is *like*.

what은 의문사로 절 안에서는 like의 목적어다. *cf.* What is that like? (그것은 어떤 것인가?) what절 전체는 find out의 목적어.

번역 벌레가 일을 하는 것을 관찰하고 있으면, 벌레의 세계가 어떤 것인지 알 수 있다.

4.1.4 **What** do you *think* I mean to *do* when I grow up?

Do you *know* what it is?에서는 주절이 의문문이다. 이런 종류의 문장에서 주절의 동사가 that절을 취하는 think, imagine, suppose 등의 경우는, 의문사가 문장 앞으로 가서 위의 예문과 같은 의문사 의문문을 만들기도 한다. 위 문장의 what 은 절 안에서는 to do의 목적어. *cf.* I meant to go. (나는 갈 생각이었다.)

번역 제가 크면 뭘 할 생각이라고 보세요?

4.1.5 We must make a distinction *between* **what** we *read* for our information and **what** we *read* for our formation.

make a distinction=distinguish ⇨ 10–3예⑤. 두 개의 what절은 모두 전치사 between의 목적어다. 또한 이 문장의 what은 관계사(읽는 것)로 보든 의문사(무엇을 읽는가)로 보든 결국은 같다. 이런 경우는 양자를 구별하는 데 연연하지 않아도 된다. formation '(인격) 형성'

번역 지식을 얻기 위한 독서와 인격 형성을 위한 독서는 구별해야 한다.

(a) You may do **what** you like.
(b) You may do **whatever** you like.

(a)(b)의 what과 whatever는 모두 명사절을 묶고 있으며 절 안에서는 like의 목적어다. 양자는 선행사를 포함하는 관계대명사라는 기능은 같지만, 의미는 whatever가 더 강해서 anything that으로 바꾸어 쓸 수 있다. 말하자면 (b)는 '좋아하는 일은 뭐든지 해도 된다'라는 뜻이 된다.

4.1.6 **Whatever** is to be done, *can* only *be* done adequately by a help of certain zest.

Whatever(=Anything that)가 is의 주어임과 동시에, Whatever is to be done 전체를 묶어서 can only...의 주어가 되는 명사절을 만든다.

번역 해야 하는 것이 무엇이든, 일종의 열정이 받쳐줘야만 제대로 이룰 수 있다.

4.1.7 She had always *had* **whatever** she *wanted.*

cf. She had always had *anything that* she wanted.

번역 그녀는 항상 원하는 것은 뭐든 손에 넣었다.

4.1 예제(1)

❶ The Greek civilization was the first, so far as we know, which was not ruled by gods and priests. ❷ In all previous civilizations, men asked what the gods wished them to do or say, before they did it; and the priests were there to tell them. ❸ But in Greece, for the first time, men began to do what it seemed right or sensible to themselves to do, and to discuss among themselves why some things seemed right and others wrong, how the world had come to be what it was, and how it could be altered.

힌트 종교의 지배에서 벗어난 그리스 문명에 찾아온 지성의 새벽.

해설 ① **the first** (civilization)가 **which**의 선행사(⇨ 10-2-4). **so far as**는 접속사. 'S가 V인 범위에서'이므로 '...의 한에서[에 있어서]'라는 뜻이 된다. '...은 〈우리가 아는〉 한에서는 〈신들이나 사제에 의해 지배되지 않은〉 최초의 문명이었다'.

② **In all previous civilizations** '그리스 이전의 모든 문명에서는'. **asked**로 봐서 **what the gods wished them to do or say**의 what은 의문사. 절 안에서는 do or say의 목적어. The gods wished them to do or say *something.*의 something이 what으로 바뀜으로써 생긴 명사절이다. '신들은 인간이 무엇을 하고 무슨 말을 하길 바라는지를 물었다'. **before they did it** '인간이 하기 전에 신들이 바라다'라고 하면 뜻이 통하지 않는다. 이 before절은 men asked를 꾸민다. 해석은 ⇨ [번역의 요령5]. **the priests were there to tell**

them '인간에게 (신의 뜻을) 알리기 위해 사제가 그 자리에 있었다'.

③ **for the first time** '(역사상; 태어나서) 처음으로'. began to do **what it seemed right or sensible to themselves to do**의 what은 관계사로 절 안에서는 to do의 목적어. *cf.* It seemed right or sensible to themselves to do *something*. it은 to do를 받는 가주어. '〈그리스에서〉 처음으로 인간은 스스로 생각해서 바르거나 현명하다고 생각되는 것을 하기 시작했다'. ...themselves *to do*, and *to discuss*라고 읽으면 뜻이 통하지 않는다. men began *to do*..., and **to discuss** among themselves **why...**이 바른 해석이다. '그들 안에서 ...을 논하기 시작했다'. **some things seemed right and others** (seemed) **wrong**이라고 보충해서 읽는다(⇨ 14-4-2). '〈왜〉 어떤 것은 옳고 다른 것은 틀리게 보이나; 〈왜〉 세상에는 옳게 보이는 것과 그렇지 않은 것이 있는가'. **how the world had come to be what it was**의 what it was에 대해서는 ⇨ 4-2-2. '세계는 어떻게 해서 지금의 모습이 되었나'. to discuss의 목적어가 되는 세 개의 명사절이 *why...*, *how...*, and *how*로 표현된다. **how it could be altered** '어떻게 하면 세계를 바꿀 수 있을까'.

▸ 전역 별책 p. 11

4.1 예제(2)

She who dresses for her children's and for her husband's homecoming is sure to greet them with greater charm than she who thinks whatever she happens to have on is good enough.

힌트 잡은 고기에게는 먹이를 주지 않는 마음으로는 가정도 위험하다.

해설 *He* who...은 특정의 '그'가 아니라 '...하는 사람' 일반을, **She who...**은 '...하는 여성'을 나타낸다. who dresses **for her children's** and **for her husband's** *homecoming*이라고 읽는다(⇨ 14-2-2). '아이들

이나 남편의 귀가에 맞추어 좋은 옷을 입다'. **She** who... **is sure to greet** them with *greater* charm *than she* who...이 문장의 골격이다(⇨ 12-1-3). is sure to-는 주어가 '확신하고 있다'가 아니라, *I am*[*We are*] *sure* that she will greet them과 동일한 내용이 압축된 것. '〈좋은 옷을 입는〉 여성은 ...여성보다 큰 매력으로 그들을 맞을 것이 틀림없다'. *cf.* She *is sure of* success. (그녀는 성공을 믿고 있다.) **thinks whatever she happens to have on**은 whatever가 명사절을 묶는다고 해도 thinks에 whatever...을 목적어로 해서 직접 연결하면 의미가 이상하고 뒤의 is에 대한 주어가 없어진다. 여기는 thinks (*that*) whatever...on(=S) is good enough로, 4-1-7이 아니라 4-1-6의 해석 방법에 해당한다. whatever는 절 안에서는 have의 목적어. *cf.* She had *a hat on*. (그녀는 모자를 쓰고 있었다.) happen to-는 '우연히 -하다'. '그때 우연히 입고 있던 것이 무엇이든 그것으로 충분하다고 생각하는 〈여성〉'.

▸전역 별책 p. 9

4.2 what절의 특수구문

(a) Housing **should not be** the object of speculation.
(주택을 투기의 대상으로 해서는 안 된다.)
(b) Housing **is** the object of speculation today.

이 두 개의 문장을 (b)의 the object of speculation을 관계사로 바꾸어 한 문장으로 하면,

Housing should not be the object of speculation **which** *it is* today.

가 된다. 이 문장에서 which 이하의 의미의 중점은 앞부분과 공통되는 which나 it에 있는 것이 아니라, 관계사절 속에 처음 등장하는 is와 today가 앞의 should not be와 대립한다는 점에 있다. be동사는 본래 S be C.에서 S와 C를 결합하는 역할을 할 뿐, 기능은 중요하지만 의미는 희박한 것이 보통이다. 하지만 이 문장처럼 can[may] be(가능·추량)나 must[should] be (필연·의무)와 같은 형식과 대립관계로 사용된 be동사는 '실제로 ...이다'라는 강한 의미를 갖게 된다. 위 문장의 today는 is의 이런 강한 의미를 더욱 보강하는 말이기 때문에, 이것을 정면에 내세워서 '주택을 지금처럼 투기의 대상으로 삼아서는 안 된다'라고 번역하는 것이 좋다. 이 번역문 중에는 직접 which나 it과 대응하는 부분은 없지만, (a)(b)의 내용이 전부 번역문 속에 들어 있다는 것을 확인하기 바란다.

He is not **what** he was.처럼 선행사를 포함하는 관계대명사를 썼을 때도, 역시 의미의 중점은 what이나 he가 아니라 was에 있다. 다만 이 was는 '가능－필연－현실'이라는 계열 속에서 의미를 얻는 것이 아니라, was(과거)－is(현재)－will be(미래)라는 계열 속에서 과거형이라는 것이 의미의 중심이기 때문에, 이 점을 강조해서 '지금의 그는 예전과 같은 사람이 아니다[예전과는 달라졌다]'라고 번역한다. was를 강조하기 위해 He is not what he *used to be*.라고 해도 의미는 같다. 단, He is not what he was *ten years ago*. (지금의 그는 10년 전과는 달라졌다)가 되면, ten years ago로 '과거'라는 것이 충분히 드러나기 때문에 was를 번역할 필요는 없어진다.

4.2.1 History must be the story of how things have come to be **what** they *are*.

things는 막연하게 '사항, 사태'를 나타낸다. they는 things를 가리킨다.

번역 역사는 사태가 어떻게 해서 현재에 이르렀는지를 들려주는 것이어야 한다.

4.2.2 Once we begin to imagine **what** the world *ought to be*, we are apt to be blind to **what** it *is*.

Once는 부사(*cf. Once* there lived an old man. 옛날에 어떤 노인이 있었습니다)가 아니라, we begin과 we are를 결합하는 접속사로 쓰였다. ought to be와 is의 대립에 주의. it은 the world를 가리킨다.

번역 일단 세계의 바람직한 모습[이상적인 세계]를 상상하기 시작하면, 현실 세계를 보지 못할 수 있다.

This is *what he gave* me.라는 문장에서는 what he gave를 me에서 떼어내서 해석하는 것은 불가능하다. 그런데 He is **what we call** a young prince.에서는 what we call을 '이른바'라고 해서 '그는 이른바 귀공자다' =He is (what we call) a young prince.라고 해석할 수 있는 것은 왜일까? 이 what절에는 We call *the boy* a young prince.라는 제5문형의 문장이 숨어 있어서 the boy=a young prince라는 관계가 성립하고 있고(⇨ 2-1-0), what we call a young prince(우리가 귀공자라고 부르는 것[소년])란 본질적으로 a young prince를 가리키기 때문이다.

같은 내용을 다른 각도에서 생각해보자.

The road led him ( ) what he knew to be the right direction.이라는 문장에서 괄호 안에 들어가는 전치사는 what절 전체, 또는 what 속에 포함되어 있는 선행사로 결정된다. 하지만 what은 뭐든지 받을 수 있는 대명사이기 때문에 what 자체에는 앞의 전치사를 결정할 힘은 없다. 다만 이 문장에서 what이하를 독립시키면,

He knew *it* to be the right direction.

이 되어 it(=what)은 direction과 같기 때문에 괄호 속에는 direction이 취하는 전치사 in이 들어가고, 전체의 의미는 '그 길은, 맞다고 알고 있는 방향으로 그를 인도했다'가 된다. 이렇게 what절이 제5문형 또는 그와 유사한 형태일 때는, 절의 구조를 영어로 파악한 다음에 목적보어가 되는 명사를 중심으로 번역하기 시작하면 쉽게 풀리는 경우가 많다.

4.2.3 She returned to New Zealand and spent the next two years in constant rebellion against **what** she then considered *the narrowness* of a remote colonial city.

cf. she considered *it* the narrowness.... rebellion '반항, 반란'. colonial '식민지의'

번역 그녀는 뉴질랜드에 돌아가서, 당시는 외딴 식민 도시의 편협함이라고 생각하던 것에 끊임없이 반항하며 그 뒤의 2년을 보냈다.

4.2.4 Among the people who migrated to America **what** has later come to be called *a "middle" name* was very rare.

migrate '이주하다'. what절이 was의 주어. what절의 내부를 능동태로 바꾸면 *what* we have later come to call *a "middle" name*이 된다.

번역 미국에 이주한 사람들 중에는 나중에 '미들네임'이라고 불리게 되는 이름을 가진 사람은 거의 없었다.

4.2.5 This incident shows that **what** people believe *the duties* of men and women *to be* differs from one country to another.

what...to be가 differs의 주어다. what절은 people believe the duties...to be *something*의 something을 관계사로 바꾼 것으로, what은 to be에 이어지는 보어. 직역하면 '사람들이 의무란 그것이라고 믿고 있는 것'이 되지만, 내용에 비춰 아래와 같이 번역한다. 앞 페이지의 The road로 시작하는 예문과 비교해서, to be의 위치에 따라 what이 O인지 혹은 C인지 알 수 있다는 것을 생각할 것(⇨ 2-2-1참).

번역 이 사건은 사람들이 남성 및 여성의 의무라고 믿고 있는 것이 나라마다 다르다는 것을 보여준다.

I want that.이라는 문장을 what을 써서 살짝 바꾸면 *That is what* I want.

(그것이 내가 갖고 싶은 것이다)라는 문장이 된다. That이 문장 처음에 나와서 강조된 점과 문장이 복문이 된 점이 다를 뿐, 의미에는 큰 차이가 없다. 그렇다면 아래 문장은 어떨까?

Self-contradictory is **what** most of us *are*.

이것도 Most of us are self-contradictory.(대다수의 사람들은 모순을 가진 존재다)를 what을 써서 변형한 것이라고 보고, 강조의 초점을 옮겨서 '모순을 갖고 있는 것이야말로 대다수의 사람들의 모습이다'라고 해석하면 된다.

4.2.6 Foreign children born and brought up in Japan feel that the Japanese diet in general is **what** they *need* most.

번역 일본에서 나고 자란 외국 아이들은 일반적인 일본 음식이 그들에게 가장 필요한 것이라고 느낀다.

4.2.7 Writing for the radio should be as easy as making intelligent conversation, because basically that is **what** it amounts *to*.

amount to는 '결국 ...과 같다'라는 뜻. 문장 끝의 to의 목적어가 what 속에 포함되어 있다는 것을 알면, A is as easy as B, because B is A.가 전체 문장의 골격이라는 것을 이해할 수 있다. that은 making...conversation을, it은 Writing for the radio를 가리킨다.

번역 방송용 원고를 쓰는 일은 지적인 대화를 하는 것과 마찬가지로 쉬워야 한다. 왜냐하면 기본적으로, 바로 그것이 방송용 원고를 쓰는 의미이기 때문이다.

4.2 예제(1)

❶ The dream at the heart of the free society is the dream according to which each human being is honored and never looked upon as just a part of the faceless mass or one example of a racial bloodstream. ② This is really what each man wants for himself when he seriously thinks about it. ③ Each of us hopes that he will be more than one of the farmers or one of those of a certain age and class. ④ We do know we shall not live forever, and we are sure we are not indispensable. ⑤ However, while we live, we desire to make some unique contribution, leaving the world a little different from what it would have been if we had not lived, and we want to be respected for doing so.

힌트 자유가 보장된 사회 속에서의 개인의 역할과 바람.

해설 ① **The dream at the heart of the free society** '자유로운 사회의 근저에 있는 꿈'. **the dream according to which**는 according to...(...에 따르면)이라는 전치사와 관계사가 결합한 형태(⇨ 9-3-5). According to *the dream* each human being is honored...(그 꿈에 따르면 한 사람 한 사람이 존중되고...)이라는 내용이 앞의 the dream에 대한 수식어로 바뀐 것. 번역은 '그것에 따르면 ...존중되는 (바의) 꿈'이라고 복잡하게 말할 것 없이, '...사람이 존중받는다는 꿈' 정도가 좋다 ⇨ 9-3예(1)[역]. and **never looked upon as just a part of...**은 look upon A as B(⇨ 2-2-11[참])의 수동태. '...으로 간주되는 일은 절대로 없다'. just=only. '...의 극히 일부라고 간주된다'. **the faceless mass**의 faceless는 '누가 누군지도 모르는'이라는 의미. '몰개성적인 집단'. **one example of a racial bloodstream** '민족 혈통의 한 가지 예'. 개인은 사라져도 민족이나 국가는 영원하다는 식의 사고방식을 말한다.

② **This is really what each man wants** < Each man wants this ⇨ 4-2-6. **for himself**는 여기서는 '혼자 힘으로'(⇨ 2-2예(3)①)가 아니라 말 그대로 '자기 자신을 위해서'. **thinks about it**의 it은

what...himself를 가리킨다. '누구나 〈진지하게〉 생각해보면, 이것이야말로 자신을 위해 바라는 것이다'.

③ **Each of us** hopes that **he** will be...의 he는 ②의 each man ←he의 경우와 마찬가지로 Each of us를 가리킨다. '그'라고 번역하면 어색하다. **more than one of the farmers** '한 사람의 농민 그 이상의 것'. **one of those of a certain age and class**의 those는 앞뒤와 무관하게 '사람들'을 나타내는 특수한 용법이다. '어떤 시대와 계급의 일원'.

④ **We** do **know** we shall not live forever, *and* **we are** sure we are로 이어진다. sure 뒤에는 접속사 that이 생략되었다(⇨ 3-2-7,8). '자신이 영원히 사는 것이 아니라고 충분히 알고 있고, 자신이 〈불가결한 존재가 아니라는〉 것도 잘 알고 있다'.

⑤ **we desire to make some unique contribution** '뭔가 특별한 공헌을 하기를 바란다'. **leaving the world a little different from...**은 make...에 걸리는 분사구문. the world(=O)...different(=C)의 제5문형(⇨ 2-1-5)이므로, The world *is*...different를 기초로, '세계를 ...과는 다른 상태로 만들어서 후세에 남기다'라고 본다. **what it would have been if we had not lived**의 it은 the world를 가리킨다. what S be의 형태(⇨ 4-2-1,2). 절의 의미의 중심은 if 이하의 과거의 반대의 가정을 받고 있는 would have been으로, 이것이 앞의 the world(현실의 세계)와 대비되는데, 전체의 번역은 '자신이 세상에 태어나지 않았을 경우(의 세계)〈와는 조금 다른 것으로 만들다〉'라고 하면 된다. 내용에 대해서는 '전역'을 참조. **doing so**는 make...contribution을 가리킨다. '그 공헌에 대해 〈존경을 받고 싶다〉'.

▸전역 별책 p. 12

4.2 예제(2)

❶ In matters of science, we must learn to ask the right questions. ❷ It seemed an obvious question to ask how animals inherit the result of their parents' experience, and enormous amounts of time and energy have been spent on trying to give answer to it. ❸ It is, however, no good asking the question, for the simple reason that no such inheritance of acquired characters exists.

❹ When we come to what are usually referred to as fundamental truths, the difficulty of not asking the wrong kind of question is much increased. ❺ Indeed, the life of the less civilized half of mankind is largely based on trying to find an answer to a wrong question, "What magical forces or powers are responsible for good or bad fortune?"

힌트 생물이 환경요인으로 인해 얻는 이른바 '획득형질'의 유전의 경로를 묻는 것은, 획득형질이 유전하는 것이 아니라는 것이 증명되면 무의미해진다. 인간의 사고의 많은 부분은 처음부터 답이 존재하지 않는 문제를 향해 왔다.

해설 ① **matters of science** '과학상의 문제'. **the right questions** '적절한 질문'이 무엇인지 설명하는 것이 예문 전체의 의도다.

② **It** seemed an obvious question의 It은 **to ask**를 가리킨다(⇨ 4-1예(1)③). **an obvious question**은 '답이 확실한 문제'가 아니라 '묻는 것이 당연한 문제'다. **how**는 '어떻게 해서, 어떤 경로로'. **animals inherit the result of their parents' experience** 부모가 씨름에서 박치기 연습을 해서 이마가 딱딱해졌다면 이마가 단단한 아이가 태어난다는 생각. *It seemed*..., and **enormous amounts of time and energy have been spent**...으로 이어져서 '막대한 시간과 정력이 〈그 문제를 푸는 데〉 소비되어 왔다'.

③ **It** is, ..., no good(=use) **asking** the question의 It은 동명사 asking...을 받는다. '그 질문을 하는 것은 무의미하다'. **for the** simple **reason that**... '...이라는 간단한 이유로'(⇨ 3-3예(2)②). **no such**...**exists** '그런 〈획득형질의 유전〉은 존재하지 않는다'.

④ **When we come to**...은 여기서는 '...이 문제가 되는 경우에는'이라고 본다. **what are usually referred to as fundamental truths**는 능동태로 하면 What we...refer to as...truths가 된다. refer to A as B(A를 B라고 부르다)는 2-2-11[참]에서 본 look on A as B와 같은 종류의 표현이므로, what we refer to as는 what we call과, what are referred to as...은 what are called(*cf.* 4-2-4)와 같은 뜻의 표현이 된다. '우리가 흔히 기본적 사실이라고 부르는 것'. **the difficulty of not asking the wrong kind of question**의 wrong이 '부적절한' → '답이 있을 리가 없는'의 의미라는 것을 알면 이 문제를 제대로 이해했다는 증거. '답할 수 없는 질문을 하지 않는 어려움은 〈훨씬 커진다〉'.

⑤ **Indeed**는 이 문장이 내용적으로 ④를 보강한다는 것을 나타낸다. '실제로'. **the less civilized half of mankind** '인류 가운데 문명이 발달하지 않은 반수〈의 생활은〉'. **is largely based on trying to**− '대부분 〈...이라는, 답이 있을 리 없는 질문에 대답하〉려고 하는 것에 기초를 두고 있다'. **What** magical **forces or powers**의 What은 forces or powers에 걸리는 의문형용사. 이 What이 명사절을 묶는 경우에 대해서는 ⇨ 4-3. '어떤 마력이...'. **are responsible for**...은 '...에 대해서 책임이 있다' → '〈행운이나 불행〉의 원인이다'.

▸ 전역 별책 p. 12

4.3 what – 의문[관계]형용사

(a) We don't know **what future has** in store for us.

(b) We don't know **what future we are** going to have.

(a)의 what 이하는 Future has *something* in store for us.의 something이 의문대명사 what으로 바뀌면서 생긴 명사절로, future는 절의 주어고 what은 has의 목적어다. 문장의 의미는 '미래가 우리를 위해 무엇을 준비하고 있는지 알지 못한다'. (b)도 what 이하가 know의 목적어가 되는 명사절이라는 점은 (a)와 같지만, 절의 주체는 we are going to have…future로 future는 have의 목적어, what은 이 future를 수식하면서 명사절을 묶는 의문형용사다. 문장의 의미는 '우리가 어떤 미래를 갖게 될지 모른다'가 된다. what future 이하의 문장의 구성에 따라서 절의 구조에 대한 해석이 근본적으로 달라지는 것에 주목해야 한다.

4.3.1 Climate decides **what clothing** the people of a region *wear*.

cf. He asked the old man *how* much it weighed. (그는 노인에게 그것이 무게가 어느 정도냐고 물었다.)

번역 한 지역의 사람들이 어떤 옷을 입는지는 기후가 결정한다.

She said, "What a great man he is!"를 간접화법으로 바꾸면, She said *what a great man* he was.가 된다. 이 what은 명사를 수식하면서 명사절을 이끈다는 점에서는 의문형용사 what과 같지만, 의미는 전혀 다르다. 의문형용사 what이 명사를 수식할 때는 항상 what+명사의 형태로 사이에 관사가 들어가지 않지만, 감탄문을 이끄는 what은 **what a+명사**의 형태가 되는 경우가 많기 때문에, 부정관사의 유무가 판별의 기준이 되기도 한다.

4.3.2 If you have lived a whole winter in the country, far from shops and cinemas, you know **what a marvelous relief** it *is* when spring comes.

far from shops는 '상점에서 멀리 떨어져서'. 이 far가 비유적으로 쓰이면 It is *far from* (being) perfect. (그것은 결코 완전하지 않다)와 같은 부정의 숙어가 된다. what a...relief (=is의 보어)의 a에 주목해서 '얼마나 굉장한 기쁨'이라고 해석한다. it은 '봄이 오는 것'을 가리킨다. *cf.* People noticed *how fast* plants grew. (사람들은 식물이 얼마나 빨리 성장하는지를 알아차렸다.)

번역 겨울 한 철을 상점이나 영화관에서 멀리 떨어진 시골에서 지낸 경험이 있다면, 봄이 올 때 그 기쁨이 얼마나 큰지 알 수 있을 것이다.

4.3.3 He is conscious of **what a fine opportunity** he *has*.

be conscious of... '...을 의식하다[알고 있다]'의 of의 목적어가 감탄의 what으로 시작하는 명사절인 구문.

번역 그는 자신이 얼마나 멋진 기회를 가지고 있는지 알고 있다.

In what way should I treat him? (내가 그를 어떤 식으로 대하면 좋을까?)이라는 문장에서 what은 의문형용사, in what way는 부사구다. 이 what에도 명사절을 묶는 힘이 있기 때문에,

I asked her *in what way* I should treat him.

이라고 해서 '나는 그녀에게, 그를 어떤 식으로 대하면 좋을지 물었다'라는 의미의 문장을 만들 수 있다. 4-3-3에서는 전치사+[what...](=전치사의 목적어)이었는데, 이 문장에서는 in의 목적어는 what way뿐이고, 명사절 자체가 전치사로 시작해서 I asked her+[전치사+what...](=동사의 목적어)이 된다.

4.3.4 It is difficult to say **at what point** a barbarian becomes a civilized man.

cf. *At what point* does a barbarian become a civilized man?

번역 야만인이 문명인으로 바뀌는 것이 어느 지점인지 말하기는 어렵다.

4.3 예제(1)

❶ No one will dispute that the steam engine revolutionized the political as well as economic relations in the world. ❷ And that in this atomic age the process is bound to continue is clear to all, but none is able to predict to what end it will ultimately lead the peoples of the world.

힌트 증기기관에서 원자력으로 이어지는 문명의 진보를 단순히 기뻐해도 될까.

해설 ① **dispute that the steam engine revolutionized** '증기기관이 …을 변혁했다는 것에 반론을 제기하는 〈사람은 없을 것이다〉'. **the political** as well as *economic* **relations**를 the political (things)라고 보는 것은 잘못. political은 economic과 함께 relations를 꾸민다(⇨ 14-2-2). '세계의 경제적 관계는 물론 정치적 관계까지 〈변혁했다〉'.

② And **that** in this atomic age의 that을 어떻게 해석할지 고민스럽지만, **the process is bound to continue** 뒤의 is를 보면, 접속사 that이 묶는 명사절이 주어고 is clear to all이 술부라는 것을 알 수 있다(⇨ 1-4예(2)②). '현대의 원자력 시대에도 당연히 이 과정이 계속된다는 것은 누가 봐도 분명하다'. but **none is able to predict** '예언할 수 있는 사람은 아무도 없다'의 뒤의 **to what end it will ultimately lead**…이 4-3-4에서 본 전치사로 시작하는 명사절. To what end *will it* lead...?을 기초로 해서 '그것이 최종적으로 〈세계의 모든 국민을〉 어떤 결말로 이끌게 될지 〈예언할 수 있는〉'이라고 이해한다. **the peoples**는 복수의 s가 있으니까 '사람들'이 아니라 '모든 국민'이다.

▸전역 별책 p. 12

(a) Tell me **what books** you like.

(b) I will buy you **what books** you like.

(a)의 what은 앞에서 언급한 의문형용사로 명사절을 묶고 있다. (b)의 what도 명사를 수식하면서 명사절을 묶고 있다는 점에서는 완전히 같지만, 의미는 지금까지 본 의문이나 감탄의 어느 것과도 달라서, I will buy you *all the* books *that* you like. (좋아하는 책은 뭐든지 사줄게)라는 뜻이다. 이렇게 한 단어에 all the(때로는 any)와 관계대명사 that의 의미를 함께 가지고 있는 what을 **관계형용사**라고 한다.

4.3.5 We know very little about the psychology of thinking. **What results** *are* available are fragmentary and piecemeal.

What...available이 주어. *cf. All the* results *that* are available are.... results는 '종래의 연구 결과'. piecemeal '드문드문 있는, 단편적인'

번역 생각의 심리에 대해서는 거의 알려져 있지 않다. 이용할 수 있는 연구결과도 모두 단편적인 것이다.

4.3.6 They robbed him of **what little money** he *had*.

had의 목적어는 what little money. what little은 '적지만 그 전부'라는 의미.

번역 그들은 그가 가지고 있던 얼마 되지 않는 돈을 모조리 빼앗았다.

You may read *whatever* you like.(⇨ 4-1-pre6)를 You may read whatever *book* you like(=*any* book *that* you like)로 바꾸면 whatever가 관계형용사로서 any...that의 의미로 쓰이는 구문이 된다.

4.3.7 He offered **whatever help** he could *give*.

cf. He offered *any* help *that* he could *give*.

번역 그는 할 수 있는 일은 뭐든 해서 도와주겠다고 했다.

4.3.8 He fearlessly took **whatever side** in local and national politics *appeared* to him right.

appeared에 대응하는 주부의 중심이 되는 side를 in...politics가 수식한다. *cf.* He took *any* side in...politics *that* appeared to him right. take side는 '편을 들다'

번역 그는 지방이나 국가 정치에서 자기의 눈에 옳게 비치는 쪽이면 어느 쪽이든 거침없이 편을 들었다.

What I said is true.와 *Whatever* I said is true. / I know *what plan* he will try.와 I know *whatever plan* he will try. 사이에는 의미는 다르지만 용법상으로는 완전한 평행관계가 있다는 점에 대해서 4.1과 4.3에서 각각 보았다. 하지만 what절의 경우 What I said, *it* is true.는 말이 안 되지만,

Whatever I said, *it* is true. (내가 무슨 말을 하건 그것은 사실이다.)

는 맞는 문장이다. 이 문장의 whatever I said는 독립된 문장인 it is true를 밖에서 수식하는 것이 되므로 그 기능은 부사절이다. 하지만 If I said *it*, it is true.와 같은 문장에 보이는 일반 부사절과 비교하면, Whatever가 절 안

에서 여전히 said의 목적어를 겸하고 대명사의 기능을 한다는 점이 다르다. 관계형용사 whatever로 시작하는 절에도 마찬가지로 부사절로 쓰이는 용법이 있다.

4.3.9 **Whatever** *may be said* in dispraise of the telephone, *there are few of us* who would willingly be without it.

in dispraise of... '...을 비난해서'. *cf. Whatever* may be said by him *is* false. (그가 무슨 말을 하건 그건 거짓말이다.)

번역 사람들이 뭐라고 전화를 비난하건, 자발적으로 전화를 갖지 않는 사람은 거의 없다.

4.3.10 **Whatever way** of life different people may *prefer*, *they* all *need* enough to live on without being dependent on the charity of others.

Whatever는 way of life (prefer의 목적어)를 꾸민다. enough는 need의 목적어고 to *live on*... (...으로 생활하다)에 의해 수식된다.

번역 사람들이 각자 어떤 생활양식을 선택하든, 누구나 타인의 동정심에 의존하지 않고 먹고 살 수 있을 만큼의 것은 필요하다.

4.3.11 In our lives we distinguish thousands of different things, and we usually recognize them wherever they may be, or **in whatever circumstances** we may see them.

recognize '알아보다'. in *any* circumstances의 any가 whatever로 바뀜으로써 in whatever circumstances 이하 전체가 부사절이 되었다.

번역 우리는 생활 속에서 수천 가지의 다른 것들을 구별해서, 그것들이 어디에 있든 어떤 상황에서 그것들을 보든, 보통 그것이 무엇인지 알아본다.

4.3 예제(2)

❶ He was faced with that enormous and frightening question of conscience which has entered the lives of so many Americans in our time. ❷ He had to decide whether to maintain the principles of free speech and free thought in which he had always believed and take what consequences came from this; or whether to abandon these principles, rationalize them out of existence and thereby cling to security and comfort.

힌트 미국 사회를 지탱하는 이상의 위기에 직면한 개인의 고뇌.

해설 ① **He was faced with**... '그는 ...에 직면해 있었다'. **that** *enormous and frightening question* of conscience **which**...의 that은 which의 선행사가 question을 중심으로 한다는 것을 보여준다(⇨ 10-1-10). '〈현재 매우 많은 미국인의 생활에 침투해 있는〉 거대하고 두려운 양심의 문제'.

② He had to decide **whether to maintain** 접속사 whether가 명사절을 묶을 경우(⇨ 1-4-pre예(2)①) 뒤에 주어와 동사가 나오는 것이 원칙이다. 다만 I didn't know whether *to laugh* or *to cry*. (웃어야할지 울어야할지 몰랐다)처럼 뒤에 to-밖에 없는 형태는 예외로서 인정한다. **the principles** of free speech and free thought **in which** he had always believed의 which의 선행사는 the principles, believe in...은 '...의 가치를 믿다'. '지금까지 늘 신봉해온 언론의 자유와 사상의 자유라는 원칙'. to *maintain*...and **take**로 연결된다. **what consequences came from this**가 4-3-5에서 본 관계형용사 what의 구문. take *all the* consequences *that* came from this라고 바꾸어 말할 수 있다. take consequences는 '(자신의 행위의) 결과에 책임을 지다[결과를 감수하다]'. '거기서 발생하는 모든 결과를 감수

해〈야 하나〉'. **or whether to abandon** these principles, **rationalize ...and...cling...** whether A or B의 A와 B가 길어지면 or 뒤에서 whether를 반복하기도 한다. **rationalize...out of existence** '핑계를 대고 ...을 없애다'. *cf.* The government *taxed* the landed class *out of existence.* (정부는 중세를 부과해서 지주계급을 없앴다.) *and* **thereby** cling의 thereby는 by that과 같고 cling을 꾸민다. that은 abandon...existence를 가리킨다. '이들 원칙을 방기하고 구실을 만들어서 그것을 없애고, 그에 따라 안정되고 쾌적한 생활을 지켜야 하는지를 〈결정해야 했다〉'.

▸전역 별책 p. 13

4.3 예제(3)

❶ One still hears the foolish claim that a child of German ancestry ought to be able to learn German more easily than some other language. ❷ Our experience discredits this. ❸ An infant of whatever race learns whatever language it hears, one about as easily as another. ❹ Complete adaptability confers the gift of survival. ❺ Children do not depend on particular culture but fit themselves to the one into which they are born, and that culture in turn is one that is maintaining itself in a not always friendly universe. ❻ Whatever success it has is largely due to the understanding and cooperation that language makes possible.

힌트 처음 말을 배우는 아이에게는 특별히 쉬운 언어도 특별히 어려운 언어도 없다. 아이는 언어를 습득함으로써 문화에 적응하고, 문화 자체도 언어를 통해서 할 수 있는 협력에 의해 세계 속에 계속 존재하는 것이다.

해설 ① **One** still hears의 One은 일반적으로 자신을 포함한 '사람'을 나타내는 용법이다. 번역에는 드러나지 않을 때가 많다. **the foolish claim that...**의 that 이하는 동격명사절(⇨ 3-3). **a child of German ancestry ought to be able to learn German**의 ought to-는 '의무'가 아니라 '강한 추측'을 나타낸다. '독일인을 선조로 하는 아이는 독일어를 더 ... 배울 수 있을 것이다'. *more* easily *than* **some other language**는 앞에서 동사의 목적어가 된 German과 비교한 것이다(⇨ 12-1-7). '뭔가 다른 언어(를 배우는 것)보다 쉽게'.

③ An infant **of whatever race**의 whatever는 아직 다루지 않은 형태다. of *any* race의 any를 강하게 표현한 형태라고 보면 되는데, 뒤에 S+V를 보충하려고 해도 생각 같지 않다. '어떤 민족의 어린 아이라도'라는 뜻으로, 이것은 '전치사+whatever+명사'의 경우에만 보이는 특수한 용법이다. *cf.* The hope should be held *through whatever discouragements*. (아무리 낙담하더라도 계속 희망을 가져야 한다.) **learns whatever language it hears**는 language를 수식하는 whatever가 learns의 목적어가 되는 명사절을 묶는 4-3-7의 용법. learns *any* language *that* it hears와 같다. it은 An infant를 가리킨다. '자기의 귀에 들리는 언어가 어떤 언어라도 그것을 기억하다'. **one about as easily as another**의 one과 another는 각각 뒤에 language를 보충하고 learns의 목적어로 읽는다. about이 as...as를 수식해서 '어떤 언어를 다른 언어와 거의 같은 정도로 쉽게 〈기억하다〉' → '언어가 달라도 그 난이도에는 차이가 거의 없다'.

④ 직역하면 '완전한 적응이 생존이라는 선물을 주다'. 한 사회, 예를 들어 일본에서 태어난 아이는 좋든 싫든 일본어를 배우기 때문에 일본이라는 사회 속에서 성장할 수 있다. 일본아이가 독일에서 태어난 경우에 독일어를 혐오한다면 살아가지 못한다.

⑤ Children do **not** depend on particular culture **but...**은 not...but 구문. '아이들은 특정 문화에 의존하는 것이 아니라,...'. ③과 ④에서는 아이와 언어에 대해서 말했는데, 여기서는 아이와

문화(사회)의 관계로 확대된다. particular가 '드문, 특이한'이 아니라 '특정의, 개개의'라는 것에 주의할 것. **fit themselves**(⇨ 3-2예(2)역) **to the one**(=culture) **into which they are born**의 into 이하는 They are born into *the culture*를 관계사절로 바꾼 것(⇨ 9-3). '자신이 태어난 문화에 적응하다'. **and that culture in turn is one that is maintaining itself in a not always friendly universe**의 not always는 관사와 명사 사이라는 특수한 위치로 봐서, 뒤의 friendly를 수식한다고밖에 볼 수 없다는 것에 주의. '그 문화에 반드시 호의적이라고는 할 수 없는 세계 속에서 계속 존속하다'. 앞서 든 예로 돌아가면 일본의 아이들은 고생해서 일본어를 배워 일본인다움을 습득함으로써 '일본' 속에서 살아갈 수 있는데, 일본이라는 국가 역시 절대적인 존재는 아니다. 항상 미국의 기분을 살피고 중국의 반응을 신경쓰면서 국제사회 속에서 생존하고 있다. 아이들에게 적응의 대상인 일본이 국제사회에서는 적응하려고 노력하는 존재라는 것을 보여주는 것이 in turn의 역할(⇨ 3-4-1). '그 문화도(그 문화 자체도 역시)'.

⑥ **Whatever success it has is**의 Whatever는 success를 수식하는 관계형용사고, Whatever...has 전체가 is의 주어다. *cf. Any* success *that* it has is.... (그것이 어떤 성공을 거두더라도 그것은...). **is largely due to the understanding and cooperation that language makes possible**의 that의 선행사가 cooperation뿐만 아니라 the understanding and cooperation 전체라는 것에 주의(⇨ 14-2-8). that은 절 안에서는 makes의 목적어. '그 대부분은 언어가 가능하게 하는 이해와 협력에 기초한다'.

▸ 전역 별책 p. 13

Chapter 5
도치문

CHAPTER 5

도치문

The hunter killed a bear.라고 하면 '사냥꾼이 곰을 죽였다'가 되고, A bear killed the hunter.라고 하면 '곰이 사냥꾼을 죽였다'가 된다. He gave the boy a dog.이라고 하면 '소년에게 개를 주었다'이고, He gave a dog the boy.라고 하면 끔찍하더라도 '개에게 소년을 주었다'라고밖에 해석하지 못한다. 우리말은 '사냥꾼이 곰을'이라고 하건 '곰을 사냥꾼이'라고 하건, 조사가 바뀌지 않는 한 의미에 차이가 없다. 하지만 영어에서는 명사가 동사의 앞에 오는지 뒤에 오는지, 동사 뒤에 명사가 두 개 올 때 어떤 순서로 배열하는지가 의미에 중대한 차이를 가져온다. 어순의 원칙은 문장의 다섯 가지 문형이 보여주지만, '예외 없는 원칙은 없다'라는 말이 있듯이 이 원칙에도 몇 가지 중요한 예외, 예를 들면 어순의 도치가 있다. 영어를 오래 공부한 사람의 실력을 테스트하려면 아무래도 어느 정도 예외적인 사항에 대한 지식을 묻게 된다. 그런 점에서 도치는 적절한 문제라고 할 수 있다.

5.1 부정의 부사 + Ⓥ + S + V

I never dreamed of it. (나는 그런 일은 꿈에도 생각해본 적이 없었다)이라는 문장에서 강조를 위해 never가 문장 앞으로 나오면, 이어지는 문장은 어순을 바꾸어 Never **did I dream** of it.으로, 즉 **Ⓥ(조동사)+S+V(본동사)**의 형태로 한다는 약속이 있다. 본래 문장에 조동사가 있을 때는 그것을 그대로 주어 앞으로 내보내고, 조동사가 없을 때는 조동사 do에 필요한 변경을 가해서 주어 앞에 놓는다. 단 be동사의 현재형과 과거형(영국영어에서는 소유를 의미하는 have의 현재형과 과거형도 여기에 포함된다)의 경우는 그것을 앞으로 내보내고 V+S의 형태로 한다. 이러한 변형은 위의 부정의 부사를 제외하고 보면, 평서문을 의문문으로 만들 때의 어순 변화와 같다.

Hardly...when..., No sooner...than... 등의 구문에서 전반이 had+S+p.p.가 되는 것도 여기에 속한다.

5.1.1 What is an idea? It is not a word, **nor** *is it* a string of words.

nor is it... =and it is not...

번역 관념이란 무엇인가? 그것은 한 개의 단어도 아니고 또 단어의 연결도 아니다.

5.1.2 **Rarely** *does* a man *love* with his soul, as a woman does.

rarely는 부정의 부사. *cf.* A man rarely loves with his soul.

번역 남자는 여자처럼 온 영혼을 담아서 사랑하는 일이 드물다.

5.1.3 **Not** once *can* I *recall*, from my earliest recollections, hearing mother raise her voice to us in anger.

번역 가장 먼 기억까지 거슬러 올라가 봐도, 어머니가 화가 나서 우리에게 큰 소리를 낸 일은 한 번도 떠오르지 않는다.

5-1-3의 once의 위치에 부사구나 부사절이 들어가도, 뒤는 여전히 Ⓥ+S+V 구문이 된다.

5.1.4 **Never** in all the history of mankind *did* a nation *make* such a stride as Japan then did.

cf. A nation never made such a stride in all...은 never...such...as...으로 최상급과 같은 뜻을 나타낸다(⇨ 13-1-3). make a stride '큰 보폭으로 걷다, 진보하다'

번역 인류의 역사 전체를 통해서 당시의 일본만큼 장족의 발전을 이룬 나라는 없었다.

5.1.5 **Not** until all attempts at negotiation had failed *did* the men *decide* to go on strike.

The men did not decide to go on strike until all attempts...의 not과 until 이하가 앞으로 나와서 생긴 Not until S+V...Ⓥ+S+V의 형태. '...할 때까지 ~하지 않다'라고 번역해도 되지만, 아래와 같이 번역할 수도 있다. 이런 형식과 강조구문 It is...that이 결합하는 형태에 대해서는 ⇨7-3-5. go on strike '파업하다'

번역 사람들은 교섭 시도가 모두 실패하고 나서야 파업에 들어가기로 결정했다.

> At *no* time *does the plain look* so perfect as in early autumn.
> (초가을 무렵만큼 그 평원이 멋지게 보이는 때는 없다.)

at some time(언젠가)의 some은 time을 꾸미고 있는데, 위 문장 전체를 The plain does not look at any time so perfect as in early autumn으로 바꾸어 써보면 알 수 있듯이, no는 동사에 대한 부정이 [전치사...명사]의 틀 안에 들어간 것이므로, 뒤에 이어지는 문장은 Ⓥ+S+V의 구성이 된다.

5.1.6 Until less than a hundred years ago, most Japanese belonged to the military class or to the farmers, and in **neither** class *was* rationalism *encouraged.*

cf. Rationalism was encouraged in neither class.

번역 불과 100년 전까지 대다수의 일본인은 무사계급이나 농민에 속해 있었다. 그리고 어느 계급에서도 합리적인 태도를 좋게 보지 않았다.

'만, 뿐'을 의미하는 only도 '...이외에는 아니다'라는 부정의 의미를 포함하기 때문에, 다른 부사 요소와 함께 문장 앞에 나올 때는 뒤가 Ⓥ+S+V 구문이 되는 것이 원칙이다. 이런 구문은 동사의 위치가 문두에서 멀어질수록 이해하기 어려워진다는 점과 only에 대한 번역에 주의하면서 다음의 예문을 검토하자.

5.1.7 **Only** after a century and a half of confusion *was* the royal authority *restored*.

cf. The...authority was restored only after...

번역 한 세기 반의 혼란이 있은 뒤, 겨우 국왕의 권위가 회복되었다.

위 문장을 '겨우 한 세기 반의...'라고 보는 사람이 많이 있지만, 그것에 해당하는 영문은 *After only* a century and a half of confusion, the royal authority was restored다.

5.1.8 **Only** when we use our ingenuity and energies to give happiness to others regardless of reward *may* we *achieve* happiness ourselves.

cf. We may achieve happiness only when we use.... regardless of... '...과 관계없이'. *cf.* Everybody is welcomed *regardless of* age. (연령과 관계없이 누구나 환영합니다.) ourselves는 we와 동격(⇨6-2-4).

번역 보수와 무관하게 타인을 행복하게 하기 위해 재능과 정력을 쓸 때만[쓸 때 비로소] 스스로도 행복해질 수 있다.

5.1 예제(1)

I have always maintained that by a strenuous effort mankind might defeat the impartial destructiveness of nature, but I have always insisted that only by incessant hard thinking and a better coordination of man's powers of self-sacrifice and heroism is such a victory possible.

힌트 인간이 자연의 맹위 속에서 생활하기 위해 필요한 조건.

해설 I have always **maintained that** by...effort **mankind might defeat...** (⇨ 3-1-0). '나는 인류가 〈정력적인〉 노력에 의해 ...을 극복할 수 있다고 항상 주장해왔다'. **the impartial destructiveness of nature** 자연 파괴는 신분이나 빈부의 구별 없이 모든 것에 덮친다는 것. I have always **insisted that...** insist라는 동사는 뒤에 명사가 올 때는 insist on...의 형태가 되기 때문에 that은 접속사(⇨ 3-2-pre5). 따라서 뒤에는 **only by incessant hard thinking...** (끊임없이 진지하게 생각하고 ...함으로써만)에서 새로운 문장이 시작한다고 보고, **and a better coordination of...heroism** 부분의 의미를 생각하면서 끈기 있게 Ⓥ+S+V 또는 V+S의 형태를 찾는다. **is such a victory possible** (<such a victory is possible)이 그것이다.

▸ 전역 별책 p. 14

5.1 예제(2)

❶ The Japanese love of flowers is equaled by their love of poetry and painting. ❷ Not until one has seen the inside of a Japanese home, we are told, can one realize how important art is to them. ❸ Their simple homes are arranged beautifully. ❹ All those who can afford it try to win prints of famous paintings.

힌트 일본인이 자연이나 미술을 사랑한다는 내용. 지금의 상식으로 보면 다소 예상이 빗나간 감도 있다.

해설 ① **The Japanese love of flowers** '일본인이 꽃에 대해 갖는 애정'. **is equaled by...** '...에 의해 필적되다'만으로는 알 수 없다. 번역할 때 궁리가 필요한 부분. **their love of poetry and painting**은 They *love* poetry...의 love를 명사로 바꾼 표현(⇨ 8-4-8).

② **Not until one has seen...**의 one은 4-3예(3)①에서 보았다. Not until S+V...Ⓥ+S+V라고 보고 '〈일본인의 집 안을〉 보고 비로소'

라고 해석하고 읽다보면 ..., **we are told**,를 보고 이상하다고 느끼겠지만, 뒤의 **can one realize**에 주목해서 we are told는 삽입절(⇨ 15-3-2)이라는 것을 알 수 있다. **realize how important art is to them**은 Art is important to them.이 how에 의해 realize의 목적어가 되는 명사절로 바뀐 형태(⇨ 4-3-2). '그들에게 예술이 얼마나 중요한지'.

③ **Their simple homes are arranged**는 복수의 집이 배열되어 있는 것이 아니라 '집의 내부가 〈아름답게〉 정리되어 있다'는 의미.

④ **those who...**은 '...하는 사람들'. who **can afford**(⇨ 1-2예(1)) **it**의 it은 뒤의 win prints...을 받는다. '명화의 복제품을 구할 수 있는 사람은 다들 그렇게 하려고 한다'.

▸ 전역 별책 p. 14

5.2 M + V + S, etc.

제2문형(S+be+C)의 도치문은 Sometimes he had to take taxis, and *very expensive* they were. (그는 가끔 택시를 타야 했는데 택시 요금이 무척 비쌌다)와 같은 C+S+be의 형태도 있긴 하지만, 주된 형태는 C+be+S다. 이것은 제3문형에서 나온 도치문(⇨ 5-3)이 주로 O+S+V인 것과는 대조적이다.

5.2.1 **Peculiar** to America *are* certain customs by which a man shows respect to a woman. He opens the door for her and lets her precede him through it.

peculiar(독특한, 고유의)는 형용사이기 때문에 문장의 주어가 될 수 없다. 그럼 주어가 뭘까 하고 찾다보면 먼저 are가 보인다. 동사의 주어가 앞에 없으니 뒤로 이동했을 거라고 보고 읽어가다 보면 certain customs가 나온다. *cf.* Certain customs by which...are peculiar to America. precede... '...에 앞서다; ...에 선행하다'

번역 남자가 여자에게 경의를 표하는 관습 가운데 미국에 특유한 것이 있다. 남자는 여자를 위해 문을 열고 여자를 먼저 지나가게 한다.

5.2.2 **More important** than the invention of new machines, *is* the creation of new mental attitude.

the invention(=S)...is(=V)라고 해석하면, than이 문장 끝의 attitude에까지 걸려서 than 이하에 대한 주절이 없어진다. *cf.* The creation...is more important than the invention....

번역 새로운 기계를 발명하는 것보다 중요한 것은 새로운 정신 자세를 창조하는 것이다.

C+be+S의 C의 위치에 전치사로 시작하는 구가 오는 M+be+S 구문은 교과서에 나오지만, 거기에서 발전한 형태에는 꽤 복잡한 것도 있기 때문에 주의가 필요하다.

5.2.3 **Among the greatest works** in European literature *is* the oldest of them all, the *Iliad*.

5-2-1의 경우와 마찬가지로, 전치사를 동반한 명사는 주어가 될 수 없다는 원칙(⇨ 1-1-0)에서 출발해서, 우선 is에 주목하고 뒤따르는 the oldest...을 주어로 본다. *cf.* The oldest of...is among.... *Iliad*는 Homer가 지었다고 전해지는 그리스의 서사시. be among...=be one of...

번역 유럽 문학 최대의 작품의 하나로, 그 중에 가장 오래된 작품인 일리아드가 있다.

5.2.4 **At a quarter** of a mile from the point at which the highway issued from between the banks, *was* a stone post, marking the spot where three roads met and united in one.

역시 문장의 중심이 되는 S+V를 찾으면서 읽어나간다. the highway issued는 at which로 시작하는 관계사절 속의 주어와 동사. 주어가 없는 가운데 was가 먼저 보인다는 점에서, M+be+S의 구문이고 주어는 a stone post라고 생각한다.

번역 제방 사이에서 간선도로가 나온 지점에서 4분의 1마일을 간 곳에 돌로 된 도로표지가 하나 있어서, 세 갈래 길이 만나서 하나가 되는 지점을 표시하고 있었다.

> *Out rushed* the man and his wife.
> (남자와 그 아내는 밖으로 뛰어나갔다.)

위의 문장은 부사가 문장 앞으로 나와서 M+V+S 형태가 되었는데, 이 M의 위치에 부사구가 오는 경우도 많다. 이 구문의 V에는 stand, sit, lie 등 '존재'를 나타내는 동사가 흔히 보인다.

5.2.5 The door opened, and **in** *came* a little girl with a red ribbon on her hair.

and가 무엇을 결합하고 있는지 생각한다. The door...came a little girl로는 의미가 없으니, a little girl came in의 도치문을 and가 연결하는 것으로 이해한다.
번역 문이 열리고 머리에 빨간 리본을 단 소녀가 들어 왔다.

5.2.6 **At the foot** of the hill country *lie* the great northern plains, stretching two thousand miles.

country(=S) lie(=V)라고 보면, lie에 3인칭단수현재의 s가 없는 것도, 자동사 lie의 뒤에 명사가 오는 것도 설명이 되지 않는다. hill은 country에 대한 수식어로, of의 목적어는 the...country 전체. lie의 주어는 plains. *cf.* The...plains lie at the foot of the hill country. two thousand miles는 부사적 목적격(⇨6-4-0).
번역 산기슭에 2000마일에 걸쳐 펼쳐진 북부의 대평원이 있다.

5.2.7 There must be a nice balance in the use of human and other resources. In fact, **upon this balance** *depends* very largely whether or not civilization will long endure.

depend upon을 모르면 이해하지 못한다. whether or not civilization will long endure(=whether...endure or not)가 명사절(⇨ 1–4예(2)①)로 depends의 주어. endure '지속하다'

번역 인적자원의 활용과 다른 자원의 활용이 균형이 잘 잡혀야 한다. 실제로 문명이 오랜 시간에 걸쳐서 존속할 수 있는지의 여부는 대부분 이 균형을 어떻게 잡는가에 달려 있다.

이번에는 The tints are seen in autumn. (가을에는 단풍을 볼 수 있다)이라는 S+be+p.p.+M 형태의 문장에서 출발하자. 이 구문에서는 다음과 같은 두 가지 변형이 가능하다.

> (a) M+be+p.p.+S (In autumn are seen the tints.)
> (b) p.p.+M+be+S (Seen in autumn are the tints.)

5.2.8 **From a study** of the productions of the various presses of different countries *can be determined*, more or less accurately, the general requirements of the reading public.

cf. The general requirements...can be determined from....

번역 각국의 여러 출판사의 간행물을 조사하면 그 나라 독자층의 일반적인 요구를 어느 정도 정확하게 추정할 수 있다.

5.2.9 His health was never good at any time of his life, and **coupled with this** *was* the fact that all his life he was poor in financial circumstances.

and의 용법에 대해서는 5–2–5 참조. A is coupled with B. (A가 B와 결합되어 있다.) → Coupled with B is A. all his life는 부사적 목적격(⇨ 6–4).

번역 그는 평생 건강이 좋지 않았다. 그리고 여기에 덧붙여, 그는 평생 경제적으로 궁핍했다는 사실이 있었다.

5.2 예제(1)

❶ Perhaps even more interesting than the number of women employed in American business and industry is the fact that they own 70 to 80 percent of all national wealth. ❷ These figures are accounted for in part by the fact that women survive men.

힌트 여자가 남자보다 부자라는 말을 들으면 '여존남비'를 연상할지도 모르겠지만, 그 원인을 들어보면 의외다.

해설 ① **even more interesting** than the number of women *employed* in...**is**로, even은 more를 강조하는 부사다. the number를 주어, employed를 술어동사의 과거형이라고 본다면 이 문장을 해석할 수 없다. employed가 women을 수식하는 과거분사로 '...로 고용되어 있는 여성의 수'라는 것을 알면, 문장의 중심 동사 is 앞에 주어가 없다는 점에서 이 문장은 5-2-2와 마찬가지 구조로, The fact is even more interesting than the number...의 도치문이라는 것을 간파할 수 있다. '...이라는 사실은 미국의 상공업에 종사하는 여성의 수보다 〈아마〉 더욱 흥미롭다'. **the fact that**의 that은 동격명사절을 묶는 접속사. they **own**의 own은 동사. '〈나라 전체의 부의 70~80%를〉 소유하다'.

② **These figures** (이들 수)는 70 to 80%를 가리킨다. **are accounted for**는 account for... (...을 설명하다)의 수동태. **in part** '부분적으로(=partly)'를 지나서 **by the fact**가 are accounted for에 걸린다는 것에 주의. **that women survive men**도 동격명사절. '여자가 남자보다 장수한다는 〈사실〉'.

▸ 전역 별책 p. 14

5.2 예제(2)

❶ Originally poetry and music were not separated from each other and from the art of bodily motion, dancing. ❷ The father of song, music, and dancing was that savage who first clapped hands and leapt and shouted in time at some festival of his tribe. ❸ From the clapping has been evolved the whole art of instrumental music, down to the entrancing complexities of the modern symphony. ❹ From the shout has proceeded the whole art of vocal music down to the modern opera. ❺ From the savage leap has descended every variety of dancing.

힌트 시·음악·무용의 기원은 하나.

해설 ① **Originally** '원래, 처음에는'. **were not separated from each other** A is separated from B는 'A는 B에서 분리되어 있다'. A and B are separated from *each other*는 'A와 B는 (서로 상대로부터) 분리되어 있다'라는 뜻. each other(=one another)는 대명사(⇨ 1-1예(2)①)이므로 ...are *separated each other*라고 하지는 못한다. **the art of bodily motion** '신체 동작의 예술'과 **dancing**은 동격(⇨ 6-1).

② **The father** '창시자, 개조'. was **that** savage **who** ⇨ 10-1-10. **in time**(박자에 맞춰)은 clapped...leapt...shouted의 세 동사를 꾸민다. '〈부족의 어떤 축제 때 처음〉 박자에 맞춰서 손뼉을 치고 뛰어오르고 소리를 지른 야만인'.

③ **From**이 있으니까 **the clapping**은 주어가 아니다. **has been evolved** 앞에 주어가 없는 이상, **the whole art of instrumental music**이 주어고, 전체는 The whole art...has been evolved from the clapping.의 도치문(⇨ 5-2-8)이라고 볼 수 있다. '박수에서 기악 예술 전체가 발달했다'. **down to**는 전치사. '〈현대음악의 매력적인 복잡함〉에 이르다'.

④ **From the shout has proceeded the whole art**는 ⇨5-2-6. '함성에서 〈현대의 오페라에 이르는 성악〉예술 전체가 태어났다'.

⑤ **From the savage leap has descended**도 ⇨5-2-6. **every variety of dancing**을 덧붙여서 '야만인의 도약에서 모든 종류의 무용이 태어났다'.

▸전역 별책 p.15

5.3 O + S + V

One thing my father left to me... 이라고 시작하는 문장을 읽을 때, One thing을 주어라고 느끼고 거기에 대응하는 동사를 찾는 것이 영문을 이해하는 기본이라는 것에 대해서는 제1장에서 언급했다. 이 문장이 **One thing** my father left to me *was* more valuable than a good fortune.이라는 형태로 끝을 맺는다면 그 해석법이 맞아서, One thing과 my father 사이에 목적격의 관계사가 생략되어 있고, 의미는 '아버지가 남겨주신 것의 하나는 다액의 재산보다 귀중했다'가 된다. 그럼 다음 문장은 어떨까?

One thing my father left to me *and it* was more valuable than a good fortune.

이번에는 was의 주어로서 one thing을 가리키는 it이 주어져 있기 때문에, 앞의 One thing...me를 따로 떼어서 읽을 필요가 있다. 그런데 One thing에는 술어동사가 없으므로 주어가 될 수 없다. 문장 앞에 있는 전치사 없는 명사가 주어가 아닌 경우는, **목적어가 앞으로 나온 구문이 아닌지를 보고, 그러고 나서 뒤에 목적어를 갖지 않는 동사나 전치사가 있는지 찾아야 한다**. 이 문장은 left의 목적어가 없는 것에서 O+S+V 구문이라는 것을 알 수 있다. '아버지가 내게 남겨주신 것이 한 가지 있는데, 그것은 다액의 재산보다도 귀중한 것이었다'.

5.3.1 **Power**—the greatest ever known on earth—man now *holds* in his hands.

One thing my father left...의 설명과 같은 논리로 Man now holds the power...의 도치문이라는 것을 파악한다. the greatest (*power that has* ever *been* known...)는 Power와 동격(⇨6-1-1).

번역 힘 -일찍이 세상에 없던 거대한 힘-을 인간은 지금 손에 쥐고 있다.

5.3.2 He was honest, clean, and clever. But **one very important quality** in men of good position he had never *learnt*, and that quality was politeness.

목적어에 전치사구가 있는 만큼 복잡하다. *cf.* He had never learnt one very important quality.

번역 그는 정직하고 깔끔하고 똑똑했지만, 지위 높은 사람에게 매우 중요한 자질 하나가 아무리해도 몸에 붙지 않았다. 그 자질이란 예의바름이었다.

5.3.3 **This study** of languages we *call* linguistics.

We call this study...linguistics.라는 일반적인 어순을 취하면 linguistics가 목적보어라는 것은 그 위치로 알 수 있지만, 도치된 형태에서는 '연구를 언어학이라고 부른다'인지 '언어학을 연구라고 부른다'인지 앞뒤 맥락에 따라 결정할 수밖에 없다.

번역 이런 종류의 언어연구는 언어학이라고 불린다.

5-3-1~3에서 문장 앞의 목적어는 명사였는데 그 자리에 명사절이 오기도 한다. 목적어가 되는 명사가 관계사절에 의해 수식되는 경우도 있지만, 이 관계사가 생략된 문장은 해석하기 어렵기 때문에 주의가 필요하다.

5.3.4 **Whether we can win liberty**, fate must *determine*; but **that we will be worthy of it** we may ourselves *determine*.

문장 앞의 명사절을 주어로 해석하는 방식에 대해서는 1-4-pre5에서 언급했는데, 이 문장의 Whether...; 과 that... 은 각각 뒤에 나오는 determine의 목적어. ourselves는 we와 동격(⇨6-2-3).

번역 우리가 자유를 획득할 수 있는지의 여부는 운명이 결정할 일이지만, 자유에 합당한 사람이 되는 것은 자기 스스로 결정할 수 있다.

5.3.5 **Those books** which have made a lasting contribution to man's quest for truth, we *call* great books.

cf. We call those books...great books.

번역 인간이 진리를 탐구하는 데에 지속적으로 기여한 책을 우리는 위대한 책이라고 부른다.

5.3.6 **Some** of the things he said to me I shall never *forget*, though I know that he would not now recall having said them.

he said와 I shall 중에 어느 것이 주절이 되는지를 생각해서, I shall never forget some of the things... 이라고 해석한다. things와 he 사이에는 said의 목적어가 되는 관계사가 생략되었다.

번역 그들에게 그런 말을 한 것을 그가 이미 기억하지 못한다는 것은 알고 있지만, 그가 내게 한 말 중에는 내가 앞으로 절대 잊지 못할 것이 있다.

(a) **This** Lincoln *did* when young.
(b) **This** Lincoln was ready to *do*.
(링컨은 이것을 할 준비가 되어 있었다.)
(c) **This** Lincoln was capable of *doing*.
(링컨은 이것을 할 수 있었다.)

(a)의 This는 주절의 술어동사 did의 목적어고, (b)(c)의 This는 각각 부정사와 동명사의 목적어다. 또,

(d) All these **complaints** he had to listen *to*.
cf. He had to listen to...complaints.
(그는 이 모든 불평에 귀를 기울여야 했다.)

에서는 All these complaints는 전치사의 목적어다.

5.3.7 **What I have begun** I am prepared to go on *with*.

번역 한 번 시작한 일은 계속해나갈 각오입니다.

5.3.8 We change and change vitally, as the years go on. **Things** we thought we wanted most intensely we realize we don't care *about*.

두 번째 문장에는 술어동사가 많지만, 전부 we가 붙어 있으니까 첫머리의 Things를 목적어로 하는 동사 혹은 전치사를 찾는 쪽으로 생각을 전환해서 문장 끝의 about을 찾아낸다(⇨5-3-7). 다음에 주절을 찾아서 we realize를 발견한다. Things와 we thought 사이에는 관계사가 생략되어 있고, 생략된 관계사는 wanted의 목적어다(⇨9-4-4). *cf.* We thought (that) we wanted *the things*. 동사가 전반에는 과거형이고 후반에 현재형인 것에도 주목한다. care about... '...을 걱정하다, ...에 관심을 갖다'

번역 세월이 가면서 우리는 근본적인 변화에 변화를 더해간다. 예전에는 너무 갖고 싶었던 것이 지금은 아무래도 상관없어졌다는 것을 알아차린다.

5.3 예제(1)

❶ The outstanding characteristic of the English people is good humour, and that, however adverse circumstances are, we seem able to maintain. ❷ It is a great strength.

힌트 영국인과 유머.

해설 ① **The outstanding characteristic** '두드러진 특징'. **good humour** '유머(가 풍부한 것)'. **and that**의 that을 접속사(⇨ 3-2-pre3) 또는 관계사(⇨ 10-2-pre6)로 보려고 해도 앞 문장 속에 이것에 대응하는 것이 없다. that은 good humour를 가리키는 대명사로, 문장이 that에서 새로 시작한다면 어떻게 될지 생각해 본다. **however adverse circumstances are**는 circumstances are *adverse*를 however로 변형한 양보의 부사절. '상황이 아무리 불리하더라도'. **we seem able to maintain** that에 대응하는 동사가 아니라 주어와 동사가 나와서 당황스러울지 모르지만 maintain(유지하다)에 목적어가 없다는 점에 안심한다. we seem able to maintain *that*의 도치문이다.

▸ 전역 별책 p. 15

② **a great strength** '굉장한 장점'.

5.3 예제(2)

❶ No doubt throughout all past time there actually occurred a series of events which constitutes history in some ultimate sense. ❷ Nevertheless, much the greater part of these events we can know nothing about, not even that they occurred; many of them we can know only imperfectly; and even the few events that we think we know for sure we can never be absolutely certain of, since we can never revive them, never observe or test them directly.

힌트 '장수 한 명이 공을 세우는 데는 수많은 사람의 희생이 따른다'라는 말이 있다. 장군의 명성의 그늘에 가린 수많은 병사에 대해서는 알 도리가 없다. 전쟁의 실상을 알려고 해도 아무도 전장을 재현할 수 없다.

해설 ① **No doubt** (확실히, 의심의 여지없이)는 얼핏 다음 문장을 강조하는 것처럼 보인다. 하지만 이어지는 문장과 함께 잘 읽어보면, 서술의 중점은 사건이 있었다는 것보다도 그것들에 대해 거의 알지 못한다는 것을 말한 ②의 **Nevertheless**(그럼에도 불구하고) 이하에 있다. 이 관계는 1-1예(2)②에서 본 It is true...but과 같다. **throughout**은 through보다 좀 더 강한 전치사. '〈과거의 전 시대를〉(처음부터 끝까지) 통해서'. **there actually occurred a series of events** '일련의 사건들이 실제로 일어났다'는 ⇨ 5-4-1. **which constitutes history in some ultimate sense** '어떤 궁극적인 의미에서 역사를 구성하다'. 어떤 의미에서 역사란 기록이 남아 있는지와 무관하게 인류의 과거에 일어난 사건의 총체라는 것을 말하고 있다.

② **much the greater part of these events**의 much는 greater를 강조하는 부사(⇨ 2-2예(3)②). '이들 사건의 대부분'. events와 we can 사이에는 관계사가 생략되었다고 봐도, know nothing about까지 오면 part를 주어로 하는 동사가 없기 때문에 we can know nothing about *the greater part* of...의 도치문이라는 것을 알 수 있다(⇨ 5-3-7). '이들 사건의 대부분에 대해서는 아무것도 알지 못하다'. **not even that they occurred**는 *we can know* not even that...의 의미. '그것이 일어났다는 것조차 알지 못하다'. 인류의 과거에 있었던 어떤 큰 사건도 그것에 대한 기록이 모두 소멸하면 인류의 기억, 즉 역사에서 영원히 사라진 게 된다. **many of them...only imperfectly**는 We can know *many of them*...의 도치문(⇨ 5-3-2). '많은 사건에 대해 우리는 불완전하게밖에 알지 못하다'. **and even the few events**가 주어로 뒤에 동사가 나오리라고 예상했던 사람도 너무 비관할 필요는 없다. 그 해석이 100번 가운데 99번은 맞는다. 다만 여기서는 that we think의 that은 관계대명사, we think와 we know의 사이에는 접속사 that이 생략되어 있으며 관계대명사 that은 know의 목적어(⇨ 9-2-9)라고 읽어도, **we can never be absolutely certain of**는 앞과 이어지지 않고 무엇보다 the few events에 대응하는 동사가 없다. 대신에 of라는 전치사에 목적어가 없다는 것에 주목해서, we can never be absolutely certain of *the few events that we think we know for sure*의 도치문이라고 해석한다. 5-3-8과 같은 구조다. **certain of...**은 '...에 대해서 확신을 갖다'. **know...for sure**는 '...을 확실한 것으로서 알다'. '확실하게 알고 있다고 생각하는 소수의 사건에 대해서도 절대적인 확신을 갖는 것은 불가능하다'. **since**는 '이유'를 나타내는 접속사. **revive** '부활시키다', **observe** '관찰하다'. 자연법칙에 대해서는 언제든 실험에 의해 확인할 수 있지만, 1회성을 특징으로 하는 역사상의 사건은 재현할 수 없다는 것이다.

▸전역 별책 p. 15

5.4 특수구문의 도치문

There is S...의 is의 위치에 일반동사가 들어가서 There+V+S...이 되는 경우가 있다. 이 구문은 주어를 동사 뒤로 보냄으로써 생긴 공백을 there로 메꾸는 형태다. There *stands* a man. (거기에 남자가 서있다)과 같은 문장을 제외하면 there는 의미를 갖지 않는 경우가 많기 때문에, 복잡할 때는 There를 생략하고 주어를 동사 앞으로 보내서 생각하면 된다.

5.4.1 Slowly there **grew up** through the centuries the *belief* that nations should treat one another according to certain rules of right and justice.

there+V+M+S. *cf.* The belief that...slowly grew up through the centuries. that...은 동격명사절(⇨ 3-3).

번역 국가는 그 상호관계에서 일종의 정의의 원칙에 따라야 한다는 신조가 몇 세기 사이에 점차 생겨났다.

5.4.2 There **was** now **revealed** to us *the gulf* between his generation and mine.

There+be+p.p....S. *cf.* The gulf...was revealed to us.

번역 그와 나 사이의 세대의 간격이 이제 분명해졌다.

There is 구문의 There는 주어가 아니지만 형식상 주어처럼 취급되는 경우가 많다. He is a student.의 술부에 seem을 덧붙이면 He *seems to* be a student.가 되는데, 이것과 마찬가지로 There was a student.에 seem을 덧붙이면 There *seemed to* be a student. (학생 한 명이 있는 것처럼 보였다)가 된다.

5.4.3 They say there **is** going **to be** a war.

⟨there is a war⟩+⟨be going to⟩.

번역 전쟁이 일어날 것 같다고들 한다.

5.4.4 People in the United States have a wide variety of national backgrounds, so there **are bound to be** regional and temperamental differences.

a variety of... '다양한...'. temperamental '기질상의'. ⟨there are differences⟩+⟨be bound to⟩ ⇨ 4-3예(1)②.

번역 미국인은 다종다양한 민족적 배경을 가지고 있기 때문에, 당연히 지역에 따른 차이나 기질의 차이가 존재한다.

"You must go to bed now." "**So** *I must* and **so** *must you.*"
라는 문장을 보자. 후반의 so는 전부 '그렇게'라는 뜻으로 go to bed now를 가리킨다. I must의 I와 첫 문장의 You는 동일인물이기 때문에, So I must는 You must go to bed now.와 완전히 같은 내용인데, 이것이 바로 이 구문의 의미다. 우리는 대화를 할 때 상대방의 발언을 그대로 반복함으로써 전적인 동의를 보일 때가 있다. So I must는 그런 식의 표현이기 때문에 '말씀하신대로'라든가 '확실히'라고 번역된다.

한편, so must *you*의 you는 *You* must go to bed now.의 You와는 다른 사람이다. 즉 이 부분은 첫 번째 발언의 술부의 내용이 다른 주어에 대해서도 타당하다는 것을 나타내는 것이기 때문에, You를 번역하고 나서 뒤에 '마찬가지다'라고 덧붙이면 된다.

5.4.5 "Are you pressed for money?" "**So** *I am.*"

번역 '너 돈에 쪼들리니?' '맞아'

5.4.6 The understanding of infectious disease is entirely due to scientific advance. **So**, to take a very recent happening, *is our understanding* of the basis of nutrition.

to take...happening은 to tell the truth 등과 같은 독립부정사로 '최근의 사건을 예로 들면'이라는 의미.

번역 전염병의 원인을 알게 된 것은 전적으로 과학이 발전한 덕으로, 아주 최근의 사건을 예로 들면 영양의 기초에 대한 이해가 진보한 것도 그렇다.

참고 so must you와 So I must의 어순의 차이가 왜 생기는지에 대해서도 이상의 설명으로 분명해졌으리라고 본다. so must you에서는 you만이 화제 속에 처음 등장하는 요소라 이것을 특히 강조할 필요가 있어서 you가 문장 끝의 중요한 위치를 차지한다. 이에 비해 So I must에서는 I도 must도 이미 상대방의 발언 속에 들어 있었고 어느 한 쪽을 특별히 강조할 필요가 없기 때문에 통상의 어순을 취하고 있다. 따라서 S의 부분이 앞과 같고 Ⓥ의 부분에 새로운 내용이 들어가서 이것을 강조할 때도 So+S+Ⓥ의 어순이 된다.

5.4.7 Today youth is discontented. **So** it *ought to be*.

cf. It(=Youth) ought to be discontented.

번역 오늘날 청년들은 불만을 품고 있다. 그리고 그것이 당연하다.

so...that 구문에서 강조를 위해 so...이 문장 앞에 나가면, 뒤는 Ⓥ+S+V (⇨ 5-1-0)의 형태가 된다.

5.4.8 **So** hard *did* he *study* that his friends were greatly concerned at his haggard face.

cf. He studied so hard that....

번역 그는 너무 공부에 집중했기 때문에 친구들은 그의 야윈 얼굴을 보고 무척 걱정했다.

I am taller than he (is). (이 문장의 구성에 대해서는 ⇨ 12-2-0)라는 문장에서 마지막의 is의 유무는 쓰는 사람의 취향에 따라 다르다. 하지만 John is taller than George (*is*).가 되면, George에 비해 의미가 가벼운 is가 문장 끝에 오는 것을 피하려는 심리가 작동하기 때문에 is는 생략하는 것이 보통이다. 같은 의도에서 George와 is의 순서를 바꾸는 경우도 있다. as...as나 단독의 as 뒤에도 이런 종류의 도치문이 보일 때가 있다. than이나 as가 뒤따르는 동사의 주어가 되는 형태(⇨ 12-2-10)와 혼동하면 안 된다.

5.4.9 In large cities today the workers enjoy more comforts than **did** *the workers* of former periods of history.

cf. The workers of former periods...*enjoyed some comforts*.

번역 현대의 대도시에 사는 근로자는 이전 시대의 근로자에 비해 생활을 편하게 해주는 물건이 풍족하다.

5.4.10 The Indus River serves the same function as **does** *the Nile* in Egypt.

cf. The Nile *serves the function.*

번역 이집트에서 나일 강이 하는 것과 같은 역할을 인더스 강도 한다.

If절 안에 가정법(직설법이 아니라는 점에 주의) 동사가 쓰일 때, If를 생략하고 조동사를 주어 앞으로 보내는 구문이 있다. 단 이런 형태가 모든 If...가정법에 성립하는 것은 아니므로 상황을 나누어 생각해보자.

❶ **If...가정법과거** 동사는 be동사 아니면 일반동사인데, If it rained now, I would not go. → *Did* it *rain* now, I would not go.와 같은 형태는 현대 영어에서는 거의 쓰이지 않기 때문에, 이 경우의 도치문은 If S were → *Were*+S뿐이다.

❷ **If S should [could, etc.]+원형 → *Should* [*Could*, etc.]+S+원형.**

❸ **If S had+p.p.(=가정법과거완료) → *Had*+S+p.p.**

5.4.11 I do not know what I should do for relaxation **were** *it* not for the innumerable detective stories.

앞에 were에 대응하는 주어가 없는 것에 주목한다. *cf.* *if* it were not for... '...이 없었다면'

번역 수많은 추리소설이 없었으면 기분전환으로 무엇을 하면 좋을지 알 수 없다.

5.4.12 Edison tries thousands and thousands of ways to do a thing, and never quits, even **should** it *take* ten years, until he has either found a way or proved conclusively that it cannot be done.

even should it take... =even *if* it should take...

번역 에디슨은 하나의 일을 하는 데 수천 가지의 무수한 방법을 시도하는데, 방법을 발견하거나 그것이 불가능하다는 것을 결정적으로 증명할 때까지, 꼬박 10년이 걸려도 결코 그만두지 않는다.

5.4.13 Many a murderer would have remained innocent **had** he not *possessed* a knife or a gun.

many a+단수명사는 의미상으로는 many+복수명사와 같지만 문법적으로는 단수로 취급한다. would have p.p.에 대한 가정을 찾고, had 앞에 주어가 없는 점, 뒤에 he not이라는 얼핏 불가능해 보이는 형태가 직접 나오는 점에 주목해서, if he had not possessed a knife...이라고 본다.

번역 많은 살인자는 칼이나 권총을 지니고 있지 않았다면 죄를 저지르지 않을 수 있었을 것이다.

참고 Were I..., Had he...처럼 If가 생략된 형태가 문장 앞에 나왔을 때보다 5-4-11,13처럼 문장 중간에 있을 때 해석이 훨씬 더 어려워진다는 점에 주의해서 그 문제점을 생각해보자.

5.4 예제(1)

❶ There may be said to have developed in the last few years a "revolt of the individual" against the conformity which an excessive regard for material objects has imposed on daily life. ❷ Behind this change is a sense that personal possessions now have lost their power to distinction.

힌트 남에게 없는 것을 가지고 있으면 '우월'의 증거가 된다. 모든 사람이 가지고 있는 것을 갖지 않는 것 역시 '우월'의 표시다.

해설 ① **There may be said to have developed**의 developed를 타동

사, 뒤따르는 **a revolt**를 그 목적어로 보면 곤란하다. There is 구문의 주어를 찾는 것이 먼저다. *a "revolt..."* may be said to have developed(=자동사)라고 해석한다. '...반항심이 생겼다고 말할 수 있다'. **the conformity**(획일성) **which**의 which는 **impose** A **on** B(A를 B에 강요하다)의 A의 역할을 하는 관계사. **an excessive regard for material objects** '물질적인 것에 대한 과도한 존중'.

② **Behind** this / change(=S) **is**(=V)로는 뜻이 통하지 않는다. this는 change를 꾸미는 형용사. *A sense* that...*is* behind this change의 도치문(⇨ 5-2-3). '이 변화의 배후에는 ...이라는 의식이 있다'. **personal possessions** '개인적인 소유물'. **their power to distinction** '재산에는 그 소유주를 남들보다 우월한 입장에 놓는 힘이 있지만 〈지금은 그것을 잃었다〉'.

▸전역 별책 p. 15

5.4 예제(2)

❶ As culture advances, the role of playful and artistic activities tends to grow ever greater. ❷ The increase of leisure is recognized by most of us as a desirable social aim, but leisure activities usually contain a greater element of mental activities than do those that come under the heading of work.

힌트 인간이 의식주 문제에 쫓기는 동안은 문화가 꽃을 피우지 않는다. 인간의 두뇌가 본래의 기능을 하는 것은 여가가 생긴 다음이다. scholar(학자)도 어원을 거슬러 올라가면 '여가가 있는 사람'이 된다.

해설 ① **As** culture **advances**의 advances와 문장 끝의 **grow** ever **greater**가 첫머리의 As를 '문화가 진보함에 따라서'라는 뜻으로 느끼게 한다. **the role of playful and artistic activities** '놀이나 예술과 관련된 활동의 역할'. ever는 비교급을 강조한다. '점점 〈커지는 경향이 있다〉'.

② **The increase of leisure**는 '여가의 증가'이지 '오락의 증가'가 아니다. **is recognized...as**는 2-2-11에서 본 V+O+as...의 수동태. '〈...은 바람직한 사회적 목표라고 대부분의 사람들에게〉 인정된다'. **leisure activities**는 '명사 → 명사'. '여가에 하는 활동'. **contain a... element of mental activities** '정신활동의 요소를 포함한다'. **greater ...than do those** that come... 부분이 than+V+S(⇨ 5-4-9)라는 도치문으로, the activities와 같은 those가 do의 주어. **the heading of work** '일이라는 표제[제목]〈에 포함된다〉'.

▸ 전역 별책 p. 16

5.4 예제(3)

❶ In my life anxiety, trouble, and sorrow have been allotted to me at times in such abundant measure that had my nerves not been so strong, I must have broken down under the weight. ❷ Heavy is the burden of fatigue and responsibility which has lain upon me without a break for years. ❸ I have not much of life for myself, not even the hours I should like to devote to my wife and child.

힌트 나의 지금까지의 인생이 얼마나 혹독하고 괴로웠는지에 관한 이야기.

해설 ① **In my life** /...이라고 끊어 읽는다. **anxiety, trouble, and sorrow**가 **have been allotted to me**의 주어. **at time**=sometimes. '내 인생에서는 걱정과 고생과 슬픔이 때로 ... 주어졌다'. **in...measure**는 ...부분에 들어가는 형용사를 정도를 나타내는 부사로 바꾸는 숙어. in *abundant* measure=abundantly '풍부하게, 잔뜩'. **that had my nerves not been**을 어떻게 해석할지가 이 예제의 관건이다. that은 such...that이라는 연결(⇨ 3-4-3)로 보면 접속사로 보이고, 바로 뒤에 had가 있는 것을 보면 관계대명사처럼 보이는데 어느 쪽이 맞을까? 만약 뒤의 방법으로 that(=S) had라고 하면, had my nerves not been 부분이 설명이 되지 않는다. **so strong** 뒤에는 **I must have broken down under the weight**라는 독립적인 문장이 이어지기 때문에 that은 접속사이고, had my nerves not...=*if* my nerves *had* not been...이라고 본다(⇨ 5-4-13, 3-1-3). '...이기 때문에, 만약 신경이 이 정도로 강하지 않았다면 나는 틀림없이 그 무게에 무너졌을 것이다'.

② **Heavy is the burden**은 C+be+S(⇨ 5-2-1). '〈피로와 책임의〉 부담은 무겁다'. **without a break** '연속해서, 쉬지 않고'. **for years**가 has lain을 꾸며서 '지금까지 오랫동안 계속해서 나를 짓누르는...'.

③ I have not **much of life**의 much of에 대해서는 ⇨ 2-2예(1) ② little of. '내게는 〈나를 위한〉 인생은 별로 없다'. **not even the hours**를 *I have* not even the hours라고 해석하는 방법은 ⇨ 5-3예(2)②. the hours의 뒤에는 **I should like to devote...**의 devote의 목적어가 되는 관계대명사가 생략되었다. '아내나 아이를 위해 할애할 시간조차 없다'.

▸ 전역
별책
p. 16

Chapter 6
동격구문

H + A 1

A=대명사, etc. 2

H = 부정사, what절, etc. 3

부사적 목적어 4

CHAPTER **6**

동격구문

In *the house* stands a man.이라는 문장에서는, 첫머리의 전치사로 인해 In the house 전체가 문장 안에서 형용사 또는 부사의 역할을 한다는 것, 다시 말해 주어나 목적어가 아니라는 것을 알 수 있다(⇨ 1-1-0). 보어의 경우는 It is of *great use*(=very useful).와 같이 전치사구가 보어가 될 수 있어서 문제가 더 복잡해지지만, 전치사를 동반하지 않는 명사가 문장 속에서 어떤 역할을 하는지의 각도에서만 보면, 이런 명사는 대부분 주어, 목적어, 또는 보어로 쓰인다고 볼 수 있다. 문장 속 명사에 전치사가 없을 때 그것을 주어, 목적어 또는 보어라고 보고 그것을 포함하는 S+V 또는 V+O, V+C의 연결을 찾는 것 – 이것이 영문을 읽는 기본적인 자세다.

그럼 여기서 다음과 같은 문장에 대해 생각해보자.

He had something that I didn't have – an idea.

an idea에는 전치사가 없기 때문에 이것을 have의 목적어로 보고 '그에게는 내가 아이디어를 갖고 있지 않은 것이 있었다'라고 해석하는 사람이 있는데, 오역이다. have의 목적어는 관계사 that(⇨ 3-3)이고 an idea는 앞의 something을 바꾸어 말한 것이므로, '그에게는 내가 가지지 않은 것, 즉 아이디어가 있었다'가 맞는 번역이다. 이 idea의 기능은 Alfred, King of England, was a great ruler. (영국의 왕 알프레드는 위대한 지배자였다) 중의 King of England의 용법과 같다.

명사가 전치사의 도움을 빌리지 않고 앞의 명사를 바꿔 말해서 설명하는 형태를 동격관계라고 부르는데, 이것은 위의 기본원칙에 대한 중요한 예외다. S+V+O형의 문장을 예로 들면, S와 O는 보통 명사이기 때문에 '명사+V+명사'가 된다. 하지만 동격관계가 더해지면 '명사+명사+V+명사' 또는 '명사+V+명사+명사'라는 구문이 된다. 이런 문장 속에서 어떤 말이 S 또는 O이고 어떤 말이 수식요소인지를 바르게 구별하는 것이 이 장의 과제다.

또 the city *of* Rome(the city=Rome)의 of를 동격관계의 of라고 설명하기도 하는데 이 장에서는 이것을 제외하고, 연속하는 두 개의 명사 중에 뒤의 명사가 앞의 명사를 설명하는 형태에 한해서 살펴본다. 편의상, 앞에서 설명을 받는 명사를 H(<Head: 주요어), 뒤에서 설명하는 명사를 A(<Apposition: 동격어)라는 기호로 표시한다.

6.1 H + A

기본적인 예부터 시작하자.

6.1.1 *Dr. Angle*, noted **authority** on Abraham Lincoln, arrived in Tokyo February 14th.

noted(=famous)는 authority를 수식하는 과거분사. Dr. Angle(H)=noted authority... Lincoln(A). A의 앞뒤에 쉼표를 넣어서 동격관계를 나타낸다.

번역 에이브러햄 링컨의 저명한 권위자, 앵글 박사가 2월 14일 도쿄에 도착했다.

6.1.2 Few insects enjoy more fame than the *glowworm*, the curious little **animal** who celebrates the joy of life by lighting a lantern at its tail end.

이 문장을 ...than the glowworm, who celebrates...이라고 해도 내용은 거의 같다. 명사에 직접 관계사를 붙이는 대신, 동격 명사를 하나 넣고 이것을 관계사의 선행사로 하는 것은 흔히 보이는 표현이다.

번역 반딧불이라는, 꼬리 끝에 등을 밝혀 생의 기쁨을 축복하는 작고 드문 생물만큼 친숙한 곤충도 없다.

6.1.3 You may have heard of that lovely *land* called Italy, the **land** of golden sunshine and warm, soft air.

called는 that lovely land를 꾸미는 과거분사.

번역 이탈리아라고 불리는, 황금빛 일광과 따뜻하고 부드러운 공기를 갖는 아름다운 나라에 대해서 들은 적이 있을 겁니다.

6.1.4 He lacks the *quality* which Emerson had in abundance, and which all great art must have: a sincere **attempt** to interpret life.

and which의 which도 the quality를 선행사로 하는 관계사(⇨ 10-2-pre6), 절 안에서는 have의 목적어. *cf.* We have food *in abundance*. (식량은 풍부하게 있다.)

번역 에머슨에게 풍부하고, 모든 위대한 예술에 없어서는 안 되는 성질 – 인생을 해석하려는 진지한 의도가 그에게는 없었다.

6.1.5 "I am a citizen, not of Athens or Greece, but of the world." These are the words of *Socrates*, the ancient Greek **philosopher**, and perhaps the wisest **man** who ever lived.

Socrates(H)=the...philosopher(A)=the wisest man(A). H=A_1+A_2의 관계가 되는 참의 예문과 비교할 것. the wisest man who...이라는 최상급+관계사절의 번역에도 주의할 것. *cf.* This is *the hottest* weather we have had for[in] ten years. (10년만의 더위다.)

번역 '나는 아테네나 그리스의 시민이 아니라 세계의 시민이다' 이것은 고대 그리스의 철학자로 일찍이 유례가 없을 만큼 현자였던 소크라테스의 말이다.

참고 The ancient Greeks often said that education should contain two *things*, **gymnastics** and **music**. (교육은 체육과 음악 두 가지를 포함해야 한다고 고대 그리스인은 자주 말했다.)

Alfred, King of England, was a great ruler.에서는 Alfred(=H)가 문장의

주어고 King of England(=A)가 그것에 대한 설명으로, 그 이상의 역할은 없다. 그런데 *Charles Dickens*, **he** was a novelist. (찰스 디킨스, 그야말로 소설가였다)가 되면, 구체적인 단어인 Charles Dickens(=H)가 문장 밖으로 나가고 가벼운 단어인 he(=A)가 문장의 요소로 기능한다. 이 구문에서는 문장 앞에 나온 명사를 문장 속에서 가리키는 A가 주어가 되는 경우가 많다. 하지만,

The man who entered, do you know **his** name? (들어온 사람, 저 사람 이름을 알아요?)

와 같이 A=소유격, 또 6-1-7처럼 A=목적격의 경우도 있다.

6.1.6 In all the history of the human race there have been only a few thousand real men. And the *rest* of us—what are **we**? Teachable animals.

the rest of us(H)=we(A). us와 we는 나타내는 범위가 다르다는 점에 주의. only a few ⇨ 2-2-9. teachable은 that can be taught의 의미로, that can teach가 아니다.

번역 인류의 전 역사를 통틀어서 진정한 인간은 수천 명밖에 없었다. 그리고 나머지 인간 – 즉 우리들은 도대체 뭘까? 가르치면 기억하는 동물이다.

6.1.7 *He* that can discern the loveliness of things, we call **him** a poet.

번역 사물의 아름다움을 알아볼 수 있는 사람 – 우리는 그를 시인이라 부른다.

6.1.8 Good *health* and *physique*, *cheerfulness* and a *desire* to help others, **all** play a big part in making happiness and prosperity.

문장 앞에 있는 네 개의 명사를 총괄하는 동격의 all이 play의 주어가 된다. (H_1 and H_2), (H_3 and H_4)=A라는 and의 특수한 용법에도 주의할 것. *cf.* He *played* an important *part* in the discovery. (그는 그것을 발견하는 데 중요한

역할을 수행했다.)

번역 건강하고 튼튼한 몸, 쾌활함과 타인을 돕고자 하는 바람, 이 모두가 행복과 번영을 이루는 데 큰 역할을 한다.

참고 The *son* of obscure Austrian customs official, **he** had nursed youthful dreams of becoming a great artist. (그는 이름 없는 오스트리아의 세관원의 아들이었는데, 예술가가 되려는 청춘의 꿈을 품고 있었다)라는 문장은 The son(=H), he(=A)라는 구조인데, H의 부분에 *Though he was* the son of...과 같은 부사적인 느낌이 있다는 점에서 분사구문과 관련해서 설명할 때가 많다.

6.1 예제(1)

> ❶ Later on we shall learn something about the Industrial Revolution and about the conflicts that it engendered—social conflicts within the nations and economic conflicts between the nations. ❷ Now if we inquire as to the primary cause of the Industrial Revolution which we are about to study, the answer is: science and inventions, and the rapid multiplication of power-driven machines.

힌트 시험문제에서는 어느 정도의 전후 관계는 직접 보충할 필요가 있다. 이 예제는 산업혁명에 대한 서술의 도입부라고 본다.

해설 ① **Later on** '나중에'는 '이 문장에 이어지는 부분에서'라는 뜻. *the conflicts* **that** it *engendered*의 engendered(...을 일으키다)의 목적어는 관계대명사 that. 줄표 뒤에 오는 **social conflicts**...and **economic conflicts**는 the conflicts와 동격(⇨ 6-1-4,5 참). '산업혁명이 일으킨 다툼, 즉 〈국가 내부의〉 사회적 투쟁과 〈국가 간의〉 경제적 투쟁'.

② **if we inquire as to the primary cause**의 as to는 전치사. 의문

사로 시작하는 명사절을 목적어로 하는 경우가 많다. *cf.* He said nothing *as to* when he would come. (그는 언제 올지에 대해서 아무 말도 하지 않았다.) **which we are about to study**의 which는 to study의 목적어. be about to—는 '—하려고 하다'. '이제부터 공부할 〈산업혁명의〉 첫 번째 원인이 뭐냐고 묻는다면'. **the rapid multiplication of...** '...의 급속한 증가'. **power-driven machines** (=machines driven by power) '동력으로 움직이는 기계'.

▸ 전역 별책 p. 17

6.1 예제(2)

❶ In spite of a slight change of spelling, holiday scarcely conceals from us that it was originally holy day. ❷ Historians seem to agree that such a day was, in the beginning, devoted to the placation of some force of nature or the worship of a god. ❸ The idea that men and women needed a rest from work and that they would thrive better if they had a pause in the endless monotony of repeated days—all this has been a secondary growth.

힌트 일본에서의 크리스마스의 세속화가 가끔 화제가 되는데, 이것은 영어의 holiday도 holy day가 세속화한 것이라는 이야기다.

해설 ① **In spite of a slight change of spelling** '철자에 약간의 변화는 있었지만'이란, holy day가 holiday라는 하나의 단어가 된 것을 말한다. **holiday scarcely conceals** from us **that...** conceal은 The tree *concealed* her *from* view. ('나무가 그녀를 시야에서 감추었다' → '나무 때문에 그녀의 모습은 보이지 않았다')와 같이 사용하는 타동사인데, conceals from us라고 해서 목적어가 없는 것은 왜인지 생각해본다. 한편 us 다음에 느닷없이 접속사 that으로 시작하는 절이 보이는 것에서, 동사와 목적어 사이에 부사구가 들어간

V+M+O 구문이라고 이해한다(⇨ 3-2예(2)②, 3-4예(1)). 직역하면 'holiday는 ...을 우리에게 거의 숨기지 않다'이지만, 앞뒤 맥락으로 봐서 'holiday라는 말을 보면 ...이라는 것을 대충 알 수 있다'라고 해석한다. **it was originally holy day** '그것은 본래 성스러운 날이었다' (⇨ 5-2예(2)①).

② **Historians seem to agree that...** '역사학자는 ...이라는 점에서 의견이 일치하는 것 같다'(⇨ 3-2-4). **such a day was...devoted to the placation**(누그러뜨리는 [위로하는] 것) **of some force of nature** '이런 날이 〈처음에는〉 어떤 자연의 힘을 누그러뜨리〈거나 신을 예배하는〉 일에 바쳐졌다'. 비나 바람 등의 자연의 힘을 인간에게 편리하게 움직이도록 종교적 의식을 행하는 것을 의미한다.

③ **The idea that** men and women needed a rest from work은 The idea에 동격명사절이 이어진 형태. **and that...** 부분에서,

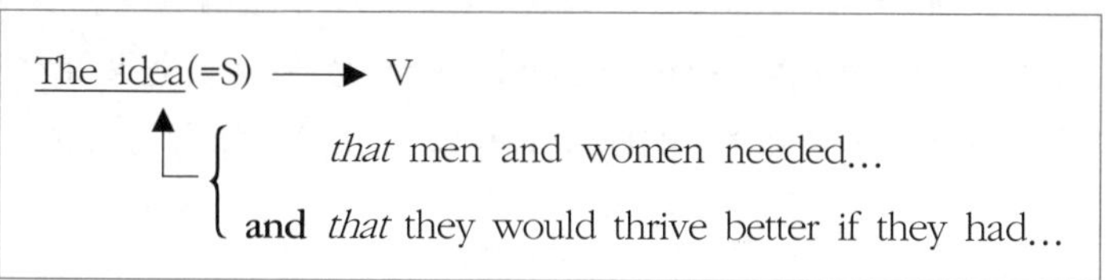

라고 예상하는 것이 대부분의 경우에 맞다. **they would...if they had**는 과거의 사항에 대한 막연한 가정과 그 귀결로, 가정법을 사용한 '과거사실의 반대'는 아니다. 그랬다면 they *would have thrived*...if they *had had* a pause...이 되었을 것이다. thrive는 '번영하다'. **the endless monotony of repeated days** '끝없이 반복되는 단조로운 날들' → '끝없이 단조롭게 반복되는 날들 속에 휴식을 넣는 편이 생활이 보다 순조로울 거라는 생각'.

—all this has been 대목에서 당황할 지도 모른다. The idea에 대응하는 동사가 나오지 않은 채로 문장이 끝나버리기 때문이다. 여기서 The idea(=H)... —all this(=A)로, all this가 문장 속에서 기

능하는 특수한 동격 구조라고 생각할 수 있으면 6-1-6을 공부한 보람이 있다. **a secondary growth** '이차적으로 성장한 것'이란 ② 의 in the beginning과 대비해서 '후대에 생겨난 것'을 의미한다.

▸전역 별책 p. 17

6.2 A = 대명사, etc.

> Man **himself** is a part of Nature.
> Man is **himself** a part of Nature.
> Man is a part of Nature **himself**.
> (인간 자신이 [인간은 그 자신이] 자연의 일부다.)

위의 세 문장에서는, Man과 동격인 himself가 Man의 직후에서부터 문장 중간, 그리고 끝으로 위치를 바꾸고 있는데 문장의 의미는 거의 같다. -self가 붙는 재귀대명사나 each, all 등의 대명사는 이렇게 문장의 여러 곳에서 주어와 동격으로 놓이고, 아래의 예문에도 보이듯이 부사적으로 쓰이기도 한다.

6.2.1 The especially human *activities* which distinguish man from other animals **all** depend upon the lessening of his bondage to physical nature.

cf. *all*...activities depend upon the lessening....

번역 인간을 다른 동물과 구별하는 특히 인간적인 활동은 전부 물리적 자연에 대한 인간의 예속을 감소시키는 것과 관련이 있다.

6.2.2 The *individuals* have **each** an equal right to his own view as to the sort of world he wants.

cf. Each of the individuals has an equal right.... the sort of world의 뒤에는 관계사가 생략되었다(⇨ 10-1-8).

번역 사람은 각자가 바라는 세계에 대해서 자기의 생각을 가질 평등한 권리가 있다.

6.2.3 I am sure *we* shall **none of us** forget poor Tom.

none of us는 we(=H)에 대응하는 A에 부정이 더해진 것. *cf. None of us* shall forget poor Tom.

번역 우리는 모두 불쌍한 톰을 분명 잊지 못할 것이다.

6.2.4 The new *king* was so fond of hunting **himself**, although he would not let the English hunt.

'자신을 들볶는 것'을 좋아하는 왕은 없다. hunt는 자동사다.

번역 새로운 국왕은 영국 국민에게는 사냥을 시키려고 하지 않았지만, 자신은 사냥을 무척 좋아했다.

6.2.5 Formerly, if you lived anywhere outside the very large cities, you could have very little musical experience beyond what *you* made **yourself**.

made의 목적어는 관계사 what(⇨ 4-1-1). *cf.* You made music *yourself.* (너는 스스로 악기를 연주했다.)

번역 예전에는 대도시에서 떨어진 곳에 살면 직접 연주하는 것 말고는 음악을 접할 수 있는 일이 거의 없었다.

동격의 기본형은 두 개의 명사가 연속해서 뒤의 명사가 앞의 명사를 설명하는 형식인데, A가 부정사나 명사절인 경우도 있다. 아래의 예문에서는 A가 명사적 용법의 부정사다.

6.2.6 There is one *thing* that the most powerful of men or the most extreme system cannot do: **to enslave** a cat.

번역 최대의 권력자도, 가장 과격한 제도도 하지 못하는 일이 한 가지 있다. 고양이를 마음대로 하는 것이다.

6.2.7 Fairy tales can do for small children *what myth and religious ceremonies did for primitive peoples*—**give** their fears names to identify them with.

do...what...은 V+M+O. what...peoples(=H)(⇨4-1-1), give(=A: 원형부정사). identify(확인하다) them with의 them은 their fears를 가리킨다.

번역 신화나 종교적인 의식이 원시인들에 대해서 해온 것, 즉 그들의 공포에 이름을 부여해서 그것을 인식 가능한 것으로 만드는 일을, 동화는 어린 아이들을 위해 할 수 있다.

접속사 that으로 시작하는 절이 앞의 명사의 내용을 설명하는 동격명사절에 대해서는 3-3에서 보았는데, question, doubt 등의 명사 뒤에서는 whether나 의문사로 시작하는 절이 이것과 같은 역할을 한다.

6.2.8 We must consider *the question* **whether** we can afford such huge sums for armaments.

번역 군비를 위해 이렇게 거액의 지출을 할 수 있는가 하는 문제를 고려하지 않으면 안 된다.

6.2.9 Next comes *the question* **what** you want it for.

Next comes... ⇨5-2-5. *cf.* What *do* you want it for?

번역 다음은 네가 무엇을 위해 그것을 원하는지가 문제가 된다.

6.2 예제(1)

❶ Appreciation of the noblest and purest pleasure is an acquired taste which must be won laboriously. ❷ That is what education is for, to help one to acquire the taste that makes the higher delights possible.

힌트 식욕을 충족시키는 데는 준비가 필요없지만, 지식욕을 충족시키려면 준비가 필요하다.

해설 ① **Appreciation of the noblest and purest pleasure** '가장 고상하고 순수한 즐거움을 음미하는 힘'. **is an acquired taste**의 acquired는 부모로부터 유전되는 것이 아니라 '후천적으로 얻다'라는 의미(⇨ 4-2예(2)③). appreciation=an...taste의 관계로부터, taste는 '취미'가 아니라 '감상력'이라고 본다. '〈노력해서 획득해야 하는〉 후천적인 힘이다'.

② **That is what...**은 what을 사용한 강조(⇨ 4-2-pre6). what을 빼면 Education is for *that.*이 되는데, 이 that을 명사적 용법의 to 부정사 **to help**...으로 바꾸어 말하고 있다(⇨ 6-2-6). what...**for**의 what은 6-2-9와 마찬가지로, 절 안에서는 for의 목적어(⇨ 4-1-3). '교육이 그것을 위해 있는 것' → '교육이 추구하는 것' → '교육의 목적'. help **one to acquire**의 one은 일반인칭의 대명사. '〈더 큰 기쁨을 음미할 수 있는 힘〉을 기르는 것을 도와주다'.

▸ 전역 별책 p. 17

6.2 예제(2)

❶ Many people today think it is very wrong of the Government to keep us all short of nice things at home while the beautiful cars and textiles and other high grade goods are sent abroad. ❷ They think that exports should consist only of the surplus of goods that we don't want to use ourselves. ③ Yet they do not think it wrong that the mechanic who makes the Rolls-Royce car cannot afford to possess such a car himself.

힌트 내핍수출을 할 수밖에 없던 시대의 영국 국민의 불만과 모순.

해설 ① **it** is very wrong **of** the Government **to keep...** It is 형용사...to−의 구문으로, 형용사가 kind, unkind, clever, foolish처럼 사람의 성격을 나타내는 말인 경우는 부정사에 대한 의미상의 주어를 보여줄 때 for...(⇨ 8-1)이 아니라 of...to−의 형태를 사용한다. keep **us all**(=O) **short of nice things**의 keep은 제5문형의 용법(⇨ 2-2예(3)⑦). us(=H) all(=A). us all과 short of 사이에는 We all *are* short of... (우리 모두 〈좋은 제품〉이 부족하다)가 숨어 있다. **at home**은 뒤의 abroad와 대비해서 '국내에서'라고 해석한다. **textile** '직물'. **high grade**가 goods를 꾸며서 '고급제품이 〈수출된다〉'.

② **exports should consist only of...** '수출품은 ...만으로 이루어져야 한다'. **the surplus** of goods **that**...의 that의 선행사는 surplus가 중심. **we** don't want to use **ourselves**라고 해도 ourselves는 use의 목적어가 아니다. 목적어는 관계대명사 that이고, ourselves는 we와 동격(⇨ 6-2-5). '우리들이 직접 쓰고 싶어 하지 않는 남는 제품'.

③ **Yet** '하지만'. **they do not think it wrong that**의 it은 that 이하를 가리키는 가목적어. ①의 think it is...wrong...to keep...이 제5문형으로 압축된 형태. '...이 틀리다고는 생각하지 않는다'. that 절에서는 **the mechanic**(기계공)...**cannot afford to possess such a car**가 중심. 마지막의 **himself**는 많이 떨어져 있지만 주어인 the mechanic과 동격(⇨ 6-2-4). '〈롤스로이스 자동차를 만드는〉 기계공 자신은 그 차를 갖지 못한다'.

▸ 전역 별책 p. 18

6.3 H = 부정사, what절, etc.

You have caused me *to lose my temper*: **a thing** that has hardly ever happened to me. (너 때문에 내가 짜증을 냈다. 지금까지 이런 일은 거의 없었다)에서는 (to) lose my temper가 a thing으로 요약된다. 이렇게 부정사나 문장의 일부 또는 전체가 동격관계의 H가 되는 경우도 있다. 이런 종류의 문장에서는 A 앞에 it과 be동사를 보충해서 해석하면(위 문장에서는 *it is* a thing...), it이 H를 가리키게 되어 쉽게 해석이 되는 경우도 많다.

6.3.1 Our young cat Min, *which has been absent five cold nights*—her first **absence**—has at length returned at daylight.

which...nights(H)=her...absence(A). five cold nights는 부사적 목적격(⇨ 6-4). at length=at last

번역 우리 집 새끼고양이 민은 추운 날씨에 닷새나 돌아오지 않았는데 –이런 일은 이번이 처음이었다– 드디어 오늘 새벽에 돌아왔다.

6.3.2 I *said my prayers*, a **duty** which I had often neglected, and in a little time fell into a really refreshing sleep.

I said...and...fell로 이어진다(⇨ 14-1-9, 14-3-2).

번역 그때까지 나는 기도의 임무를 소홀히 하는 일이 많았는데, 기도를 한 뒤에 곧바로 정말로 원기를 회복시켜주는 잠에 빠졌다.

6.3.3 Some knowledge of Japan gives the Westerners *what they so keenly need*—a **means** of understanding all of Asia.

번역 서양인은 일본에 대해 어느 정도의 지식을 가지면 그들이 절실하게 필요로 하는 것, 즉 아시아의 모든 것을 이해하는 수단을 얻는다.

6.3 예제

❶ Man is one of the most adaptable of all living things, an honour which he perhaps shares with his constant companions, the dog and the housefly. ❷ Man can maintain himself as a population high in the mountains, or in arctic wastes, or in tropical jungles, or in desert desolation. ❸ Individually he has penetrated the depths of the ocean and the outer reaches of the atmosphere. ❹ Man is marvellously adaptable—except to man.

힌트 인간은 환경에 대해 놀랄만한 적응력을 가지고 있다. 단 이것은 서론이고, 진짜로 하고 싶은 말은 마지막 문장이다.

해설 ① **one of the most adaptable of all living things** '모든 생물 가운데 적응력이 가장 풍부한 것의 하나'. **an honour**는 (Man) is... things 전체와 동격(⇨6-3-2). **which he perhaps shares with his constant companions**는 share A with B 'A를 B와 공유하다'의 A를 관계사로 바꾸어 앞으로 내보낸 형태. '아마 인간이 함께 있는 동료와 공유하고 있는 명예'. his...companions=**the dog and the housefly**의 관계(*cf.* 6-1-5참). 인간이 가는 곳마다 항상 개와 파리가 있다면, 개나 파리에게도 인간과 같은 정도의 적응력이 있다는 얘기가 된다.

② **maintain himself** '생활하다'(⇨3-2예(2)역). **as a population**은 ③의 **Individually**와 대비해서, 개인적으로 탐험을 가는 것이 아니라 몇 대에 걸쳐서 그곳에 뿌리를 내리고 생활하는 것을 말한다고 생각한다. **high in the mountains**의 high는 부사. '산 속 높은 곳에'. **arctic wastes** '극한의 황무지'. **tropical jungles** '열대의 정글'. **desert desolation**은 '명사 → 명사'. '사막의 황량한 상태'.

③ **penetrated the depths of the ocean** '심해에까지 도달했다'. **the outer reaches of the atmosphere**는 '대기권의 상층부'로 '대기권

밖'이 아니다. *cf.* the *upper* reaches of the Thames (템스 강 상류).

④ **marvellously adaptable** '놀랄 만큼 적응력이 뛰어나다'. **except to man**의 except는 to man 전체를 목적어로 한다. '인간에 대한 경우를 제외하고'.

▸전역 별책 p. 18

6.4 부사적 목적어

문장 속 명사에 전치사가 없을 때 이것을 주어, 목적어, 보어의 어느 하나로 본다는 원칙에는 6.1~6.3에서 말한 동격요소로서의 명사 외에 또 한 가지 중요한 예외가 있다.

> (a) We waited **two hours.**
>
> *cf.* We waited *for* two hours.
>
> (b) The canal ran **north and south.**
>
> (그 운하는 남북으로 흐르고 있었다.)
>
> (c) They can have everything **their own way.**
>
> *cf.* They can have everything *in* their own way.
>
> (그들은 뭐든지 자신의 생각대로 할 수 있다.)

여기서 진한 글씨체는 모두 전치사를 동반하지 않고 부사의 역할을 하고 있다. 명사 중에는 이렇게 전치사 없이 숙어적으로 부사의 기능을 하는 것이 있어서, 부사적 목적격이라고 불린다. 이것은 모든 명사에 해당하는 것은 아니고, 일종의 숙어적 표현에 한정된 용법이다. 의미의 측면에서는 (a)~(c)에 보이듯이, (a)시간에 관한 것, (b)공간에 관한 것, (c)정도·방법에 관한 것의 세 가지로 분류할 수 있다. 이 중에 영문을 해석할 때 어려운 것은 (c)이기 때문에, 이하는 이것을 중심으로 예문을 든다. 또 부사적 목적격의 대부분은 동사를 수식하는데, 개중에는 형용사를 수식하는 것(⇨ 6-4-4), 비교형식과 함께 쓰이는 것(⇨ 6-4-5~7)도 있다.

6.4.1 He was picking cherries in a cherry-tree, when a branch broke, and he *fell* **head over heels** to the ground.

..., when은 관계부사의 비제한적 용법(=..., and then). head over heels(거꾸로)가 fell을 수식한다.

번역 그는 벚나무에 올라가 버찌를 따고 있었는데, 그때 가지가 부러져서 머리에서부터 땅에 떨어졌다.

6.4.2 People's faces *aren't* the same **both sides**. Their eyebrows are different, and their mouths *go up* **one side** and their noses aren't really straight.

번역 사람의 얼굴은 양쪽이 같지 않다. 눈썹도 다르고 입 한쪽이 올라가 있기도 하다. 콧날도 완전히 똑바르다고 할 수 없다.

6.4.3 We *did* it **sailor fashion**.

명사+fashion은 '...식의 방법으로'라는 뜻.

번역 우리들은 그것을 선원들이 하는 방식으로 했다.

6.4.4 Stars were **diamond** *bright*, and there was no dew.

cf. The moon was *crystal* clear. (달은 수정처럼 투명했다.)

번역 별이 다이아몬드처럼 빛나고 이슬은 내리지 않았다.

6.4.5 The patient is, if anything, **a shade** *better* today.

if anything ⇨ 15-1-8. a shade(=a little)가 better를 수식한다. *cf.* He seemed *a trifle* embarrassed. (그는 약간 당황한 것처럼 보였다.)

번역 환자는 오늘은 그래도 조금은 좋은 편입니다.

6.4.6 The country would be **a heap** *better* off without fools like you.

would be는 without... 중의 가정을 받는다. *cf.* The country would be *much* better.... better off(<well off '평온하다').

번역 너희들 같은 멍청이가 없는 편이 나라를 위해 훨씬 좋을 거다.

6.4.7 His claim is **every bit** *as* good *as* yours.

every bit (어느 면으로 보나, 완전히)이 as good as를 수식한다. *cf.* I am not *a bit* tired. (나는 전혀 피곤하지 않다.)

번역 그의 주장은 어디로 보나 너의 주장만큼 타당하다.

6.4 예제

❶ Before the motor age, travel for pleasure was largely restricted to the rich. ❷ If they had money enough they would go to Europe. ❸ Otherwise they would spend the summer at the seashore or in the mountains, or perhaps they would take the waters at some health resort. ❹ People only moderately well to do were likely to confine their travel to matters of business or to such exigencies as family weddings and funerals. ❺ Down among the white collars, and those only a notch or two above the under-privileged, travel was usually limited to a honeymoon or perhaps once in a lifetime a flying visit to the World's Fair or the centennial celebration of some historical event.

힌트 휴일만 되면 온 국민이 대이동을 하는 것은 현대의 풍속도. 사정은 미국도 마찬가지다.

해설 ① **Before the motor age** '자동차 시대 이전에는'. **travel for pleasure** '(일 때문이 아니라) 즐거움을 추구하는 여행'. **was largely restricted to the rich**(=rich people) '대부분 부자에 한정되어 있었

다; 〈여행을 하는 것은〉 대개 부자들뿐이었다'.

② **If** they **had**..., they **would**...은 과거에 대한 추측을 나타내는 직설법 과거(⇨ 6-1예(2)③). would는 '과거의 습관'. they는 진짜 부자를 가리킨다.

③ **Otherwise**(=if not) → If *they had* not money enough라고 해서 ②의 the rich보다 한 단계 떨어지는 부자의 경우로 이야기가 옮겨간다. 두 개의 **would**의 용법은 ②와 같다. **take the waters at some health resort** '어딘가의 휴양지에서 온천을 하다[광천수를 마시다]'.

④ **People**에 **well to do**(부유한)가 걸리고, **only moderately**가 well to do를 꾸민다. '특별히 부유까지는 가지 않는 사람들'. **were likely to** ⇨ 2-2예(3)⑦. **confine their travel to matters of business** confine A to B 'A를 B에 제한하다'. 수동태는 A is confined to B(A는 B에 제한되다). ①의 was...*restricted* to, ⑤의 was...*limited* to도 같은 뜻을 나타내는 표현. '여행을 일의 문제...에 한정하다'. **or to such exigencies as**... '...과 같은 급한 일'. '...사람들이 여행을 하는 것은 일이 있을 때라든가 〈가족의 결혼식이나 장례식〉과 같은 긴급한 경우뿐이었을 것이다'. ③의 '부자'보다 또 한 단계 떨어지는 사람들 경우에는, 거래처 사람을 만나야 한다든가 부모가 멀리 떨어진 곳에서 돌아가신 경우가 아니면 여행은 생각도 할 수 없었다.

⑤ **Down / among the white collars** '더 내려가서, 회사원...의 경우는'(⇨ 11-1-3). and **those** only a notch... 부분이 어렵다. 우선 those가 only a를 지나 a notch를 꾸밀 리는 없으므로, 이 those는 대명사다. 그렇지만 앞에 and가 있는 이상, among *the white collars*, and *those* '회사원이나 ...사람들'(⇨ 4-2예(1)③)이라고 읽을 수밖에 없다. those 뒤에 역시 전치사가 없는 **only a notch or**...이 나오는 것이 마음에 걸리지만, 의문을 보류하고 일단 읽어가다 보면 **above the under-privileged** (people), **travel was**...이 보인다. 여기서 travel was가 이 문장의 중심이 되는 주어와 동사다. Down

이하의 구성이,

Down among {	*the white collars,* **and** *those* ← above the under-privileged, ↑ only a notch or two	} travel was...

라고 알아차린 사람은 실력에 자신을 가져도 좋다. only a notch (정도, 단, 급) or two가 부사적 목적격으로 above...을 앞에서 수식하고(⇨ 11-3-4), '사회적 경제적으로 윤택하지 않은 사람들보다 한두 단계 위의 사람들 〈사이에서는〉'이라는 의미가 된다. ①의 the rich에서 시작해서 이 the under-privileged까지, 소득의 측면에서 본 사회의 모든 단층을 보여준다. travel was **usually limited to a honeymoon**... '여행은 보통 신혼여행이나 ...에 한정되어 있었다'. **or** perhaps... 이하가 또 어렵다. 여기는 or가 등위접속사이기 때문에, A나 B라는 형태로 대등한 자격을 갖는 것을 결합할 거라는 원칙(⇨ 14-0)을 얼마나 고수할 수 있는지가 관건. **perhaps once in a lifetime**과 대등한 자격을 갖는 것이 앞에 없기 때문에 or 이하의 중심은 **a flying visit**, 즉,

travel was limited to {	*a honeymoon* **or** (perhaps once in a lifetime) *a flying visit*...

이라고 읽는 것이 맞다(⇨ 14-3). '신혼여행이나, 아마 평생에 한 번 ... 방문하는 것에 한정되어 있었다'.

a *flying* visit가 마지막 난관. flying을 '비행기를 타고 가는'이라고 해석하면 ①의 Before the motor age와 모순된다. '〈만국박람회라든가 역사적인 사건의 백주년 행사(=centennial celebration)에 가는〉 분주한 여행'이라는 해석이 맞다.

▸전역 별책 p. 18

Chapter 7

It...that...

It + V + that... 

It(가주어) ... 명사절 

강조구문 3

CHAPTER 7

It ... that ...

동서남북이라고 하면 네 개의 방향이 있고 전후좌우도 마찬가지다. 하지만 글로 적힌 영어의 경우에는, 앞이라고 하면 왼쪽이고 뒤는 오른쪽이니까 방향은 두 개뿐이다. 대명사와 그것이 지시하는 어구의 관계에 한정해서 말하면, 대명사가 가리키는 말은 보통 그 앞에 있으니까 방향은 하나밖에 없게 된다. 그런데 it은 it...to나 it...that처럼, 뒤에 오는 어구와 관련되어 비로소 의미를 갖는 것도 많다. 또 it이 기후나 거리를 나타낼 때는, 앞뒤 어디와도 연결되지 않고 마치 '하늘에서 떨어진 것처럼' 나타나기 때문에, it의 방향은 세 가지가 된다. 많은 대명사 중에서도 it을 별개로 다루어야 하는 것은 순전히 방향성이 많은 것에 원인이 있다. 이 장에서는 it과 that절이 결합하는 문제를 중심으로 it에 대한 몇 가지 문제를 살펴본다. 영문을 정확하게 해석하기 위해서는 대명사가 가리키는 것을 제대로 찾아내려는 자세가 필수적인데, it의 경우는 특히 'it=그것'이라고 해석하는 것으로 만족해서는 안 된다는 것을 이 장을 통해서 이해하기 바란다.

7.1 It + V + that ...

그는 현명하다.	He is wise.
그는 현명할지도 모른다.	He **may** be wise.

위의 두 문장을 비교해보자. 우리말에서는 어간(현명하)은 변하지 않고 뒤에 'ㄹ지도 모른다'를 붙여서 추측의 의미를 부가하는데, 영어는 문장의 중심부에 조동사 may를 삽입한다. 단 영어에도 **It may be that** he is wise.처럼, He is wise. 밖에서 추측의 의미를 추가하는 표현이 없는 것은 아니다.

7.1.1 If you are not honest with the doctor when you are ill, **it** *may be that* instead of curing you he will make you worse.

honest with... '...에 대해서 정직한'

번역 병에 걸렸을 때 의사에게 거짓말을 하면, 의사 덕에 병이 낫기는커녕 더 나빠질 것이다.

참고 위 문장의 may의 위치에 must나 cannot을 넣어서, 각각 '...에 틀림이 없다', '...리가 없다'라는 의미를 부가하기도 한다.

cf. It *must be that* to govern a nation you need a specific talent.
(한 나라를 통치하기 위해서는 틀림없이 특별한 재능이 필요할 것이다.)

7.1.2 Probably in a modern city the man who can distinguish between a thrush's and a blackbird's song is an exception. **It** *is not that* we have not seen the birds. **It** *is simply that* we have not noticed them.

a thrush's는 song을 수식한다. 이 문장처럼 It is와 that만 있고 조동사가 없는 경우는, It is (not; simply; etc.) because..., 또는 I (do not; simply; etc.) want to say that...이라고 이해한다.

번역 현대의 도시에서 개똥지빠귀와 대륙검은지빠귀의 노래를 구별할 수 있는 사람은 아마도 드물 것이다. 그 새들을 본 적이 없어서가 아니다. 그저 그것들을 알아차린 적이 없어서다.

참고 It *is not that* I dislike the house, *but that* I cannot afford it. (그 집이 마음에 들지 않는 것이 아니라 살 여유가 없는 겁니다)과 같은 문장에서는, It is를 생략해서 Not that...but that...이 되기도 한다.

7-1-1, 2와 같은 It...be that의 형태에서는, 형식적으로는 이 부분이 주절이지만 의미상으로는 that 이하가 중심이다. 이런 형태에서 that이 접속사라는 것은 분명한데, It에 대해 특별히 분석하지 않고 It+V+that의 형태를

취하는 숙어가 있다. 이것이 독립된 문장 앞에 옴으로써 어떤 의미가 부가된다고 보고, 나머지는 각 형태에 따라 그 의미를 기억하면 된다. 이것은,

It seems that he is rich. (*cf.* He *seems to* be rich.)

와 같은 구문에서 V의 위치에 일반동사가 오는 경우도 마찬가지다.

7.1.3 As a rule **it** *happens that* a week or so of mild sunny weather occurs about this time.

It happens[chances] that...은 '우연히 ...하다'라는 뜻인데, It *sometimes*[*often*; *rarely*] happens that...이 되면 happen의 의미는 뒤로 물러나서 '때로[가끔, 드물게] ...하다'가 된다.

번역 1년 가운데 이 무렵은 대개 일주일 정도 따뜻하고 볕이 좋은 날이 이어진다.

7.1.4 **It** *turned out that* everybody at the bar knew Sonny.

It turned out that... '...이라고 밝혀졌다[알았다]'

번역 바에 있던 사람들이 모두 소니를 알고 있다는 것이 판명됐다.

It never (*noticed, occurred, struck, dawned*) me that he had done it. (그가 그 일을 했다고는 생각지도 못했다)의 괄호 안에서 적당한 동사를 고르라는 문제는, me가 직접 동사의 목적어가 된 것을 단서로 해서 struck을 선택하는 것이 맞다. 또 It never occurred *to* [dawned *on*] me that...이라고 하면 각각 거의 같은 뜻이 된다.

7.1.5 One day **it** *occurred* to a man named John Gutenberg *that* if the letters of a text could be made each one separate, they might be used over and over again.

it occurred to...that의 that은 접속사니까 뒤에 S+V가 나온다고 보고 they

might...이라는 절의 중심부를 찾는다. named는 a man을 수식하는 과거분사. each one은 letters(문자)와 동격(⇨6-2-2).

번역 어느 날, 존 구텐베르크라는 사람이 텍스트의 활자를 하나하나 흐트러뜨리면 몇 번이고 쓸 수 있다는 것에 생각이 미쳤다.

A follows B.(A는 B에 따르다)는 B가 앞서서 걷고 A가 뒤에서 따라가는 것을 말한다. 지금 *It* follows *that* S is P. 라고 해서 A의 실질을 follows 뒤로 보내고 B를 from B로 바꾸어,

It follows from B *that* S is P.

라고 하면 'B라는 전제에서 S is P라는 결론이 나온다'라는 뜻의 문장이 된다. 이 from B를 다시 if절로 바꾼 것이 다음 문장이다.

7.1.6 *If* everyone undertook to form all his own opinions and to seek for truth by isolated paths, **it** would *follow that* no considerable number of men would ever unite in any common belief.

isolated paths '(타인으로부터 격리된) 자신만의 길'

번역 모든 사람이 모든 것에 대해 자신만의 의견을 갖고 고립된 길로 진리를 추구하려고 한다면, 결과적으로 상당수 사람이 공통의 신념으로 결합하는 일은 절대 없을 것이다.

7.1 예제

❶ In the violent conflicts which now trouble the earth the active contenders believe that since the struggle is so deadly it must be that the issues which divide them are deep. ❷ I think they are mistaken. ❸ Because parties are bitterly opposed, it does not necessarily follow that they have radically different purposes. ❹ The intensity of their antagonism is no measure of the divergence of their views. ⑤ There has been many a ferocious quarrel among sectarians who worship the same God.

힌트 밖에서 보면 별 일 아니지만 당사자에게는 심각한 문제. 주의주장이 가까울수록 미움이 깊어진다.

해설 ① **In the violent conflicts which now trouble the earth** '지금의 세계를 괴롭히고 있는 격렬한 투쟁 속에서'라고 읽어나가면서, 문장의 중심이 되는 S+V인 **the active contenders believe that...**을 발견한다. that이 접속사라는 것은, **since the struggle is so deadly** (싸움이 이 정도로 격렬한 이상) 뒤에 있는 **it must be that**(⇨ 7-1-1 참)을 보고 확인한다(⇨ 3-1-3). **the issues** which divide them **are deep**의 issues는 '문제'. '현역 활동가들은 ... 그들을 대립하게 하는 문제는 심각한 것이 틀림없다고 믿고 있다'.

② **they are mistaken** '그들은 잘못 생각하고 있다'.

③ **Because parties**(당파) **are bitterly opposed, it does not necessarily follow that...**은 7-1-6의 If절 대신에 Because로 시작하는 절을 사용한 형태. 이것과 부분부정의 not necessarily가 결합함으로써 '당파가 격하게 대립하고 있다고 해서 반드시 ...이 되는 것은 아니다'라는 뜻이다. **they have radically different purposes** '근본적으로 다른 목적을 가지고 있다'.

④ **The intensity of their antagonism**(적의) **is no measure of...** '그들의 적대심의 강도가 ...을 재는 척도는 아니다'. **the divergence of their views** '견해의 차이'.

⑤ **There has been many a ferocious quarrel** '지금까지 많은 격렬한 다툼이 있었다'. **among sectarians who worship the same God** '같은 신을 숭배하는 종파 사이에서'.

▸ 전역 별책 p. 19

7.2 It(가주어) ... 명사절

That he is innocent is certain.이라는 형태에서 that절이 문장의 주어가 되는 것에 대해서는 제1장(⇨ 1-4-pre5)에서 봤는데, 이런 유형의 문장은 주절이 너무 길어서 불안정한 느낌을 주기 때문에 가주어 It을 앞에 놓고 that절을 뒤로 돌리는 경우가 많다. 이런 구문에서 특히 주의해야 할 점은 다음의 세 가지다.

❶ that은 접속사이기 때문에, that절의 내부는 그것만 따로 떼어냈을 때 독립된 문장 구조를 가져야 한다(⇨ 3-1-0).

❷ It으로 시작하는 주절의 구성은 다음과 같다.

(a) It+일반동사…that….

(b) It+be+p.p.(=수동태)+that….(⇨ 12-1-7)

(c) It+be+C(=명사, 형용사)+that….

❸ 주절이 that절의 내용이 놀랍다[유감스럽다]는 것을 나타내는 경우(예: It is surprising that…), 또는 필연적인[당연한] 것을 나타내는 경우(예: It is natural that…), that절 속에 should가 쓰이는 경우가 많다. 이 should는 번역할 때는 무시해도 괜찮다.

이상이 본질적인 문제점이지만, 가주어…that절 구문은 자주 나오는 기본형이기 때문에 실제로는 주위의 요소와 복잡하게 얽혀서 이해하기 힘들어지는 경우도 많다. 아래의 예문을 통해서 그 다양한 형태를 이해하자.

7.2.1 My father died on Tuesday. He had an intense love for me and **it** adds now to my grief and remorse *that* I did not go to Dublin to see him for so many years.

It+일반동사...that의 형태. add to=increase

번역 아버지는 화요일에 돌아가셨습니다. 아버지는 나를 무척 사랑해주셨습니다. 오래 전부터 아버지를 만나러 더블린에 가지 않았던 것이 이제 와서 내게 슬픔과 후회를 더합니다.

7.2.2 **It** would seem logical *that* if parents care for children when they are not yet able to enter the labor market, then children will care for parents when they are no longer permitted to remain in it.

주절은 It is logical that...에 seem을 더한 것으로(*cf.* He is rich. → He *seems to* be rich.), 7.1에서 본 It seems that과 달리 It은 확실히 가주어다. would는 It seems를 부드럽게 만드는 조동사. that절의 중심부는 어디일까? if...then의 then은 if로 시작하는 종속절이 끝나고 주절이 시작한다는 것을 보여준다.

번역 자식이 노동시장에 들어가게 되기까지 부모가 자식을 보살핀다면, 부모가 더 이상 노동시장에 있을 수 없게 됐을 때 자녀가 부모를 돌보는 것은 당연하다고 여겨질지 모른다.

7.2.3 **It** is hardly to be expected *that* the less prosperous parts of the world will tamely accept the continually widening inequality.

It is to be+p.p.+that...은 관용표현의 하나로, It is to be regretted[desired] that...(...은 유감이다[바람직하다]) 등이 유사한 형태다. is to는 조동사의 용법.

번역 세계에서도 낙후된 지역이 계속해서 확대되고 있는 이 불평등이 앞으로도 간단히 용인되지는 않을 것이다.

참고 여기서 주의할 점 한 가지. 다음의 문장은 무슨 뜻일까?

The Declaration of Independence has lost its significance as a declaration of national independence. Nobody outside of America believed when **it** was uttered that we could make good our independence. Now nobody anywhere would dare to doubt that we are independent and can maintain our independence.

it is+p.p.+that이라고 해서 무조건 '가주어...명사절'은 아니다. 이 문장에서는 우선 believed의 목적어를 찾아서 believed...that...이라고 읽어야 하고, it은 첫머리의 '독립선언'을 가리킨다. make good '달성하다'.

'미국의 독립선언은 국가독립의 선언으로서는 의의를 잃었다. 독립선언이 발표되었을 때, 미국 밖에서는 아무도 우리가 독립을 실현할 수 있으리라고 믿지 않았다. 지금은 어느 누구도 미국이 독립국이고 독립을 유지할 수 있다는 사실에 의심을 품지 않을 것이다'

7.2.4 **It** is not surprising *that* a man of such persistent and untiring energy *should* have exercised so great an influence over the thoughts of mankind for many hundreds of years.

It is surprising에 따라서 that절 안에 should가 사용되었다. have exercised는 주절과 종속절의 시제가 일치하지 않는 것(*cf.* It is surprising that a man (has) exercised...)을 보여주기 위한 것으로, You *should have obeyed* your parents. (너는 부모님의 말씀에 따랐어야 했다.)와는 다른 용법.

번역 이렇게 불굴의 힘을 가진 사람이 수백 년간 인간의 사상에 이런 지대한 영향을 끼쳤다는 사실은 놀랄 것도 없다.

7.2.5 **It** is regrettable, but **it** is a fact, *that* children do not look upon their parents with the same degree of affection as their parents look upon them.

두 개의 it이 모두 that절을 받는다. *cf.* **It** is often said *that* in prosperity we have many friends, but *that* we are usually neglected when things go badly. (흥하고 있을 때는 친구가 많지만 일이 잘 풀리지 않게 되면 대개 사람들이 상대하지 않는다고들 한다.)

번역 부모가 자식을 볼 때와 같은 정도의 애정을 담아서 자식이 부모를 보는 일이 없다는 것은, 유감스럽지만 사실이다.

7.2.6 All who have fought in a battle know how necessary **it** is *that* someone should be in command.

it is necessary that...should의 necessary가 how로 인해 앞으로 나갔기 때문에, it is와 that이 연속한다. be in command '지휘하다'.

번역 전투 경험이 있는 사람이라면 모두 누군가 지휘할 사람이 있는 것이 얼마나 필요한지 알고 있다.

He thought it was odd that...을 제5문형으로 바꾸면,

He thought **it** odd *that* I should live by myself. (그는 내가 혼자 사는 것을 이상하게 생각했다.)

가 되어 가목적어 it이 that절과 대응하는 문장이 된다. 이 경우에 it과 that절 사이에 들어가는 것이 보어 이외의 것이 될 때도 있다.

7.2.7 At the outset let **it** be acknowledged *that* freedom in reading is a fine thing.

Open the door.를 수동태로 바꾸면 Let the door be opened.가 된다. 위 문장은 Acknowledged [that ...] → (Let [that ...] be+p.p.) → Let it be acknowledged [that ...] 이라고 본다.

번역 제일 먼저, 독서의 자유가 멋진 것이라는 사실을 인정하기 바란다.

7.2.8 You must ascribe **it** to my forbearance *that* I have put up with his rudeness so long.

ascribe A to B(A를 B 탓으로 하다)의 A가 that절이기 때문에, it을 목적어의 위치에 두고 that절을 뒤로 돌린 형태.

번역 이렇게 오랫동안 그의 무례한 태도를 참은 건 내가 너그러워서라고 생각해주지 않으면 곤란합니다.

Whether *you will succeed or not* depends upon your efforts. (⇨ 1-4-pre 예(2))

Who *will go there* is not yet decided. (거기에 누가 갈지 아직 결정되지 않았다.)

두 문장에서 주어는 각각 whether절과 의문사 who로 시작하는 절이다. 이 경우에도 It을 주어로 하고 명사절을 뒤로 돌려서, **It** depends upon... *whether*... / **It** is not yet decided *who*...이라고 할 수 있다.

7.2.9 Gradually I taught myself to feel that **it** did not matter *whether* I spoke well or ill.

matter는 동사로 쓰이면 '중요하다, 중요한 관계가 있다'라는 의미. ill=badly

번역 꾸준히 연습을 해서, 나는 내가 말을 잘 하건 못 하건 별 문제가 아니라고 느끼게 됐다.

7.2.10 It may seem at first sight that **it** is quite obvious *what* the desirable qualities in a man are.

it...what.... at first sight는 부사구. It may seem...that은 7-1-pre3에서 본 구문.

번역 처음에는 인간에게 있어서 바람직한 성격이 뭔지 무척 확실하다고 생각할지도 모른다.

7.2 예제

❶ It has become usual to indicate the close relation between the particular problems studied by the scientist and the social conditions and technical requirements of his age. ❷ This certainly helps to dispel the false impression that the "pure" scientist works in a vacuum, completely unrelated to the conditions of the external world. ❸ It serves to emphasize that the scientist, however abstract his subject, should be regarded as an element in the social picture of his time. ④ It does not necessarily imply, what is obviously incorrect, that all the work done by scientists has resulted, however unconsciously on their part, from some pressing social need. ⑤ It is clear from the number of major discoveries that have remained without possible application for many decades that the scientist's free spirit of inquiry frequently precedes the needs of the community in which he lives.

힌트 전반에는 과학에 있어서의 이론과 응용, 과학자와 주변 사회와의 관련을 논하고, ④이하의 후반에는 시대의 제약을 넘은 과학자의 자유로운 정신의 비상에 대해 논한다.

해설 ① **It has become usual to－는 It...to－. indicate the close relation between** *the particular problems*...**and** *the social conditions and technical requirements* of his age의 particular는 '특수한'이 아니라 '개개의'라는 뜻(⇨4-3예(3)⑤). the...problems를 p.p.의 **studied**가 수식. of his age가 수식하는 방식에 주의한다. '과학자가 연구하는 개개의 과제와 시대의 사회적 상황이나 기술적 요구 사이에 밀접한 관련이 있다는 것을 지적하는 것이 일반적인 일이 되었다'.

② **This certainly helps to dispel**... '이것은 확실히 ...을 추방하는 것을 돕는다'. **the false impression that**...은 동격명사절. **the "pure" scientist**는 '순수한 과학자'가 아니라, '순수[이론]과학 분야의 연구자'(*cf.* natural scientist '자연과학자'). **works in a vacuum** '진공상태 속에서 일하다'. **completely unrelated to**...은 앞의 works를 수식한다. '〈외부세계의 상황〉과 전혀 관계없이 〈일을 하다〉'.

③ **It serves to emphasize that**...을 It...to－로 읽어도 It...that...으로 읽어도 틀리다. 이 It은 ②의 첫머리의 This와 마찬가지

로 ①의 내용을 가리킨다. '그것은 …을 강조하는 데 도움이 된다'. **the scientist, however abstract his subject** (may be)라고 보충해서, His subject is *abstract.*를 however로 변형한 양보의 부사절(⇨ 5-3예(1)①)로 읽는다. '연구과제가 아무리 추상적이어도'. **should be regarded as**가 the scientist에 대응하는 동사. 2-2-11에서 본 V+O+as…의 수동태. '과학자는 〈시대의 사회적 상황의 한 요소〉로 간주되어야 한다'.

④ **It does not necessarily imply,…, that…**의 It도 ③에서처럼 ①의 내용을 가리킨다. 같은 것을 가리키는 It이 주어로 쓰인 문장을 계속 반복해서 서술에 통일성을 가져오는 방식이다. …, **what is obviously incorrect,**가 삽입절(⇨ 15-2-3)이라는 것을 앞뒤의 쉼표에서 알 수 있다. imply(의미하다)의 목적어가 되는 것은 **that….** '그것은 반드시 …이라는 분명히 잘못된 것을 보여주는 것은 아니다'. **all the work done by scientists has resulted,…, from some pressing social need** result from~은 '~에서[의 결과로] 생기는'이라는 의미. pressing은 '절박한'. '과학자가 하는 일은 전부 어떤 절박한 사회적 필요에서 비롯됐다'. **however unconsciously on their part**의 however의 용법에 대해서는 ⇨ 15-1-10. on one's part(~쪽에서)는 This is due to carelessness *on your part.* (이것은 너의 부주의 때문이다)와 같이, 앞의 명사의 의미상의 주어를 나타내는 것이 많다. 여기는 명사가 없지만, '그들이 그것을 아무리 의식하지 않더라도'라는 뜻으로 해석한다.

⑤ **It** *is clear* from the number of major discoveries *that* have… 이 It은 위의 유형과 달라져서 예상과 어긋난다. ③④에서처럼 해석할 수는 없지만, 일단 보류하고 계속 읽어보자. 우선 that 뒤에 주어 없이 have가 나오는 이상, It이 주어, that…이 명사절이라는 해석은 불가능하다(⇨ 7-2-0). It is…that 강조구문도 아니라는 것에 대해서는 ⇨ 7-3. 이 that은 discoveries를 수식하는 관계대명사

다. '... 중요한 발견의 수로 생각하면 분명하다'. **have remained without possible application for many decades**(10년) '수십 년을 전혀 응용되지 않고 있는 〈중요한 발견〉'. **that the scientist's free spirit of inquiry frequently precedes the needs**...의 that 이하는 따로 떼어내면 독립된 문장이 되기 때문에 that은 접속사. 이 that 절을 문장 속에 넣기 위해서는 It(=가주어) is clear...that...이라고 읽을 수밖에 없고, 의미로 봐도 그것이 타당하다. '과학자의 자유로운 탐구정신이 때로 〈그가 살고 있는 사회의〉 필요에 선행하는 것은 분명하다'. 돈이나 명예와 무관하게 오직 지적 욕구에 따라 중요한 과학적 발견을 이루면서도 생전에 사회로부터 아무런 보상도 받지 못한 학자의 수를 생각해보자는 말이다.

▸ 전역 별책 p. 19

7.3 강조구문

In those days **it was** the will of God
  that men should offer sacrifices to him. ······ (a)
  that men should respect most. ····················· (b)

(a)는 '당시는 인간이 신에게 희생을 바쳐야 한다는 것이 신의 뜻이었다'라는 의미로, It은 가주어, that절은 명사절이다. (b)는 '당시에 인간이 가장 존중해야 하는 것은 신의 뜻이었다'라는 의미로, the will of God을 It was... that으로 강조한 구문이다. (a)와 (b)의 차이는 단순히 형식의 문제가 아니라 의미에 큰 차이를 가져오기 때문에, 양자를 구별할 수 있어야 한다. 하지만 강조구문의 경우는 강조되는 것이 명사(요소)와 부사(요소)에 한정된다는 것만 알고 있으면 특별히 어려울 건 없다. 이런 특징을 7-2의 도입부에서 말한 '가주어...명사절' 구문의 특징과 비교하면 다음과 같이 결론 내릴 수 있다.

❶ It is+형용사[p.p.]+that. ...　　　**가주어...명사절.**

It is+부사(요소)+that. ...　　　**강조구문.**

(예: It was *on Sunday* that I saw him.)

❷ It is+명사(요소)+that의 경우, 강조구문이라면 이 명사가 that 이하에서 주어 또는 목적어가 되어야 하므로,

(1) that 이하가 독립된 문장이 되면–**가주어...명사절.**

(2) that 이하에 주어 또는 동사·전치사의 목적어가 없으면((b)에서 respect의 목적어가 없다는 것에 주의) **강조구문.**

7.3.1 **It** *is* want of imagination *that* prevents people from seeing things from any point of view but their own.

cf. Want of imagination prevents people.... but=except. their own=their own point of view(⇨ 14-4).

번역 사람이 뭔가를 자신의 관점 밖에서 보지 못하는 것은 상상력이 부족하기 때문이다.

7.3.2 **It** *is* just the literature that we read for "amusement", or "purely for pleasure" *that* may have the greatest influence upon us.

It is...that we read라고 보면 뜻이 통하지 않는다. It is...that may have로 연결된다는 것을 알아야 한다. that we read는 the literature를 선행사로 하는 관계사절(⇨ 7-2예⑤).

번역 우리들에게 제일 큰 영향을 줄 수 있는 것은 바로 '오락'을 위해, 말하자면 '즐거움만을 추구해서' 읽는 문학이다.

7.3.3 It is worth while to consider what **it** *is that* makes people happy, what they can do to make themselves happy.

처음의 It은 to consider를 가리킨다. worth while '(시간이나 수고를 들일) 가치가 있다'. what it is that...은 it is something that makes...의 something이 의문사로 바뀌면서 앞으로 나왔기 때문에, it is와 that이 나란히 나온 형태(⇨ 7-2-6).

번역 사람을 행복하게 하는 것이 무엇인지, 자신을 행복하게 하기 위해서 사람은 무엇을 할 수 있는지 생각해보는 것은 가치 있는 일이다.

다음은 부사요소가 강조되는 예를 보자.

7.3.4 **It**'*s* in self-sacrifice *that* a man fulfills himself. **It**'*s* in giving all he has to those who are near and dear to him *that* he solves the riddle of life.

첫 번째의 It's...that이 in self-sacrifice(자기희생에 있어서)라는 부사구를 강조한다는 것은 쉽게 알 수 있다. 두 번째 문장도 앞이 같으니까 that이 나올 거라고 보고 that he solves를 발견한다. 중간은 giving all...to those로, all과 he 사이에는 관계사가 생략되었다.

번역 사람이 자아를 실현하는 것은 자기희생에 있어서다. 가지고 있는 모든 것을 가까이에 있는 친한 사람들에게 줄 때 사람은 인생의 수수께끼를 푼다.

'그들은 어두워질 때까지 출발하지 않았다'(They did *not* start *till it got dark.*)를 반대로 '그들은 어두워져서야 출발했다'라고 해도 내용은 같다. 이런 발상의 전환에 대응하는 것이, It is...that을 가지고 이 문장의 이탤릭체 부분을 강조한 아래의 문장이다.

It was not till it got dark that they started.

이 문장이 Not till[until]로 시작하는 형태에 대해서는 ⇨ 5-1-5.

7.3.5 **It** *was* not until the shadow of the forest had crept far across the lake and the darkening waters were still *that* we rose reluctantly to put dishes in the basket and start on our homeward journey.

crept(<creep) '기다, 몰래 다가가다'. *cf.* We did not rise...until the shadow... had crept....

번역 호수 위에 숲 그림자가 멀리까지 드리우고 어두워진 수면이 고요해진 뒤에야, 우리는 마지못해 일어나서 바구니에 식기를 넣고 귀로에 올랐다.

참고 위 문장과 같은 내용을 It was *only when*[*after*]...that...이라고 쓸 수 있다. 강조구문은 보통 that 아래부터 거슬러서 번역하는데, 이런 종류의 구문에서는 that 앞에서부터 번역한다는 것에 주의.

Not A but B is P.는 'A가 아니라 B가 P다'라는 뜻이다. 이것과 It is... that을 결합하면 다음의 두 가지 형태가 가능하다.

(a) **It is** *not* A(,) *but* B **that** is P.
(b) **It is** *not* A **that** is P(,) *but* B.

(a)에서는 It is...that의 관계, (b)에서는 not...but의 관계를 놓치지 않는 것이 중요하다.

7.3.6 **It** is not what people eat, but what they digest, *that* makes them strong.

번역 사람을 건강하게 하는 것은 먹는 것이 아니라 소화하는 것이다.

7.3.7 **It** *is* not by prayer *that* you cause things to go as you wish, but by acquiring a knowledge of natural laws.

cf. You cause things to go...not by prayer but by acquiring...cause things to go ⇨ 2-2-3.

번역 일이 원하는 대로 진행되게 하는 것은 기도에 의해서가 아니라 자연법칙에 대한 지식을 얻는 것에 의해서다.

It is...that이 명사를 강조할 때, 명사가 '사람'이면 It is...that과 함께 It is...who도, '사물'이면 It is...which도 쓰인다.

7.3.8 Science may tell us that in the struggle for life **it** *is* the fittest *who* survive, but we who have lived through two great wars have seen with our eyes that **it** *is* the bravest, the noblest and the best *who* perish.

the struggle for life '생존경쟁'. *cf.* The fittest (people) survive.

번역 과학은 생존경쟁에서 살아남는 것은 가장 생존에 적합한 자라고 가르칠지 모르지만, 두 번의 세계 대전에서 살아남은 우리들은 죽는 것은 가장 용감하고 고귀하고 훌륭한 사람들이라는 것을 우리의 눈으로 보아왔다.

참고 **It** matters little *who* does it so long as it is done. (그것이 이루어진다면 누가 하는지는 문제가 아니다.)은 7-2-10에서 본, It이 의문사로 시작하는 명사절을 가리키는 구문이다.

7.3.9 **It** *was* my teacher's genius, her quick sympathy, her loving tact *which* made the first years of my education so beautiful. It was because she realized the right moment to impart knowledge that made it so pleasant and acceptable to me.

cf. My teacher's genius...made the first years.... made it의 it은 knowledge를 가리킨다.

번역 내가 받은 교육의 첫 몇 년을 멋진 것으로 만들어준 것은 선생님의 비범

함, 빠른 공감, 애정이 넘치는 기지였다. 그것은 선생님이 지식을 주어야 할 때를 알고 있어서, 그 덕에 내게는 지식이 받아들이기 쉬운 재미있는 것이 되었기 때문이다.

참고 위 예문의 후반을 *It was* because...*that*이라고 이해한 사람은 없는지? made의 주어가 that밖에 없고, that 이하가 독립된 문장이 되지 않는 이상, 그 해석은 불가능하다(*cf.* It *is* because he has behaved so badly *that* he must be punished. '그에게 벌을 주어야 하는 이유는 행실이 너무 나빴기 때문이다'). It은 앞 문장의 which 이하를 가리키고, that은 the right moment...을 선행사로 하는 관계대명사다. 이 장에서는 서술의 편의상 it이 뒤따르는 어구와 관련된 경우만 다루었지만, 이것은 어디까지나 it의 일면이다. 본래 it의 방향성은 세 가지라는 것, 그리고 그 모든 경우에 it을 '그것'이라는 말로 바꾸는 것으로 만족한다면 아무것도 생각하지 않는 것과 같다는 것을 다시 한 번 확인하기 바란다.

7.3 예제(1)

❶ It is not the rough and stormy sea that is most perilous to the ship. ❷ It is the dangerous rock-bound shore. ❸ When a ship is safely laden and fully manned, she is as safe on the sea as in a harbour. ❹ It is when she leaves the shore on departing and reaches it on returning, that she runs the risk of shipwreck.

힌트 난파의 위험은 배가 해안을 떠날 때와 해안에 댈 때에 크다.

해설 ① **It**이 앞에 나왔던 어구를 가리키는 경우가 많다고 하지만, 여기는 It 앞에 아무것도 없고 뒤는 is다. it is...that 강조구문이라는 것은 **the rough and stormy sea** 뒤의 **that** is most perilous...을 보면 알 수 있다. *cf.* The rough and stormy sea is not most perilous... '〈배에〉 가장 위험한 것은 비바람이 치는 거친 바다가 아니다'.

② **It is the...shore** (that is most perilous to the ship)이라고 보충해서 읽는다. 시점을 바꾸어 ①과 ②를 묶어서 It is *not* the...sea that is most perilous to the ship, *but* the dangerous rock-bound shore.라고 하면 7-3-7의 구성이 된다. **rock-bound**(<bound by rocks) '바위에 둘러싸인[바위투성이의]'.

③ **a ship is safely laden** '배에 짐이 안전하게 적재되어 있다'라고 해서, 짐이 도난을 당한다거나 쥐가 갉아먹을 수 있다는 얘기는 아니다. 짐을 너무 많이 실어서 배가 가라앉는 일이 없다는 뜻이다. **and fully manned**의 man은 '(사람을) 배치하다'라는 뜻의 동사. '승무원이 충분히 배치되어 있다'. **she** is **as** safe *on the sea* **as** *in a harbour*의 she는 a ship을 가리킨다. as...as에 의한 두 부사요소의 비교에 대해서는 ⇨ 12-1-9. '바다 위에서도 항구에 있을 때와 마찬가지로 안전하다'.

④ **It is...that**이 **when**으로 시작하는 부사절을 강조한다(⇨ 7-3-5). **on** departing과 **on** returning의 on은 '〈...할〉 때에'. **runs the risk of...** '...의 위험을 무릅쓰다'. '배가 〈난파〉의 위험을 무릅쓰게 되는 것은 출발하며 해안을 떠날 때와 돌아와서 해안에 댈 때다'. ▸전역 별책 p. 19

7.3 예제(2)

❶ The Englishman learns by his mistakes, when once he is convinced of them; but it is only the brutal evidence of hard facts which will convince him, and until these hard facts hit him in the face, his doggedness will make him hold on. ❷ It has been said that the English lose all battles and win all the wars; and it is only after he has lost a certain number of battles that the Englishman changes his tactics.

힌트 관념과 이상에 치우치기 쉬운 국민이 있는가 하면, 보수적이면서도 현실에 민첩하게 대응하는 국민도 있다. 영국인은 후자다.

해설 ① **The** Englishman은 '그 영국인'이 아니라 '영국인 일반'을 가리킨다. **learns by his mistakes** '잘못에 의해[잘못에서] 배우다'. **when once he is...**의 once는 부사. ...mistakes, *once* he is...이라고 하면 once는 접속사(⇨ 4-2-2). **is convinced of them**(⇨ 3-2-5)의 them은 his mistakes를 가리킨다. '잘못을 믿다'란 '잘못이 옳다고 믿는 것'이 아니다. '일단 자신이 잘못했다고 납득하면'이라는 의미다.

but **it is only...** it이 가리키는 것이 앞에 없다. 이때 it is...that 강조구문을 예상하고 읽을 수 있는 것이 실력. 다만 뒤에 나오는 것은 that이 아니라 **which. the brutal evidence**(증거) **of hard facts** 대학입시의 예를 들면, 모의고사 때는 점수가 나쁘더라도 약간의 실수가 있었을 뿐 실전에서는 괜찮다거나 채점에 문제가 있다는 등 이런저런 핑계를 대면서 자신의 실력에 대한 장밋빛 환상을 좀처럼 버리지 못하는 법이다. 그런 환상을 짓밟고 역시 망했다고 납득하게 만드는 것은 합격자 명단 속에 자신의 이름이 없다는 hard facts의 brutal한 evidence다. '영국인을 납득시키는 것은 냉엄한 현실이라는 가혹한 증거뿐이다'.

and**, until these hard facts hit him in the face,**가 삽입부라는 것은 두 개의 쉼표를 보고 알 수 있다 ⇨ 14-3-1. **hit him in the face**는 I *hit* him *on the head*. (나는 그의 머리를 때렸다)와 유사한 형태. '이 냉엄한 현실이 그의 얼굴에 부딪히다' → '이 냉엄한 현실에 맞닥뜨리다'. **his doggedness**(<dogged '완고한') **will make him hold on**의 on은 부사. '완고한 성격 때문에 지금까지의 방식을 계속하려고 한다'. *cf.* He *held on* in his work. (그는 일을 계속했다.)

② **It has been said that...**은 '가주어...명사절'(⇨ 7-2-0). **lose all battles**(전투) **and win all the wars** 개개의 전투에서 전부 져도 전쟁(=war) 뒤의 강화 협상에서는 항상 승자로서 앉아 있는 것. **it**

is only after...that은 7-3-5[참]의 it is only when...과 마찬가지로 'it is 부사절 that'의 강조구문의 대표적인 형태. 번역하는 요령도 같다. 5-1-7의 Only after...도 참조할 것. **a certain number of battles** '몇 번의 전투'. '영국인은 몇 번의 전투에서 지고 나서야 〈전술을 바꾼다〉'.

▸ 전역 별책 p. 20

7.3 예제(3)

❶ It is generally accepted that every intelligent person should know something about the history of the country—and if possible of the world—in which he lives, of the literature which he reads, of the trade or profession which he follows, of the religion he believes in. ❷ Why not, therefore, of the language which he speaks? ❸ It is in the belief that there is a real necessity for this, and that one of the most certain ways to ensure an intelligent use of any language is to study it historically, that the present book has been written.

힌트 ③의 마지막에 나오는 the present book이 언어의 역사에 관한 책이고 예제문은 그 서문의 일부라고 짐작이 간다면, 여기는 문제없다(⇨ 6-1예(1)[힌트]).

해설 ① **It is** generally **accepted that**...은 It+be p.p.+that...의 '가주어...명사절'(⇨ 7-2-0). '...이라는 것이 일반적으로 인정되고 있다'. **every intelligent person should know something about the history of the country**의 should는 이 부분이 '놀랄만한 일'(⇨ 7-2-0)과 같은 특별한 내용은 아니므로 번역할 필요가 있다. '지성을 갖춘 사람이라면 누구나 〈자신이 살고 있는〉 나라의 역사에 대해 뭔가 알고 있어야 한다'. —**and** if possible **of the world**—는 if possible 자체가 하나의 숙어표현(15-1-pre7)이라는 것을 모르면 어렵다. 이 부분은,

...the history	*of the country* **and** (if possible) *of the world*

라고 보면, if possible은 of the world에 연결된다(⇨ 14-3-8). 줄표 뒤의 **in which he lives**는 the country에 대한 수식어. '자신이 살고 있는 나라의, 가능하면 세계의 역사〈에 대해 뭔가...〉'.

of the literature which he reads는, 위의 of the country와 of the world에 보이는 of의 반복에 주목해서 *about the history* of the literature라고 본다. '자신이 읽는 문학의 역사'. 이것은 다음의 **of the trade or profession**...과 **of the religion**에 대해서도 마찬가지다. trade는 '직업, 장사', profession은 '직업', 특히 '지적 직업, 전문직'. of the religion의 뒤에는 뒤따르는 in의 목적어가 되는 관계대명사가 생략되었다. '〈종사하는〉 장사나 직업, 신앙하는 종교의 역사'.

② **Why not**, therefore,...으로 시작하는 문장에는 주어와 동사가 없는데, ①에서 'of+명사+관계사절'이 여러 개 있었다는 것을 생각해서 Why *should he* not *know something about the history* of the language which he speaks?라고 읽는다. '그렇다면 자신이 말하는 언어에 대해서는 왜 그렇지 않겠나'. 이것은 반어의 의문문으로, '...알아야 한다'는 내용을 강하게 표현한 것.

③ **It is in the belief**... *He* was in the room.과 같은 구조의 문장에서 It이 앞에 나온 어구를 가리킨다고 보는 것은 이 문맥에서는 불가능하다. 한편 It is 부사구 that...의 강조구문이라면, It is in...**that there is a real necessity for this**가 '이것을 위해 진정 필요 있는 것은 그 신념에 있어서다'가 되어 이해가 가지 않는다. the belief=that...의 동격명사절로 읽고 싶지만, 그럴 경우 첫머리의 It은 어떻게 되는지 의문을 가질 수 있어야 한다. **and that**...은 and가 있는 이상, 앞의 that과 나란히 the belief와 동격의 that절로 읽

을 수밖에 없다. **one of the most certain ways to ensure an intelligent use of any language is to study...**의 certain은 '확실한'. to ensure는 ways를 수식하는 형용사적 용법의 부정사. '언어를 지적으로 사용하는 방법을 보증해주는 가장 확실한 방법의 하나는 〈그것을 역사적으로〉 연구하는 것〈이라는 신념〉'까지 해석하고, 뒤의 **...that the present book has been written**을 보고 안심한다. 이것이 첫머리의 It is에 대응하는 부분으로, 문장 전체의 구조는 다음과 같다.

It is in the belief that the present book has been written
↑ { *that* there is a real necessity for this,
and *that* one of...is to study it historically

'이 책을 쓴 것은 이것이 정말 필요하고, ... 연구하는 것이라는 신념에서다'. that..., *and* that..., that이 A, B, and C라는 병렬의 원칙에 따르지 않는 것처럼 보인 것도, 마지막의 that의 용법이 다르기 때문이라고 보면 이해가 간다. for this의 this는 ②의 내용, 즉 '언어의 역사에 대해 어느 정도의 지식을 갖는 것'을 가리킨다.

▸전역 별책 p. 20

Chapter 8
의미상의 주어

CHAPTER 8

의미상의 주어

He did that.이라는 문장에서는 He가 주어고 did가 주어를 받는 술어동사라는 것을 한눈에 알 수 있다. 위치나 형태면에서 알아볼 수 있는 표시가 있기 때문이다. 하지만 It was natural for him to do that.이 되면 얘기가 달라진다. 여기서 to do의 의미상의 주어를 나타내기 위해 쓰인 for him이라는 형태는, I looked *for him* to do that. (나는 그것을 하기 위해 그를 찾았다)의 for him과 형태가 같다. 말하자면 부정사·분사·동명사 등의 준동사의 경우에는 그 의미상의 주어를 나타내기 위해 쓰는 형태에 그밖에도 다양한 용법이 있어서 어느 용법인지를 알기 위해서는 주로 앞뒤 맥락에 의존할 수밖에 없다. 주어와 동사의 관계를 정확하게 파악하는 것이 영문 해석에서 가장 중요하다는 점은 제1장에서 언급했는데, 이것은 준동사와 그 의미상의 주어처럼 숨어 있는 관계의 경우에도 마찬가지다. 이 장에서는 그런 경우의 다양한 형태와 그것을 대하는 사고의 문제를 다룬다. 참고로 S′는 의미상의 주어, P′는 의미상의 술어를 나타내는 기호다.

8.1 S′+to부정사

부정사의 의미상의 주어는 We thought *him* to be a gentleman.(⇨2-2-1 참), It is kind *of you* to say so.(⇨6-2예(2)①) 등의 특수한 경우를 제외하면, 원칙적으로는 for...to－의 형태로 나타난다. 이 구문에 대해 특히 주의할 점은 다음의 세 가지다.

❶ 부정사의 쓰임이 넓기 때문에 for...과의 결합으로 생기는 쓰임도 복잡다양하다는 점.

❷ Here is a book **for a student**. .... (a)

Here is a book **for a student** in this class. .... (b)

Here is a book **for a student** *to read.* ………………………………… (c)

의 세 문장을 비교해보면, (a)에서는 for a student가 a book을 꾸며서 '학생을 위한 책'이다. (b)에서는 a student에 대한 수식어 in this class가 추가되었을 뿐, for a student 자체의 역할에는 변함이 없다. 그런데 (c)는 '독서하는 학생을 위한 책'이 아니라 '학생이 읽어야 할 책'이다. 즉 to read가 나온 순간 for a student의 역할이 바뀌어 [for a student] → to read와 같이 뒤따르는 전치사로 시작하는 구를 꾸민다는 무척 특수한 해석을 취하게 된다. (b)에서 for a student가 in this class를 꾸미는 것도 형태적으로 불가능하다는 것을 생각해야 한다.

❸ for...to－는 익숙한 표현이지만 for...to－가 항상 연속해서 나오는 것은 아니다. It is a duty *for us* to refuse great positions.은 간단하지만, 아래의 예문1을 읽으려면 상당한 실력이 필요하다. 이제부터 부정사의 용법을 중심으로 예문을 살펴보자.

8.1.1 It is a plain and simple duty **for those** who wish to act rightly, and who have realized their limitations, *to refuse* great positions humbly and seriously, if they know that they will be unequal to them.

cf. He *is unequal to* the task. (그는 그 임무를 감당하지 못한다.)

번역 자신이 높은 지위에 적합하지 않다고 알고 있는 경우, 그 지위를 겸허하고 진지하게 사퇴하는 것은, 바르게 행동하기를 원하고 자신의 한계를 알고 있는 사람에게는 명백하고 단순한 의무다.

참고 **For us** *to delay* would be fatal to our plan. (우리가 지체하면 계획에 치명타가 될 것이다)과 같이, 문장의 주어인 to부정사 앞에 직접 의미상의 주어를 부가하는 형태도 있지만 별로 많지는 않다. to delay would의 would는 to delay에 들어 있는 가정을 가리킨다.

8.1.2 The secret of success in life is **for a man** *to be* ready for his opportunity when it comes.

to be ready는 is의 보어가 되는 명사적 용법의 부정사로 for a man이 S′. *cf.* The secret...is *that a man* is ready....

번역 인생에서 성공의 비결은 기회가 왔을 때 그것을 잡을 준비가 되어 있는 것이다.

8.1.3 There are opportunities **for the boys and girls** *to do* a great many useful things outside of the regular school work.

I have had few opportunities *to see* [of seeing] him.과 같이 opportunity의 내용은 형용사적 용법의 to부정사로 나타나는 경우가 있다. 위 문장은 거기에 또 S′가 더해진 것. outside of... '...의 범위 밖에서; ...이 미치지 않는 곳에서'

번역 소년소녀들에게는 정해진 학교 공부 외에 많은 유익한 일들을 할 기회가 있다.

이것으로 명사적 용법과 형용사적 용법의 부정사를 마치고, 부사적 용법의 부정사로 가보자.

8.1.4 While the others still lay she went into the kitchen and lit the fire and made water hot **for her husband** and **for her mother** *to drink* when they woke.

to drink는 make water hot을 꾸미는 부사적 용법의 부정사로 목적을 나타낸다. for her husband와 for her mother의 두 개가 S′를 나타낸다. *cf.* I stood aside *for her to enter.* (=I stood aside so that she might enter. '나는 그녀가 들어갈 수 있도록 옆으로 비켰다'.)

번역 그녀는 다른 사람들이 아직 자는 동안 부엌에 들어가서 불을 지펴 남편과 어머니가 일어나면 마실 수 있도록 물을 끓였다.

8.1.5 (a) He was anxious **for his sister and George** *to get* married.

(b) Rugger is more complicated **for onlookers** *to follow* than soccer.

be+형용사+to부정사의 구문에 S′가 더해진 형태. (a)He was *anxious to get* married.라면 '그는 결혼하고 싶어했다'라는 의미. *cf.* Parents are *anxious for* the welfare of their children. (부모는 자식이 행복하기를 바란다.) / (b)He is hard to please. (=It is hard to please him. ⇨ 1-4예(2)①) → He is hard **for us** *to please*. (우리에겐 그를 즐겁게 만드는 것이 어렵다.)와 유사한 형태라고 본다.

번역 (a) 그는 여동생과 조지가 결혼하기를 바라고 있었다.

(b) 축구보다 럭비가 보는 사람에게는 알기 어렵다.

8.1.6 There are a great many stars in the sky which are too far away from the earth **for any instrument** *to detect*.

The tea is *too* hot *to drink*.는 부사 too를 to부정사가 꾸미는 구문. 여기에 또 S′를 더하면 The tea is too hot *for me* to drink. (=The tea is *so* hot *that I cannot drink* it.)가 된다. *cf.* This book is easy enough *for you to read*. (이 책은 너도 읽을 수 있을 만큼 쉽다.)

번역 지구에서 너무 멀리 떨어져 있어서 어떤 기계로도 그 존재를 알 수 없는 별이 다수 있다.

8.1 예제(1)

Most American parents dislike accepting the responsibility of restricting their children's pleasure and amusement; and there is a very great tendency for the parent first approached to put the burden of decision on the other.

힌트 미국의 부모도 아이에게 좋은 얼굴만 보이고 싶어한다.

해설 **Most** American **parents**의 Most는 parents에 걸려서 '미국의 대부분의 부모'. **dislike**가 **accepting**이라는 동명사를 목적어로 해서 '〈아이들의 기쁨과 즐거움을 제한하는 책임〉을 맡는 것을 싫어하다'. **there is a very great tendency for the parent first approached**를 The parents(=S) approached(=V)라고 보면 곤란하다. 여기서는 Traffic accidents have *a tendency to increase*. (교통사고는 증가하는 경향이 있다)에 보이는 to－가 tendency를 꾸미는 형태라는 것을 아는 것이 먼저다. a...tendency **to put**의 tendency와 to put 사이에 S′로서 for the parent가 들어간 형태다(⇨ 8-1-3). approached는 parent를 수식하는 과거분사. '아이가 다가오다' → '〈처음에(=first) 아이에게 부탁을 받은 부모가 －하는 경향이 매우 크다'. **put the burden of decision on the other** (parent)라고 읽는다. '결정을 내리는 부담을 배우자에게 떠넘기다'. 아이가 뭔가 사달라고 조르면 어머니는 '아빠가 좋다고 하시면 사줄게'라고 하고, 아버지에게 가면 '엄마가 좋다고 하면 사줄게'라고 하게 된다.

▸ 전역 별책 p. 21

8.1 예제(2)

❶ Men can usefully undertake and properly accomplish a common task only when one of them continually directs the activities of all towards the same end. ❷ This is self-evident when actions which must follow a rhythm are involved. ❸ It would be useless for a gang of men laying rails or a rowing-crew to exert themselves if a foreman or a coxswain did not control their movements. ❹ Every non-directed collective action turns rapidly into confusion and disorder.

힌트 집단적인 활동에는 지도자가 필요하다. 7-2-6의 예문이 이 예제문

뒤에 온다.

해설 ① **usefully undertake**(효과적으로 기획하다)와 **properly accomplish**(적절하게 달성하다)의 두 가지에 **a common task**(공동 작업)가 공통의 목적어가 된다. **only**가 **when** one of them... 절을 꾸며서(⇨ 11-3-9), '그중 한 사람이 〈...하는〉 경우에만'. continually **directs** the activities of all / **towards the same end**(목적)의 towards the same 이하는 directs에 걸려서 '전원의 활동을 끊임없이 같은 목적을 향하게 한다'.

② **self-evident** '자명한'. **when actions which must follow a rhythm are involved**의 involve는 '(필연적으로) 동반하다, 포함하다'. '일정한 리듬에 따라 진행해야 하는 활동이 포함되어 있을 때는'. 다음의 ③에 나오는 선로의 부설이나 팀을 짜서 보트를 젓는 것이 그런 활동의 구체적인 예.

③ **It would be useless for a gang**(일단, 일군) **of men...** ②의 첫머리의 This는 ①의 내용을 가리키는데, 여기의 It을 똑같이 해석하면 뜻이 통하지 않는다. would be...이라고 조동사가 왜 과거형이 되었는지도 이것만 봐서는 해결되지 않는다. **laying rails**는 a gang of men을 꾸미고(레일을 깔고 있는 선로공들), **or a rowing-crew**(조정 경기 팀)는 a gang of men과 병렬이라고 보고 읽다보면, **to exert themselves**('노력하다'⇨ 3-2예(2)역)를 보고 It...for~to-의 형태라는 것을 이해한다. **if a foreman or a coxswain did not control...**을 봄으로써 전체가 가정법과거에 의한 가정을 포함하는 '...조동사의 과거+원형...if...가정법과거...' 구문이라는 것을 안다. '레일을 깔고 있는 선로공들이나 조정 팀원들의 노력은 팀장이나 감독이 그들의 활동을 통제하지 않으면 효과 없이 끝날 것이다'.

④ **non-directed** '지도되지 않은'. **collective action** '집단적인 활동'. **turns...into~** '~로 바뀌다'. '지도자가 없는 집단적인 활동은 전부 〈곧 혼란과 무질서〉에 빠진다'.

▸전역 별책 p. 21

8.2 S′+분사, etc.

It was Sunday만으로도 완전한 문장이지만, It was Sunday, always *a dull day* in London.이라고 덧붙이면, Sunday=a dull day(동격어⇨6-1)의 관계를 중심으로 해서 '그날은 일요일, 즉 런던에서는 항상 따분한 날이었다'라고 해석된다. 그럼 다음 문장은 어떨까?

There are nine planets, *the earth*....

nine planets=the earth라는 해석은 불가능하다. 이런 경우의 해석 방법 가운데, the earth가 S′이고 여기에 P′를 부가해서 전체가 앞 문장과 이어지는 것은 아닌가 하는 생각이 가능하다. 위 문장 전체는,

There are nine planets, **the earth** *being* one of them.

이 되는데, being을 the earth를 꾸미는 분사로 보지 않고, the earth(S′) being(P′: 분사구문의 분사)라고 봐서 '혹성이 아홉 개가 있는데, 지구는 그 중 하나다'라고 해석하는 것이 맞다.

위 예에서는 문장 뒤에 S′+P′가 이어지는데,

Their conversation *being* in Chinese, I did not understand one word.

와 같이 S′+P′가 문장 앞에 나올 때도 있다. 이 경우는 Their conversation이라는 명사에 대응하는 술어가 완전한 형태가 아니라는 것(*cf.* Their conversation *was* in Chinese.)을 단서로 뒤에 본래의 S+P가 나온다고 예상하고, I did not understand...을 확인하고 '그들이 중국어로 대화했기 때문에 나는 전혀 이해하지 못했다'라고 해석한다. S′+분사의 형태가 문장 앞에 나올 때는 숙어적인 표현이 많다. Weather permitting(날씨가 허락하면), Such being the case=That being so(그런 이유로), Other things being equal(다른 조건이 같다면) 등은 기억해둔다.

8.2.1 Economic affairs enter into the life of every one of us, the most important economic **activity** in the life of the ordinary man *being* the way he earns his living.

the activity...being...의 관련을 발견하는 것이 관건이다. *cf.* The activity *is* the way. the way와 he 사이에는 관계부사가 생략되었다(⇨9-4-11).

번역 경제 문제는 모든 사람의 생활 속에 침투하는데, 평범한 사람의 생활에서 가장 중요한 경제활동은 생계비를 손에 넣는 수단이다.

8.2.2 Scientific progress is made step by step, each new **point** that is reached *forming* a basis for further advances.

cf. Each new point...*forms* a basis for further advances.

번역 과학의 진보는 단계적으로 이루어지고, 새롭게 도달한 각 점은 그 이상의 전진을 위한 기반이 된다.

참고 분사구문에 대해서는 Having nothing to do, I went downtown. → *As* I had nothing to do,... / Listening to the radio, I heard the telephone ring. → *While* I was listening....이라는 식으로 설명하는 경우가 많다. 그래서 분사구문을 부사절로 바꿀 때 접속사가 무엇이 될지 생각하는 것이 분사구문의 의미를 생각하는 일이라고 보는 사람이 많다. 하지만 모든 분사구문을 접속사를 사용해서 바꿀 수 있는 것은 아니고, 때·이유·조건 등의 의미상의 분류로 모든 분사구문을 구분할 수 있는 것도 아니다. 예를 들어 '그는 나를 보고 도망갔다'라고 할 때의 '보고'는, '봤을 때'와 '봤기 때문에'의 두 가지 해석이 모두 가능하고, 오히려 어느 쪽인지 결정하지 않고 애매하게 표현하듯이, *Seeing* me, he ran away.도 표현하려는 내용이 '때'인지 '이유'인지 분석하지 않는 단계의 애매한 표현이다. 따라서 단순형 분사구문에서는 주절의 주어를 분사 앞에 보충해봐서 분사구문의 의미를 파악한 뒤에, 곧바로 이것을 주절에 연결하려면 우리말의 어떤 표현이 좋을지 생각하는 것이 좋다. 그때 역어가 간단하면 할수록 오히려 원문에 가까워진다. 이것은 S'+-ing의 경우도 마찬가지고, 다음에 볼 S'+p.p. 이하의 형식에서는 그런 식의 사고가 한층 더 중요하다.

S′+–ing의 –ing의 위치에 과거분사나 형용사가 오는 **This work** *done*, we went home.과 같은 문장이 있다. 이 경우는 S′+P′를 본래의 S+P로 되돌릴 때는 과거분사나 형용사 앞에 be동사를 부가해서(This work *was* done.) '이 일이 끝났기 때문에[이 일을 마치고], 우리는 집에 돌아갔다'라고 본다. 또 위의 예에서는 done이 과거분사인 것이 done이 P가 아니라 P′라는 것을 명시하고 있는데, **All things** *considered*, you are best fitted. (모든 것을 고려하면 자네가 가장 적임이다)처럼, 과거와 과거분사의 형태가 같은 경우는,

❶ things(S) considered(P)라고 보려고 하면 '물건이 생각했다'가 되어 뜻이 통하지 않고, considered의 목적어도 없다.
❷ things(S) considered(P)라면 이것을 뒤의 you are...과 연결하는 접속사가 없다.

라는 두 가지를 단서로 해서 considered=과거분사(P′)라고 보는 것이 중요하다.

8.2.3 Of this vast quantity of reading matter—**much of it** *produced* in a hurry and for temporary uses—only a small proportion can be called literature.

reading matter '읽을거리'. much of it(=S) produced(=V)라고 읽으려고 하면 produced의 목적어가 없어지기 때문에, 다시 produced를 과거분사, much of it을 S′라고 본다. *cf.* Much of it *is* produced.

번역 대부분 급하게 일시적인 목적을 위해 만들어진 엄청난 양의 읽을거리 중에 문학이라고 부를 수 있는 것은 얼마 되지 않는다.

8.2.4 I fell asleep, too exhausted to come to any decision that night, **my**

mind *full* of doubt and perplexity.

too exhausted...that night < I *was* too exhausted(너무 지쳐서)...은 과거분사로 시작하는 분사구문이다. 이 부분을 제외하고 남는 I fell asleep, my mind full을 보고 my mind(=S′) full(P′)이라고 읽는다. my mind *was* full...을 주절에 연결하려면 어떤 번역이 적당할까?

번역 나는 너무 지쳐서 그날 밤은 결정을 내리지 못하고, 의심과 당혹감으로 가득한 채로 잠이 들어버렸다.

참고 ❶ 위 문장의 full에는 of doubt 운운이 따라오기 때문에, 가령 mind를 직접 수식한다고 해도 my와 mind 사이에 넣어 my *full* mind of doubt... 이라고 하지는 못한다(*cf.* He went into the room *full of* young men and women. '그는 젊은 남녀로 가득한 방에 들어갔다'). 하지만 본래 형용사는 명사를 꾸밀 때 명사 앞에 오기 때문에, 다음과 같은 문장에서는 형용사의 위치를 보고 형용사=P′라고 해석할 수 있다.

She looked at him, **her eyes** wide *open*. (*cf.* Her eyes *were* wide open) '그녀는 눈을 크게 뜨고 그를 보았다'

❷ P′의 위치에 과거분사나 형용사 등이 오는 경우에는, 먼저 S′+P′의 의미를 파악한 다음에 S′ 부분을 '...을'이라고 바꾸어 전체의 의미를 생각하면 적절한 번역이 떠오를 때가 많다.

8.2.5 Sound sleep sent me fresh to the battle each morning, **my breakfast**, sometimes, no more than *a slice* of bread.

my breakfast...a slice...이라고 두 개의 명사가 전치사 없이 연속한 점에 주목해서 S′+P′의 발상을 적용한다. my breakfast *was* a slice of bread가 주절과 역접 관계라는 점에 주의. the battle은 '생활의 싸움(=the battle of life)'. no more than ⇨ 13-2-10.

번역 때로 아침 식사가 빵 한 조각뿐일 때도 있었지만, 푹 자곤 했기 때문에 나는 매일 아침 상쾌한 기분으로 생활전선에 나갈 수 있었다.

8.2.6 While numerous people were cooperating to open up American continent—**all** *with the common dream* of personal freedom and independence—tolerance gradually became an American characteristic.

all(=S′) with...(=P′)로 전치사로 시작하는 구가 P′가 되었다. I sat and thought, a cigar in my mouth. (나는 궐련을 입에 물고 앉아서 생각했다)와 유사한 형태. *cf.* All *had* the common dream....

번역 많은 사람들이 모두 개인의 자유와 독립이라는 공통된 꿈을 가지고 미국 대륙을 개척하는 데 협력하는 동안 관용의 정신이 서서히 미국인의 특징이 되었다.

8.2 예제(1)

I like to think of university life as a comradeship between older and younger people, all of them being students at heart, and holding all essential values in common, but with a great diversity of interest and personal qualities which they share with each other and contribute to the common good.

힌트 이상적인 대학의 모습. 먼 꿈처럼 들리는 것이 유감이다.

해설 **think of** university life **as** a comradeship between...은 ⇨ 2-2예(2) ①. '대학생활을 ...사이의 동지의 관계라고 생각하다'. **older and younger people**은 비교급으로 봐서 '노인과 젊은이'는 아니고 '상급생과 하급생'이라고 해도 의미가 살지 않는다. older people은 '교육자', younger people은 '학생'을 가리킨다. **all of them**(=S′) **being**(=P′) students(⇨ 8-2-1)라고 읽는 것이 첫 번째 관문. '누구나 마음은(=at heart) 학생이다'. ..., **and holding**의 and는 being과 holding을 잇는다. 즉 holding도 all of them을 S′로 하는 P′라고 아는 것

이 두 번째 관문. hold...**in common** '...을 공유하다'. '(모든 사람이) 모든 본질적인 가치를 공유하고 있다'. 교수는 완고한 보수고 학생은 과격한 좌익이라면 대학의 질서가 유지될 리 만무하다.

but with...이 세 번째 관문. 단 but이 무엇과 무엇을 연결하는지를 알면, *being*..., and *holding*..., but *with*...이라는 공통관계를 발견해서 all of them *have*...(⇨ 8-2-6)이라고 읽을 수 있을 것이다. **a great diversity of interest and personal qualities**(다종다양한 관심과 개성)가 which의 선행사. which는 절 안에서는 **share**와 **contribute**의 공통의 목적어. **with each other** ⇨ 5-2예(2)①. '(모든 사람이) 다종다양한 관심과 개성을 가지고, 그것을 함께 하고 공익을 위해 제공한다'. 전원이 제복을 입고 같은 신념으로 무장하고 있는 조직을 대학이라고 부르지는 않는다. 그것은 군대 혹은 신흥종교 집단이다.

▸ 전역 별책 p. 22

8.2 예제(2)

❶ He found friends among the students and in the families of the professors, and became one of a group of gifted young men and women drawn to each other by a common love of nature and a proud faith that they were the forerunners of a new time. ❷ They covered a dozen fields, from social science to fine arts; each a specialist, yet, thanks to the breadth and depth of German education, each able to talk intelligently in the other's domains.

힌트 독일의 행복한 대학생활에 관한 이야기. 예제(1)과 필자는 다르지만, 대학생활의 comradeship이 어떤 것인지 말하고 있다.

해설 ① **He**는 대학에 입학한 젊은 학생이라고 생각하자. **found friends... professors** '학생들 사이나 교수의 가정에서 친구를 발견했다'.

became **one of a group** of gifted young men and women 단수의 '그'가 '그룹의 하나가 되었다'고 하면 이상하다. 여기서 one of는 '재능이 있는 젊은이들의 그룹의 일원이 되었다'라는 뜻. **drawn to each other by a common love of nature...** '자연에 대한 공통의 사랑...에 의해 서로 끌리고 있는 〈젊은이들〉'. **by** *a...love*...**and** *a proud faith*라고 이어진다. **that** 이하는 faith의 내용을 나타내는 동격명사절(⇨ 3-3). '〈자신들이 새로운 시대의 선구자(=forerunners)라는〉 자랑스러운 신념'.

② **They covered a dozen fields**의 cover는 '(어떤 범위에) 걸치다[확대하다]'. field는 '연구 분야[영역]'. '그들의 연구는 〈사회과학에서 미술(=fine arts)에 이르는〉 열두 가지 분야로 확대되어 있었다'. **each a specialist**를 '각각의 전문가'라고 하면 곤란하다. each가 a를 뛰어넘어 specialist를 수식할 리가 없다. 여기는 8-2-5와 같은 S′+P′(명사)의 형태로, each *was* a specialist라고 하는 것과 같다. **yet, ...**은 but과 같은 의미의 접속사로 쓰였다. yet 뒤의 쉼표는 삽입의 표시(⇨ 14-3-1). **thanks to the breadth and depth of German education**(독일 교육의 폭과 깊이 덕에)을 지나, **each able to talk...**이 yet 이하의 중심. each able은 8-2-4와 같은 S′+P′(=형용사)의 구조로 each *was* able to talk...과 같은 뜻이다. in the **other's** domains는 in the *other* domains(다른 전문분야)가 아니다. other(다른 사람)라는 대명사의 소유격이기 때문에, '대화 상대의 전문분야에서도 〈지적으로〉 대화가 가능했다'가 맞다. 자신의 전문분야에 틀어박혀서 껍질을 굳게 닫고 있는 것이 아니라, 다른 분야의 연구자와 널리 교류하고 상대방의 전문분야에 관한 대화를 통해서 지적인 자극을 받을 수 있었다는 얘기다. ...arts; each에서 쌍반점 뒤에는 두 개의 S′+P′가 있을 뿐 독립된 문장이 아니라는 것에 주의.

▸ 전역 별책 p. 22

책을 읽다가 I went for a walk *with*에서 페이지가 끝났다고 치자. 그러면 보통 책장을 넘기면서 다음이 어떻게 될지 예상한다. 이 경우에는 무엇이 예상되는가? 별로 어려운 일은 아니다. with는 전치사, 즉 명사 앞에 오는 말이니까 책장을 넘기면 명사가 나온다고 생각하고 my son이 있으면 예상이 맞은 것에 만족한다. I went for a walk *with my son.*은 이것만으로도 형식·내용적으로 완결된 문장이고 with의 의미(...과 함께)도 앞뒤 문맥으로 확실하다.

그럼 I went for a walk with my son *going to school.*은 어떨까? 이 문장의 going 이하는 my son을 수식하는 말('학교에 가려고 하는')로 부가되었을 뿐, 앞 부분에 본질적인 변화를 가져오지는 않는다. with의 의미와 용법도 위의 문장과 다르지 않다. 전치사는 반드시 목적어를 필요로 하는데, 목적어가 나온 단계에서 그 기능이 끝나고 의미도 확정되는 것이 원칙으로, 위 문장의 with도 이 용법의 하나다.

다음으로 I can't write *with you*라는 문장을 보자. 여기서 끝나면 with you는 '너와 함께'라는 뜻이다. 하지만 I can't write with you *standing there.*가 되면 '거기에 서 있는 너와 함께'로는 뜻이 통하지 않으므로, 해석을 근본적으로 바꾼다. 이 with는 다른 전치사에 없는 용법, 즉 뒤에 두 가지 요소를 취해서 양자를 수식과 피수식의 관계가 아니라 숨은 주어와 술어로 느끼게 하는 용법으로 쓰이고 있으며, with를 빼면 8-2-0에서 본 S′+-ing가 된다. 즉 이 문장은 I can't write *if[as] you are* standing there.와 같은 내용을, 접속사에 의한 부사절을 사용하지 않고 전치사로 압축한 표현이다.

이런 용법의 with는 S′+P′의 관계를 주절에 연결할 뿐 고유한 의미를 갖지 않기 때문에, 이런 종류의 문장의 의미를 생각할 때는 아래의 사항이 중요하다.

❶ S′+P′를 본래의 S+P로 되돌려(You are standing there.) 그 의미를 파악한다.

❷ 이것을 주절에 연결하려면 어떤 번역어가 적당한지를 생각한다.

8.2.7 Their house may yet be seen, and on its wall is a picture of the boy in a blue suit *with* his brown **hair** *hanging* over his shoulders, painted by his father.

cf. His brown hair *was* hanging.... on its wall is a picture는 M+be+S의 형태(⇨5-2-3). painted는 a picture를 꾸미는 과거분사(⇨10-1-4).

번역 그들의 집은 아직 볼 수 있는데, 그 벽에는 파란 옷을 입고 갈색 머리를 어깨까지 늘어뜨린 소년의 그림이 걸려 있다. 그것은 소년의 아버지가 그린 것이다.

8.2.8 *With* the **recollection** of little things *occupying* his mind he closed his eyes and leaned back in the car seat.

with...이 문장 앞으로 나온 형식. *cf.* The recollection *was* occupying.... (기억이 그의 마음을 채우고 있었다.)

번역 그는 작은 것을 떠올리는 일에 몰두한 채 눈을 감고 자동차 시트에 기대어 있었다.

with...에 이어지는 P′의 자리에는 −ing 대신에 과거분사나 형용사 등이 오기도 한다. 이런 경우의 번역하는 방법에 대해서는 8-2-4참2를 참조.

8.2.9 One evening as he wandered about the streets *with* his whole **attention** *fixed* on the sky, he fell into a deep well.

cf. His whole attention *was* fixed on the sky.

번역 어느 날 밤, 그는 신경을 하늘에 집중하고 길을 걷다 깊은 우물에 빠졌다.

8.2.10 At the age of twenty he found himself alone in the world *with* his **future** *dependent* on his own efforts.

cf. His future *was* dependent.... found himself alone ⇨2-1-3. dependent on... '...에 의지하다'. *cf.* independent *of*... '...과 관계없이'

번역 그는 스무 살 나이에 이 세상에서 외톨이가 되어 미래가 자신의 노력에 달리게 되었다.

8.2.11 Driving rain away is a difficult problem, but *with* nuclear **energy** *at the disposal* of engineers the problem appears to be merely one of detail.

with도 at도 전치사라는 점에서는 자격이 같지만, 이 문장에서는 with가 한 단계 높아서 nuclear energy와 at the disposal... 사이에 성립하는 S′+P′의 관계를 the problem appears에 연결하고 있다. *cf.* My services *are at your disposal*. (필요하신 것은 뭐든지 해드립니다.) one(=a problem) of detail '세부의[기술상의] 문제'. one이 '하나'가 아니라는 점에 주의.

번역 비를 쫓아버리는 것은 어려운 과제이지만, 기술자가 원자력을 자유자재로 사용할 수 있는 오늘날에 그 과제는 기술적인 문제에 지나지 않는 것처럼 보인다.

8.2.12 I can't live on my wages *with* **prices** *what they are*.

prices(=S′), what they are(⇨ 4-2-1)(=P′). they=prices

번역 물가가 지금 같아서는 내 월급으로 먹고살 수 없다.

8.2 예제(3)

❶ When the World War of 1914 broke out in Europe, there was in America, at first, an almost universal agreement that the struggle was no business of the United States. ❷ Behind this lay the sentiment of isolationism and a desire for peace. ❸ But as the conflict developed, with America's rights at sea in danger and imperialistic Germany pressing dangerously toward victory, the public, while still against taking up arms, began to divide into two camps: pro-German and pro-Ally groups. ④ Concern for democratic Britain and France, however, came to prevail, and when the United States itself entered the struggle, the people were united as never before in a time of national danger.

힌트 미국이 제1차 세계대전에 참전하기까지의 국론의 변화.

해설 ① **broke out**(전쟁 등이 일어나다)은 기본 숙어. **there was**의 주어를 찾아 **an...agreement**를 발견한다. **almost universal**의 almost는 관사와 명사 사이라는 특수한 위치로 봐서, universal을 꾸민다고밖에 볼 수 없다. universal은 '일반적인 세상의; 나라 전체의'. agreement=**that절**의 관계. **was no business of...** '...과는 관계가 없었다'. '당초 미국에서는 이 전쟁이 미국과 무관하다는 점에서 거의 모든 사람들의 의견이 일치하고 있었다'. ② **Behind this lay the sentiment...**이 this(=S) lay(=타동사) the sentiment(=O)라고 보여도 그러면 의미가 통하지 않는다는 것을 알아차리고 얼른 생각을 전환해서, Behind this(=M) lay(=자동사) the sentiment(=S)의 M+V+S 구문(⇨ 5-2-6)으로 읽을 수 있는 것이 실력이다. 처음부터 이 해석만 떠올랐다면 말할 것도 없다. *the sentiment*...**and** *a desire*라고 연결해서 '그 배경에는 〈고립주의(=isolationism)〉의 정서와 〈평화에 대한〉 바람이 있었다'.

③ But **as the conflict developed, with...** 부분에서 '분쟁이 확대함에 따라'라고 읽으면서, 이 문장의 중심이 되는 S+V가 어디에 나오는지 생각할 수 있는 것이 중요하다. **with America's rights at sea in danger**는 with, at, in 모두 전치사지만 기능면에서 큰 차이가 있다.

the conflict developed, **with**	America's right(← at sea) × **in danger** imperialistic Germany × **pressing...**

이런 구성이 보이는지가 관건이다. with 이하의 전반에서는 in danger (⇨ 8-2-11)가, 후반에서는 pressing(⇨ 8-2-7)이 P′가 된다. 전반의 '미국의 해상 항행권이 위기에 직면한'이란, 독일의 잠수함이 중립국의 상선을 경고도 없이 공격한 일을 말한다. 후반에 숨어 있는 **imperialistic Germany** *was pressing dangerously toward victory*의 dangerously는 독일이 우세해지는 것이 미국에는 위험하게 느껴졌다는 의미. '위험하게도 독일 제국주의가 승리에 다가가고 있었다'.

victory, the public 부분에서는 두 개의 이질적인 명사가 전치사 없이 연속한 것이 the public을 이 문장의 중심 주어로 느끼게 한다. **while** *they*(=the public) *were* **still against taking up arms**(무기를 드는 것에는 여전히 반대했지만)를 지나서 **began to divide into two camps**(〈대중은〉 두 개의 진영으로 분열되기 시작했다)가 이 문장의 술부다. **pro-German and pro-Ally groups**(독일파와 연합국파)는 앞의 camps와 동격.

④ **Concern for...** '〈민주국가인 영국과 프랑스〉가 지면 곤란하다는 불안'. **came to prevail** '우세해졌다'. **and**의 뒤는 **when...the struggle**(미국 자신이 참전했을 때는)을 지나서 **the people were united**(국민은 단결하고 있었다)가 중심. A and(M) B의 형태(⇨ 14-3-1). **as never before in a time of national danger** '국가의 위기에 직면해서 일찍이 없었던 만큼'.

▸전역 별책 p. 22

8.3 S′+동명사

동명사의 의미상의 주어는, 대명사이거나 사람을 나타내는 명사일 때는

소유격 또는 **목적격**을, 사물을 나타내는 명사일 때는 **목적격**을 동명사 앞에 두는 것이 원칙이다.

8.3.1 I want to satisfy myself about **their** *being* able to meet this demand.

cf. I want to satisfy myself *that they are* able...(⇨ 3-2-10)

번역 그들이 이 요구에 응할 수 있는지 확인해보고 싶다.

8.3.2 The first proof of **man's** *having uncovered* one of the inmost secrets of the universe was the making and using of a horrible weapon of mass destruction.

cf. Man had uncovered one of.... one of the inmost secrets...이란 '원자핵의 비밀'을 가리킨다. inmost '가장 깊은'. mass destruction '대량살육'

번역 인간이 우주의 가장 깊은 비밀 가운데 하나를 발견했다는 첫 번째 증거는 대량학살의 끔찍한 무기를 제조하고 사용했다는 것이다.

8.3.3 One of the most familiar incidents of daily life is that of **a child** *learning* to speak.

that=the incident. *cf.* A child *learns* to speak.

번역 일상생활에서 가장 익숙한 사건의 하나는 아이가 말하는 것을 배우는 것입니다.

참고 전치사+S′+동명사의 형태가 되는 이 문장에서는 the incident=a child learns ...으로, '말을 배울 나이의 아이가 (말하는 것과는 다른) 사건을 일으킬' 리는 없다. 이것에 비해 다음 문장의 the vast area 이하에서는, of의 목적어는 free land고 lying은 이것을 꾸미는 현재분사다.

In America the term frontier is applied to the vast area *of free land* lying just west of the settled regions. (미국에서 frontier(변경)라는 말은 이주가 끝난 지역의 바로 서쪽에 걸쳐 있는 광대한 자유로운 땅을 가리

키는 말로 쓰였다.)

'전치사+S'+동명사'와 '전치사+목적어+현재분사'의 차이는, 위의 두 문장처럼 어느 쪽으로 해석하느냐에 따라 의미에 크게 차이가 생길 때는 구별해서 해석하는 것이 중요하지만, 다음 문장처럼 어느 쪽을 취해도 의미에 차이가 없을 때는 억지로 구분하지 않아도 된다.

The record of mankind is the story of *men living* together and *making* communities. (인류의 기록은 사람이 함께 생활하고 사회를 만드는 이야기다[함께 생활하고 사회를 만드는 사람의 이야기다].)

8.3 예제

> ❶ By dint of repeating that this generation lacks leisure, people have induced themselves to believe that it does. ❷ The falseness of it might be held to be proved by its being repeated with so little real regret; by no man's pausing to consider how the lost leisure could be recovered.

힌트 '바쁘다'는 말은 현대인의 입버릇. 그런데 정말일까?

해설 ① **By dint of...**은 '...의 힘으로'에서 '(노력·반복 등)에 의해'라는 의미가 된 전치사. **this generation** '지금 세대(의 사람)' → '현대인'. 영어의 leisure는 우리말의 '레저'와 달리 '오락'의 의미는 없고 항상 '여가'(⇨ 5-4예(2)②). '현대인에게는 여가가 없다고 〈반복해서 말함〉으로써'. **people have induced themselves to believe**는 V+O+to-의 제5문형(⇨ 2-2-1). '자기 자신이 믿게 하다'에서 '믿게 되다'. **that it does**=that this generation lacks leisure '그 말이 맞다〈고 믿다〉'.

② **The falseness of it**의 it은 this generation lacks leisure를 가리킨다. '그것이 틀렸다는 것'(⇨ 8-4-2). might be held to be proved는 능동태로 바꾸면, We might *hold* the falseness of it *to be* proved.가 되어 이것도 V+O+to－ 형태로 돌아간다. 이 hold는 '생각하다'라는 뜻. '…이 입증된다고 볼 수 있을 것이다'. **by its being repeated**는 '소유격(=S′)+동명사'(⇨ 8-3-1). with so little real regret의 little이 부정적으로 느껴져서, '정말 유감이라는 기색이 거의 없이 그 말을 반복함으로써'. '바빠 죽겠어!'라고 희희낙락하며 말하는 것. **by no man's pausing to consider**도 '소유격(=S′)+동명사'. pause to－는 stop to－와 마찬가지로 '－하는 것을 그만두다'가 아니라 '한숨 돌리고[천천히] …하다'. how 이하를 부가해서 '아무도 어떻게 하면 잃어버린 여가를 되찾을 수 있을지 천천히 생각하려고 하지 않는다는 것으로'.

▸ 전역 별책 p. 23

8.4 명사구문

Mother loves *the child.*라는 문장은 동사를 중심으로 앞뒤에 명사가 배치되어 있으며, 앞의 명사가 주어고 뒤의 명사가 목적어가 된다. 여기서 love를 명사로 바꾸고 그것을 중심으로 해서 같은 내용을 나타내려면, Mother와 the child도 형태가 바뀌어 *mother's* love *of the child*(자식에 대한 어머니의 사랑)가 된다. 이렇게 명사 속에 들어있는 동작의 의미상의 주어(S′) 또는 목적어(이하 O′라고 표시한다)를 나타내는 형태에서 나오는 문제는 상당히 복잡하기 때문에, 아래의 세 가지 경우로 나누어 생각한다.

❶ S′만 있는 경우.
❷ O′만 있는 경우.
❸ S′, O′가 모두 있는 경우.

그리고 이런 형태를 번역할 때는, 많은 경우 명사 속에 있는 동작을 표면에 드러내어, 즉 움직이지 않는 말인 명사를 움직이는 말인 동사로 바꾸어 해석할 필요가 있다. 이하 각 예문의 번역에 주의한다.

❶ S′만 있는 경우 – 명사 속에 들어있는 동작에 대해 S′를 나타내는 형태는 a)**소유격**, b)**of...**, c)**by...**의 세 종류다.

8.4.1 The news of **her son's** *death* was a great shock to her.

cf. The news that *her son had died* was....

번역 아들이 죽었다는 소식은 그녀에게 큰 충격을 주었다.

8.4.2 I have personally experienced *the truth* **of the proverb.**

cf. The proverb is true. 이 문장에서는 be+형용사가 명사로 압축되어 있다.

번역 나는 그 격언이 진실이라는 것을 몸으로 느꼈다.

8.4.3 A strike is a mass *refusal* to work **by a body** of employees.

a mass refusal의 mass는 refusal을 수식한다. *cf.* mass destruction(⇨8-3-2). a body of... '일단의...'. *cf. A body* of employees *refuses* to work. 위의 문장에서 to work는 refusal을 수식하는 형용사적 용법의 부정사.

번역 파업은 직원 단체가 집단적으로 업무를 거부하는 것이다.

❷ O′만 있는 경우 –O′를 나타내는 형태는 a) **소유격**, b) **of...**, c) **for...**, etc. 의 세 종류다.

8.4.4 I am responsible for **her** *protection.*

cf. I protect her. 소유격으로 O′를 나타내는 예는 비교적 적다. 실제로 사용되었을 때 오해할 수 있는 가능성이 크니 주의가 필요하다.

번역 내게는 그녀를 지켜줄 책임이 있다.

8.4.5 I insist upon the *withdrawal* **of that expression.**

cf. < *withdraw that expression.*

번역 나는 그 표현을 철회할 것을 주장한다.

참고 reading the book은 '동명사+명사'인데, *the* reading이라고 해서 reading의 명사적 성격을 강조하면 뒤에 of가 나와서 *the* reading *of* the book이 된다. the -ing of...(=S')에 대해서는 색인을 참조할 것.

8.4.6 This *love* **for the beautiful** is something that we all possess in varying degrees.

cf. < *love the beautiful*(=beautiful things). in varying degrees '다양한 정도로'

번역 아름다운 것을 사랑하는 이 마음은 정도의 차이는 있어도 누구나 가지고 있는 것이다.

8.4.7 This was his first *attempt* **at English composition.**

cf. < *attempt something.*

번역 이것은 그가 처음 쓴 영작문이었다.

참고 (1) 독자 중에는 S'를 나타내는 형태와 O'를 나타내는 형태에 모두 소유격과 of...이 쓰이는 것을 보고 구별하기 어렵지 않을까 불안해하는 이도 있을 것이다. 하지만 실제 문장에서는,

1) 자동사에 대해서는 O'를 따질 필요가 없다는 점(⇨8-4-1),
2) 주어에는 '사람'이, 목적어에는 '사물'이 오는 경우가 많기 때문에, 소유격이나 of...을 구성하는 명사의 내용에 따라 어느 정도 판별이 가능하다는 점,
3) 문장의 앞뒤 맥락,

이라는 세 가지 요소가 있기 때문에, 구별에 어려움을 느끼는 일은 드물다.

(2) 소유격과 of... 모두, 위에서 말한 명사에 대한 S'나 O'를 나타내는 역할 외에도 많은 의미를 가지고 있다. my house의 my는 '소유'를 나타

내고, the manners of the present(현대의 풍습)의 of는 '귀속'을 나타낸다. 이 항에서는 양자의 용법을 S', O'를 나타내는 경우에 한정해서 생각한다는 것을 잊지 않기를 바란다.

❸ S', O'가 모두 있는 경우 —mother's love of the child는 Mother loves the child.가 압축된 형태라고 설명했다. 그런데 소유격이 O'를, of... 이 S'를 나타내는 것이 가능한 이상, mother's love of the child를 '어머니에 대한 자식의 사랑' 즉 The child loves mother.를 압축한 형태라고 이해할 수는 없을까? 이것이 불가능한 것은 다음과 같은 약속이 있기 때문이다. 즉, '소유격+명사+of...'이라는 형태에서 소유격은 S'를, of...은 O'를 나타내는 것이 독해의 원칙이며, 그 반대는 성립하지 않는다.

8.4.8 Those writers are distinguished by their compassion for people and **their *love* of people.**

cf. They love people.

번역 그 작가들은 인간에게 동정심을 가지고 인간을 사랑한 점에서 유명하다.

❶의 a), b), c), ❷의 a), b), c)를 결합함으로써 생기는 형태는 '소유격+명사+of...' 외에도 다수 있는데, 그것에 대해 일일이 의미를 기억할 필요는 없고 사고방식만 알고 있으면 된다. his love for his daughter를 S loves O의 형식으로 바꾸려고 할 때, his는 S와 O 둘 다 될 수 있지만 for...은 O밖에 되지 못한다. 이런 경우는 용법의 폭이 좁은 쪽이 거기밖에 들어가지 못하는 자리를 먼저 차지한다. 말하자면 his daughter가 O가 된다. 용법의 폭이 넓은 쪽은 그다음에 비어 있는 자리(이 경우는 S)에 들어간다고 생각하고 있으면 오해할 염려는 없다.

8.4.9 Every *government* **of one nationality by another** is of the nature of slavery.

S governs O의 형태로 본다. by another (country)가 S′밖에 되지 못하는 형태라는 것에서 출발한다. of the nature of... '...의 성격을 갖다'

번역 한 나라를 다른 나라가 지배하는 것은 전부 예속의 성격을 띤다.

8.4.10 The *love* **of the parents for their children** is the only emotion which is quite disinterested.

S loves O의 형태라고 본다. for...이 O′밖에 되지 못한다는 것, 그 결과 of...의 쓰임이 8-4-9와 반대가 된다는 점에 주의.

번역 부모가 자식에게 갖는 애정은 유일하게 사심 없는 감정이다.

8.4 예제(1)

The beginnings of natural science are to be sought in the slow and unconscious observation by primitive races of men of natural occurrences, such as the apparent movements of the heavenly bodies and in the gradually acquired mastery over the rude implements by the aid of which such men strove to increase the security and comfort of their lives.

힌트 과학의 기원이 된 인간의 활동.

해설 **The beginnings** of natural science에서 복수형이 사용된 것은 추상적인 '처음'이 아니라 과학의 기원이 되는 개개의 현상을 염두에 두었기 때문인데, 번역할 때는 그렇게까지 신경 쓸 필요는 없다. **are to be sought in...** 조동사로 쓰이는 be to−에는 ❶예정(⇨ 2-1-2, 3-4예(2)②), ❷의무(⇨ 4-1-6, 7-2-3), ❸가능의 세 가지 의미가 있다. ❶, ❷의 경우에 부정사는 능동과 수동 모두 가능하지만, ❸의 경우는 to be+p.p.만 사용된다. 여기는 ❸의 용법이다.

'자연과학의 기원은 ...에서 찾을 수 있다'. the slow and unconscious **observation by** primitive races of men **of** natural occurrences '자연현상의, 원시인에 의한 느린 무의식의 관찰'처럼 기계적으로 직역할 것이 아니라, 이 배후에 Primitive races...observed natural occurrences.가 숨어 있다는 것(⇨ 8-4-9)을 간파해서 번역할 필요가 있다. '원시인이 ... 자연현상을 천천히 무의식중에 관찰한 것'.

..., **such as**는 **the apparent movements of the heavenly bodies**가 앞의 natural occurrences의 구체적인 예라는 것을 보여준다(⇨ 2-2예(3)④). '눈에 비치는 천체의 운행과 같은 〈자연현상〉'. **and in** the... 문장이 좀처럼 끝나지 않지만 마음이 급해서 대충 넘어가지 말고 전치사 in이 기능을 할 수 있는 부분을 천천히 찾아보면, are to be sought *in the...observation*...**and** *in the...mastery*...이라고 읽는 방법이 유일하다는 것을 알 수 있을 것이다(⇨ 14-2-4). **the gradually acquired mastery over the rude implements**는 master implements에 근거한 표현(⇨ 8-4-7). '원시적인 도구를 사용하는 방법을 점차 습득한 것'.

by the aid of which which의 선행사는 the rude implements이고, by the aid...은 strove를 수식한다(⇨ 9-3-7). '그 도움을 빌려서 〈생활을 한층 안전하고 쾌적하게 만들려고 노력했다〉'.

▸ 전역 별책 p. 23

8.4 예제(2)

❶ Affection of parents for children and of children for parents is capable of being one of the greatest sources of happiness, but in fact at the present day the relations of parents and children are, in nine cases out of ten, a source of unhappiness to both parties. ❷ This failure of the family to provide the fundamental satisfaction which in principle it is capable of yielding is one of the most deep-seated causes of the discontent which is prevalent in our age.

힌트 현대의 특징인 욕구불만의 근원에는 부모자식 간의 애정의 붕괴가 있다.

해설 ① **Affection**=love이므로 뒤의 **of...for...**의 관계는 8-4-10과 같다. '〈부모가 자식에게 갖는 애정과 자식이 부모에게 갖는〉 애정'. **is capable of being one of the greatest sources of happiness** '행복의 가장 큰 원천의 하나가 될 수 있다'(⇨ 5-3-pre7). **but**의 뒤는 **in fact at the present day**(오늘날의 현실에서)를 지나서, **the relations... are**가 중심이다. **in nine cases out of ten** '열에 아홉은'. **a source of unhappiness to both parties**의 parties는 '파티'나 '당파'가 아니라 '당사자'. '양쪽 당사자'란 여기서는 부모와 자식을 말한다. '〈부모와 자식의〉 관계는 ... 양쪽 모두에게 불행의 원인이 되어 있다'.

② **This failure of the family to provide**의 of는 주격관계(⇨ 8-4-2)를 나타내기 때문에, 이 안에는 The family *fails* to－가 숨어 있다. '이렇게 가족이 ...하지 못하는 것'(⇨ 2-2예(3)⑦). **provide the fundamental satisfaction** '근본적인 만족을 주다'. **which** in principle만을 하나의 덩어리로 보고 '원리 속에 있는 (바의) 만족'이라고 생각한 사람은 반성해야 한다. 술어동사가 나오지 않은 채로 관계사절이 끝나는 경우는 있을 수 없기 때문인데, 자세한 것은 다음 장에서 본다(⇨ 9-1-1). 여기는 **which** (in principle) **it is capable of yielding**이 중심으로 which는 yielding의 목적어(⇨ 9-2-7). it은 the family를 가리킨다. '가족제도가 원리적으로는 줄 수 있는 〈만족〉'. **is one of the most deep-seated causes of the discontent** '...불만의 가장 뿌리 깊은 원인의 하나다'. **which is prevalent in our age** '현대에 확대되고 있는 〈불만〉'.

▸ 전역 별책 p. 23

Chapter 9
관계사

주격 관계사 1

목적격의 관계사(1) 2

목적격의 관계사(2) 3

관계사의 생략 4

CHAPTER 9

관계사

아주 쉬운 것부터 시작하자.

This is the house in which he lives.

라는 문장에 대해서, '이것은 그가 살고 있는(he lives) 바의(which) 집이다'라는 뜻이니까 in은 없어도 된다고 하는 사람이 있다면 여러분은 어떻게 설명하겠나. 그러려면 먼저 관계사에 '...하는 바의'라는 번역어를 대치한 번역문의 의미에 대해 생각하는 것이 영어의 관계사에 대한 고찰이 아니라는 사실에서 출발해야 한다. 그럼 어떻게 접근해야 할까.

위 문장은 He lives in *the house*.의 the house를 관계사로 바꾼 것이기 때문에, the house in which he lives든 the house which he lives in이든, 어쨌든 in이 남아 있어야 한다는 식으로 논의를 전개해야 상대방을 납득시킬 수 있다.

관계사로 두 문장을 결합하는 연습은 관계사에 입문하는 과정에 반드시 나온다. 이런 종류의 문제부터 거꾸로 생각하면, 관계사, 특히 관계대명사가 이끄는 절은 관계사를 선행사로 대치했을 때 주어·목적어·보어 면에서 부족한 것이 없는 독립된 문장이 된다는 규칙이 나온다. 관계사에 대해 불분명한 점이 있을 때는 항상 이 규칙으로 돌아가서, 선행사를 관계사에 대입했을 때 독립된 문장이 되는지, 된다면 그 의미는 무엇인지, 그 의미를 주절과 연결할 때 번역이 어떻게 되는지 하는 순서로 생각해야 한다. 관계사를 둘러싼 문제점은 많지만, 이 장에서는 그 중에서도 위와 같은 관점에서 다룰 수 있는 가장 기본적인 문제, 즉 관계사가 절 안에서 수행하는 역할을 중심으로 살펴보고, 관계사를 생략할 때 발생하는 문제에 대해서도 생각해본다.

9.1 주격 관계사

주격 관계사는 관계사절 속의 술어동사에 대응하는 주어가 된다. 당연한 것 같아도, 영문을 읽을 때 어떤 경우에도 이 원칙을 관철할 수 있는 사람은 의외로 적다. 아래의 예를 보자.

<u>9.1.1</u> I know no statesman in the world **who** with greater right than I *can say* that he is the representative of his people.

I can say가 하나의 덩어리로 보였다면 틀렸다. 그것보다 앞에 있는 주격의 who → 동사라고 보고, who (with greater right than I) can say라고 읽어야 한다.

번역 자신이 국민의 대표라고, 나보다 큰 권리를 가지고 말할 수 있는 정치가는 내가 아는 한 세상에 없다.

who는 whom과 형태가 다르니까 본 순간에 주격이라고 알고 그것에 대응하는 동사를 찾는 것이 관계사절의 구조를 생각하는 출발점이다. 반대로 주격과 목적격의 형태가 같은 that과 which의 경우는, 절의 구조에서 격이 결정된다. 다시 말해서 that과 which를 본 단계에서는 '관…V'와 '관 S+V'의 두 가지 가능성을 생각하면서 읽게 된다. 관계사절이 <u>관계사+M+V</u> 또는 <u>관계사+M+S+V</u>(⇨ 9-2-1)의 구조인 경우, M이 기능하는 범위는 that절(⇨ 3-1-0)의 경우와 마찬가지로 항상 절 내부에 한정된다는 점에 주의할 것.

<u>9.1.2</u> The modern American schools provide the young of all classes with the common background **that** in an old, rural society *is provided* by tradition, by the daily life in each community.

is provided에 대응하는 주어를 찾아서, that을 the common background를 선행사로 하는 주격 관계사라고 이해한다.

번역 현대의 미국의 학교는 모든 계층의 젊은이들에게 공통의 소양을 제공하고 있는데, 옛날의 농촌사회였다면 그것은 습관에 의해, 즉 각 지역사회의 일상생활에서 주어지는 것이었다.

9.1.3 People regard the multiplication table as characteristic of all education —something **which** once learned *stays* with you through life.

multiplication table은 '구구단표'. which의 선행사가 되는 something은 characteristic of all education과 동격(⇨6-1-2). which에 대해 learned를 술어동사의 과거형이라고 보면 뜻이 통하지 않을 뿐 아니라 stays에 대응하는 주어가 없어지기 때문에, which...stays라고 이해한다. once learned는 once it is learned라는 뜻의 부사적 수식어(⇨4-2-2).

번역 사람들은 구구단을 모든 교육의 특징을 이루는 것, 즉 한 번 기억하면 평생 잊지 않는 것이라고 생각한다.

9.1.4 Quite a number of my best friends are people **who**, when I knew them only by sight or repute, *filled* me with positive loathing.

who, when S+V, V라는 관계사절의 구조. loathing '혐오'

번역 현재 나의 가장 친한 친구들은 대부분 얼굴이나 평판만 알고 있었을 때는 정말 마음에 들지 않는다고 생각한 사람들이다.

(a) **My friend** did not appear.
(b) I expected that **he** would help me.

라는 두 개의 문장을 관계사를 써서 하나로 묶으면, (b)의 he(=my friend) 대신 쓰이는 주격 관계사 who가 I expected 앞에 나오는 것과 동시에 that이 없어져서,

My friend, **who** I expected *would* help me, did not appear.

라는 문장이 생긴다. 여기서 알 수 있는 것은 아래의 세 가지다.

❶ 이 경우에 관계사는 (b)의 종속절의 동사 would help의 주어 he와 같은 역할을 한다는 것.

❷ expected의 목적어가 되는 것은 my friend를 지시하는 who가 아니라, (that) he would help me 전체라는 것.

❸ We know that...; We are told that...; We are sure that...(⇨3-2-pre7); It seems that...(⇨7-1-pre3) 등, 접속사 that으로 시작하는 절을 포함하는 문장에서 that절의 주어가 관계사로 바뀌어 주절 앞에 나올 때는, 위와 같은 '관계사 S+V...V...'라는 구조의 관계사절이 생긴다는 것.

번역은 (a) (b)의 내용을 하나로 묶는 우리말이면 되는데, 관계사절 안을 먼저 번역할 때는 (1) I expected 뒤에 that을 보충하는 느낌으로 '도와줄 거라고 내가 생각하고 있던 친구가 모습을 보이지 않았다', 또는 (2) I expected 부분을 부사적으로 번역해서 '내 기대라면 도와주었을 친구가 모습을 보이지 않았다'라고 하는 것이 대표적인 방법이다.

9.1.5 There are plenty of people **who** we know quite well *are* innocent of this crime.

cf. We know quite well *that they* are innocent of this crime.

번역 우리가 잘 알기로는 이 범죄와 무관한 사람들이 다수 있다.

9.1.6 Our guide was a man **who** we had been told *was* familiar with the locality.

cf. We had been told *that the man* was familiar with....

번역 안내인은 우리가 들은 바로는 그 지방을 잘 아는 사람이었다.

9.1.7 He was not excited over the prospect of marrying her, for she stirred in him none of the emotions of wild romance **that** his beloved books had assured him *were* proper for a lover.

that(=the emotions)을 목적격으로 보면, his...books had assured him the emotions로는 뜻이 통하지 않고 뒤의 were의 주어가 없어지기 때문에, that은 주격으로 were의 주어가 된다고 이해한다. *cf.* His books had assured him *that the emotions* were... ⇨3-2예(1).

번역 그는 그녀와 결혼한다고 생각해도 마음이 뛰지 않았다. 그녀를 봐도, 그의 애독서들이 주장하는, 사랑을 하는 자에게 어울린다는 열렬한 연애 감정이 그의 마음에는 조금도 일지 않았기 때문이다.

9.1.8 America is now called on to do **what** the founders and the pioneers always believed *was* the American task.

be called on to- '-하는 것이 요구되다'. what...believed로 끝나면 believed의 목적어는 what 속에 포함되어(⇨4-1-1), '건국자나 개척자가 믿고 있던 일을 하다'가 된다. 하지만 was 이하를 보고 what...was the American task 전체가 하나의 명사절로 묶인다고 다시 해석하면, what 이하가 여기서 말하고 있는 구성이라는 것을 알 수 있다. *cf.* The founders...believed *that it* was the American task.

번역 미국은 현재 건국자나 개척자들이 늘 미국의 사명이라고 믿어온 일을 하도록 요구되고 있다.

참고 주격 관계사가 보어의 역할을 하는 경우에 대해서는 ⇨9-4-pre6.

9.1 예제(1)

❶ The building up of a taste for those books which genuinely discriminating readers have decided, generation after generation, are worthy of preservation, is gradual. ❷ As your taste for books and knowledge of them increase, your earlier opinions will in many instances be changed, for this is a process of real development.

힌트 지적인 성장이 있을 때 비로소 진정한 양서의 가치를 안다.

해설 ① **The building up of** a taste가 build up a taste에서 유래하는 것에 대해서는 ⇨ 8-4-5[참]. **a taste**는 '사물의 좋고 나쁨을 구별하는 힘. **those** books **which** ⇨ 10-1-10. **which genuinely discriminating readers have decided**의 discriminating은 '〈진정으로〉 판별력이 있는'이라는 의미. which를 decided의 목적어로 봐도 readers have decided *books*라고 하면 의미가 불분명하다. 의문을 가지고 읽어 나가다 **are**를 보고 생각을 바꾸어, which는 주격으로 are의 주어고, 관계사절을 독립시키면 ...readers have decided *that the books* **are worthy of preservation**이 된다고 해석한다(⇨ 9-1-5). worthy of... '...할 가치가 있다'(⇨ 5-3-4). **generation after generation** '여러 세대에 걸쳐'는 부사적 목적격으로 된 숙어. **is gradual**이 문장 첫머리의 The building up을 주어로 하는, 이 문장의 중심이 되는 술어동사. '진정 판별력이 있는 독자가 자손 대대로 보존할 가치가 있다고 지정한 책의 가치를 아는 안목은 서서히 형성된다'. 복잡한 SV관계를 도식으로 표현하면 다음과 같다.

> The building up...for <u>those books</u> is gradual.
> ↑ which ↑ are worthy of preservation.
> (...readers have decided)

② **As your taste...and knowledge...increase** '〈책의〉 가치를 아는 안목과 책에 대한 지식이 증가함에 따라'. **your earlier opinions**

will (in many instances) be changed의 instances는 '경우'. '많은 경우, 이전의 사고방식은 달라진다'. **a process of real development** '진정한 진보의 과정'.

▸ 전역 별책 p. 24

9.1 예제(2)

❶ A schoolmaster recently said that out of the 250 pupils he taught the ones who watched TV were undoubtedly the most intelligent. ❷ We all know the people who sit through any and every programme night after night because they are drugged by TV. ❸ But I have yet to meet the child who, allowed to watch as much as he likes, fails to show discrimination.

힌트 '우리 애는 쓸 데 없는 TV만 봐요'라는 비난은 실은 어른에게 던져야 하지 않을까.

해설 ① ...**recently said that** out of the 250 pupils... 부분은 어렵다. that이 대명사가 아니라 접속사로 뒤에 S+V가 필요하다(⇨ 3-1-0)고 예상을 해도, he taught *the ones*를 that절의 중심이 되는 S+V라고 보고 '250명의 학생으로부터 그는 ...을 가르쳤다'라고 해석하면 뜻이 통하지 않는다. 이상하던 차에 who watched 뒤의 were...을 발견하고 발상을 전환하면,

A schoolmaster...said that **the ones were**...the most intelligent.
↑ who watched TV
out of the 250 pupils(← he taught)

라고 해석이 된다. **out of**...은 최상급의 the most intelligent에 대응해서 '...중에'를 나타내는 of(⇨ 3-2-6)를 강조한 것. **pupils**와 **he**

taught 사이는 관계대명사가 생략되었다(⇨ 9-4-1). '최근에 〈어느 교사가〉 자신이 가르치는 250명의 학생들 중에 TV를 보는 아이들이 가장 머리가 좋다고 말했다'.

② **the people who sit through…** '…을 끝까지 보는 사람들'. **any and every** programme은 '어떤 …라도'라는 뜻의 긍정문 중의 any를 every로 더욱 강조해서 '온갖 TV프로그램'. **night after night** after의 앞뒤에 같은 명사를 써서 '계속해서…'라는 뜻의 숙어를 만드는 표현은 예제1의 generation *after* generation에서 보았다. '밤마다'. **because they are drugged by TV** 'TV에 중독되었기 때문에'.

③ **I have yet to meet the child** I *have to*[*am to*] meet the child. (그 아이를 만나야 한다) 속에는 '아직 그 아이를 만나지 않았다'라는 부정의 의미가 포함되어 있다. I *have yet*[*still*] *to* meet… 또는 I *am yet*[*still*] *to* meet…이라고 하면, 숨어 있던 의미가 표면에 나와서 '아직 그 아이를 만나지 않았다[그 아이를 만나는 것은 이제부터다]'라는 뜻이 된다. **who, allowed to－**는 **who** 뒤의 쉼표며 **allow**에 직접 **to－**가 오는 형태가 없다는 점에서, **allowed**를 **who**를 주어로 하는 동사의 과거형이 아니라 과거분사(⇨ 1-1-4)라고 보고, 과거분사로 시작하는 분사구문으로 해석한다. **watch as much as he likes** '얼마든지 볼 수 있게 허용되다'. **fails to show discrimination**이 who에 대응하는 술부가 된다. '판별력을 보이지 않는 〈아이는 아직 본 적이 없다〉'.

▸ 전역 별책 p. 24

9.2 목적격의 관계사(1)

This is the man *whom* I met yesterday.에서는 I met the man의 the man이 관계사로 바뀌어 절의 첫머리에 나와서 절의 구성이 O+S+V 형태가 되었다. 이런 식의 구문에 대해서는 제5장에서 보았는데, 관계사절의 경우에는 한층 복잡해진다. 몇몇 구체적인 예를 들어 그런 문제를 살펴보자.

9.2.1 Sometimes, for several years running, I have been to the same part of the seashore — but each year a new shape of pebble has caught my eye, **which** the year before, though it was there in hundreds, I never *saw*.

for several years running '수년간 계속해서'. which의 선행사는 a new shape of pebble(⇨ 10-3-5). the year before는 부사적 목적격. though S+V를 지나서 I never saw를 봄으로써, which는 목적격으로 saw의 목적어라고 이해한다. in hundreds '몇 백이나 되는'

번역 나는 몇 년 동안 계속해서 종종 같은 해안지방에 가고 있는데, 해마다 새로운 모양의 조약돌이 눈길을 끈다. 그런 모양의 돌은 전 해에도 그곳에 수백 개나 있었는데 내 눈에는 들어오지 않았던 것이다.

9.2.2 The quality in Smith **which** his friends *considered* his finest was the quality of human sympathy.

which(=the quality)는 considered의 목적어고 his finest는 목적보어. *cf.* His friends considered *the quality* his finest.

번역 스미스의 친구들이 그의 성격 가운데 가장 큰 장점이라고 생각하는 것은 인간다운 따뜻한 마음이었다.

9.2.3 Parenthood is capable of producing the greatest happiness **that** life *has* to offer.

Parenthood를 '부모는 ...'이라고 해석하면 뜻이 반대가 된다. '부모가 자식에게 행복을 주는 것'이 아니라 '부모인 것이 부모에게 행복을 주는 것'이다. I have to(=must) say *something.*에는 '나는 뭔가를 말하지 않으면 안 된다'라는 의미밖에 없지만, I have *something* to say. (나는 말해야 할 것이 있다)는 상황에 따라서 '나는 말하지 않으면 안 되는[말할 수 있는, 말하고 싶은] 것이 있다'는 다양한 해석이 가능한 표현이다. something이 관계사로 바뀐 예제와 같은 문장에서는 양자가 형태상으로는 구분이 안 되기 때문에, have to=must 라고 속단하지 않도록 주의해야 한다.

번역 부모인 것은 인생이 줄 수 있는 최대의 행복을 낳을 수 있다.

9.2.4 Say nothing **which** you would not *wish* put in the daily paper.

wish to put이 아닌 것은 왜인가? which가 put이 아니라 wish의 목적어로, You would not wish it (to be) put의 it에 해당하는 말이 관계사로 바뀌었다. 따라서 '신문에 싣고 싶지 않다'라고 해석하면 틀리다.

번역 신문에 실리는 것을 원하지 않는 말은 어떤 말도 하지마라.

9.2.5 The children showed good manners **which** it would certainly have surprised their parents to *see*.

it would have surprised their parents에는 S와 O가 갖추어져 있기 때문에 which가 기능하는 부분은 더 뒤에 있을 거라고 보고 읽다보면 see에 목적어가 없다는 것을 알게 된다. it은 to see를 가리키는 가주어. if+가정법 과거완료에 상당하는 가정이 to see 안에 숨어 있고, 거기에 대응해서 would have surprised가 쓰였다.

번역 아이들은 부모가 봤다면 분명히 깜짝 놀랐을 예의바른 모습을 보였다.

9.2.6 The few Japanese films **that** we in Britain have so far had a chance to *see* have earned high praise.

so far '지금까지'. 9-2-5에서와 같은 방식으로 읽어나가면, that이 to see의 목적어라는 것을 알 수 있다. to see 자체는 a chance를 수식하는 형용사적 용법의 부정사. *cf.* We have had a chance to see *the films*.

번역 우리들 영국인이 지금까지 볼 기회가 있었던 소수의 일본영화는 절찬되어 왔습니다.

9.2.7 Open-mindedness should be one of the qualities **that** education aims at *producing*.

that(=the qualities)은 동명사 producing의 목적어.

번역 편견 없는 마음을 갖는 것은 교육이 형성하고자 하는 성격의 하나여야 한다.

9.2.8 Most of us say things about ourselves **that** we should not like to hear other people *say* about us.

like의 목적어는 to hear, hear의 목적어는 other people이라고 보고, that을 say의 목적어가 되는 관계대명사라고 이해한다. say 자체는 hear의 목적보어가 되는 원형부정사(⇨ 2-2-pre4). *cf.* We should not like to hear other people say *things* about us. 이 should는 가정법의 조동사로 would로 바꿔 쓸 수 있다.

번역 대부분의 사람은 자기 자신에 대해, 남들이 한다면 듣고 싶지 않을 말을 한다.

9.2.9 The thing about her **which** I knew I would never *forget* was the look in her eyes.

which(=the thing)를 knew의 목적어라고 보면, 뒤에 I would가 나오는 것이 설명이 되지 않는다. knew와 I 사이에는 접속사 that이 생략되어 있고 knew의 목적어가 that절 전체라고 보고 읽어나가면, forget의 목적어가 관계사가 되었다는 것을 알 수 있다. *cf.* I knew (that) I would never forget *the thing*.

번역 그녀에 관해 내가 절대 잊지 못하리라고 아는 것은 그녀의 눈의 표정이다.

9.2.10 He found a little clock **that** he had once heard his mother say she *liked*.

heard의 목적어는 his mother. say(=원형부정사)와 she liked 사이에는 접속사

that이 생략되어 있고, 관계사 that은 liked의 목적어다.

번역 그는 예전에 어머니가 좋아한다고 말했던 작은 시계를 발견했다.

참고 9-2-4에서부터 순서대로, 관계사를 목적어로 하는 동사가 절 안에서 수행하는 역할이 점점 부차적인 것으로 되었다. 번역도 점점 어려워지지만, 영어 자체의 구성이 확실하기 때문에 절대 오해가 생길 문장은 아니다. 이런 종류의 문장을 해석하는 관건은, **관계사가 나오면 절 안에서 반드시 주어 혹은 목적어의 역할을 한다**는 것을 생각하고 끈기 있게 찾으려는 자세다.

9.2 예제

❶ One of the first things most people want to hear discussed in relation to composing is the question of inspiration. ❷ They find it difficult to believe that composers are not as preoccupied with that question as they have supposed. ❸ The layman always finds it hard to realize how natural it is for the composer to compose. ❹ He has a tendency to put himself into the position of the composer and to visualize the problems involved, including that of inspiration, from the perspective of the layman. ❺ He forgets that composing to a composer is like fulfilling a natural function. ❻ It is like eating or sleeping. ❼ It is something that the composer happens to have been born to do; and because of that, it loses the character of a special virtue in the composer's eyes.

힌트 일반인의 눈에 신기하게 비치는 작곡가의 두뇌의 활동도 작곡가 본인에게는 지극히 당연한 것에 지나지 않는다.

해설 ① One of **the first things**와 **most people want** 사이에는 관계사가 생략되어 있는데, 생략된 관계사는 want의 목적어가 아니라 want to **hear discussed**의 hear의 목적어다(⇨ 9-4-3). 선행사를

관계사에 대입해서 Most people want to hear *the first things* discussed.라는 문장을 만들어보면 알 수 있듯이, 여기에 있는 것은 V+O+p.p.의 형태다(⇨9-2-4). **in relation to...** '...에 관해서'. '대부분의 사람들이 〈작곡〉에 관한 논의 중에 듣고 싶어하는 것의 하나는 〈영감의 문제다〉'.

② They find **it** difficult **to believe**는 it(=O)...to− 구문. '믿기 어렵다는 것을 알다' → '좀처럼 믿을 수 없다'. composers are not **as** preoccupied with that question **as they have supposed**는 ⇨ 12-2-pre8. they는 most people을 가리킨다. '그 문제는 그들이 생각하는 것만큼 작곡가의 마음을 차지하지는 않는다'.

③ **The layman**은 전문가에 대비해서 '일반인'. finds **it** hard **to**−는 ②의 find it difficult to−의 다른 표현. **how natural it is for the composer to compose**는 It is *natural* for the composer to compose.라는 It...for~to− 구문에서 natural이 감탄의 how로 인해 앞으로 나가면서 생긴 명사절(⇨5-1예(2)②). '일반인은 〈늘〉 작곡가에게 작곡이 얼마나 자연스러운 일인지 이해하기 어렵다'.

④ **a tendency to put himself into the position of...**의 to put과 뒤의 **to visualize**는 tendency에 걸린다. '자신을 〈작곡가〉의 입장에 놓고 ...을 시각화하는 경향이 있다'. 눈이 보이지 않는 것과 귀가 들리지 않는 것 중에 하나를 고르라고 하면, 전자를 선택하는 청각 인간과 후자를 선택하는 시각 인간이 있다. 물론 작곡가는 청각 인간인데, 그들이 소리를 통해서 수행하는 사고를 시각 인간이 풍경이나 도형·문자로 바꾸어 모방해보려는 것. **the problems involved**는 '명사←p.p'. **including that**(=the problem) **of inspiration**도 the problem에 걸려서 '영감의 문제를 포함해서 작곡에 관한 문제를 〈일반인의 입장에서 시각화하다〉'. **from the perspective of the layman**이 한참 떨어진 visualize에 걸리는 것에 주의(⇨11-2-3).

⑤ He **forgets that**(=접속사) 뒤에는 **composing**이 동명사로 주

어, **is like**가 that절의 술어동사라는 정도는 이제 문장 전체가 시야에 들어와서 알 수 있어야 한다. **fulfilling a natural function**이 '자연스러운 기능'이 아니라 식사나 수면처럼 연습이나 의지가 필요 없는 '타고난 기능'이라는 것이 ⑥에서 설명된다. '작곡가에게는 작곡이 타고난 기능을 수행하는 것과 비슷하다는 것을 잊고 있다'.

⑦ *It* is something *that*... 부분에서 It과 that을 연결된 것으로 느낀 사람은 입시 영어에 너무 익숙해져서 머리가 굳었는지도 모른다.

⑤ He forgets that	**composing** to a composer	is like fulfilling...
⑥	**It**	is like eating...
⑦	**It**	is something that...
	it	loses the character...

이처럼 같은 것을 지시하는 대명사를 연속해서 문장의 주어로 사용함으로써 서술에 통일성을 가져오는 것은 영어에서는 매우 일반적인 표현이다(⇨ 7-2예④). it은 composing을 가리키고 **that**은 something을 선행사로 하는 관계대명사라는 것이 떠올라서 다른 해석은 생각도 안 했다면 대단하다. **the composer happens to have been born to do**=*It happens that* the composer *was* born... (⇨ 7-1-3)이라고 읽어가다 보면, to do라는 부사용법·목적의 부정사에 목적어가 없다는 것에서 that=관계대명사라는 사실이 맞다는 것을 확인한다. 여기서 영어가 잘 만들어진 언어라고 느꼈다면 더욱 대단하다. 직역하면 '작곡이란 작곡가가 우연히 그것을 하기 위해 태어난 것이다'이지만, 좀 더 자연스러운 번역은 ⇨ '전역'.

and (because of that,) **it loses**...라고 읽는다. **that**은 It is something...to do 전체를 가리킨다. **in the composer's eyes**가 loses에 걸려서, '그리고 그런 사실 때문에, 작곡가의 눈으로 봤을 때 작곡은 특별한 미덕이라는 성격을 잃어버린다'.

▸ 전역 별책 p. 24

9.3 목적격의 관계사(2)

This is the house which he bought.라는 문장은 주절을 ______, 종속절을 ~~~~~~로 표시하면 다음과 같은 구성이 된다.

______________ (관) ~~~~~~~~~~~~~~

이런 식의 문장을 접할 일이 많기 때문에 우리는 늘 관계사 앞까지가 주절이고 관계사에서부터 종속절이 시작한다고 생각하기 십상이다. 하지만 아래의 문장을 보면, 관계사가 항상 절의 시작을 나타내는 말이 아니라는 것을 알 수 있다.

This is the house *in* **which** he lives.

이 문장의 후반은 He lives in the house.의 the house가 관계사로 바뀐 것이기 때문에, in은 관계사절의 일부다. 기호로 표시하면 다음과 같다.

9.3.1 The extent of your success will depend on the conditions *under* **which** you do your work.

이 문장을 '성공의 정도는 일을 하는 바의 조건 하에 좌우된다'라고 잘못 번역하는 일이 많은 것은, which에서부터 종속절이 시작한다고 생각해서 under를 억지로 앞의 conditions에 연결하기 때문이다. 주절은 conditions에서 끝나고, under which는 you do...에 걸린다. *cf.* You do your work *under the conditions*.

번역 성공의 정도는 일을 할 때의 조건에 따라 결정된다.

관계사절 속에서 작용하는 전치사가 관계사 앞으로 나오더라도 ❶그 부분은 짧고, 실질적인 의미를 갖는 경우가 적다는 점, ❷전치사+관계사 전체는 번역할 때 무시해도 되는 경우가 많다는 점(⇨ 9-3예(1)역) 때문에, 근본적인 오해가 생기는 일은 많지 않다. 그럼 다음 문장은 어떨까?

9.3.2 Switzerland is a land of lakes and very high hills, *many of* **which** are covered with snow all the year round.

Switzerland...hills는 이것만으로도 완전한 문장이기 때문에, many는 관계사절 내부에 연결되어 기능하는 것으로 보인다. 한편 which(=very high hills)는 of의 목적어니까 are covered의 주어가 될 수 없다는 것에 주목해서, many(=S)...are covered(=V)라고 이해한다. *cf. Many of them* are covered with snow all the year round.

번역 스위스는 호수와 고산의 나라로, 1년 내내 눈에 덮여있는 산도 많다.

______ 대+전 ㉿ ______

의 형태를 갖는 이 문장에서는, 관계사 앞으로 나와서 기능하는 요소가 9-3-1보다 한 가지가 늘었다. 대명사의 자리에 명사가 오면 다음과 같은 문장이 된다.

9.3.3 The seventeenth century was rich in comets, *the observation of* **which** greatly added to our knowledge of the universe.

주절은 comets 까지. *cf. The observation of the comets* greatly added to our knowledge of the universe. add A to B는 'A를 B에 더하다', add to...은 '...을 늘리다'(⇨7-2-1).

번역 17세기에는 많은 혜성이 나타났고, 그것을 관찰함으로써 우주에 대한 우리의 지식이 크게 늘었다.

9.3.4 Of all living writers he is the one *the peculiar turn of* **whose** mind best fits him to write on this subject.

Of...은 뒤의 best를 보고 '...중에서'라고 본다. the one(=writer)과 the...turn(성질, 성향)을 연결하는 전치사가 없어서 여기서 끊어진다는 것에 주목하고, 9-3-2와 같은 요령으로 the...turn(=S)...fits(=V)라고 생각한다. whose의 선행사는 the one.

번역 지금 생존하는 작가 중에서, 그는 그 독특한 정신 성향으로 미루어 이 문제에 대해 글을 쓸 가장 적합한 사람이다.

9-3-3의 경우는 comets 뒤에 있는 쉼표에서, 9-3-4의 경우는 the one의 뒤에 전치사가 없다는 것에서 거기서 끊어진다는 것이 이해가 된다. 또 두 경우 모두 관계사 이하가 그것만으로는 완전한 문장이 되지 않는다는 것도 해석에 도움이 된다. 하지만 다음 문장은 그렇게 간단하지 않다.

9.3.5 This is shorthand writing, *by means of* **which** we can keep up with the talker.

which의 선행사는 shorthand writing(속기법). by means of...(...에 의해)는 can keep up...에 걸린다.

번역 이것이 속기법인데, 이것으로 우리는 말하는 사람의 속도에 쫓아갈 수 있습니다.

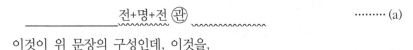

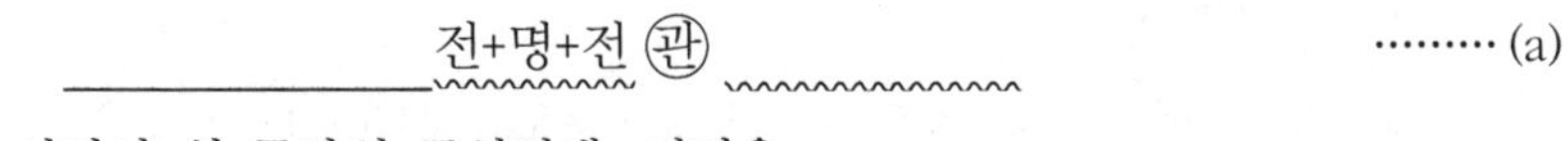

이것이 위 문장의 구성인데, 이것을,

전+명 전 ㉮관 ....(b)

라고 이해해서, '이것이 말하는 사람을 쫓아갈 수 있는 수단에 의한 속기술입니다'라는 해석도 뜻이 통하니까 맞지 않느냐고 하는 사람이 있다. 물론 by가 있는 이상 means를 앞에 연결하는 해석도 가능한 것처럼 보인다. 하지만 관계사를 선행사로 바꿔서 후반부를 독립시켜보면, (b)에서는 *Of the means* we can keep up with the talker.가 나온다. 이 문장이 의미가 통하지 않는 이상, means가 관계사로 바뀐 절도 해석이 안 된다. 이에 비해 (a)는 *By means of the writing* we can keep up with the talker.에 의해 뒷받침된다는 것을 알아야 한다. 9-3-6은 (b)의 해석이 맞는 예, 9-3-7 이하는

(a)의 해석의 예이다.

9.3.6 No man can accurately determine the condition of the society *of* **which** he forms a part.

which의 선행사는 society. *cf.* He forms a part *of the society*.

번역 자신이 그 일부가 되어 있는 사회의 상황을 정확하게 결정할 수 있는 사람은 아무도 없다.

9.3.7 He devoted himself to pacifism in the war, *during the course of* **which** he was sent to prison.

devote oneself to... '...에 헌신[전념]하다'. pacifism '평화주의'. *cf. During the course of the war* he was sent to prison.

번역 그는 전시에 평화운동에 헌신하고, 그 사이에 투옥되었다.

9.3.8 At noon our party assembled in a dell, *through the depths of* **which** ran a little brook.

which와 depths 모두 ran의 주어가 되지 못하기 때문에, M+V+S(⇨5-2-3~7)라는 도치문이라고 본다. *cf.* A little brook ran *through the depths of the dell*.

번역 정오에 우리 일행은 어느 계곡에 모였다. 그 계곡의 깊은 곳을 작은 시내가 흐르고 있었다.

9.3.9 While the citizens of Great Britain and Northern Ireland are British, so are the citizens of other members of the British Commonwealth, *outstanding among* **which** are Canada, Australia, and New Zealand.

so are... ⇨5-4-6. British Commonwealth '영국 연방'. 관계사절의 구조는 C+be+S(⇨5-2-1)다. which의 선행사는 other members of.... *cf.* Canada, ..., and New Zealand are *outstanding among them.*

번역 대브리튼과 북아일랜드의 국민도 영국인이지만, 다른 영국 연방 구성 국가의 국민도 마찬가지다. 그들 구성 국가 중에 특히 눈에 띄는 것은 캐나다, 오스트레일리아, 뉴질랜드다.

9.3 예제(1)

There is a point past which a cheerful and comfortable bustle and busyness turn into detestable overcrowding, not heightening our pleasure but robbing us of it.

힌트 홀로 사는 외로움을 견디지 못하는 것도 사람이고, 복잡한 생활을 피해 혼자 있고 싶다고 생각하는 것도 사람이다.

해설 **past**가 which를 목적어로 하는 전치사로서 기능하고 있다. *cf.* Past *the point* S+V.... **busyness**는 business와 달라서 '바쁨'. **turn into...** '...으로 바뀌다'(⇨ 8-1예(2)④). **detestable overcrowding**(지독한 혼잡)의 overcrowding은 into의 목적어가 되는 명사. **not...but**으로 연결된 **heightening...**과 **robbing us of it**은 분사구문을 이끄는 현재분사. '기쁨을 고조하는 것이 아니라 우리에게서 기쁨을 빼앗는'.

▸ 전역 별책 p. 25

9.3 예제(2)

❶ It is not new that knowledge brings power, and that among the powers may be the power to do evil. ❷ In modern science there is much such knowledge. ❸ It leads to powers the exercise of which means disaster.

힌트 과학의 진보가 곧 복지의 향상이라고 단순히 기뻐할 수 없다는 것이 문제다.

해설 ① **It is not new that**…은 '가주어… 명사절'(⇨ 7-2-0). 9-2예⑦의 *It* is something that…의 경우와 달리, It is 형용사[p.p.] that 구문에서는 앞뒤와 무관하게 이렇게 생각해도 되는 것은,

❶ It과 that절이 관계를 갖지 않는다면, that절은 앞의 형용사[p.p.]와 관계하게 된다. 이런 구문이 없는 것은 아니지만(⇨ 3-2-6,7), 이 경우의 형용사나 p.p.는 사람을 주어로 하는 것이 일반적이다. It이 a child나 a baby와 같은 '사람'을 나타내는 명사를 가리키는 경우도 있지만 어디까지나 예외다. 따라서 It은 that절과 관계를 갖게 된다.

❷ It is…that 강조구문에서 점선부에 들어가는 것은 명사나 부사 요소(⇨ 7-3-0)이기 때문이다.

and that의 that은 앞의 that과 같은 용법, 즉 가주어 It으로 대표되는 명사절을 묶는 접속사여야 하므로, **among the powers**…이하는 독립된 문장이 된다고 본다. M+be+S라는 도치문이라고 알 수 있는 해석법은 ⇨ 5-2-3. *cf.* *The power* to do evil *may be* among them. '지식은 힘을 주지만 그 힘 속에 악을 행하는 힘이 포함되기도 한다는 것은 새로운 사실이 아니다'.

② **much**는 such를 지나서 **knowledge**를 수식하는 형용사. 악을 행하는 힘의 원천이 되는 '이런 종류의 지식이 많이 〈존재한다〉'. *cf.* 4-2예(2)③ no such inheritance.

③ **It leads to powers the exercise of which**… powers와 the exercise를 잇는 전치사가 없다는 점에 주목하고, 동시에 means에 대응하는 주어를 of which 앞에서 찾아서 the exercise(S)…means (V)라고 읽는다(⇨ 9-3-3). '그것을 사용하는 것이 재앙을 의미하는 힘'이라는 알 수 없는 번역(⇨ 9-3예(1)역[1])을 어떻게 바꾸는지는 ⇨ '전역'.

▸전역 별책 p. 26

9.3 예제(3)

❶ Beyond the red and violet of the spectrum lies a whole range of light waves to which the senses remain insensible. ❷ But with the help of the ingenious instruments which he has contrived for himself, modern man has become aware of all sorts of light waves of the existence of which he would otherwise have been ignorant.

힌트 적외선과 자외선의 발견.

해설 ① **Beyond the red and violet of the spectrum** 속에 **lies**에 대응하는 주어가 없으니까, M+V+S라는 도치문이고 **a whole range of light waves**가 주어라고 본다(⇨ 5-2-6). '스펙트럼의 빨강색과 보라색 외에도 ... 광파의 전체 영역이 존재한다'. **to which the senses remain insensible**의 which의 선행사는 light waves. 관계사절은 to which로 시작한다(⇨ 9-3-6). remain+형용사에 대해서는 ⇨ 2-2예(1)②. '감각으로는 인식할 수 없는'.

② **with the help of the ingenious instruments** '정교한 도구의 도움을 빌려서'. **which he has contrived for himself**의 for himself는 '자기 자신을 위해서'(⇨ 5-4예(3)③)가 아니라, '혼자 힘으로'(⇨ 2-2-5). '사람이 스스로 고안한 〈...도구〉'. **modern man has become aware of all sorts of light waves** '현대인은 모든 종류의 광파에 대해서 알게 되었다'.

of the existence에 **of which**를 이어서 '〈...을 모르는〉(바의) 존재〈의 광파〉'라고 하면 무슨 말인지 알 수 없다. 전반과 후반이 waves와 of의 사이에서 끊어진다고 보고, **he would...have been ignorant** *of the existence of all sorts of light waves*를 기초로 '〈모든 종류의 광파에 대해 알게 되었는데〉 그들 광파의 존재에 대해서 인간은 무지한 채로 있었을 것이다'라고 이해하는 것이 맞다.

would have been은 **otherwise**(=*if* it had *not* been for the help of the ingenious instruments) 속에 들어 있는 가정을 받아서 사용된 것이다. '그 발명이 없었다면 〈인간은 무지한 채로 있었을 것이다〉'.

▸전역 별책 p. 26

9.4 관계사의 생략

I have always wondered at the passion many people have to meet the celebrated. 라는 문장을 보고 '많은 사람들이 유명인을 만나지 않으면 안 되는 (바의) 정열을...'이라고 생각하는 사람이 있는 건 아닌지? the passion many people have처럼 명사 뒤에 쉼표도 접속사도 없이 S+V가 이어질 때 제일 먼저 생각해야 하는 것이 관계사의 생략이고, 그런 점에서 위의 해석은 틀리지 않았다. 하지만 관계사가 생략되었다고 해서, 그걸로 만사가 해결되는 것은 아니다. 9.1~9.3에서 보았듯이, 관계사는 반드시 절 안에서 역할을 수행해야 한다. 생략되는 것은 대부분 목적격의 관계사(이 점의 예외에 대해서는 ⇨ 9-4-pre6)이기 때문에, the passion (which)...의 which를 목적어로 하는 동사나 전치사가 있어야만 관계사가 생략되었다는 해석이 타당하다는 것이 확인된다. 위의 해석은 many people(=S) have to[must] meet(=타동사) the celebrated(=O)라고 읽고 있어서, 관계사가 기능하는 곳이 없다는 점에서 틀린 해석이다. Many people have *the passion* to meet the celebrated. (to meet은 passion을 수식하는 형용사적 용법의 부정사)의 the passion이 관계사로 바뀌어 생략된 것으로 보고, '많은 사람들이 유명인과 만나는 것에 보이는 정열을 나는 늘 신기하게 생각해왔다'라고 해석해야 한다. 이런 관점에서 아래의 예문을 검토해보자.

9.4.1 They measure the distance to a star by the **time** it *takes* the light from the star to reach the earth.

By the time you get to the station, the train will have left. (역에 도착할 때면

열차는 출발해 있을 것이다)라는 표현은 있지만, 위 문장의 by는 '시간으로 측정하다'이기 때문에 이것과는 다르다. the time과 it 사이에 takes의 직접목적어가 되는 관계사가 생략되어 있다. *cf.* It took him *three hours* to do the work. (그는 그 일을 하는데 3시간 걸렸다.)

번역 그들은 별의 거리를, 별에서부터 지구에 빛이 도달하는 데 걸리는 시간으로 측정한다.

9.4.2 Although the action of this novel begins when George the Fourth was still the King of England, we say to ourselves that this is the **sort** of thing we know life to *be*.

thing과 we know 사이에 관계사가 생략되었다. 선행사가 the sort of thing 전체가 되는 것에 대해서는 ⇨10-1-8. *cf.* We know life to be *this sort of thing.* (우리는 인생이 이런 유의 것이라고 알고 있다.) say to oneself는 '속으로 생각하다'라는 뜻으로 사용하는 경우가 많다.

번역 이 소설의 전개는 조지4세가 아직 영국의 왕이었던 시대에서 시작하고 있지만, 우리는 이것이 우리가 알고 있는 인생 그 자체라고 생각한다.

참고 This is what we call life. (이것이 이른바 인생이다. ⇨4-2-pre3)에서 call의 목적어는 what 속에 포함되어 있고 life는 목적보어다. 그런데 9-4-2는 마지막의 to be 때문에, life가 목적어고, 생략된 관계사가 실질적으로는 목적보어라는 점, 다시 말해 to be가 관계사의 작용을 보이기 위한 표시가 된다는 사실에 주의(⇨2-2-1참).

9.4.3 **All** I want people to *say* is that I do my best.

'모든 나'라고 하면 문제가 되지 않는다. All과 I 사이에 생략된 관계사가 술어동사 want가 아니라 to say의 목적어가 된다. *cf.* I want people to say *that.* 또 All을 주어로 하는 이런 종류의 문장을 번역할 때는 All에 해당하는 말을 뒤로 보내서 '...뿐이다'라고 하는 것이 좋다.

번역 내가 사람들에게 듣고 싶은 말은 내가 최선을 다하고 있다는 것뿐이다.

9.4.4 Science can give us things we want; or **things** we do not know we *want* until it presents us with them.

9-2-9의 관계사가 생략된 형태.

번역 과학은 우리가 원하는 것, 과학에게 받고 나서야 원한다고 알게 되는 것을 준다.

9.4.5 Who is the **woman** you were talking *to* when I saw you this morning?

전치사의 목적어가 되는 관계사의 생략.

번역 오늘 아침에 만났을 때 당신이 대화를 하고 있던 여성은 누구죠?

목적격의 관계사와 달리, 주격의 관계사는 생략하지 않는 것이 원칙이지만,

❶ be동사의 보어가 되는 경우,

❷ there is 구문의 주어가 되는 경우,

는 일반적으로 생략한다.

9.4.6 The Thames would not be the **fairyland** it *is* without its flower-decked locks.

cf. It(=The Thames) is the fairyland. without 속에 들어있는 가정을 받는 would not be와 is가 대비된다. 이런 종류의 구문을 번역하는 방법에 대해서는 ⇨4-2-0. flower-decked < decked by flowers. lock '수문'

번역 템스 강은 꽃으로 덮인 수문이 없다면 지금과 같은 동화 속 나라는 되지 않았을 것이다.

9.4.7 Really good talk is one of the greatest **pleasures** there *are*, and yet how rarely one comes across it!

cf. There are *the greatest pleasures.*

번역 정말로 즐거운 대화는 이 세상의 가장 큰 즐거움의 하나지만, 그 기회를 얻는 일이 얼마나 어려운지 모른다.

9.4.8 A lexicographer has the task of arranging these meanings in the **order** he thinks *will be* of most help to those who use his work.

lexicographer '사전 편찬자'. '그가 생각하는 순서로...'이라고 보면 will be에 대응하는 주어가 없어진다. 9-1-pre5에서 본 '관계사+S+V+V' 구문에서는, 관계사는 주격이라도 생략할 수 있다. *cf.* He thinks *that the order* will be....

번역 사전 편찬자는 자신이 만드는 사전을 사용하는 사람들에게 가장 도움이 된다고 생각되는 순서로 의미를 배열할 임무가 있다.

참고 [1] There is **a man** below *wants* to speak to you. (*cf.* ...below *who* wants...) '당신에게 할 말이 있다는 사람이 밑에 와 있습니다'.

[2] I think it was **Aron** *hit* the rabbit. (*cf.* it was Aron that hit the rabbit) '토끼를 때린 사람은 아론이라고 생각한다'

[1]은 There is 명사+관계사, [2]는 it is...that[who]의 강조구문(⇨7-3)으로, 생략되어 있는 것은 모두 주격의 관계사인데, 이런 구문은 입시 영어에서는 별로 보이지 않는다.

I was born in the year *that* my uncle died.의 that이 관계부사라는 점에 대해서는 3-3-5참에서 말했는데, 이 that이 생략되는 I was born in the *year* my uncle died.라는 문장도 있다. 이 경우에 관계사절 안에는 S, O, C 등의 요소가 전부 갖추어져 있기 때문에, 이들 요소가 빠진 것을 관계부사의 생략을 판별하기 위한 단서로 쓰지 못한다. 선행사가 '시간·이유·방법' 등, 뒤에 관계부사를 취할 수 있는 특별한 명사라는 것과 문장 전체의 구성으로 생각해야 한다.

9.4.9 Most of us can remember the first **time** we heard or read something which seemed to throw a new light upon the world.

cf. the first time *when* we heard....

번역 우리들 대부분은 이 세상에 새로운 빛을 던지는 것처럼 보이는 것을 처음 듣거나 읽은 순간을 떠올릴 수 있다.

참고 **The fist time** we heard of it, we were greatly surprised. (처음 그것을 들었을 때 우리는 무척 놀랐다)와 같이, 위 문장의 the first time이 앞에 전치사를 취하지 않고 부사적 목적격으로 쓰이면 이것에 의해 두 개의 S+V가 연결된다. 즉 The first time이 접속사와 같은 역할을 하게 된다. We'll be married **the moment**(=as soon as) we find a house. (집을 찾는 대로 결혼하겠습니다)의 the moment도 같은 용법이다.

9.4.10 The **reason** I don't want to go is that I have not money enough.

cf. The reason *why* I don't want to go is....

번역 내가 가고 싶지 않은 이유는 돈이 충분하지 않아서다.

9.4.11 The **way** you look to others is apt to be nearer the truth than the **way** you look to yourself.

the way의 뒤에는 전부 관계부사가 생략되었다. 다만 the way *that*...은 있어도 the way *how*...은 거의 쓰이지 않는다. nearer the truth의 nearer는 형용사인데 the truth를 목적어로 취한다. '...이 진실에 더 가깝다'라는 뜻으로, '보다 가까운 진실이다'는 오역.

번역 남의 눈에 비치는 모습이 자신의 눈에 비치는 모습보다 진실에 가까운 경우가 많다.

9.4 예제

① I longed for years to go to Rome; but, when at last I went to Rome, and drove through its streets, I wondered whether it was worth while going so far to see a city so unworthy of its history. ② The disappointment, I may say, did not last; but famous spectacles do not always arouse at first sight the emotions we expected them to arouse. ③ Possibly, if we got all we dreamed of, we should be still more disappointed than we are by our failure to get it.

힌트 소문난 잔치에 먹을 것 없다는 말이 있다. 관광명소도 보기 전의 기대가 크면 클수록 실제로 봤을 때의 실망 또한 크다.

해설 ① I **longed...to go** to Rome의 점선부에 **for years**가 들어가서 '나는 몇 년 동안 계속 로마에 가기를 바라고 있었다'. for...이 to-의 의미상의 주어가 되는 형태는 아니다. ...; **but, when** 대목에서 문장이 but, when [S+V], S+V의 형태로 전개된다고 예상한다 (⇨ 14-3-1). at last **I went** to Rome이 [S+V]는 그렇다 치고, **and drove** 앞에서 끊어서 '로마에 갔을 때, 나는 운전을 했다'와 같이 drove를 주절의 V라고 보면 안 된다. 그러면 and의 존재며 drove에 주어가 없는 것이 설명이 되지 않는다. 행여 drove의 주어 I를 보충해서 해석했다고 하면 곤란하다. when [S+V], S+V 형식에서 주절의 주어가 생략된다는 규칙은 영문법 어디에도 없다. 유일한 해법은 다음과 같다.

when at last I { *went* to Rome, / **and** *drove* through... } → S+V

'마침내 로마에 가서 차를 운전해서 거리를 달렸을 때'.

I wondered whether...이 이 문장의 중심이 되는 S+V. wonder whether[if]는 절의 내용에 대한 약한 부정을 포함한다. *cf.* I *wonder if* it is true. (그게 사실일까[아마 사실이 아니겠지].) **it was worth while going**의 it은 going이라는 동명사를 받는 가주어(*cf.* 7-3-3). going **so far to see a city**의 so far는 '거리'의 의미가 살아서(*cf.* 9-2-6), '도시를 보려고 이렇게 멀리까지 올 가치가 있었는지 〈의문이 들었다〉'. **so unworthy of its history**는 a city에 대한 수식어. '그 역사에 값하지 않는 〈도시〉'란 고대에 역사의 위대한 족적을 남긴 로마의 모습이 너무 비속하게 보였다는 것을 뜻한다.

② **The disappointment, ..., did not last**가 중심이고, **I may say**는 삽입절(⇨ 15-3-0). '그 실망은 오래가지 않았다〈고 할 수 있을지도 모른다〉'. **famous spectacles do not always arouse**의 arouse가 타동사인데도 왜 목적어가 없을까 생각해보고, **at first sight**(⇨ 7-2-10) 뒤에 전치사 없이 나온 **the emotions**를 발견한다. 전형적인 V+M+O의 형태다. '유명한 광경이 처음 봤을 때 ... 감정을 항상 불러일으키는 것은 아니다'. the emotions 뒤에 쉼표 없이 **we expected them**이라는 S+V가 나오는 것은 관계대명사가 생략되었다는 증거다. 단 생략된 관계사는 expected가 아니라 **to arouse**의 목적어(⇨ 9-4-3). 직역하면 '그런 광경이 불러일으키는 것이라고 우리가 기대하고 있던 〈감정〉'이지만, 이대로 앞에 연결하면 너무 복잡하기 때문에, '전역'은 중복을 피해 간략하게 했다.

③ **Possibly** '아마'. **if we got all...**의 got은 '현재의 반대의 가정을 나타내는' 가정법과거. 이것을 받아서 주절에도 **should be**라는 '조동사의 과거+원형'이 사용되었다. '해야 한다'라고 번역하면 안 된다. **all**과 **we dreamed** 사이에는 **of**의 목적어가 되는 관계사가 생략되었다(⇨ 9-4-5). '아마 꿈꾸고 있는 모든 것이 손에 들어온다면'. **...be still more disappointed** (than we are) **by our failure to**

get it. still은 비교급을 강조하는 말. **than we are**의 구성에 대해서는 ⇨ 12-2-1. we should be가 나타내는 사실의 반대의 귀결과 직설법의 we are가 나타내는 사실 자체가 비교되어 있다(⇨ 4-2-0). **our failure to get it** 속에 *We fail* to get it이 숨어 있다는 것에 대해서는 ⇨ 8-4-1, 8-4예(2)②. '그것을 손에 넣지 못했을 때 실망하는 것보다도 훨씬 깊은 실망을 맛볼 것이다'.

▸ 전역 별책 p. 27

Chapter 10

수식어의 위치(1)

H ... (구) ... M 

H ... (절) ... M 

H[S] + V ... M 

CHAPTER **10**

수식어의 위치(1)

성덕태자는 한 번에 일곱 가지의 송사를 처리했다고 한다. 그 정도까지는 아니더라도, 동시에 몇 가지 상념이 머릿속에 떠오르는 것은 우리 같은 평범한 사람에게도 흔히 있는 일이다. 하지만 생각한 것을 말로 하려고 하면 한 번에 많은 것을 말할 수는 없다. 언어는 좌우의 확장밖에 없는 하나의 선이고 1차원의 세계일 뿐이다. 당연히 하나씩 순서대로 말할 필요가 있다. 반대로 읽는 사람의 입장에서는, 하나의 선을 여러 개로 나눈 다음에 이것을  와 같은 단순한 추가의 관계가 아니라  처럼 입체적인 구조로 복원하는 생각이 필요하다.

제8장의 도입부에서도 언급했지만, 영문의 골격을 이루는 S+V라는 형식의 경우에는 이것을 판별하기 위한 형태상의 표시가 많이 있다. 하지만 수식어의 경우에는 표시는 줄고, 대신에 의미가 수행하는 역할이 커진다. 말하자면 어떤 형태에 대한 해석의 가능성이 많아지고 의지할 것은 의미밖에 없기 때문에, 바른 해석을 선택하는 것이 어려워진다. 이 장에서는 명사 뒤에 부가되는 형용사·형용사구·관계사절 등의 형용사적 수식어에 문제를 한정해서, 그것이 취할 수 있는 다양한 위치에 대해 알아본다. H란 제6장에서처럼, 피수식어를 나타내는 기호다.

10.1 H ... (구) ... M

a response of the mind **of man** ························ (a)
a response of the mind **to its environment** ··· (b)

(a)는 '인간의 정신이 보이는 반응' (*cf.* the mind of man responds), (b)

는 '정신이 환경에 대해서 보이는 반응' (*cf.* the mind responds to its environment ⇨ 8-4)의 의미로, (a)의 of man은 the mind를 꾸미고 (b)의 to its…은 a response를 꾸민다. of와 to는 품사로 말하면 모두 전치사이기 때문에, (a)와 (b)의 어느 해석을 취할지는 명사와 전치사의 숙어적인 결합을 포함한 의미의 문제가 된다.

다른 예를 들어보자. A baby is like an explorer in a new world, *full of wonder and surprise.*라는 문장의 full of… 이하는 앞의 new world에 걸려서 '신기하고 놀라운 것으로 가득한 새로운 세계'라고 생각되고, 그 기초에는 a world *surprises* an explorer가 있다. 그럼 다음 문장은 어떨까?

10.1.1 A baby is like **an explorer** in a new world, *full* of wonder and surprise at the novelty of everything.

the novelty of everything은 '〈새로운 세계 속의〉 모든 것의 진기함'이기 때문에, a world surprises...at the novelty...이라는 해석은 성립하지 않는다. full of를 explorer를 수식하는 것으로 보고, an explorer *is surprised at* the novelty...을 기초로 해서 읽는다.

번역 어린 아이는, 새로운 세계 속에서 모든 것의 진기함에 대해 경탄하는 마음으로 가득한 탐험가를 닮았다.

H와 M이 연속할 때는 누구나 그것을 묶어서 읽을 수 있다. 양자가 동시에 보이기 때문이다. 하지만 H와 M이 떨어져 있을 때 그 연결을 발견하는 것, 즉 H와 M이 동시에 보일 만큼 넓은 시야를 획득하는 것은 상당한 연습이 있어야 가능한 일이다. 명사를 뒤에서 수식하는 말은 형용사나 전치사구뿐만 아니라 부정사·분사·관계사절 등 종류도 많고 그 조합도 다양한데, 이하의 예문을 분석함으로써 그 다양한 형태를 파악하기 바란다.

10.1.2 I suppose most people recognized something of themselves in the

story, reported in the papers the other day, *about* the man and his watch.

reported는 the story를 꾸미는 과거분사. reported...day의 앞뒤의 쉼표가 the story(=H)와 about...(=M)의 관계를 보여준다.

번역 나는 지난번 신문에 보도된 남자와 시계에 관한 이야기 속에 대부분의 사람들이 어느 정도 자신의 모습을 발견했다고 본다.

10.1.3 I regret my frequent **failure** as a boy *to bring* delight to my parents by showing them how pleased I was.

failure to– (⇨8–4예(2)②)의 중간에 as a boy(=when I was a boy)가 들어간 형태.

번역 나는 어린 시절에 종종 내가 얼마나 기쁜지를 표현해서 부모를 기쁘게 하는 일을 하지 않았다는 것을 후회하고 있다.

10.1.4 Its purposes are to develop friendly **relations** among all nations *based* on the principle of equal rights and duties.

nations(=H) based(=M)라고 해서는 뜻이 통하지 않기 때문에, 앞에 있는 relations에 based 이하를 연결해서 읽는다. base A on B 'A의 기초를 B에 두다.'

번역 그 목적은 모든 국가 간에 평등한 권리와 의무의 원칙에 근거하는 우호 관계를 발전시키는 데에 있다.

10.1.5 There is a necessary **conflict** of interests in our present civilization *between* prosperous and employing classes of people and the employed mass.

conflict 이하의 '명사+전치사+명사+전치사...'의 연결을 어떻게 읽을 것인가? conflict...(=H) between...(=M)의 관계다.

번역 현대 문명에서는 부유한 고용자 계급과 고용되어 있는 대중 사이에 필연적으로 이해의 충돌이 존재한다.

I like **the subject** best *that* is most difficult. (나는 제일 어려운 과목을 제일 좋아한다)라는 문장에서는 선행사(=H)와 관계사절 사이에 best라는 말이 들어가 있다. 관계사와 선행사, 또는 선행사의 중심 어구가 떨어져 있는 이런 종류의 문장에도 다양한 문제점이 있다. 구체적인 예를 보자.

10.1.6 For the first time I found **something** to do *which* involved my whole nature.

to do는 형용사적 용법의 부정사로 something을 수식한다.

번역 나는 처음으로 나라는 인간의 모든 것을 걸고 몰두하지 않으면 안 되는 일을 발견했다.

10.1.7 I once lived in a large old **mansion** called Irlam Hall, about twenty miles from Manchester, *which* had the reputation of being haunted.

a large old mansion을 called(=p.p.)...과 about twenty miles...과 which...이라는 세 개의 M이 수식하고 있다.

번역 나는 옛날에 맨체스터에서 20마일쯤 떨어진 곳에 있는, 알람 홀이라고 불리는 크고 오래된 저택에 살고 있었다. 그 집에는 귀신이 나온다는 소문이 있었다.

10.1.8 The Japanese are, like the Americans, the **kind** of people *who* want to know what you think of them.

the kind[sort, type] of 명사+관계사의 형태는 일종의 관용표현이다. 선행사는 'the kind, etc. of 명사' 전체. 형식적으로 중심이 되는 말은 kind, etc.로, '...의 종류[유형]의 명사'라는 의미다. 간단하게 '...과 같은'이라고 번역할 수도 있고

kind of 부분을 번역하지 않기도 하지만, '...의 명사의 종류[유형]'이라는 번역은 틀리다.

번역 미국인과 마찬가지로, 일본인도 자신이 외국인에게 어떻게 보이는지를 알고 싶어하는 (유형의) 국민이다.

10.1.9 A general **strike** of workers of many industries *which* paralyses the whole economic life of the community is a very serious matter.

paralyses(마비시키다)에 3인칭 단수 현재의 s가 있으니까 which의 선행사는 '사물'을 나타내는 단수형 명사여야 한다.

번역 사회의 경제활동 전체를 마비시키는, 많은 산업 노동자의 총파업은 매우 심각한 문제다.

10.1.10 True friendship has no illusions, for it reaches to *that* **part** of a man's nature *that* is beyond his imperfections.

관계사의 선행사가 단수일 때는 that, 복수일 때는 those를 앞에 두어서, 뒤에 관계사가 나올 것을 미리 보여주는 경우가 있다. 위 문장의 that part...that이 그런 예인데, 이런 종류의 that[those]에는 선행사를 명시하는 기능밖에는 없다. 이것을 '...결점을 초월한 그 부분'이라고 번역하면, 우리말에서는 '그'가 앞에 나온 어구를 가리키는 것 같아서 부자연스럽기 때문에 번역하지 않는 것이 낫다.

번역 진정한 우정에는 환상이라는 것이 없다. 그것은 인간의 성격 중에 결점을 초월한 부분에까지 도달하기 때문이다.

참고 My father was a broad-shouldered man with big strong hands, a jutting chin, and *that* high **forehead** *which* his children inherited from him. (아버지는 어깨폭이 넓고 큰 손은 힘이 세고 턱이 튀어나와 있었다. 이마가 넓었는데, 그것은 아이들도 물려받았다)이라는 문장에서는, which 앞의 세 개의 명사 중에 마지막 forehead만 that이 수식하기 때문에

which의 선행사는 high forehead뿐이라는 것을 알 수 있다.

10.1.11 There is no better **opportunity** than that given by daily conversation *for* improving the quality of speaker's thought and speech.

conversation(=H) for...(=M)이라고 보고 '개선하기 위한 일상회화보다 좋은 기회'라고 해석하면, opportunity가 무엇을 위한 '기회'인지 설명이 되지 않기 때문에 문장의 뜻이 정리되지 않는다. opportunity(=H), for...(M), that=opportunity

번역 화자의 사고력과 언어능력을 향상시키기 위한 기회로서, 일상회화가 주는 기회보다 더 좋은 것이 없다.

10.1.12 There is *this* remarkable *difference* between men and animals; **that** the latter are governed by nothing but their instinct and have very little perception of past or future.

that은 뒤의 문장이 완전하기 때문에 동격명사절을 이끄는 접속사(⇨3-3-0). that절이 설명하는 말을 앞에서 찾아서 this...difference를 발견한다. 여기서 this는 difference가 동격명사절에 의해 수식되고 있다는 표시라는 것에 주의.

번역 인간과 동물 사이에는 다음과 같은 현저한 차이, 말하자면 후자는 본능에만 지배되고 과거나 미래를 인지하는 일은 거의 없다는 차이가 있다.

10.1 예제(1)

❶ The very bigness of America has an importance in the formation of its tradition which it is not easy to overestimate. ❷ It creates the belief that America is different, is somehow exceptional, that there is reserved for its citizens another destiny from that which is to befall the Old World.

힌트 미국의 경우, 대국의식은 무엇보다도 국토의 크기에서 온다.

해설 ① **The very bigness**의 very는 관사와 명사 사이에 있으니까 형용사다. 자세한 내용은 ⇨[번역의 요령14]. **has an importance in the formation of its tradition** '전통의 형성에 중요성을 가진다'. **which**의 선행사를 its tradition이나 the formation이라고 보면 an importance의 내용이 없어진다. '...중요성을 가지고 있고, 그 중요성이...'이라고 해석해보면 이 점이 분명하다. **which it is** 부분에서는 which의 절 안에서의 역할이 무엇이고 it이 무엇을 가리키는지 확실하지 않지만, **not easy to overestimate**까지 오면 It is not easy to overestimate *the importance*의 the importance가 관계사로 바뀌어 앞으로 나온 형식이라는 것을 알 수 있다(⇨9-2-5). over-는 '과도'를 나타내는 접두사이므로 '과대평가하는 것은 쉽지 않다' → '아무리 높이 평가해도 지나치지 않다'라고 해석한다. We *cannot* estimate the importance *too* highly.라고 해도 같은 말이다(⇨3-4-3).

② **It creates the belief that...**의 It은 ①의 The very bigness of America를 가리키고(⇨9-2예⑦), that은 the belief와 동격의 명사절을 묶는다. 강조구문의 It...that이 아니다. **America...is somehow exceptional**의 somehow는 '무슨 영문인지'. '미국은 〈다른 나라와 달라서〉 왠지 예외적인 나라라는 신념을 만들어낸다'.

..., **that** there is reserved...은 and가 없어도 내용으로 봐서 the belief...that이라고 읽을 수밖에 없다. **there is reserved**의 주어를 찾아서 **for its citizens** 뒤의 **another destiny**를 발견한다(⇨5-4-2). '미국 국민에게는 ...과는 다른 운명이 마련되어 있다는 신념'. *another* destiny **from that**에서 막히는 사람이 의외로 많은데, another(또 다른) 속에는 '...과는 다르다'(=different)는 뜻이 숨어 있다. a destiny *different from* that...이라고 해보면, that=the destiny로 '...운명과는 다른 운명'이라는 의미임을 알 수 있다. **which is to befall the Old World**의 the Old World(구세계)란 유럽을 가리

킨다. is to－가 '예정'을 나타내서(⇨8-4에(1)), '유럽이 맞게 될 〈운명〉'. 유럽은 여러 작은 나라가 분열한 결과 막다른 곳에 처했지만, 미국은 그렇지 않다는 뜻.

▸전역 별책 p. 28

10.1 예제(2)

❶ The awakening of women began with the visit to America of Frances Wright, a Scotswoman of advanced views. ❷ Her appearance before audiences to deliver lectures on women's rights shocked the public. ❸ In 1848, a women's rights convention, the first in the history of the world, was held at Seneca Falls, New York. ❹ The delegates drew up a declaration demanding equality with the male sex before the law in educational and economic opportunities, and in voting.

힌트 지금은 도도히 흐르고 있는 여성해방운동도 처음에는 미미한 시냇물이었다.

해설 ① **The awakening of women** 같은 the －ing of라도 여기 있는 것은 the reading of books(<read books)와 달리 Women awaken(여성이 각성하다)이라는 S+V의 관계. of에 한정해서 말하면, 전자의 of는 8-4-2, 후자의 of는 8-4-5의 용법이다. **began with the visit** '방문으로[에서] 시작되었다'. **the visit to America of Frances Wright**는 Frances Wright *visited* America라는 S+V+O의 관계를 the visit라는 명사를 중심으로 정리한 형태(*cf.* 8-4-10). **a Scotswoman of advanced views**(진보적 사상을 가진 스코틀랜드 여성)는 Frances Wright와 동격.

② **Her appearance before audiences**를 '청중 앞에서의 그녀의 모습'이라고 해석한 사람은 **to deliver**에서 이상하다고 느낄 것이다. She *appeared* before audiences to deliver lectures를 기초로 '〈여성

의 권리에 대해서〉 강연하기 위해 그녀가 청중 앞에 나타난 것'이 맞다. 이 appear는 '모습을 나타내다'라는 의미의 완전자동사(⇨ 2-2-3). **shocked the public** '대중에게 충격을 주었다'.

③ **a women's** 부분에서 복수형 women 앞에 a가 있는 것에 의문을 느낀 사람이 있을지도 모르지만, 이 a는 **convention**(정치·종교·교육 등의 '대표자 회의')에 대한 관사. women's rights가 convention에 대한 수식어로 그 사이에 들어간 형태다. '여권옹호 대회'에서 **the first** (convention)가 이것과 동격. '〈1848년에 세계 역사상〉 첫...이 〈...에서 개최되었다〉'.

④ **The delegates drew up** a declaration의 up은 부사. **a declaration**을 수식하는 현재분사 **demanding** 이하에 대해 다음과 같이 읽을 수 있는 것이, 내가 이 장에서 역설하는 중요한 능력(⇨ 10-1-5)이다.

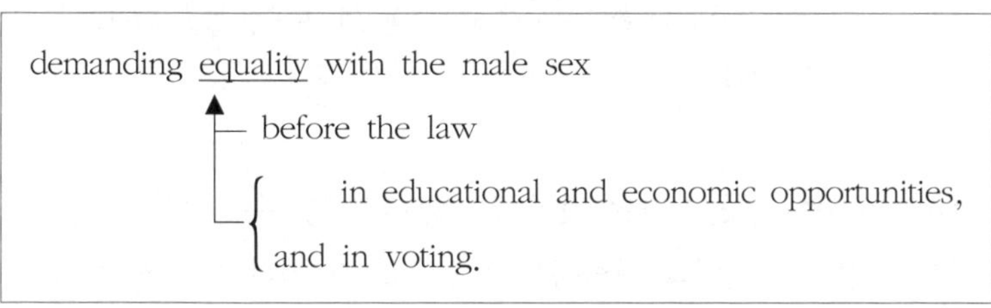

'대표들은 교육적 경제적 기회와 선거권에 있어서 남성과 법적으로 평등하다는 것을 요청하는 선언문을 작성했다'.

▸전역 별책 p. 29

10.2 H ... (절) ... M

A united nation cannot arise in a country which is larger than the European continent exclusive of Russia *with different races.*라는 문장 끝의 with different races는 Russia를 수식하는 것처럼 보인다. 앞뒤 문맥에 따라서는 이것이 European continent를 수식한다고 볼 수도 있지만, a country(H) with different races(M), 즉 ____________라는 해석은 ~~~~~~ 부분이 너무 길어서 무리가 있다.

하지만 다음 문장이 되면 얘기는 달라진다. 이번에는 with 이하가 길어서 ____________이 되기 때문에, 상대적으로 앞의 ~~~~~~부분이 짧게 느껴지고, 문장의 내용도 관련돼서 a country(H), with...(M)이라는 해석이 어색하지 않게 된다.

10.2.1 How can a united nation arise in a **country** which is larger than the European continent exclusive of Russia, *with* a people of such diverse background and a history so short?

a country는 미국을 가리킨다. How can a nation...?은 반어 의문으로, 의미는 a nation cannot...과 같다. exclusive of... '...을 제외하고'

번역 러시아를 제외한 유럽 대륙보다도 크고, 그렇게 다양한 배경을 갖는 국민이 있고, 그렇게 역사가 짧은 나라가 어떻게 통일 국가를 탄생시킬 수 있을까?

H와 M 사이에 들어가는 것이 절(=S+V)인 경우는, 앞서 말한 이유로 M이 어느 정도의 길이와 독립성을 가질 필요가 있다. 따라서 M이 구句이고 그 내부에 S+V의 구성이 없는 예는 비교적 적으며 해석하기 어려운 문장인 경우가 많다.

10.2.2 I travel because I like to travel. I like **the sensation** it gives you *of* freedom from all responsibility.

the sensation과 it 사이에는 관계사가 생략되어 있다.

번역 내가 여행을 하는 것은 여행이 좋아서다. 나는 여행이 주는, 모든 책임으로부터의 해방감을 좋아한다.

10.2.3 It was a tiny incident in itself, but it gave me a better **glimpse** than I had had before *of* the real nature of human beings.

in itself는 '다른 것에서 떼어내어 그것만 보았을 때'라는 기본 의미에서 '...자체, 본질적으로, 본래'라는 뜻이 된다. H와 M 사이에 비교 표현이 들어가는 형태에 대해서는 ⇨10-1-11.

번역 그 사건은 그것만 가지고 보면 작은 일이지만, 덕분에 나는 인간의 진정한 속성에 대해서 지금까지보다 더 잘 알게 되었다.

이제 M 자체가 명사를 수식하는 절, 즉 관계사절의 경우를 보자. 먼저 중간에 부사절이 들어가는 형태다.

10.2.4 The English are conservative by nature; that is to say, having built **something**, whether it is a building, a custom or an institution, *that* is both satisfactory and beautiful, they are loath to do away with it.

by nature '천성적으로'. that is to say(즉, 바꾸어 말하면) 이하의 중심 어구는 어디에 있을까? 먼저 having...은 분사구문, whether it is...은 having built를 수식하는 부사절이라고 본다. *that* is both...의 that을 지시대명사라고 보면, 다음의 they are... 앞에 접속사가 없는 것이 설명되지 않는다. something(=H), that(=관계대명사) is...beautiful(=M)이라고 이해한다. that 앞의 쉼표는 whether 절이 삽입하면서 생긴 것이므로, that이 제한용법의 관계사라는 것은 변함없다. The English are...; that is to say, ..., they are loath...이 이 문장의 골격이다. loath ⇨9-1-4.

번역 영국인은 천성적으로 보수적이다. 다시 말해, 건축이든 관습이든 제도든 간에 만족할 만큼 아름다운 것을 완성한 다음에는 그것을 파괴하기 싫어한다.

다음 문장에서는 중간에 들어가는 요소도 관계사절이다.

10.2.5 Books are the **legacies** that a great genius leaves to mankind, *which* are delivered down from generation to generation.

which의 선행사가 '사물'을 나타내는 복수형이라는 것과, '세대에서 세대로 전해진다'라는 절의 내용으로부터, legacies(=H), which...(=M)이라고 해석한다. which 앞의 쉼표는 비제한 용법임을 알려주는 표시.

번역 책은 위대한 천재가 인류에 남기는 유산이며, 그 유산은 세대에서 세대로 전해진다.

하나의 선행사에 두 개의 관계사절이 있는 경우는, There was a **rule** *which* the new king made and *which* the English did not like. (새로운 국왕이 만들고 영국인이 싫어한 규칙이 하나 있었다)와 같이, 두 개의 절이 등위접속사에 의해 결합되는 병렬관계가 많다. 이때 관계사는 격이 달라도 같은 종류(who와 whom, which와 which)를 사용하는 것이 원칙이다. 10-2-5가 이 구성을 취하지 않고 which 앞에 쉼표밖에 없는 것은, 앞의 관계사 that은 제한 용법, 뒤의 which는 비제한 용법으로 양자의 자격이 다르기 때문이다. 하지만 하나의 선행사에 두 개의 관계사가 있는 형태에는 또 하나 이중한정이라고 하는 특별한 용법이 있다. 이것은 꽤 어렵기 때문에 차근차근 살펴보자.

There is *something*이라는 문장은 막연하기는 하지만, 존재하는 것이 '사람'이 아니라 '사물'이라는 것을 보여준다(그림의 부분). 지금 이것을 There is something *that passes for heroism*이라고 하면, something 속에서 '영웅적인 행위로서 통용되지 않는 것'이 제외되어 그림의 부분만 나타나게 된다. 명사를 수식하는 말 가운데 이렇게 명사가 나타내는 범위를 좁히는 역할을 하는 것을 문법에서는 명사를 제한[한정]하는 수식어라고 한다. 이 문장에 더 덧붙여서,

There is something that passes for heroism *which is not heroism at all.*

(영웅적 행위로서 통용되는 것 중에는 실은 영웅적 행위와 전혀 무관한 것도 있다.)

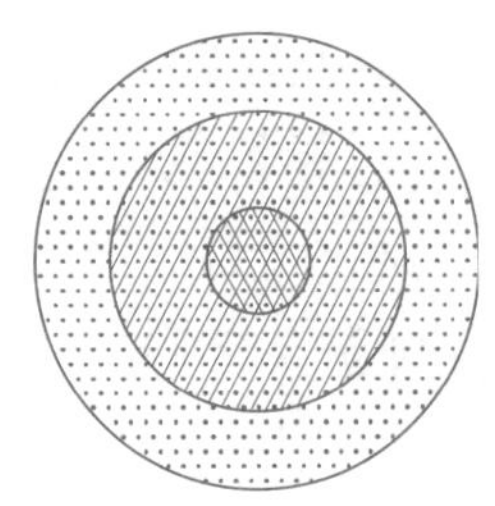

라고 하면, 중에서 '진정한 영웅적 행위'가 제외됨으로써 중앙의 부분만 나타나게 된다. 이렇게 한 번 한정된 것을 내부에서 또 한 번 한정하는 것이 '이중한정'이라는 이름의 유래다. 이 경우 두 개의 관계사는 that과 who, that과 which처럼 다른 종류를 쓰는 것이 통례지만, 두 번째 관계사도 제한 용법이기 때문에 그 앞에 쉼표를 넣지는 않는다. 번역은 위 예문에 달린 해석처럼 첫 번째 관계사절에서부터 시작하는 것이 요령이다. 자세한 것은 10-2-7 참조.

10.2.6 Can you mention **anyone** that we know *who* is as talented as he?

that, who 모두 선행사는 anyone이다.

번역 우리가 아는 사람 중에 그 사람만큼 재능이 있는 사람의 이름을 댈 수 있을까?

10.2.7 There seemed few **ways** of which a writer need not be ashamed by *which* he could make a decent living.

few ways(=H)...by which...(=M). 번역은 첫 번째 관계사절을 '...의 방법 (중)에서'라고 한 다음, 두 번째 관계사절에 대해 해석하는 마지막에 선행사의 중심이 되는 few에 대한 역어를 덧붙인다. make a living '생계를 마련하다'

번역 작가가 부끄러워할 필요가 없는 습관 가운데, 그것이 있어도 남부끄럽지 않은 생활이 가능한 것은 거의 없는 것 같았다.

10.2.8 **Everything** you do *that* is perceptible to the eye carries a meaning.

Everything과 you 사이에는 첫 번째 관계사가 생략되었다. Every-에 대한 역어의 위치에 주의.

번역 인간이 하는 일 가운데 눈으로 지각할 수 있는 것에는 전부 의미가 있다.

다음 문장에서는 M이 동격명사절(⇨ 3-3-0)이다.

10.2.9 There is **one thing** we do know: *that* man is here for the sake of other men.

one thing(H)=that...(A). thing과 we 사이에는 know의 목적어가 되는 관계사가 생략되었다. do는 강세의 조동사. for the sake of... '...의 (이익[목적]을) 위해서'

번역 우리가 실제로 알고 있는 것이 한 가지 있다. 그것은 사람이 이 땅에 있는 것은 다른 사람을 위해 일하는 것을 목적으로 하고 있다는 것이다.

10.2 예제

❶ There is no creature with which man has surrounded himself that seems so much like a product of civilization, so much like the result of development on special lines and in special fields, as the honey-bee. ❷ Indeed, a colony of bees, with their neatness and love of order, their division of labor, their public-spiritedness, their thrift, and their complex economies, seems as far removed from a condition of rude nature as does a walled city or a cathedral town.

힌트 꿀벌의 정교한 사회조직은 그 배경에 문명의 존재를 느끼게 한다.

해설 ① There is no creature **with which**...은 '전치사+관계사'. 왜 with라는 전치사가 쓰였는지에 의문을 갖고 읽어가다, **man has surrounded himself**를 보고 Man has surrounded himself *with creatures.*에서 '사람이 자기 주위에 생물을 두었다' → '사람이 주위에 키워

온 생물'이라고 이해한다. 다만 '...생물은 없다'라고 하면 사실과 어긋난다. 여기서 **that** seems 이하도 no creatures를 선행사로 하는 관계사절로, 전체는 10-2-6과 같은 이중한정의 구문이 아닌가 하고 생각할 수 있는 것이 관건이다. that **seems so much like a product of civilization**의 so는 단순히 '매우'가 아니라 '그 정도'. '그 정도로 문명의 산물인 것처럼 보인다'라는 것이 '어느 정도'인지가 그다음 의문이다. **so much like the result of development...** '〈독자적인 경로와 영역에 있어서의〉 그만한 발전의 성과'에 대해서도 마찬가지로 생각하면서 읽어나가다가 **as the honey-bee**를 봄으로써 모든 것이 해결된다. There is *nothing* that is *so* dangerous *as* ignorance. (무지만큼 위험한 것은 없다)에 보이는 no...so...as 구문(⇨ 13-1-0)과 이중한정이 결합한 것이기 때문에, 전체의 의미는 '사람이 주위에 기르는 생물 중에 꿀벌만큼 문명의 산물처럼 보이는 것, 독자적인 경로와 영역에서 발전한 성과로 보이는 생물은 없다'가 된다.

② **Indeed**는 ①과 동일한 내용을 ②에서 더욱 강조해서 말한다는 것을 보여준다. 직역하면 '게다가'(⇨ 4-2예(2)⑤). **a colony**(집단) **of bees**를 주어로 하는 동사를 찾으면서, **with**의 목적어를 **their neatness and love of order**(=A), **their division of labor**(=B), **their public-spiritedness**(=C), **their thrift**(=D), **and their complex economies**(=E)라고 정리하면서 진행하다 보면 seems가 보인다. '정연해서 질서를 중시하고, 분업, 공공심, 검약, 그리고 복잡한 경제조직을 갖추고 있는 꿀벌 집단은 ...처럼 보인다'. **seems...removed from a condition of rude nature** '미개한 자연 상태에서 ... 떨어져 있는 것처럼 보인다'에, **as far...as does a walled city...**이 부가되어 '성곽 도시〈나 대사원이 있는 도시〉가 떨어져 있는 것과 마찬가지로 ...에서 떨어져 있는'이라는 의미가 된다. as...as V+S의 구성(⇨ 5-4-10).

▸ 전역 별책 p. 29

10.3 H[S] + V ... M

It is the wisdom of life *to follow* in your father's steps.이라는 문장에서 It은 가주어, to follow...은 실제의 주어인데, 이 문장을 변형해서 다음과 같이 쓸 수도 있다.

10.3.1 Perhaps **that** is the wisdom of life, *to follow* in your father's steps and look neither to the right nor to the left.

주어의 내용을 나타내는 동격의 부정사(⇨6-2-6, 7)를 문장 끝에 놓은 형태.

번역 아마도 아버지와 같은 길을 걸으며 왼쪽도 오른쪽도 보지 않으려고 하는 것이 처세술로서는 현명할 것이다.

다음 문장은 주어가 대명사에서 명사로 바뀌었지만, 주어를 설명하는 동격어구가 문장 끝에 오는 점은 마찬가지다.

10.3.2 **People** say things like that every day, *educated people* as well as *uneducated*, and *children* as well as *grown-ups*.

grown-ups는 a grown-up(어른, 성인)의 복수형.

번역 교육을 받았든 못 받았든, 어른이든 아이이든, 사람은 매일 그런 식의 말을 한다.

이상과 같이 주어에 대응하는 술부가 끝난 다음에 주어에 대한 수식어가 나오는 형태를 기호로 표시하면 H[S]+V...M이 된다. 이 M의 위치에 형용사적 용법의 부정사나 전치사로 시작하는 구가 오기도 한다.

10.3.3 How much choice has anyone among us when the **time** comes *to choose* a mate?

번역 우리들 중에 누군가가 배우자를 선택하는 때가 온다면, 선택의 범위는 어느 정도일까?

10.3.4 When I was a boy, no daily **paper** was published in London **of** the level of those that are read by the great mass of the population today.

London(=H) of the level(=M)이라고 읽으면 뜻이 통하지 않는다. 다시 생각해서 daily paper(=H)...of the level(=M)이라고 읽을 수 있어야 한다. those=the daily papers.

번역 내가 어렸을 때는 지금 대다수 사람들이 읽고 있는 수준의 일간지가 런던에서는 발행되지 않았다.

10-3-3의 to choose...을 고쳐서 **the time** comes *when* we should choose a mate라고 하면, 관계부사로 시작하는 절이 문장 끝에서부터 주어에 걸리는 문장이 된다. 관계사절뿐만 아니라 접속사 that으로 시작하는 동격명사절이 이 위치에 오기도 한다.

10.3.5 In the eighteenth century, a new **attitude** of mind was spreading among thoughtful people *which* was to influence every aspect of life.

which was의 선행사가 단수형의 '사물'이어야 한다는 것을 출발점으로 해서 a new attitude of mind를 찾아낸다. 번역은 억지로 관계사절 안에서 시작하지 말고 궁리해본다. was to-는 '예정'을 나타낸다.

번역 18세기에는 지적인 사람들 사이에 새로운 정신적 태도가 퍼져서 그것이 생활의 모든 면에 영향을 끼치게 되었다.

10.3.6 We require clothing in summer, to protect the skin from the heat of the sun. Those **clothes** are the best for this purpose *which* reflect or throw off external heat most.

Those clothes를 '그들 의복'이라고 하면 '그들'이 설명되지 않는다. 이 Those는 clothes를 수식하는 관계사가 뒤에 나오는 것을 미리 보여주는 말(⇨ 10-1-10)이 아닌지 예상하고, which를 확인한다.

번역 태양열로부터 피부를 지키기 위해서 여름에도 옷이 필요하다. 그러기 위해서는 외부의 열을 가장 잘 반사하는, 즉 차단하는 옷이 제일 좋다.

10.3.7 If art were merely a record of the appearances of nature, the closest imitation would be the most satisfactory work of art, and the **time** would be fast approaching *when* photography would replace painting.

번역 예술이 단순히 자연의 모습을 기록하는 것에 지나지 않는다면, 자연에 가장 가까운 모방이 가장 뛰어난 예술작품이 되어 사진이 회화를 대신하는 시대가 급속히 다가올 것이다.

10.3.8 From every side the **warning** reaches us *that* men are rising because they are not treated as men.

men are rising 이하의 구성으로 봐서 that은 접속사, that절은 명사절인데, reach는 뒤에 두 개의 목적어를 취하지 못한다. the warning(H)=that절(A)라고 해석한다.

번역 사람들이 인간다운 대우를 받지 못한다는 이유로 들고일어나고 있다는 경고가 모든 방면에서 우리들에게 도달하고 있다.

10.3 예제

❶ The will to learn seems capable of triumphing over the most astonishing obstacles. ❷ It can triumph over fatigue. ❸ There is abundant evidence that one can go on and on with the most exacting mental tasks with astonishingly little decline in efficiency. ❹ Even after a job of work has become acutely distasteful, it still remains possible to go on doing it well. ❺ Indeed, the suggestion has been made in highly responsible quarters that there is no such thing as mental fatigue at all, in the sense of sheer inability to produce any more results as a consequence of continuous work. ❻ When we want to stop we soothe our consciences by saying that we can't continue.

힌트 '정신일도하사불성(精神一到何事不成)'.

해설 ① **The will**(의지)을 **to learn**이 수식해서 '배우려고 하는 의지는 〈믿기 힘든 장벽도 극복할(=triumph over) 수 있는 것처럼 보인다〉'.

③ **There is abundant evidence that**...의 that 이하는 동격명사절. '...을 보여주는 많은 증거가 있다'. **one can go on and on with**의 one은 일반적으로 사람을 가리키는 대명사. *Go on with* your work. (일을 계속하라. ⇨ 5-3-7)에 보이는, go on with의 on을 반복하는 것은 강조 표현. **the most exacting mental tasks**의 exacting은 '강요하다'라는 의미의 동사 exact에서 나와서 '엄한, 힘든'. **with astonishingly little decline**...은 go on에 걸린다. '놀랄 정도로 〈능률이〉 저하하지 않은 채 일을 끝까지 계속할 수 있다'.

④ **Even after**의 Even은 after...의 부사절을 수식한다(⇨ 11-3-pre9). '〈어떤 일이 몹시 싫어진〉 뒤조차'. **it still remains possible to**－는 it...to－. '...하는 것이 여전히 가능하다'. **go on －ing**도 '계속 －하다'라는 의미.

⑤ **Indeed**는 10-2예②에서 본 용법. **the suggestion has been made**의 바탕에는 *make* the suggestion이 있다. 이 make는 'make+명사'의 형태로, 명사를 같은 종류의 동사와 같은 의미로 바꾸는 작용을 한다. '제안[제언]을 하는[행하는]'은 괜찮지만, '...을 만들다'는 아니다. 같은 식의 표현에 대해서는 Index의 'make+명사'를 참조. **the suggestion**의 내용이 주어지지 않은 점에 주목하고, 한편으로 be made 뒤에 that절을 연결해서 읽을 수 없다는 것을 고려해서, the suggestion=**that**...이라고 이해한다(⇨ 10-3-8). **in highly responsible quarters**(방면)의 highly는 responsible에 걸리는 부사. '...이라는 매우 믿을만한 방면의 발언이 있었다'.

there is no such thing as mental fatigue at all은, at all이 no를 강조해서(⇨ 10-2-pre6), '정신적인 피로 따위 전혀 없다'. **in the sense of...** '...이라는 의미에서의'는 mental fatigue에 걸린다. **sheer inability to produce**의 to produce는 inability에 걸리는데, '낳는 무능력'이라고 하면 무슨 말인지 알 수 없다. be *unable* to produce에까지 되돌려서 '...을 전혀 낳지 못한다'라고 해석한다(⇨ 2-1-5). **any more results**의 any는 *in*ability(<*un*able) 속의 부정의 의미와 결합해서 produce *no* more results와 같은 의미를 나타내고 있다. **as a consequence of continuous work** '일을 계속하는 결과로서'. 전체는 '일을 계속해도 그 결과로서 이 이상의 성과를 내지 못한다는 의미에서의 정신적인 피로...'이라는 의미가 된다.

⑥ **we soothe our consciences** '양심을 위로하다'. **by saying...**은 soothe에 걸린다. 사실은 의지가 약해서 계속하지 못하면서, 그것을 육체적인 피로 탓으로 하고 넘어간다는 것이다.

▸전역 별책 p. 29

Chapter 11

수식어의 위치(2)

M + M ... H 

H + M 

M + H(구 · 절 · 문장) 

CHAPTER 11

수식어의 위치(2)

명사에 대한 수식어가 명사 앞에 있는 경우는 구성이 비교적 단순하기 때문에, 수식어의 위치에 관한 문제를 생각할 때도 H+M의 관계에 한정할 수 있었다. 하지만 술어동사에 대한 수식어의 위치는 M+H 형식도 H+M 형식도 형용사적 수식어보다 훨씬 자유롭다. 따라서 이 장에서는 M...H와 H...M의 두 가지 경우에 M이 취할 수 있는 위치의 문제에 대해 살펴본다.

동사를 수식하는 것은 부사적 수식어지만, 거꾸로 부사적 수식어가 수식하는 것은 동사뿐만 아니라 형용사·부사·구·절·문장 전체에 이른다. 따라서 M이 무엇을 수식하는지를 판단하는 것도 형용사적 수식어의 경우보다 복잡하다. 이 장에서는 M의 위치라는 측면에서 이 문제도 함께 취급한다.

11.1 M + M ... H

(a) **Earnestly** she *entreated* him to stay with her.

(b) **Often** for a whole day she *would* not *say* one word.

(c) **One day,** when I looked into the shop window, I *saw* a picture of still life.

(a)는 '그녀는 그에게 함께 있어달라고 진심으로 부탁했다'라는 의미로, Earnestly는 entreated를 중심으로 하는 주문을 수식한다. (b)는 '그녀가 종일 아무 말도 하려고 하지 않는 일이 자주 있었다'라는 뜻으로, Often이 she would not say...을 수식하는 점은 (a)와 같지만, Often과 S+V 사이에 역시 주절을 수식하는 for a whole day가 들어가서, 기호로 표시하면 다음과 같다.

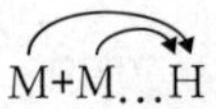

'어느 날, 나는 상점의 창문을 들여다보고 한 장의 정물화를 발견했다'라는 의미의 (c)에서는 두 번째 M의 자리에 부사절이 있다. 이렇게 S+V 앞에 두 개의 M이 연속하는 형태의 문제점에 대해 구체적인 예문으로 검토해보자. 우선 첫 번째 M이 단어 혹은 구인 경우.

11.1.1 *In the afternoon*, going on the train, Stella and I **talked** about this.

In the afternoon도 going...(=분사구문)도 talked를 수식한다.

번역 오후에 열차를 타고 가면서, 스텔라와 나는 이 일에 대해 얘기했다.

참고 *In a war using the H-bomb* there **can be** no victor. (수소폭탄을 사용하는 전쟁에서는 승자가 있을 수 없다)에서 using...은 war를 수식하는 형용사적 용법의 분사로, MMH가 아니라(M←m)→H라고 읽어야 한다.

11.1.2 *During her youth* on one or two occasions, she **visited** her relatives in Boston.

During...도 on...도 visited를 수식하는 부사구.

번역 그녀는 젊었을 때 한두 번, 보스턴에 사는 친척을 방문했다.

참고 *In a village at the foot of the mountain* there **lived** a good-natured old man. (산자락에 있는 마을에 사람 좋은 노인이 살고 있었다)이라는 문장에서, 앞에 연달아 나오는 전치사구는 MM이 아니라 M←m←m이라고 읽는다. 이런 경우에 어떻게 읽는지는 의미에 따라 결정된다.

11.1.3 *Here* on the earth's surface we **can** never **escape** from the influence of gravity.

on...surface를 Here에 걸어서 '지표의 이 장소에서는'이라고 하면 당연히 어색하다. 여기서는 Here도 on...surface도 can never escape에 걸려서, Here=

on...surface라는 관계가 성립한다. 주로 장소를 나타내는 부사적인 M이 연속해서 나오는 이런 종류의 형태는 직역하면 '여기서, 지구의 표면에서...'이지만 우리말에 없는 표현이다. 따라서 '여기, 즉 지구의 표면에서는'이라고 하거나, 때로는 영어의 수식 관계를 무시하고 '이 지상에서는'이라고 번역한다.

번역 이 지상에서는 중력의 영향에서 절대로 벗어날 수 없다.

11.1.4 *If the sun were to be extinguished*, in a day or two the whole earth **would be** fast **bound** in a frost so terrible that every animal, every plant would die.

If...were to-...은 현실성 없는 가정을 나타내는 형식이다. 문장이 In a day or two로 시작하면, or two 뒤에 쉼표를 넣어서 주절이 시작한다는 것을 표시할 수 있다. 위 문장에서는 extinguished 뒤에 쉼표가 있고 or two 뒤에는 쉼표가 없는 점이, in a day or two도 would be...에 걸린다는 것, 즉 문장이 M+M...H라는 것의 하나의 단서가 된다.

번역 가령 태양이 사라진다면, 하루 이틀 안에 지구 전체가 끔찍한 얼음에 갇혀서 모든 동물과 식물이 사멸할 것이다.

이제 두 번째 M이 부사절인 경우를 보자.

11.1.5 After some hesitation I accepted the money, but *for some time*, whenever I thought of this, it **gave** me rather a guilty feeling.

whenever...this도 gave me...에 걸린다.

번역 나는 얼마간 망설인 끝에 돈을 받았다. 하지만 한동안 이 일을 생각하면 항상 나는 뭔가 나쁜 일을 한 것 같은 기분이 들었다.

11.1.6 *Whatever the learned say about a book*, unless it interests you, it **is** no business of yours.

unless...you도 주절에 걸린다. 이렇게 문장 첫머리에 종류가 다른 부사절이 겹치는 형태는 비교적 적다. the learned '학자'. no business of... ⇨8-2예(3)①.

번역 어떤 책에 대해 학자가 뭐라고 말하든, 자기가 재미있다고 느끼지 않으면 그 책은 자기와 관계없다.

참고 *If we sail up the Nile in summer, when the flood-waters have receded,* we **can see** all the remaining monuments, and in the end **have** a vivid, impressive image of the past.에서 when은 summer를 선행사로 하는 관계부사고, If...receded 전체는 (M←m)의 형태. '...하면 ...할 때...'이 아니라, '홍수가 물러난 여름에 나일 강을 거슬러 올라가면 모든 유적을 볼 수 있고, 마지막에는 과거에 대해 생생하고 인상적인 영상을 가질 수 있다'라는 의미. 이런 종류의 표현에 대해서는 Index의 S+V(S+V) S+V를 참조.

11.1 예제(1)

❶ We Americans are traditionally a hopeful people. ❷ For most of us the sense of emptiness is not a permanent mood. ❸ Deep down in our hearts, in spite of frightening evidence to the contrary, we refuse to believe that our era represents the end of rational life. ❹ Most of us are following the psychologically healthy course, going on with our customary work, planning, as normal men must, for a better, happier future.

힌트 미국인의 마음속 깊은 곳에 여전히 존재하는 낙천적인 세계관.

해설 ① We...are...**a**...**people**의 a를 놓치지 말고, '우리들 〈미국인〉은 〈전통적으로 낙천적인〉 국민이다'라고 번역한다.

② **For** most of us의 For는 전치사. **the sense of emptiness**(=S)

is(=V) not... '우리들 대부분에게 상실감은 〈영원히 지속하는 기분〉은 아니다'. 아무리 낙천적이라고 해도 365일을 밝게 지내는 건 아니다. 좌절감에 빠지는 일이 있어도 바로 새로운 활력이 솟아오른다.

③ **Deep down in our hearts, in spite of frightening evidence to the contrary** 주어와 동사가 없는 채로 부사적인 수식어가 이어지는데, hearts와 in 사이가 큰 단락이다. 전반을 다시 Deep down과 in our hearts로 나누어, '깊은 곳, 즉 마음속에서' → '마음 깊은 곳에서'(⇨ 11-1-3)라고 본다. 후반은 evidence를 to the contrary가 수식해서, '반대를 보여주는 무서운 증거(가 있음)에도 불구하고'. 일찍이 미국의 낙천적인 기분을 뒷받침하고 있던 서부의 미개척지는 진즉에 소멸했고, 베트남 전쟁 이후는 세계가 미국이 생각하는 대로 가지 않는다는 것도 분명해졌으며, 인류 전체의 경우도 21세기의 전망이 반드시 밝지만은 않은데도, 라는 뜻. **we refuse to believe that**... '〈이 시대가 이성적인 생활의 종말을 보이고 있다는〉 것을 믿으려고 하지 않는다'. 세계대전이 일어나거나 공해나 환경오염이 무제한적으로 진행하면, 인류는 다시 한 번 합리적 정신과 동떨어진 야만적인 상태로 역행하게 된다.

④ **are following the psychologically healthy course** '심리적으로 건전한 길을 가고 있다'. 내일의 불행에 연연하는 것보다는 미래를 믿고 낙천적으로 사는 편이 장수할 수 있다. **going on with** (⇨ 10-3예③)는 분사구문. '〈습관적인 일〉을 계속하다'. **planning**, ..., **for**도 and는 없지만 going...과 병행하는 분사구문. **as normal men must**라는 삽입절에 대해서는 ⇨ 15-2-8. '보통 사람이라면 당연하듯이, 〈보다 나은 행복한 미래의〉 계획을 세우고 있다'.

▸ 전역 별책 p. 31

11.1 예제(2)

> ❶ When you have written a letter that you feel may possibly irritate your friend, however necessary you may have felt it to so express yourself, put it aside till the next day. ❷ Then read it over again, and fancy it addressed to yourself.

힌트 순간의 분노에 휘둘리지 말고 잘 생각하고 행동하자.

해설 ① **When** you have written 부분에서 제일 먼저 할 일은, 이 문장이 When [S+V] S+V가 된다고 예상하는 것이다. 그리고 그것을 끝까지 잊지 않는 것이 중요하다. **a letter that you feel may possibly irritate your friend**가 첫 번째 난관. '당신이 느끼는 편지'라고 잘못 해석한 사람은 ⇨9-1-5. 이 관계사절은 You feel *that the letter* may possibly...을 기초로 하기 때문에, '어쩌면 친구를 화나게 할 수도 있다고 느껴지는 편지를 쓰고 말았을 때'라고 해석해야 한다. 알고 보니 문장은 When [S+V(S+V)]의 형태였는데, 성가신 것은 그 뒤가 중심 S+V가 아니라 **however necessary**라는 종속절이라는 사실. 중심이 되는 S+V는 더 뒤에 있는 것으로 보고 however절을 읽어본다. **you may have felt** *it to so* **express yourself**의 it to so 부분이 헷갈리지만 당황해서 얼버무리면 안 된다. however로 인해 앞으로 나온 necessary를 본래 위치로 되돌리면(⇨5-3예(1)①), You may have felt **it** *necessary* **to so** express yourself가 되어, 가목적어 it이 뒤의 to-를 받는 구문이라는 것을 알 수 있다. so는 '그렇게'라는 의미로 express에 걸리는 부사(⇨11-3-2[참]). express oneself가 '자신의 생각을 말하다'이므로, '그런 형태로 자신의 생각을 말하는 것이 얼마나 필요한지 느꼈다고 해도'.

put it aside가 다음 문제다. 이 부분을 *to so...put* it...이라든가, you may *have...put* it...처럼 however절의 일부로 보면 곤란하다.

첫머리의 When 부분에서 생각한 것을 잊지 말고, 이것이야말로 중심 S+V라고 생각할 수 있어야 한다. S가 없는 것은 명령법이기 때문이다. '그것을 〈다음날까지〉 미루어라'.

마지막으로 however절은 어디에 걸릴까? 의미로 봐서, 이 대목은 '…썼을 때는 얼마나 …느꼈다고 해도, 그것을 미루고…'과 같이, 11-1-6과 마찬가지로 생각하는 것이 유일한 해석법이다. 그렇다면 전체의 형태는 이렇게 된다.

When [S+V(S+V)], however [S+V], (S)+V…

전체의 해석은 ⇨ '전역'.

② Then **read it over again**도 명령법이다. over again은 '반복해서'. **fancy it**(=O) **addressed**(=p.p.)라고 해석한다(⇨ 2-2-7). '그리고 그것을 반복해서 읽고, 그것이 〈자신에게〉 왔다고 생각하라'. 이렇게 심한 말을 들으면 나라도 도저히 가만히 있을 수 없다고 생각할 거라는 말이다.

▸ 전역 별책 p. 31

11.2 H + M

(a) He *has traveled* **widely**. (b) He *won* the race **easily**. (c) He *spoke* to me **loudly and clearly**. (d) He *could write* what he had wished to say **with clarity and directness**.

(a)~(d)에는 전부 술어동사에 대한 수식어가 있는데, 그 위치가 (a)동사 직후, (b)동사+단어+M, (c)동사+구+M, (d)동사+절+M(그는 하고 싶었던 말

을 명확하고 직접적으로 쓸 수 있었다)과 같이, 점점 뒤로 이동한다. (a)에 대해서는 특별히 문제될 것이 없으니, (b)부터 검토해보자.

11.2.1 Helen **went** downstairs *to the dining-room.*

위의 (b)에서 the race는 won의 목적어였지만, 이 문장의 downstairs(아래층으로[에서])는 went에 걸리는 부사다. 같은 형태라도 The pigs **thrive** admirably *here.*는 '여기서는 돼지가 자꾸만 늘고 있다'라고 번역하면 되지만, 위 문장의 경우에 직역해서 '헬렌은 아래층으로 식당으로 갔다'라고 하면 우리말로는 어색하기 때문에 다음과 같이 번역한다(⇨ 11-1-3).

번역 헬렌은 아래층에 있는 식당으로 갔다.

11.2.2 I **returned** from the city about three o'clock on the May afternoon *pretty well disgusted with life.*

from the city / about...afternoon / pretty...disgusted의 셋이 동사를 수식해서,

이 된다. disgusted...은 과거분사로 시작하는 분사구문(*cf.* I *was* disgusted with life. 나는 인생에 정나미가 떨어졌다.) pretty well은 disgusted에 걸린다.

번역 그 5월의 어느 날 오후 3시경, 나는 인생에 정나미가 떨어져서 시내에서 돌아왔다.

11.2.3 The scientist **cares** little for the opinions of the world *in his endless groping after truth.*

little은 cares에 걸리는 부사. of the world는 opinions에, in...truth는 cares에 걸린다.

번역 과학자는 진리를 모색하는 끝없는 과정 속에서 세상 사람들의 의견을 거의 고려하지 않는다.

V와 M 사이에 절이 들어가는 경우, 이 절은 명사절일 때도 있고 문장의 기본요소를 수식하는 형용사절이나 부사절일 때도 있다. 이들 모든 경우에 중요한 것은 다음의 두 가지다.

❶ He could write what he had wished to say *clearly.*의 clearly를 write에 걸어서 읽는 것은 무리다.

V______﹏﹏﹏

라는 해석이 성립하기 위해서는, ﹏﹏﹏부분이 ______속에 흡수되지 않고 자기주장을 할 수 있을 만한 상대적 독립성(*cf.* He could write what he had wished to say *with clarity and directness.*)을 가질 필요가 있다(⇨ 11-2-0).

❷ V+절+M 형식에서는 절 안에도 술어동사가 포함되어 있기 때문에,

V+절+M

의 형태로 읽을지,

V+절 ← m

의 형태가 되는지를 의미의 측면에서 충분히 검토할 필요가 있다. 이런 검토를 소홀히 하면, 위의 *cf.*의 문장에 대해서 '그는 명확하고 직접적으로 말하고 싶었던 것을 쓸 수 있었다'와 같은 의미가 불분명한 번역을 하게 된다.

11.2.4 He **had** nothing that was mean or parsimonious *in his character.*

번역 그의 성격 중에 인색한 부분은 없었다.

11.2.5 One **has only to reflect** that a century ago the great annual middle-class migration to the seaside was almost unknown, *to realize* how far we have changed one aspect of our national life in modern times.

You have only to work hard. (열심히 일하기만 하면 된다)는 형식적으로는 완전한 문장이지만, '...하기만 하면 되다'가 의미가 살기 위해서는 '...을 위해서는'이라는 요소를 부가할 필요가 있다. 이 요소는 앞뒤 문맥 속에 숨어 있는

경우도 있지만, (In order) to succeed, you have only to work hard. (성공하기 위해서는 열심히 일하기만 하면 된다)와 같이 부정사의 형태로 나타나는 경우가 많다. 이 문장에서는 have only to-를 살리는 요소가 앞에 없기 때문에 뒤에 to부정사가 나오지 않을까 예상하고, 역시 to realize를 발견한다. to부정사가 이렇게 멀리 떨어져 있는 경우에 뒤에서부터 해석하는 것은 좋지 않다. '...을 위해서는 ~하기만 하면 되다' → '~만 하면 ...할 수 있다[하다]'라고 보고, 다음과 같이 번역한다.

번역 한 세기 전까지는 중산층 사람들이 지금처럼 해마다 대거 바닷가에 가는 일이 거의 없었다는 것만 떠올려도, 현대의 국민생활의 한 측면이 옛날과 얼마나 달라졌는지 이해할 수 있다.

11.2.6 Man in general **doesn't appreciate** what he has *until he is deprived of it.*

deprive A of B 'A로부터 B를 빼앗다'

번역 사람들은 보통 자신이 가지고 있는 것의 고마움을 그것을 빼앗길 때까지는 알지 못한다.

참고 He has a large collection of records which he **plays** *whenever he can take the time.* (그는 레코드를 많이 수집하고 있어서, 시간이 있을 때면 항상 그것을 듣는다.)

11.2.7 Plants **are breathing** just as we are *as long as they are alive.*

V+M+M의 형식(참은 V+M←m). just는 as...에 걸린다 ⇨ 11-3-pre9.

번역 식물은 우리와 마찬가지로, 생명이 있는 동안은 호흡을 한다.

참고 Things vary in different parts of Japan, just as the character of people on the side of a mountain **differs** from that of those on the other side, *because the climates on the two sides of the mountain are different.* (산의 두 사면의 풍토가 달라서 한쪽 사면에 사는 사람들의 성격이 다른

쪽 사면의 사람들과 다른 것과 마찬가지로, 일본 각지에는 다양한 차이가 있다.) *that* of *those=the character* of *the people*

11.2 예제

❶ During the war, Stephen's grandmother was evacuated to an hotel near Oxford, where she lived much the same life as in London, often cleaning out her own room, and in winter distressing everyone by her unwillingness to have a fire. ❷ Once, on a bitterly cold winter's day Stephen went to visit her. ❸ She was at the bus stop waiting for him in the snow, when he arrived. ❹ They walked to the hotel, but turned back when they had got there, to spend half an hour fruitlessly searching in the snow by the path on which they had come, for one of her mittens, which she had left fall.

힌트 전쟁 때 홀로 소개疏開 생활을 보내던 할머니의 이야기.

해설 ① **was evacuated to an hotel** '호텔에서 소개 생활을 했다'. hotel처럼 자음 [h]로 시작하는 첫 번째 음절에 강세가 없는 명사는 a hotel, *an* hotel의 두 가지 형태를 쓸 수 있다. ..., **where**는 an hotel을 선행사로 하는 관계부사. 쉼표를 보고 비제한 용법(=and there)이라는 것을 알 수 있다. **much** → **the same**의 관계는 ⇨ 2-1예③. '그곳에서 〈런던에 있었을 때와 거의 같은 생활을 보냈다〉'. often cleaning 이하의 구성은 다음과 같다.

She lived... ← { (often →) *cleaning* out her own room
and (in winter →) *distressing* everyone by...

두 개의 −ing는 모두 분사구문. often과 마찬가지로, in winter가 앞에서 distressing에 걸리는 것에 주목할 것. **clean out**의 out은 clean을 강조하는 부사. distress는 '힘들게 하다. 괴롭히다'. **her unwillingness to have** < *She was unwilling* to have...(⇨8-4-1). '자주 자신의 방을 쓸고 닦고, 겨울에는 난로에 불을 지피는 것을 싫어해서 모든 사람들을 힘들게 했다'. 사람은 늙을수록 비타협적이 되어 이상한 버릇이 두드러진다.

② **Once, on a...day Stephen went...**은 M+M+S+V(⇨11-1-2). a **(bitterly cold winter)'s day**라는 수식 구조에 주의. '몹시 추운 어느 겨울날에 〈스티븐은...〉'.

③ She was at the bus stop **waiting for him**...의 waiting은 분사구문. **when he arrived**는 was at the bus stop에 걸린다. '그가 도착했을 때, 할머니는 〈눈이 내리는 가운데〉 버스 정류장에서 그를 기다리고 있었다'.

④ ..., but **turned back when...**에 **to spend...**이라는 결과를 나타내는 부사용법의 부정사가 걸린다. '〈그들은 호텔까지 걸었는데〉, 하지만 〈호텔에 도착하자〉 되돌아 ...했다'. **spend half an hour fruitlessly searching** spend+'시간의 길이를 나타내는 목적어'+−ing는 '−하는 것에 ...이라는 시간을 쓰다'라는 의미. 제5문형은 아니다. *cf.* I *spend* my leisure *reading* novels. (그는 한가할 때는 소설을 읽으며 보낸다.) fruitlessly는 searching에 걸린다. **in the snow by the path on which they had come**을 덧붙여서, '두 사람이 걸어온 눈 내린 길을 30분이나 걸려서 ...하릴없이 찾아다녔다'. 얼마나 추웠을까 동정하면서, 무슨 귀중한 물건을 찾고 있었을까, 다이아몬드 반지라도 흘렸나 하고 의문을 갖는 것이 searching..., **for one of her mittens**이라는 연결을 발견하는 열쇠. **which** she had **left** fall의 which는 절 안에서는 let의 목적어. '할머니가 떨어뜨린 장갑 한 쪽을 찾기 위해 〈하릴없이 찾아다녔다〉'.

버려도 되는 낡은 장갑 한 짝을 찾자고 눈 속을 30분이나 손자를 끌고 다니는 것이 노인 특유의 고집스런 부분.

▸ 전역 별책 p. 31

11.3 M + H(구 · 절 · 문장)

All *truly* creative activity depends...이라는 문장을 '사실, 모든 창조적인 활동은...'이라고 읽은 사람은 없는지. All이 activity를 수식하는 이상, All...activity 는 하나의 의미의 틀을 구성하고 있기 때문에, ... 부분에 들어가는 말이 틀 밖의 동사를 수식하는 경우는 절대 있을 수 없다. 따라서 truly를 creative에 걸어서 '진정으로 창조적인 모든 활동은...'이라고 하는 것이 바른 번역이다.

위와 같은 오역은 매우 초보적인 것이지만, 이런 실수가 생기는 것은 명사만 수식하는 형용사적 수식어와 달리, 부사적 수식어는 그 범위가 동사, 형용사, 다른 부사뿐만 아니라 구·절·문장 전체에까지 미치기 때문이다. 또 수식하는 대상에 따라 수식어의 형태가 변하는 것도 아니기 때문에, M이 무엇을 수식하는지 판단하는 데 도움이 되는 것은 수식어의 위치와 앞뒤 맥락뿐이다. 이 항에서는 수식어의 위치를 중심으로 해서, 부사적 수식어가 구·절·문장을 수식할 때의 문제점에 대해 살펴보자.

(a) It is my principle **never** *to tell* a lie.
(절대 거짓말을 하지 않는 것이 내 원칙이다.)

(b) I make it a rule **always** *to speak* the truth.
(나는 언제나 진실을 말하기로 하고 있다.)

(a)와 같은 문장에서 부정사를 부정하는 부사가 부정사 앞에 나오는 것은 흔한 일이지만, (b)에서도 always는 to speak를 수식한다. 부정의 부사나 시간의 부사가 술어동사를 수식하는 경우는 그 곁에 두는 것이 원칙(It is never my principle... / I always make...)이기 때문에, (a)(b)에서는 부사

의 위치가 수식하는 대상을 판단하는 실마리가 된다. 하지만,

He began *slowly* to tell the truth.

가 되면, 이것을 He *slowly* began...과 같은 뜻으로 볼지, He began to tell the truth *slowly*.와 같은 뜻으로 볼지는 앞뒤 문맥에 따른다.

11.3.1 Failure is only the opportunity *more intelligently* **to begin** again. There is no disgrace in honest failure.

번역 실패란 다시 한 번, 전보다 더 현명하게 시작하기 위한 기회에 불과하다. 성실하게 해서 실패했다고 부끄러워할 것은 없다.

I should like to **ask** you *with him* to do that.은 '그 일을 하라고, 나는 그와 함께 모두에게 부탁하고 싶다'라고 읽는 것이 자연스럽다. 그럼 다음 문장은 어떨까?

11.3.2 I should like to ask you, *with me*, **to make** a quick survey of the problem.

'나는 나와 함께...'은 뜻이 통하지 않는다. with me는 to 이하에 걸린다. make a survey of... '...을 조사하다'(⇨ 10-3예⑤)

번역 나는 모두에게 그 문제를 나와 함께 즉시 조사할 것을 부탁하고 싶다.

참고 11-1예(2)①의 to *so* express yourself에서는 express를 수식하는 부사가 to와 원형 사이에 들어 있다. 이런 형태를 '분리부정사'라고 부르는데, 최근에는 입시문제에도 보인다.

This mistake was made **entirely** *through your fault*. (이 실수는 전적으로 너의 잘못으로 인한 것이다)의 entirely는 was made가 아니라 through your fault에 걸린다. 이것은 위의 번역문을 '이 실수가 발생한 것은 순전히 너의 잘못이 원인이다'라고 바꾸어 보면 확실하다. 이렇게 전치사구를 수식하는 부사는 원칙적으로 전치사 바로 앞에 온다. 이 용법에 자주 쓰이는

표현은 다음과 같다.

❶ entirely, largely, partly; just, only(⇨ 11-3-9), simply; even 등의 부사

❷ before, after의 앞에 오는 soon, shortly, long, a year(부사적 목적격) 등의 어구

또 right, well 등이 이 용법으로 쓰여서 강조하는 경우에 대해서는 특히 주의가 필요하다(⇨ 11-3-6,7).

11.3.3 A great deal of the bad writing in the world comes *simply* **from writing too quickly.**

번역 세상의 악필의 대부분은 그저 너무 빨리 쓰기 때문에 생긴다.

11.3.4 As a medium of exchange, gold was in use *centuries* **before the time of Croesus**, who, in the 6th century B.C., minted the earliest known coins.

Croesus[krisəs] 크리서스 (Lydia 최후의 왕. 560–546B.C.). mint '(화폐를) 주조하다'

번역 크리서스는 기원전 6세기에 오늘날 알려져 있는 가장 오래된 화폐를 만들었는데, 교환수단으로서는 금이 그것보다 몇 세기 전부터 쓰이고 있었다.

11.3.5 The house over there is *very much* **like ours.**

very much는 like를 수식한다. *cf.* *exactly*[*precisely*] like...

번역 저기에 있는 집은 우리 집과 아주 비슷하다.

11.3.6 He said that *right* **at the beginning.**

that과 right 사이에서 끊어 읽는다. right는 단순한 강조. *cf.* He **said** that *rightly* at the beginning. (rightly와 at 사이에서 끊는다. '그는 처음에는 그것을 맞게 말했다').

번역 그는 제일 처음 그 말을 했다.

11.3.7 *Well* **over a hundred years** my family has practised law.

...has practised law *well*이라면 '훌륭하게 ...을 해왔다'라고 해석하겠지만, 위 문장의 위치에서는 불가능하다. *cf.* The cold lasted *well* **into March**. (추위는 3월에 들어가도 한동안 계속됐다.)

번역 우리 일가는 족히 100년 이상, 변호사 일을 해왔다.

11.3.8 Clothes are powerful things. Dressed in a tramp's clothes it is very difficult, *at any rate* **for the first day**, not to feel that you are genuinely degraded.

for the first day는 is very difficult에, at any rate는 for the first day에 걸린다. M(부사구) → H(부사구)의 형태.

번역 의복은 힘이 세다. 부랑자의 옷을 걸치고 있으면, 적어도 첫 날은 정말로 신세를 망친 것 같은 기분을 갖지 않기란 무척 어렵다.

I dislike this place **simply** *because the air is too hot*. (내가 이 장소를 싫어하는 것은 순전히 너무 기온이 높아서다.)에서는 simply가 부사절을 수식한다. 부사절 바로 앞에 나와서 부사(M) → 부사절(H)의 형태가 되는 이런 종류의 부사는, 앞의 항에서 예로 든 부사구를 수식하는 부사와 공통된다. 또 가끔 앞에 부사를 취하는 접속사에는 before, after 외에 because가 있다.

11.3.9 Civilization comes *only* **when** men live in cooperating groups.

번역 인간이 협력해서 집단생활을 시작하면서 비로소 문명이 태어난다.

참고 Animals are usually *only* wild **when** someone makes them wild. (동물이 광폭해지는 것은 보통 누군가가 동물을 그런 상태로 만들 때뿐이다.)에서는 when절을 수식하는 only가 when에서 떨어져 있다. 하지만 위 문장의 only가 are...wild를 수식하는 것이 아니라는 사실은 '...때는 광폭해질 뿐이다'라고 번역해보면 분명하다. 이처럼 부사절[구]를 수식하는 only는 H에서 떨어져 주절의 동사 옆에 와서, 무엇이 H인지는 읽는 이가 판단해야 하는 경우가 있다.

11.3.10 We often see a flash of lightning *long* **before** we hear the thunder.

번역 천둥소리가 나기 한참 전에 번개가 치는 경우가 많다.

참고 The seed **must lie** in the earth *a long time* before it springs to life. (씨는 싹을 틔우기 전에 오랜 시간 땅 속에 묻혀 있어야 한다)의 a long time은 must lie를 수식한다. 수식하는 방식에 따라, 이 문장은 '...전의 오랜 기간'을 나타내지만, 11-3-10은 '...의 훨씬 전의 어떤 시점'을 나타낸다는 점에 주의할 것. 또 다음 문장의 three days도 주절의 동사에 걸려서 '기간'을 나타낸다. He **had been** ill *three days* before the doctor was sent for. (그가 병이 걸리고 사흘이 지나서야 의사를 모셔왔다.)

11.3.11 This is *partly* **because** modern science has become more complex, but *as much* **because** it has been professionalized.

This는 과학의 진보에 따라 과학에 대한 일반의 이해가 감소된 것을 말한다. as much(그것과 같은 분량)는 앞의 partly와 관련되어 M(부사구) → H(부사절)이 된다.

번역 이것은 현대의 과학이 복잡해졌기 때문이기도 하지만, 그것과 마찬가지로 과학이 전문화된 것에도 원인이 있다.

11.3.12 A good dictionary is a guide to usage *much* **as** a good map tells you the nature of the terrain over which you may want to travel.

11-2-7에서는 just가 '...과 같이'라는 뜻의 as를 수식했는데, 이 문장에서는

much가 as를 수식해서 '거의 마찬가지로'라는 의미를 나타낸다. *cf.* very much like ⇨ 11-3-5, Index 〈much the〉 same.

번역 좋은 사전이 언어를 사용하는 방법에 지침이 되는 것은, 좋은 지도가 여행하고 싶은 지방의 지형을 가르쳐주는 것과 거의 같다.

(a) **Fortunately** he did not die.
(b) He did not die **fortunately**.

부사가 문장 전체를 수식하는 이른바 '문장 수식' 부사에 대해서는, 보통 위와 같은 문장을 예로 들어 (a)는 Fortunately가 문장 수식으로 '다행히 그는 죽지 않았다'라는 뜻이고, (b)는 fortunately가 die만 수식하는 단어 수식으로 '그는 행복한 죽음을 맞지 못했다'라는 뜻이 된다고 배우는 경우가 많다. 이 설명 자체가 틀린 것은 아니지만, 문장 수식 부사의 문제를 단순히 위치의 문제로 돌릴 수는 없다. He did not die, *fortunately.*는 (b)가 아니라 (a)와 같은 의미이고, The man, *fortunately,* succeeded in the attempt.의 fortunately도 문장 수식이다. 반대로 *Earnestly* she entreated him...(⇨ 11-1-0)의 Earnestly는 문장 첫머리에 있어도 단어 수식이다. 부사가 구나 절을 수식하는 경우와 달리, 문장 전체를 수식할 때는 다음의 두 가지 관점에서 생각하는 것이 좋다.

❶ **의미** – *It was* fortunate *that* he did not die.라는 문장에서 fortunate라는 술어는 It=that he did not die 전체에 작용한다. (a)의 Fortunately는 한 단어로 It was fortunate that...과 같은 역할을 하기 때문에 문장 수식이라고 불리며, 이것은 위의 설명 속에서 fortunately의 위치를 바꾼 문장에 대해서도 변함없다. 이에 비해 (b)의 fortunately는 '양태'를 나타내는 부사이기 때문에, *in a* fortunate *manner*[*way*]와 같다. 위의 Earnestly...도 In an earnest manner와 같은 의미이기 때문에 단어 수식의 부사라고 해석된다.

❷ **문장 수식에 쓰이는 부사** – 모든 부사가 문장 수식에 쓰이는 것은

아니다. It was earnest that...이라는 표현이 없는 이상, Earnestly를 문장 수식에 쓰지는 못한다. 문장 수식에 쓸 수 있는 것은 특정한 부사뿐이니까, 오히려 이것을 기억하는 것이 정확하게 해석하기 위한 관건이다. fortunately, luckily, happily 외에 주요한 것을 아래에 예로 든다.

11.3.13 He had **obviously** forgotten his promise.

cf. *It was obvious that* he had forgotten his promise.

번역 분명히 그는 약속을 잊고 있었다.

참고 clearly, evidently, certainly, probably, seemingly(=It seems that), apparently 등, 판단의 확실성에 관한 부사.

11.3.14 The matter is **rightly** left in England to the good taste of writers.

cf. *It is right that* the matter should be left.... rightly가 단어 수식에 쓰이는 예는 ⇨11-3-6.

번역 영국에서 그 문제는 정당하게 작가의 감성에 맡긴다.

참고 rightly, justly 등, S+V...이 말하는 사항의 옳고 그름을 나타내는 부사. He *naturally* lamented his mother's death. (그가 어머니의 죽음을 슬퍼한 것은 당연하다)의 naturally도 이런 부류인데, 다음 문장의 naturally는 단어 수식이다. *cf.* Her hair curls *naturally*(=by nature). (그녀의 머릿결은 천성적으로 곱슬머리다.)

11.3 예제(1)

❶ Although most people praise serious fiction as the "better" type, relatively few willingly read it. ❷ Evidently, many readers praise serious fiction only because they have been taught to do so, not because they really prefer it to popular fiction.

힌트 독서의 허영과 현실, 명분과 본심의 경계.

해설 ① Although most people **praise** serious fiction **as** the "better" type은 V+O+as...의 형태(⇨ 2-2-11). 여기까지 오면 제5문형으로 분류할 수는 없지만 이해하는 방식은 같다. **serious fiction** '진지한 소설'이란 '순문학'을 가리킨다. **"better" type**은 '대중소설보다 훌륭한 장르'라는 의미. 인용부호를 사용한 것은, 그것이 명분에 불과하지 않을까 하는 필자의 의문의 표현. '대부분의 사람들은 순문학을 "훌륭한" 소설 장르라고 칭송하지만'. **relatively** few **willingly** read it의 relatively는 few에(⇨ 12-2-7[참]), willingly는 read에 걸린다. '그것을 자진해서 읽는 사람은 비교적 적다'.

② **Evidently**는 문장 수식 부사로 *It is evident that*...과 같은 뜻(⇨ 11-3-13). **only because**의 only는 because...을 수식한다. **not because**...도 마찬가지. **to do so**=to praise serious fiction. **prefer it to popular fiction** '대중소설보다 순문학을 좋아하다'. only because 이하가 이렇게 길면, 그 앞에서 한 번 끊어서 번역하는 것이 알기 쉽다(⇨ '전역').

▸ 전역 별책 p. 32

11.3 예제(2)

❶ And it was an odd thing that whenever one of the employees was in trouble or needed advice, of all the people working in the place on whom he or she could have unburdened themselves it was invariably Robert who was singled out. ❷ Perhaps the secret lay in his ability to listen with his complete attention, as though your trouble was actually his, and the most important thing in the world at that very moment was for him to help you in your struggle against it. ❸ As often as not the complainer would leave without waiting for

Robert's comments—almost as though it had been enough to be allowed to talk without interruption, and the answer to one's problem had come easily and unhurriedly from within oneself, merely through the effort of expressing it to Robert.

힌트 로버트가 직장 동료들에게 특별히 신뢰를 받는 이유.

해설 ① **it was an odd thing that...** =oddly enough라고 보면, 이 부분을 '기묘하게도[기묘한 일이지만]'이라고 먼저 번역할 수 있다. 그렇게 했을 때의 oddly는 문장 수식 부사. **that whenever...**의 that은 첫 인상은 접속사. 어디까지가 whenever절인지, that절의 중심이 되는 주어와 동사가 어디서 나올지를 예상하면서 읽어나간다(⇨ 3-1-0). **one of the employees was in trouble or needed advice** '직원들 가운데 누군가가 힘들거나 충고가 필요할 때마다'까지 와서, 다음의 **of all**에서 멈칫하는 것이 실력이 있다는 증거. of 이하가 앞과 연결이 되지 않아서인데, 일단 의문을 보류하고 다음을 읽어본다. all **the people** working in the place **on whom...**의 whom의 선행사는 all the people. **he or she**는 employees 중에 남자와 여자가 모두 있어서 사용된 대명사인데, '그 또는 그녀'라고 하면 어색하니까 '그 사람' 정도로 번역하자. **could have unburdened themselves**에 on whom이 걸려서 '그 사람이 고민을 털어놓을 수 있는 〈모든 사람들〉'. could have p.p.의 형태가 된 것은 '고민을 털어놓기를 바란 경우에'라는 숨은 가정을 가리키기 때문이다.

it was invariably Robert를 it 앞에 쉼표가 없다고 해서 on whom절의 일부로 읽으면 안 된다. 형태로 봐도 it was...을 그렇게 읽는 것은 불가능하고, 문장 끝의 마침표도 이미 보였다. 이 it was...이 that (whenever...) 이하의 중심이 되는 주어와 동사다. who was singled out이 부가됨으로써, it was...who의 강조구문

(⇨7-3-8)이라는 것을 아는 것과 동시에 뒤엉킨 실이 풀리기 시작해서 모든 것이 해결된다. 이 문장의 that 이하의 구성은 아래와 같다.

```
       ┌─ whenever one of...was...or needed...,
       ├─ of all the people...on whom he or she could...
       ▼
that it was invariably Robert who was singled out.
```

M+M+S+V의 구성으로, it was 앞에 쉼표가 없는 것은 of all...이 it was... 이하에 걸린다는 것을 나타내기 위해서다(⇨11-1-4). of all...은 뒤의 singled out과 대응해서 '... 가운데에서'. 글자 그대로 번역하면 '〈...할 때마다〉 그 직장에서 일하고 그 사람이 고민을 털어놓을 수 있는 모든 사람들 가운데 선택되는 것은 항상 로버트였다'. 시험의 답안으로서는 무난할지도 모르지만, 전체적으로 쉽게 읽히지 않기 때문에 '전역'에서는 수식 관계를 약간 바꿔서 번역했다.

② **the secret lay in his ability to listen with his complete attention** 의미는 '비밀은 완전히 주의 깊게 듣는 그의 능력에 있었다'이지만, he *is able to* listen...(⇨8-4-1)을 기초로, '그가 온전히 주의를 기울여 상대방의 이야기를 경청할 수 있는 것' 정도로는 번역하기 바란다. '전역'도 참조. **as though...**은 as if와 같은 의미의 접속사. '(마치...)인 것처럼'. **your trouble** 이하의 문장은 내용으로 봐서,

```
the secret lay in his ability to listen...
                                 ↗
                     ╱ as though { your trouble was actually his (trouble),
                                 { and the most important thing...was for him...
```

이라고 읽는다. 왜 *the secret lay*...and *the...thing...was*...이라고 읽으면 안 되느냐고 생각하는 사람은 ⇨ ③. **at that very moment** '바로 그 순간에'(⇨ 10-1예(1)역). **was** (for him →) **to help**라는 해석은 ⇨ 8-1-2. **against it**의 it은 your trouble. '상대방의 고민이 실제로 자신의 고민이며, 바로 그 순간에 이 세상에서 가장 중요한 것은 상대방이 그 고민과 싸우는 것을 도와주는 일〈이라는 것처럼〉'.

③ **As often as not**을 '대개, 자주'라는 의미의 숙어로 알고 있기 때문에, **the complainer would leave**가 이 문장의 중심이 되는 S+V로 보인다. would는 '과거의 습관'을 나타낸다. '고민을 말하러 온 사람이 〈로버트의 의견을 기다리지 않고〉 가버리는 일도 자주 있었다'. **almost**는 as though...절에 걸린다. **it had been enough to be allowed to talk**...은 it...to－로, enough to－가 아니다. '〈방해받지 않고〉 이야기할 수 있었다는 것만으로 충분하다'. **and** the answer to **one's** problem ②에서는 일반적으로 사람을 나타내기 위해 you를 사용했는데, ③에서는 그것이 one으로 바뀌었다. had come...**from within oneself**에서는 within이라는 전치사의 목적어는 oneself. from의 목적어는 within oneself 전체. 이렇게 from에는 전치사구를 목적어로 하는 용법이 있다. '문제에 대한 답은 자신의 내부에서 〈저절로 천천히〉 떠오른다'. **merely**는 through the effort...을 수식한다(⇨ 11-3-3). '〈그것을 로버트에게 말하려고〉 노력하는 것만으로'. 마음속에서 개운치 않던 고민이 로버트에게 말함으로써 확실한 형태를 띠고, 그것에 대한 해결도 보이기 시작한 것이다. 형태의 문제로 돌아가서, ③의 as though 이하를 *it had been*..., **and** *the answer had come*이라고 읽는 것에 의문을 느끼지 않은 사람은 왜 그런지를 생각해보기 바란다. －almost as though 부분에 줄표가 있다는 것, had been과 had come으로 같은 과거완료형이 쓰인 것이 그 이유인데, 여기서 거꾸로 ②의 as though 이하를 읽어보면 애매하기는 해도 글쓴이의 발상은 같았다는 것을 납득할 수 있을 것이다.

▸전역 별책 p. 32

Chapter 12

비교의 일반적인 문제

... than[as] + 어 · 구 · 절 

... than[as] + (S) + V 

... A than B 

CHAPTER 12

비교의 일반적인 문제

필자와 같은 일을 하다보면 주위에서 영어 답안지를 보이면서 실력을 평가해 달라고 부탁하는 경우가 있다. 실력의 유무라는 절대적인 문제에 대해서라면, 문제만 적절하면 대답할 수 있다. 하지만 답안지 한 장만 보고는 '실력이 늘었나요?'라는 질문에 대답할 수 없다. 답을 하려면 4월의 답안지와 10월의 답안지를 보지 않으면 안 된다. 상대적인 판단, 즉 비교는 두 개가 있을 때만 가능하다.

하지만 비교가 성립하려면 두 개가 있는 것만으로는 부족하다. 또 '무엇에 대해서'라는 시점이 필요하다. 두 장의 영어 답안지에서 수학 실력을 알 수는 없다. 비교에는 'A와 B를 X에 대해서'라는 조건이 필수적이다.

언어의 이야기로 돌아가자. 영어의 비교 형식에 대해서 생각하는 것은 위의 A, B, X가 언어표현이라는 틀 속에서 각각 어떤 위치를 점하는지, 결론은 어떤 형태로 제시되는지를 생각하는 것이다. 보통 영어의 비교 표현을 이론적이라고 하는 것은, 그 구성이 이하에 보이는 것 같은 구문상의 원칙에 의해 뒷받침되어, 비교 표현의 대부분을 통일적인 도식 안에서 생각할 수 있기 때문이다. 물론 언어인 이상, 예외적인 표현, 즉 여기에 언급할 형식 속에 집어넣을 수 없는 표현도 있어서 이것들은 숙어적 표현으로 기억해야 한다. 지나치게 이론에 집착하는 것도 좋은 건 아니지만, 형식면에서 비교를 다루는 이 장을 통해서 비교 구문의 태반을 일관하는 원칙이 존재하며 그것을 고찰의 출발점으로 삼을 수 있다는 것을 이해하기 바란다.

12.1 ... than[as] + 어 · 구 · 절

Your house is as large as **mine.**이라는 문장은 Your house와 mine(=my house)이라는 두 개의 명사가 크기라는 점에서 비교되고 있다. 우선 이 형태를 중심으로 생각하자.

12.1.1 *Poetry* is as universal as **language**, and almost as ancient.

as ancient (as language)라고 읽는다. almost는 as를 수식한다.

번역 시는 언어와 같이 보편적이며, 또 거의 마찬가지로 예로부터 존재한다.

12.1.2 Some readers underline the page as they read, but I find that *a page* which I have underlined cannot give me so many fresh impressions as **one** which has no marks on it.

문장의 골격은 a page cannot...so...as one(=a page)....

번역 독자 중에는 읽으면서 문장에 줄을 치는 사람도 있지만, 나는 줄을 친 페이지에서는 아무 표시 없는 페이지에서 느끼는 만큼의 신선한 인상을 받지 못한다.

12.1.3 *Effort* is as precious as, and perhaps more precious than, **the work** it results in.

as...as와 more...than의 병렬. the work와 it 사이에 관계사가 생략된 것으로, 명사와 명사의 비교라는 것은 변함없다.

번역 노력은 그 결과로서 얻는 성과와 마찬가지로, 아니 아마 그것보다도 귀중한 것이다.

12.1.4 Spoken *words* are more exciting than **words** printed on paper.

words(=S) printed(=V)라는 해석은 틀리다. printed는 words를 수식하는 과거분사로, 이 문장도 두 개의 명사를 비교하고 있다.

번역 입에서 나온 말이 종이에 인쇄된 말보다 더 사람을 움직인다.

12.1.5 *To know* the resemblances of things is even more important than **to know** the differences of things.

명사적 용법의 두 부정사의 비교. even은 more를 강조하는 말(⇨5-2예(1)①).

번역 사물의 유사점을 아는 것은 차이점을 아는 것보다 훨씬 중요하다.

참고 *It* is easier and quicker *to dress* a small child than **to teach** him to dress for himself. (아이에게 스스로 옷을 입도록 가르치는 것보다 옷을 입혀주는 것이 더 간단하고 시간도 걸리지 않는다)에서는 전반이 It...to-의 형식이고, It과 than 뒤의 to-를 비교한다.

12.1.6 *Climbing* up stairs uses up a great deal more energy than **walking** on the level.

번역 평지를 걷는 것보다 계단을 올라가는 것이 훨씬 체력을 많이 쓴다.

참고 He is *three years* older than I.에서는 직접 is의 보어가 되는 것은 older다. three years는 명사지만 부사적 목적격으로서 older를 수식해서(*cf.* He is older than I *by three years.*), 그와 나의 나이차를 나타낸다. 위 문장의 a great deal도 more를 수식해서 '사용되는 체력'의 차이가 매우 크다는 것을 보여준다.

I love him more than **she**.는 I love him.과 She loves him.을 비교한 것으로, '그녀보다도 내가 더 그를 사랑한다'라는 의미다. 하지만 I love *him* more than **her**.는 I love him.과 I love her.의 비교로, '나는 그녀를 사랑하는 것보다도 그를 더 사랑한다'라는 의미가 된다. than 뒤에 오는 말이 대명사이고 격변화를 하는 경우는 형태의 차이와 의미의 차이를 비교해서 생각할 수 있지만, 명사의 경우는 전후의 맥락에 따라 생각할 수밖에 없다.

12.1.7 As Isaac grew older, it was found that he had far more important *matters* in his mind than **the manufacture** of toys like the little windmill.

cf. He had in his mind the manufacture of.... far more의 far는 비교급을 강조

하는 부사.

번역 아이작이 성장함에 따라 그가 소형 풍차 같은 장난감을 만드는 것보다 훨씬 더 중요한 것을 생각하고 있음을 알게 됐다.

He is *now* richer than **before.** (그가 지금은 옛날보다 부자다)에서는 now와 before라는 두 개의 부사가 비교되고 있다. 이 부사의 자리에는 전치사로 시작하는 구도 당연히 들어갈 수 있다.

<u>12.1.8</u> Suppose that by a wave of a magician's wand each of us suddenly found himself in possession of twice as much money as **before**, would our troubles be over?

Suppose that=If로, found는 현재의 반대를 나타내는 가정법과거. 따라서 이 문장도 '지금'과 '옛날'을 비교한다. found himself in... ⇨2-1-3. in possession of... '...을 소유해서'

번역 마법사가 지팡이를 한번 흔드는 것으로 갑자기 모두가 전보다 두 배의 돈을 가지게 된다면, 우리들의 고민거리는 해소될까?

참고 twice[three times] as...as는 '...두[세] 배'를 나타내는 표현. A child born in the United States today will consume during his lifetime at least *twenty times as* much *as* one born in India and contribute about *fifty times as* much pollution to the environment. (현재 미국에서 태어난 아이는, 인도에서 태어난 아이와 비교했을 때, 죽을 때까지 적어도 20배의 물자를 소비하고 약 50배의 환경오염을 가져온다.)

<u>12.1.9</u> Man has now reached a stage of development when war is as damaging *to the intruder* as **to the victim.**

번역 인간이 현재 도달해있는 발전단계에서, 전쟁은 희생자에 대한 것과 마찬가지 피해를 침략자에게도 입힌다.

12.1.10 Why do so many people attach more importance *to skin color* than **to other characteristics?**

번역 왜 그토록 많은 사람들이 피부색을 다른 특징보다 중시하는 걸까?

다음은 절과 절을 비교하는 경우다. 먼저 명사절과 명사절의 비교.

12.1.11 For some of us when young it does not seem so important *that* we should be successful in a worldly sense as **that** we should try and become our true selves.

12-1-5참의 to-가 that절로 바뀐 형태. that절 안의 should에 대해서는 ⇨ 7-2-0. try and 동사는 try to-의 뜻.

번역 우리들 중에는 젊었을 때 세속적인 의미에서 성공하는 것이 진정한 자아를 실현하려는 것과 비교해서 덜 중요하다고 생각하는 사람도 있다.

다음은 부사절과 부사절의 비교다.

12.1.12 We are for the most part more lonely *when* we go abroad among men than **when** we stay in our chambers.

번역 대개의 경우, 우리는 자기 방에 있을 때보다 밖에 나가서 사람들 속에 있을 때 더 고독하다.

12.1.13 If you are walking over a chasm on a narrow plank, you are much more likely to fail *if* you feel fear than **if** you do not.

if you feel fear와 if you do not (feel fear)의 비교. than if의 형태는 if를 '...의 경우'라고 번역한다는 것을 알고 있으면 쉽게 번역될 때가 많다. over a chasm on a narrow plank ⇨ 11-2-1.

번역 계곡 위에 걸린 좁은 판자 위를 걸을 때, 공포를 느끼지 않을 때보다 공포를 느끼는 경우에 떨어질 가능성이 훨씬 더 크다.

12.1.14 I can generally puzzle a thing out in time. And *then*, perhaps, I remember it better than **if** someone had helped me.

첫 번째 문장을 받는 then(그 경우에는)과 if...의 비교.

번역 나는 보통 시간을 들이면 문제를 풀 수 있다. 그리고 아마도 그 경우가 누군가의 도움을 받았을 때보다 더 기억에 남는다.

12.1.15 To make oneself at home, is to act with *as* much freedom and with *as* little ceremony *as* **if** you were at home.

as...as if의 형식은 as if와 같다고 배울 때가 많지만, 전반부에서 말하는 현실의 사항과 if 이하의 가정을 비교한다고 생각하면 된다.

번역 느긋하게 쉰다는 것은 자신의 집에 있을 때와 마찬가지로[자기 집에 있는 것처럼] 자유롭게 형식에 매이지 않고 행동하는 것이다.

12.1 예제(1)

❶ Uniformity in the physical apparatus of life would be no grave matter, but uniformity in matters of thought and opinion is much more dangerous. ❷ It is, however, a quite inevitable result of modern inventions. ❸ Production is cheaper when it is unified and on a large scale than when it is divided into a number of small units. ❹ This applies quite as much to the production of opinions as to the production of pins. ❺ The principal sources of opinion in the present day are the schools, the press, the cinema and the radio. ❻ The teaching in the elementary schools must inevitably become more and more standardized as more use is made of apparatus.

힌트 기계문명의 진보는 교육을 획일화하고 여론을 획일화한다.

해설 ① **the physical**(물질적인) **apparatus**(기구, 장치) **of life**란 '생활에 필요한 도구'를 말한다. **would be no grave matter**의 would는 주어 Uniformity 속에 포함되는 가정을 받는다. '...도구가 획일화한다 해도 큰 문제는 아닐 것이다'. **matters of thought and opinion** '사상이나 견해와 관련된 것'. **is much more dangerous**의 뒤에는 than uniformity in the physical apparatus of life를 보충해서 읽는다. '〈...견해와 관련된 것의 획일화〉가 훨씬 더 위험하다'.

② **a quite inevitable result of modern inventions**의 inventions가 복수형인 것은, '발명'이라는 추상적인 행위가 아니라, 그 결과인 구체적인 '발명품'을 가리키기 때문이다(⇨ 8-4예(1) the beginnings). '〈하지만 그것은〉 현대의 (다양한) 발명에서 오는 피하기 힘든 결과다'.

③ is cheaper **when...than when...**은 두 개의 부사절의 비교(⇨ 12-1-12). **unified**와 **on a large scale**을 **and**가 연결한다. **is divided into...** '...으로 분할되다'. '〈생산은〉 집약되어 대규모로 이루어지는 편이 〈많은 작은 공정으로〉 분할되어 있을 때보다 비용이 덜 든다'.

④ **This applies...to~** '이것은 ~에 적용되다'. **quite as much** to the production of opinions **as** to the production of pins는 두 부사구의 비교(⇨ 12-1-9). quite는 as much...을 수식한다. '이것은 핀의 제조와 마찬가지로, 여론의 형성에도 적용된다'.

⑤ **The Principal sources of opinion in the present day** '오늘날 여론의 주요한 원천은'. **the press**는 '신문'.

⑥ **The teaching in the elementary schools** '초등학교의 교육은'. **inevitably**는 문장 수식 부사로, *It is inevitable that* the teaching... must become...과 내용이 같다(⇨ 11-3-14). **more and more** standardized(점점 더 규격화되어)와 **more** use가 중간의 **as**를 '...함에 따라'라는 의미로 느끼게 한다(⇨ 5-4예(2)①). **use is made of**는 make use of의 수동태(⇨ 10-3예⑤ the suggestion has been made). '...은 교육 기기의 이용이 늘어남에 따라 필연적으로 점점 규격화할 것이 분명'한 것은 초등학교만이 아니다.

▸ 전역 별책 p. 33

12.1 예제(2)

❶ It has so often been said that the English (though not the Scots, the Welsh, or the Irish) are an inartistic and unimaginative people, that the English have themselves come to believe the accusation. ❷ They are told that they have no vision, that they are more concerned about their pockets than about their minds and souls. ❸ Since they are a modest and a docile people, full of self-distrust and slow to give offence, it seldom occurs to them to point out that the English have had not only the greatest poet of all time but also more great poets than all other countries put together.

힌트 여러 가지 혹평은 있지만, 시야말로 영국의 최대의 자랑이다.

해설 ① **It** has so often been said **that...** 첫머리의 It이 무엇을 가리키는지 찾는 것이 so...that보다 우선한다. It is p.p. that의 구문으로, that은 접속사(⇨ 9-3예(2)①). **so often**의 so는 독자의 예비지식을 전제로 해서 '이 정도로 빈번히'인지 아니면 so를 설명하는 말이 뒤에 나오는지 아직 의문이 해결되지 않는다. the English (**though not the Scots,...**)의 괄호 안은 '스코틀랜드〈나 웨일스나 아일랜드〉 사람은 그렇지 않지만'이라고 읽는다(⇨ 15-1-9). are **an...people** an이 있으니까 '사람들'이 아니지만, 스코틀랜드인 등의 사람들을 포함하지 않는다고 하니까 '국민'이 아니라 '민족'이라고 해석한다. '영국 사람은 〈예술성이 떨어지고 상상력이 부족한〉 민족이다'.

..., **that the English have themselves come to believe...** 이하를 앞의 that과 병행하는 것으로 보고, and가 없는 것은 우연이라

고 대충 넘어가면 안 된다. 여기서 **so**에 대한 의문을 떠올려서 so often..., that이라고 읽는 것이 맞다. themselves에 대해서는 ⇨ 6-2-5. **the accusation**(비난)은 that the English are an inartistic... people을 달리 표현한 것. '잉글랜드 사람은 스스로도 그 비난이 옳다고 믿게 되었다'.

② **They are told that** 이하는 '비난'의 내용. ..., **that they are...**은 and는 없지만 앞의 that they have와 병렬한다고밖에 설명할 수 없다. 여러분도 알기 어렵겠지만, 필자도 괴로운 부분이다. are **more concerned about** their pockets **than about** their minds and souls는 두 부사구의 비교(⇨ 12-1-9). are concerned about... '...에 대해 걱정하다'. their pockets는 '호주머니에 구멍이 났는지'를 걱정하는 것이 아니다. '호주머니의 내용' 즉 '돈 걱정'이다. '영국인은 장사에 빈틈이 없다'라고 시작하는 문장을 2-2예(1)에서 본 것을 기억하는 사람이 있다면 복습은 완벽하다. '정신이나 영혼보다도 돈에 대해 걱정하는 일이 많다'.

③ **Since**는 여기서는 '이유'를 나타내는 접속사로 쓰이고 있다. **a modest** and **a docile** people ⇨ 14-2-pre2. **full of...and slow...**는 앞의 people을 수식한다. slow to－는 '－하는 것이 느리다; 좀처럼 －하지 않다'. *cf.* He *was slow to* react. (그는 반응이 느렸다.) '그들은 온건하고 온화한 민족으로 자기불신에 가득차고 좀처럼 남을 화나게 하지 않기 때문에'.

it seldom occurs to them to point out that...은 it...to－구문(⇨ *cf.* 7-1-5). '...이라고 지적하는 일 같은 건 그들은 거의 생각도 하지 않는다'. **not only the greatest poet of all time** '모든 시대를 통해 가장 위대한 시인뿐만 아니라'란 셰익스피어를 가리킨다. **but also more great poets**를 '보다 위대한 시인'이라고 읽은 사람은 주의할 것. *greater* poets와 달리 *more* great poets는 *many* great poets의 비교급이니까 '...보다도 많은 위대한 시인을 가진'이라고 하

는 것이 맞다.

than all other countries put together가 마지막 난관. countries를 S, put을 V라고 읽으면 뜻이 통하지 않고, 다음의 12.2에서 설명하겠지만 비교구문을 구성하는 원칙에도 어긋난다. 이 put은 과거분사다. 명사(←put together) 전체로 '명사를 합한 것'이라는 의미가 되는 용법이므로, than 이하는 12-1-4의 구성과 같다. '다른 나라를 모두 합한 것보다도 많은 〈위대한 시인...〉'이라는 의미가 된다. *cf.* Japan used to produce more silk than all the rest of the world *put together*[combined]. (일본은 일찍이 세계의 다른 나라들을 전부 합한 것보다 많은 비단을 생산했다.)

▸ 전역 별책 p. 33

12.2 ... than[as] + (S) + V

(a) Comedy is **true** to one side of life.
(b) Tragedy is **true** to another side of life.

(a)(b)는 동일한 구문으로 true라는 단어를 공통적으로 가지고 있다. 여기서 (a)의 true와 (b)의 true 중 어느 쪽이 진실성이 강한지를 비교해서, 양자가 비슷하다는 결론이 나올 경우, 이것을 나타내기 위해 as...as를 써서 기계적으로 두 문장을 결합하면 다음과 같다.

Comedy is as *true* to one side of life as tragedy is *true* to another side of life.

(a)(b)의 문장을 결합할 때 as...as나 비교급 ...than의 어느 것을 사용하든, (b) 속에서 비교의 대상이 되는 말은 하나의 문장이 되는 단계에서는 생략하는 것이 원칙이다. 또 (b)에 대해서는, 독립된 문장일 경우에는 필요한 어구도 전체가 하나의 문장이 되어 전반에서 유추가 가능할 때는 생략되는 경우가 많기 때문에, 이런 관점에서 후반을 정리하면 다음과 같다.

Comedy is as *true* to one side of life as tragedy is to another. (희극이 인생의 한 면의 진실을 전하는 것은 비극이 다른 면의 진실을 전하는 것과 같다.)

만약 (b)가 Comedy is true to another side of life.라면, 다음과 같이 대명사를 사용한다.

Comedy is as true to one side of life as *it* is to another. (희극은 인생의 한 면과 마찬가지로, 다른 면의 진실도 전한다.)

비교구문의 than이나 두 번째 as 뒤에 직접 S+V가 나오는 형태가 이상의 관점으로 전부 설명되지는 않지만, 많은 부분을 이 생각으로 이해할 수 있기 때문에, 우선 그 예를 든다. 각 문장에 달린 *cf.*는 주어진 문장에서 거꾸로 후반을 독립시켰을 때 이론상 상정되는 문장이다.

12.2.1 *We are* better off now than **we were** fifty years ago.

cf. We were *well off* fifty years ago. 예문의 요점은 현재와 50년 전을 대비하는 것이고, we were를 생략하면 12-1-pre8에서 설명한 형태로 돌아간다.

번역 우리는 지금 50년 전보다 풍요롭게 살고 있다.

12.2.2 *These causes are* less important than **they seem**.

cf. They(=these causes) seem *important*. are와 seem의 대비를 해석의 중심에 놓는다. less...than의 번역에 대해서는 ⇨ 12-3-0. 동사의 의미의 이런 식의 대비에 대해서는 ⇨ Index 'be의 번역'.

번역 이들 원인은 보이는 것만큼 중요하지는 않다.

12.2.3 *It is* easier to think in a foreign language than **it is** to feel in it.

cf. It is *easy* to feel in a foreign language. it is를 생략하면 12-1-5참의 구문으로 돌아온다.

번역 외국어로 느끼는 것보다 외국어로 생각하는 것이 간단하다.

12.2.4 The leaves are now so thick that *one does not see* so many birds as **one hears**.

cf. One hears *many birds*.

번역 지금은 나뭇잎이 무성해서, 귀에 들리는 것보다는 보이는 새의 수가 적다.

12.2.5 If knowledge continues to increase, *the world will need* wisdom in the future more than **it does** now.

cf. It(=the world) does(=needs) *wisdom* now. '필요한 정도'를 나타내는 부사 요소의 비교.

번역 지식이 계속 증대하면 앞으로 세상은 지금보다 더 지혜가 필요할 것이다.

참고 She suddenly became ill with a fever, but *it left* her almost as suddenly as **it had come**. (그녀는 갑자기 병에 걸려 열이 났는데, 열은 병에 걸렸을 때와 마찬가지로 갑자기 내렸다)에서는, it left her *suddenly*와 it had come *suddenly*의 두 문장이 suddenly라는 부사에 관해서 비교되고 있다. as suddenly[quickly] as는 '...과 마찬가지로 갑자기[바로]'이지 '...하자마자'(=as soon as)가 아니라는 것에 주의.

12.2.6 When you are writing to someone you have never met, *it is* even more important to make a good impression than **it is** when you are writing to a friend.

cf. It is *important to make a good impression* when you are writing to a friend. it is를 생략하면 ⇨ 12-1-12.

번역 만난 적 없는 사람에게 편지를 쓸 때는 친구에게 쓸 때보다 좋은 인상을 주는 것이 훨씬 중요합니다.

12.2.7 Specialization of function has its dangers but it enables *man to achieve* far more than **he would** if everyone were an all-round man.

than의 앞뒤로 구문이 다른데, enables man to achieve... 속에 숨어 있는(⇨ 2-2-2) man achieves much라는 현실의 경우와 He would achieve much if everyone were...이라는 현실의 반대인 가정을 비교하고 있다고 생각하면 된다(⇨ 12-1-13,14).

번역 기능의 전문화에는 위험도 있지만, 그 덕에 사람은 한 사람 한 사람이 모든 일을 할 때보다 훨씬 더 많은 것을 달성하고 있다.

참고 명사는 주어나 목적어가 될 수 있고 형용사에 의해 수식되지만, 비교 변화는 없다. 한편 형용사와 부사는 비교급이 있고 부사에 의해 수식되지만, 주어나 목적어가 되지는 못한다. 한 단어가 때로는 명사로 때로는 형용사로 쓰이는 경우는 있어도(We are *human* beings. / We are *humans*.), 그건 어디까지나 상황이 다른 경우고 같은 상황에서는 원칙적으로 하나의 단어가 두 가지 역할을 겸할 수 없다. 그런데 much, little [few] 및 그 비교급과 최상급은 이 점에서 예외가 된다. *Very* **little** is known about him. (그에 대해서는 거의 알려진 것이 없다)의 little은 very라는 부사에 의해 수식된다는 점에서는 형용사지만, is의 주어가 된다는 점에서는 명사의 역할을 하고 있다. 말하자면 이 little에는 두 개의 얼굴이 있어서, 앞의 very에는 형용사의 얼굴을, 뒤의 is에는 명사의 얼굴을 보여주는 것이다. 12-2-5의 more는 부사인데(*cf.* The world will need wisdom *very much*.), 위 문장의 more는 achieve의 목적어인 동시에 비교급이라는 점에서는 형용사의 역할을 포함한다. 이 점을 모르면 다음과 같은 문장에서 is to be의 주어가 무엇인지 헤매게 된다.

Surely every man deserves the study of a biographer. As **much** *is to be* learned from the ordinary as from the extraordinary. (분명 모든 사람은 전기 작가가 연구할 가치가 있다. 평범한 사람으로부터도 비범한 사람과 마찬가지로 많은 것을 배울 수 있다.)

(a) The work was **difficult**.

(b) *We had thought* the work was **difficult.**

(a)의 The work...은 문장의 중심이고 (b)의 the work...은 종속절이지만, 그래도 비교가 가능하기 때문에 as...as를 사용해서 양자를 결합하면 다음과 같이 된다.

The work was as difficult as **we had thought it was.**

물론 이 문장도 맞지만, it was 부분은 전반에 전부 언급되었으니 이것을 또 생략해서,

The work was as difficult as **we had thought.** (그 일은 우리가 생각한 대로 어려웠다.)

라고 하는 편이 깔끔한 문장이 된다.

12.2.8 We never believe *we are* as fat or as thin and bony as **other people say we are.**

cf. Other people say we are *fat*[*thin and bony*]. 첫 번째 as가 두 개 있는 것에 주의.

번역 우리는 남들이 말하는 것만큼 뚱뚱하지도 않고 말라서 뼈가 앙상하지도 않다고 믿는다.

12.2.9 *This work* of science *is* much more difficult of attainment than **those** who have not tried **imagine.**

difficult of... '...하는 것이 어렵다'. *cf.* Those...imagine *it* (=this work of science) *is difficult.*

번역 과학이 하는 이 일은 그것을 해보려고 한 적이 없는 사람이 생각하는 것보다 훨씬 달성하기 어려운 일이다.

이상은 비교구문의 구성을 비슷한 형태를 갖는 두 문장의 조합으로 살

펴보았는데, than[as] (S)+V...에는 또 다른 형태가 있다. 다음 문장의 빈 칸에 들어가는 말은 무엇일까?

There is more money (   ) is needed. (돈이 필요 이상으로 있다.)

빈 칸에 들어가는 말은 is needed의 주어가 됨과 동시에 이것을 절로 묶어서 money를 수식하는 말이니까 관계사여야 하는데, 동시에 앞의 more를 살릴 필요도 있다. 첫 번째 조건으로 보면 which, 두 번째 조건으로 보면 than이 들어갈 텐데, 이 경우에는 두 번째 조건을 우선해서 than이 들어간다. 이 than은 관계사의 역할을 하면서 is의 주어가 된다.

12.2.10 He was born under *a bluer sky* **than** *is* generally seen in England.

cf. *A blue sky* is generally seen in England.

번역 그는 영국에서 보통 보는 것보다 더 푸른[영국에서는 보통 볼 수 없을 만큼 푸른] 하늘 아래서 태어났다.

12.2.11 She requires *more attention* **than** she is *receiving.*

cf. She is receiving *attention.* 이 than은 목적격의 관계사.

번역 그녀에게는 지금 받고 있는 것보다 더 큰 주의가 필요하다.

12.2.12 These nuclear power stations should produce *as much electricity* **as** *is produced* by eighteen million tons of coal.

as는 electricity를 선행사로 하는 주격의 관계사로 is...의 주어.

번역 이들 원자력 발전소는 1800만 톤의 석탄에 의해 만들어지는 것과 같은 양의 전력을 만들어 낼 것이다.

12.2.13 The government sent out to the district *as many doctors* **as** it *had* at its disposal, and **as** the budget was able to pay *for.*

as it의 as도 *as* the budget의 as도 doctors를 선행사로 하는 관계사로, 전자

는 had, 후자는 for의 목적어. as many...은 '마찬가지로 많은'이 아니라 '...과 같은 수의'라는 뜻이므로, 해석은 다음과 같다.

번역 정부는 관할 하에 있는, 예산이 허락하는 만큼의 의사를 모두 그 지역에 파견했다.

참고 Things went better **than** *had been expected.* (사태는 예상한 것보다 순조롭게 진행됐다)에서는 than의 선행사가 분명하지 않지만, Things went well, *which* had been expected. (사태는 순조롭게 진행됐는데, 그것은 예상대로였다)라는 문장의 Things went well 전체를 선행사로 하는 which와 비교하면, 이 문장의 than의 역할도 그것과 같다는 것을 알 수 있다.

12.2 예제(1)

❶ Our humanity is by no means so materialistic as foolish opinion is continually asserting it to be. ❷ Judging by what I have learned about men and women, I am convinced that there is far more in them of idealistic power than ever comes to the surface of the world.

힌트 인간 안에 감추어져 있는, 이상주의에 대한 흔들리지 않는 신뢰.

해설 ① **Our humanity** '우리들 인간'. 이 경우의 humanity는 인류(=mankind)의 의미로, '인간성'이 아니다. **by no means**는 The explanation is *by no means* satisfactory. (그 설명은 결코 만족할만한 것이 아니다)와 같이, 주어와 동사의 연결을 부정하는 숙어(⇨ 5-1-pre6 at no time). **materialistic**은 '실리[물질]주의의'. **no...so...as foolish opinion is continually asserting** it(=our humanity) is라면, 12-2-8의 as...as...as other people say we are와 같은 종류의 형태. 여기서는 그것이 ...asserting **it to be**라는 V+O+to－의 구문으로 압축되었다. '끊임없이 주장되는 말도 안 되는 의견과 달리, 실

리적이지 않다'.

② **Judging** by는 분사구문. '〈남녀의 인간에 대해 내가 알게 된 사실〉로 판단하면'. **I am convinced that** ⇨ 3-2-5. there is **far more** in them **of idealistic power**의 is의 주어는 far에 의해 강조되는 비교급의 more(⇨ 12-2-7). more...of는 2-2예(1)②의 little of와 같은 종류의 형태. 번역할 때는 부사적으로 '나는 사람들 안에 ... 보다 훨씬 많은 이상주의적인 힘이 있다고 믿는다'. **than ever comes to the surface of the world**의 than은 idealistic power를 선행사로 하는 관계대명사로 comes의 주어(⇨ 12-2-10). ever를 포함해서 '세상의 표면에 드러나는 것보다 훨씬 많은[세상의 표면에 드러나는 일은 거의 없을 정도로 많은] 〈이상주의적인 힘〉'.

▸ 전역 별책 p. 33

12.2 예제(2)

❶ The one fact that makes the atomic bomb a unique weapon is that it contains an enormous amount of energy in a very small package and releases that energy at tremendous speed. ❷ It represents concentrated energy, several million times as concentrated as in any form previously known. ❸ The total amount of energy in a bomb is not as great as man has used or felt in other forms. ❹ A few thousand tons of coal contains as much. ❺ A thunderstorm releases much more. ❻ The sunshine that lifts millions of tons of water from the sea high into the clouds exerts immeasurably greater energy. ❼ But in these forms it is spread thin. ❽ In the bomb it hides quietly in a few pounds or kilograms of the "atomic" material, then suddenly releases itself in a very small space and in an instant of time. ❾ That is what is needed in an explosion and this is the fastest and most powerful of all.

힌트 원자폭탄이 무서운 이유는 핵폭발의 특이성에 있다.

해설 ① **The one fact that** makes... the one+명사+관계사의 형태에서 the one은 '(다수 가운데) 하나'가 아니라 '유일한'이라는 의미다. '〈원자폭탄을 독자의 무기로〉 하고 있는 유일한 사실은'. **is that it contains**는 be+that절(⇨ 3-2-1). an enormous amount of energy를 지나서 **in a very small package**가 contains에 걸리는 V+O+M 구문(⇨ 11-2-0(b)). '원자폭탄은 막대한 양의 에너지를 아주 작은 껍질 속에 담고 있다'. *contains*...**and** *releases* that energy at tremendous speed로 연결된다. '그 에너지를 무서운 속도로 방출〈하는 것이다〉'.

② **It represents concentrated energy**(그것은 집중된 에너지에 상당하다)에서 energy를 수식하는 과거분사 concentrated를 반복하고 거기에 비교표현을 덧붙인 것이 **several million times as** *concentrated* **as in any form previously known**(⇨ 12-1-8[참]). in any form previously known은 앞 부분에 숨어 있는 in this form과 비교되는 것으로 본다. '기존에 알려진 어떤 형태의 것보다 수백만 배나 집중된 〈에너지에 상당한다〉'.

③ **The total amount of energy in a bomb** '폭탄 속 에너지의 총량은'. is not **as** great **as man has used or felt in other forms** '사람이 다른 형태로 사용하거나 느꼈을 때만큼 크지는 않다'는, 이 장에서 기술한 사고방식으로는 설명할 수 없는 예외적인 형태지만, 의미를 이해하는 것은 크게 어렵지 않다.

④⑤는 ③의 in other forms를 구체적으로 설명한 것. contains **as much**를 '〈수천 톤의 석탄은〉 많은 에너지를'이라고 보고, 그렇다면 as는 뭐냐고 물었을 때 어조를 위해서 들어간 것이 아니냐고 얼버무리면 곤란하다. 영문을 정확하게 해석하는 데는 as와 같은 작은 단어에 집착하는 것이 필수 요건이다. as much energy *as the bomb*라고 보충해서 '〈수천 톤의 석탄은〉 (그 폭탄과) 같은 양의 에너지를 포함한다'라고 해석한다. ⑤도 much more (energy) *than the* *bomb*이므로 '〈뇌우는〉 (그것보다) 훨씬 많은 에너지를 방출한다'.

⑥ **The sunshine** that lifts...**exerts**...이 문장의 중심. '〈수백만 톤의 물을 하늘 높이 구름 속으로〉 끌어올리는 햇빛은'. exerts **immeasurably greater energy** (than the bomb)의 immeasurably는 greater를 강조하는 부사라는 것에 주의. '(원자폭탄보다) 측량할 수 없을 만큼 많은 에너지를 작동하게 한다'. *cf.* This is *incomparably* greater than that. (이것은 그것과 비교도 안 될 정도로 크다.)

⑦ **it is spread thin** '에너지는 확산되어 희박해져 있다'.

⑧ In the bomb it hides **quietly** in a few pounds or kilograms of the "atomic" material의 hides는 자동사. 조용한 quietly라는 단어가 갖는 기분 나쁜 힘을 알아차렸는지의 여부가 이 문장 전체의 이해를 측정하는 척도. '원자폭탄에는 그 에너지가 수 파운드 혹은 수 킬로의 "핵물질" 속에 조용히 숨어 있다'.

then suddenly **releases itself**는 '타동사+oneself' (⇨ 3-2예(2)[역]). '그리고 갑자기 〈매우 좁은 공간에 한 순간〉 방출된다'.

⑨ **That is what** is needed(⇨ 4-2-6)의 That은 ⑧의 후반을 받아서, 에너지의 방출이 시간적으로나 공간적으로나 극도로 응축된 형태에서 이루어진다는 것을 가리킨다. '그것이 폭발에 필요한 것이며'. **this is the fastest and most powerful of all** '이 [원자폭탄의] 폭발은 모든 폭발 중에서 가장 빠르고 가장 강력하다'.

▸전역 별책 p. 34

12.3 ... A than B

(a) He is **less** wise **than** his brother.

(b) He is **less** a poet **than** a novelist.

less...than~이라는 형태는 more...than과 달리, 이것을 직역한 '~보다 더 적게 ...하다'라는 사고방식이 우리말에는 없다. 그래서 less...than은 항상 다른 구문으로 바꿔서 번역해야 한다. (a)는 '그는 형만큼 똑똑하지 않다'라고 번역하면 되는데, 이것은 less...than 그 자체가 아니라 He is not so wise as his brother.를 번역한 것이다.

한편 (b)는 '그는 소설가인 것만큼 시인이 아니다'라고 번역하면 이상하다. 이것은 비교형식 자체가 독특하기 때문이다. (a)에서는 He와 his brother, 기호로 하면 **S** is less...than **S′**의 S와 S′가 '똑똑함'의 측면에서 비교되고 있다. 이에 비해 (b)는 '그'를 평가하는데 '시인'과 '소설가' 중 어느 쪽이 적절한지가 문제다. 기호로 하면 S is less **A** than **B**의 형태로 A와 B가 비교되고 있으며, 결론은 (S가 A인 것) < (S가 B인 것), 간단히 말하면 A<B다. 따라서 'B보다 A가 작다'가 우리말로 어색하면, 부등호를 거꾸로 해서 'B는 A보다 크다', 즉 '그는 시인이라기보다 소설가다'라고 번역하는 것이 좋다.

12.3.1 *A man* who is born with a great share of some special talent is probably less deeply affected by nurture than **one** whose ability is generalized.

번역 어떤 특별한 재능을 많이 가지고 태어난 사람은 일반적인 재능을 가진 사람만큼 양육에 따른 영향을 받지는 않을 것이다.

12.3.2 The role of the historian is less *to discover* documents than **to interpret** them.

번역 역사가의 역할은 사료의 발견보다도 오히려 그 해석에 있다.

12.3.3 The strength of a state depends far less *upon the form* of its institution than **upon the character** of its men.

번역 국가의 힘은 그 제도의 형태보다는 그 국민의 성격에 훨씬 많이 의존한다.

rather A than B(=A rather than B)도 같은 종류의 비교형.

12.3.4 What we need today is more technicians who can be the foundation of the country **rather than** more aspiring politicians.

번역 오늘날 필요한 것은 야심적인 정치가를 늘리는 것보다 오히려 국가의 기반이 되는 기술자를 늘리는 것이다.

12.3.5 I love my things, I **would rather** not part with them **than** sell them to someone who does not appreciate them.

would rather A than B는 'B보다도 A를 하고 싶다'라는 의미. 위 문장처럼 than 뒤에 동사가 나오는 경우는 원형부정사를 사용한다. part with... '...을 내어놓다'. *cf.* part from... '...과 헤어지다'

번역 나는 내 상품을 사랑하기 때문에, 그 장점을 모르는 사람에게 팔 것 같으면 차라리 내놓고 싶지 않습니다.

not so...as의 형태가 so 뒤에 나오는 말(A)과 as 뒤에 나오는 말(B)의 비교가 되는 경우에는, He is **not so much** a poet **as** a novelist.처럼 so 뒤에 much를 넣어 비교의 형식이 바뀐 것을 표시한다. 따라서 영문을 읽다가 not so much를 보면, ❶뒤의 as를 찾아서 전체가 ...not so much A as B 구문이라는 것을 확인하고, ❷...A와 ...B라는 두 개의 연결을 따로 만들어 그 의미를 파악하고, ❸'A보다 오히려 B'라는 형태로 전체를 정리하는 순서를 밟는 것이 좋다.

12.3.6 The spread of language depends **not so much** upon the character of the language itself, **as** upon the character of the men who speak it.

번역 한 언어가 사용되는 지역이 넓은지 어떤지는 그 언어 자체의 성격보다 그것을 사용하는 사람들의 성격에 의해 결정된다.

12.3.7 I think the great thing in this world is **not so much** where we stands **as** in what direction we are moving.

번역 이 세상에서 중요한 것은 자신이 지금 어디에 있는가 하는 것보다 어느 방향으로 향하고 있는가이다.

12.3.8 What the world needs today is **not** the disinterested scholar **so much as** the man of action.

not...so much as=not so much...as

번역 현재 세상이 필요로 하는 것은 공정한 학자보다 오히려 행동하는 인간이다.

12.3.9 I came to value farming **not so much** as the source of my livelihood, **but** more as the mainspring of my power for writing.

not so much...as와 not...but을 혼동해서 not so much...but이라는 형태를 사용하는 일이 있다. 의미는 not so much ...as와 같다. 이 경우에 but 뒤에 more나 rather가 들어가도 의미는 같다.

번역 내가 농사일이 중요하다고 생각하게 된 것은, 생계의 원천으로서보다 오히려 글을 쓰는 힘의 주요한 원천으로서였다.

12.3 예제

❶ Deeply religious and intensely democratic as are the mass of the whites, they feel actually the false position in which the Negro problems place them. ❷ White people are moved by a bad conscience. ❸ If they really believe there is danger from the Negro it must be because they do not intend to give him justice. ❹ Injustice always breeds fear. ❺ The main difficulty of the race question does not lie so much in the actual condition of the black as it does in the mental attitude of the whites.

힌트 흑인문제에서 생기는 백인의 양심의 고뇌.

해설 ① **Deeply religious and intensely democratic as are the mass of the whites, ...** Though he is rich, he is not happy.라는 문장과 같은 내용을 접속사 as를 써서 Rich *as* he is, he is not happy. (그는 부자지만 행복하지 않다)라고 쓸 수 있다. 이 경우 as는 반드시 절 내부에 들어가는 것이 원칙이다. *Though* **the mass of the whites are deeply religious...**을 출발점으로 해서 마찬가지로 변형하면, Deeply religious...*as* the mass of the whites *are*가 되는데, 약한 be동사가 as절의 마지막에 오는 것을 피하기 위해 as+V+S라는 도치문으로 한 것(⇨ 5-4-pre9)이 이 예문이다. '백인들은 깊은 신앙심과 강한 민주적 정신을 가지고 있지만'. **they feel actually the false position**의 the false position '위선적 입장'이란 교회 안에 있을 때는 신의 사랑을 믿고 백인 사이에서는 인간의 평등한 권리와 자유를 말하면서, 상대가 흑인일 때는 그것을 잊고 상반된 행동을 하는 것. '그들은 흑인문제에서 그들이 취하게 될 위선적인 입장을 실제로 느끼고 있다'.

② **are moved by a bad conscience**의 bad conscience는 '떳떳치 못한 마음'을 말한다. '떳떳치 못한 마음이 백인의 행동을 결정한다'.

③ **If they really believe**의 뒤에는 접속사 that이 생략되었다. '〈흑인으로 인해 발생하는 위험이 있다고〉 백인이 진지하게 믿는다면'. **it must be because...**이 이 문장의 중심이 되는 S+V. it은 앞의 If절의 내용을 가리킨다. give...justice는 '...을 정당하게 취급하다'. '그것은 틀림없이 흑인을 정당하게 대우하〈려고 하지 않기〉 때문이다'.

④ **Injustice always breeds fear.** '불의는 항상 공포심을 낳는다'라고 해서 '불의'를 당하는 사람들이 공포를 느낀다는 뜻이 아니다. '불의'를 행하는 사람들이 마음속 어딘가에서 자기가 하는 일이 옳지 않다고 느끼고 있기 때문에, 혹시 상대방이 심각하게 화를 내면 어쩌나 하고 두려워하고 그 두려움 때문에 한층 과격한 행동으로 나가게 된다. 이런 역설이 ②~④의 내용의 기반이 된다.

⑤ **The main difficulty of the race question** '인종 문제의 주된 어려움은'. does **not** lie **so much** in the actual condition of the black **as** *it does* in the mental attitude...은 not과 so much와 as가 떨어져 있고, so much 뒤의 어구와 as 뒤의 어구에 형식상 대응관계가 없다는 점에서, 기본형과 다르다. 하지만 it does=the main difficulty lies라는 것, 그것을 제외하고 The main difficulty...lies *not so much* in the actual condition of the black *as* in the mental attitude...이라고 하면 기본형으로 돌아간다는 것을 알아차리는 것은 그리 어려운 일이 아닐 거다. '〈인종문제의〉 주된 어려움은 흑인의 실태보다 오히려 〈백인의〉 정신적인 자세 속에 있다'.

▸ 전역 별책 p. 34

Chapter 13

비교의 특수한 문제

no ... 비교급[so] ... than[as] 

no more ... than, etc. 

the+비교급 

CHAPTER **13**

비교의 특수한 문제

프로야구를 좋아하는 일본인이라면 센트럴리그와 퍼시픽리그의 우승이 결정된 것만으로는 부족해서 일본시리즈까지 봐야 직성이 풀린다. 또 고교야구의 전국 1위를 결정하기 위해서라면 때로 투수가 15회까지 던지는, 보기에 따라서는 잔혹하기 짝이 없는 광경을 수천만의 사람들이 의심 없이 지켜보고 있다. 뭔가가 두 개 있으면 그 우열을 비교하지 않으면 성에 차지 않는 것이 사람, 특히 현대인의 본능이다. 그것은 언어의 세계에도 반영되어 비교 표현이 아주 많이 사용되는데, 결국에는 본래의 비교를 떠난 영역에까지 비유라는 형태로 비교 표현을 집어넣는다. '사상 최고의 걸작'이라는 영화회사의 광고 문구를 사실로 받아들인 사람은 그 직후에 '일찍이 없었던 수작'이라든가 '동서고금에 보기 드문 대작'이라는 말이 이어지는 것을 보고, 현대를 '유례없는' 영화예술의 전성기라고 생각할지도 모르겠지만, 저런 표현이 실제로 비교하고 나서 한 말이 아니라는 것은 영화관에 가보면 바로 알 수 있다. 이 경우의 수식어에는 단순하고 주관적인 강조 표현 이상의 의미는 없다. 이 장에서는 이런 비유적인 표현에 쓰이는 비교 형식을 포함해서, 비교의 중요한 숙어 표현을 살펴본다.

13.1 no ... 비교급[so] ... than[as]

주어진 Ignorance is *the most* dangerous thing.이라는 문장을,

> (a) **No**thing is **more[so]** dangerous **than[as]** ignorance.
> (b) Ignorance is **more** dangerous **than any other** thing.

으로 바꾸는 문제는 대부분 경험했을 것이다. 이 장에서는 우선 이렇게 비교급 또는 원급으로 최상급과 같은 내용을 표현하는 구문부터 시작하자.

13.1.1 There is **no** country where family life has always been **more** readily thrown open to friends, and even to strangers, **than** England.

throw...open '...을 열어젖히다'

번역 영국만큼 가정생활을 항상 친구, 심지어 모르는 사람에게까지 기꺼이 개방하는 나라도 없다.

13.1.2 There is **nothing** I want **more than** that you should be happy and contented.

nothing과 I want 사이에 관계사가 생략되어, 뜻은 I want nothing more than that...과 같다. nothing과 접속사 that으로 시작하는 명사절의 비교로, more는 부사(⇨ 12-2-5).

번역 나는 네가 행복하고 만족하는 것보다 더 바라는 것이 없다.

13.1.3 He was **never so** happy **as** when he was trying to make other people happy.

never so...as의 형태로 부사요소를 비교하고 있다(⇨ 12-1-12).

번역 그는 다른 사람을 행복하게 만들려고 노력할 때보다 더 행복한 때가 없었다.

13.1.4 The world-wide progress of countries toward independence is **nowhere more** evident **than** in Africa today.

13-1-3에서는 '시간'에 관한 부사요소를 비교했고, 이번에는 '장소'에 관한 부사요소의 비교다.

번역 세계적으로 모든 나라가 독립을 향해 전진하고 있지만, 지금의 아프리카만큼 뚜렷한 곳이 없다.

13.1.5 There are **few** experiences quite **so** satisfactory **as** getting a good idea.

few는 부정의 의미를 포함하기 때문에 few...so[more]...as[than]도 최상급에 가까운 표현이 된다.

번역 좋은 생각이 떠오르는 것만큼 만족감을 주는 경험도 없다.

13.1.6 **What** can be **more** natural **than** this mistake?

What은 반어의 의문. 의미는 Nothing can be...과 같다.

번역 이 실수보다 자연스러운 것이 있을까?

13-1-1~6의 경우, 형태는 비교급이어도 내용이 최상급이라는 것을 보여주는 표시가 no[few, what]...more[so]...than[as]의 세 단어였다. 그런데 앞뒤 문맥으로 비교 대상을 알 수 있어서 than[as]... 이하를 쓰지 않는 경우는, 표시가 한 개 줄어들게 된다. more를 쓴 경우는 비교 표현이라는 것이 명백하지만, -er에 의한 비교급이나 so는 놓칠 수 있으므로 주의해야 한다.

13.1.7 We indeed hear it not seldom said that ignorance is the mother of admiration. A **falser** word was **never** spoken, and **hardly** a **more** mischievous one.

두 번째 문장을 '틀린 말을 들은 적이 없다'라고 해석하면 거의 반대의 의미가 된다. false가 아니라 *falser*라는 것에 주목해서 spoken 뒤에 than this를 보충해서 읽는다. 후반은 ...mischievous one *was spoken than this*라는 뜻(⇨ 14-4-10). hear it...said that ⇨ 7-2-pre7.

번역 칭찬이 무지에서 나온다는 말은 사실 적잖이 듣는다. 하지만 이것보다 잘못된 말도, 또 이것보다 유해한 말도 들은 적이 없다.

13.1.8 Ours is a self-conscious age. Perhaps **never** before in history has man been **so** much a problem to himself.

ours=our age. *cf.* *Mine* is a large family. (우리 집은 대가족입니다.) 두 번째 문장을 '인간이 매우 큰 문제가 된...'이라고 하면 뜻이 통하지 않는다. so를 '그 정도로'라고 보고(⇨3-4-2참), '그 정도'가 '어느 정도'인지를 생각함으로써 as in this age라고 보충한다. never...has man been ⇨5-1-4.

번역 현대는 자의식 과잉의 시대다. 아마도 역사에서 인간이 자신에게 이 정도까지 문제가 된 시대는 일찍이 없었을 것이다.

13.1.9 There seems scarcely a doubt that engineers have benefited mankind **more than any other** class of professional men.

번역 기술자가 다른 어떤 전문가보다도 인류에 공헌해온 것은 거의 의심의 여지가 없어 보인다.

참고 To any farmer, storms are **more** terrible **than anything else**. (농민에게 폭풍우는 다른 어떤 것보다도 무섭다.)

I have been **more than** *most men* conscious of my age. (나는 웬만한 사람들 이상으로 내 나이를 의식해왔다)에서는 비교와 관련된 요소가 문장 속에서 하나로 정리되어, 그 부사적인 역할이 강조되어 있다(*cf.* I have been *more* conscious of my *age than* most men.). 이 형식에 more than any other 구문을 사용하는 경우도 많다.

13.1.10 The poet, **more than any other** writer, tries to look at words afresh.

번역 시인은 다른 어떤 종류의 작가보다도 새로운 각도에서 언어를 보려고 노력한다.

more...than any other와 동일한 내용을 '시간'에 적용해서 '지금까지의 어떤 시대보다도'라고 말하려고 할 때는 than ever (before)가 쓰인다.

13.1.11 Human life today is long**er** and healthi**er than ever** before in the history of the world.

번역 오늘날 인간은 역사상 일찍이 없었던 만큼 긴 수명을 가지고 건강한 생활을 보내고 있다.

as...as any other는 more...than any other와 대응하는 원급의 표현인데, 이 경우는 any 뒤에 other가 나오지 않을 때도 있다. '어떤 ...못지않은'이라고 번역될 때가 많다.

13.1.12 I think I may say that I understand the nature of life on this earth **as** well **as any (other)** man now living.

번역 나는 이 지구상의 생명의 본질이 어떤 것인지, 지금 살아 있는 어느 누구 못지않게 이해하고 있다고 말할 수 있다고 본다.

13.1 예제

❶ The warlike, adventurous Japanese of the sixteenth century became by the nineteenth century an obedient people looking meekly to their rulers for all leadership and following without question all orders from above. ❷ They grew accustomed to firmly established patterns of conduct. ❸ Nowhere in the world is the social code of manners more rigorously observed by all classes in all situations than in Japan, and nowhere else is physical violence less in evidence. ❹ The Japanese when thrown on their own judgment away from their normal environment seem to be more at a loss than peoples accustomed to greater freedom of action at home.

힌트 긴 봉건시대를 지나는 동안 일본인이 자주성을 잃었다는 내용. '폭력'에 대한 관찰은 의심쩍지만, 나머지는 대체로 맞는 것 같다.

해설 ① **The warlike, adventurous Japanese** '호전적이고 모험을 즐기는 일본인'. **became** (by the nineteenth century) **an obedient people** '19세기까지는 순종적인 민족[국민]이 되었다'. **looking**과 **following**은 an obedient people을 수식하는 현재분사. 단 이 정도로 뒤가 길면 앞에서부터 번역하는 방법을 생각한다. look to...은 '...쪽으로 시선을 향하다'인데, look *to* him *for* help처럼 뒤에 for...이 나오면, '도움을 청해 그를 보다' → '그의 도움에 기대다'라는 의미가 된다. 여기는 looking **meekly to their rulers for all leadership**으로 '지배자가 모든 것을 지도해주기를 얌전하게 기대하다'. following (without question) **all orders from above**는 V+M+O. '위에서부터의 모든 명령에 의심 없이 따르다'.

② **grew accustomed to**...은 '...에 익숙해졌다'. **firmly established patterns of conduct** '견고하게 수립된 행동양식'. 사농공상의 구별에 근거한, 계급의 내부 및 계급과 계급 사이에 보이는 행동양식을 생각해본다.

③ **Nowhere**가 Now / here(지금, 여기서)로 보인다면 이 문제는 무리다. No / where는 not과 anywhere가 만나서 생긴 부사(⇨ 13-1-4). '어디서도 ...이 아니다'. Nowhere **in the world**가 문장 앞에 나왔기 때문에, 뒤는 Ⓥ+S+V라는 도치문이 되었다(⇨ 5-1-4). 본래의 어순으로 하면 *the social code of manners is nowhere in the world* **more rigorously observed...than in Japan**. more와 than이 이 정도로 떨어져 있으면, more 부분의 비교 대상이 than...으로 뒤에 나올 것을 예상하고, 이 문제가 풀릴 때까지 만족하지 않는 자세가 중요하다. observe는 여기서는 '관찰하다'가 아니라 '(법률 등을) 지키다'. '세계에서 일본만큼 〈모든 계층의 사람들이 모든 상황에서〉 예의범절이라는 사회적 규칙을 엄격하게 지키는 곳도 없다'. than 뒤의 in Japan은 nowhere(=in no place)와 대응하는 부사구.

nowhere else is physical violence less in evidence도 도치문이다. 정상적인 어순은 *Physical violence is* nowhere less in evidence (than in Japan). physical violence는 '폭력', be in evidence는 '확실히 보여 [존재하다]'인데, '일본만큼 폭력이 보이는 곳은 없다'라고 생각한 사람은 실제 상황 때문에 영문을 잘못 읽은 것. 이런 의미라면 nowhere...*more* in evidence가 될 것이다. less가 쓰였으니, 반대로 '일본만큼 폭력이 보이지 않는 곳도 없다'가 맞다.

④ **The Japanese when** (they are) **thrown on their own judgment**라고 읽는다. **away from their normal environment**는 thrown에 걸린다. '일본인은 평소의 환경을 떠나서 자신의 판단으로 뭔가 결정해야 되면'. **seem to be more at a loss than...** '...보다 어쩔 줄 모르는 것처럼 보인다'. **peoples**(=S) **accustomed**(=V)라고 읽는 것은 잘못. accustomed는 peoples를 수식하는 과거분사(⇨ 12-1-4). '(일본인보다) 많은 행동의 자유에 익숙해져 있는 〈국민〉'.

▸전역 별책 p. 35

13.2 no more ... than, etc.

(a) She is **as** beautiful **as** her sister.
(b) She is **as** beautiful **as** Cleopatra.

(a)에서는 그녀와 언니의 미모가 본래의 의미에서 비교되고 있다. 여기서 문제가 되는 것은 그녀와 언니의 상대적인 아름다움이지 절대적인 미의 기준에 비추어 판단한 것이 아니라는 사실은, She is as beautiful as her sister, *but not so beautiful as Jane.*이라고 말할 수 있는 것에서 분명하다. 하지만 (b)에서는 그녀와 클레오파트라가 비교되는 것은 아니다. 클레오파트라는 미인의 상징으로, 그녀와 마찬가지로 아름답다는 것은 She is *very* beautiful.이라는 절대적인 내용을 모양만 비교형식을 빌려서 서술한 것이

다. 이 경우는 문장이 통상의 비교구문과 다르다는 것을 보여주는 말은 Cleopatra뿐인데, 비교 형식 자체에 이런 절대적 의미를 나타내고 싶을 때는 as...as 대신 no less...than을 사용한다.

13.2.1 She is **no less** beautiful **than** her mother.

번역 그녀는 어머니만큼 아름답다.

no less...than 대신 ...no less than 형태를 쓰는 경우가 있다. 의미는 같다.

13.2.2 The most lowly organism has the miraculous power **no less than** the most advanced.

cf. ...has *no less* miraculous power *than*...

번역 가장 하등한 생물에도 가장 고등한 생물 못지않은 불가사의한 힘이 있다.

13.2.3 Moral character and good health should be cherished and encouraged **no less than** ability.

번역 도덕적 품성이나 건강도 재능과 마찬가지로 소중히 하고 장려하지 않으면 안 된다.

He has **no less than** 100 dollars. (그는 100달러나 가지고 있다)는 번역 방법은 다르지만, 100달러를 적극적으로 평가할만한 것으로 생각한다는 점은 같다. 13-2-4는 이런 유의 문장이 변형된 것이다.

13.2.4 He is **no less** a person **than** the president.

번역 그가 바로 다름 아닌 대통령입니다.

오른쪽 그림에서 보면 no less than 100 dollars가 선 위의 점을 나타낸다면, He has **not less than** 100 dollars. (그는 적어도 100달러를 가지고 있

다)의 not less than은 막대를 나타낸다. She is **not less** beautiful **than** her mother. (그녀는 어머니 못지않게 아름답다)도 번역은 달라도 본질적인 내용은 같다.

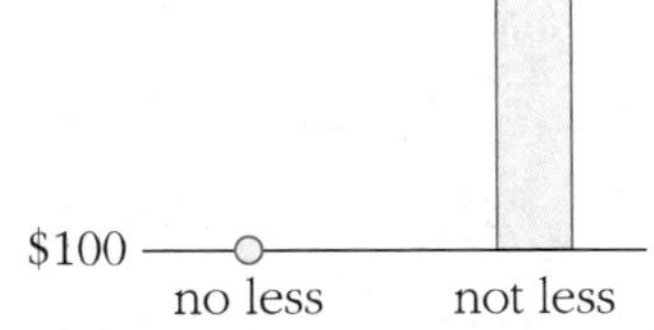

13.2.5 This quality is **not less** indispensable to a man in order to live alone **than** it is to enable him to cooperate with his fellows.

than 이하는 it(=this quality) is (*indispensable*) to enable...이라고 본다(⇨ 12-2-0).

번역 이 성격은 사람이 주위 사람들과 협력하기 위해서도 필요하지만, 그에 못지않게 혼자 살아가기 위해서도 절대적으로 필요하다.

She is as beautiful as Cleopatra.의 Cleopatra의 위치에 the ugly woman을 넣으면, 이론적으로는 '못생긴 여자와 마찬가지의 아름다움' → '아름답지 않은 것'을 나타내게 되어, She is *not* beautiful.과 같은 의미가 된다. 이 문장이 실제로 쓰이는 일은 없지만, 아래의 문장은 바로 이런 생각에 근거한 것이다.

13.2.6 Children know what they want, and any attempt to discourage them will be about **as** successful **as** taking a beef bone away from a hungry dog.

'개에게서 ...뼈를 빼앗는 것과 같은 정도로 성공하다'라고 하면 무슨 말인지 알 수 없다. taking 이하가 성공할 리가 없는 것의 예라는 것을 파악하고, 다음과 같이 번역한다. about은 as...as를 수식한다.

번역 아이들은 자기가 무엇을 원하는지 확실히 알고 있고, 그것을 단념하게 하려고 해도 굶주린 개에게서 소뼈를 빼앗는 것과 같아서, 일단 성공할 가능성은 없다.

위 문장은 두 번째의 as 이하가 내용으로 봐서 당연히 부정된다는 것 때문에, 전반을 부정적으로 느끼게 한다. 이런 사고를 구문 자체로 보여주는 것이 no more...than~ (...이 아닌 것은 ~이 아닌 것과 마찬가지다)이다.

13.2.7 One can **no more** write good English **than** one can compose good music, merely by knowing the rules.

'규칙을 아는 것만 가지고는 훌륭한 영어를 쓸 수 없다'는 것을 납득시키기 위해서, '규칙을 아는 것만으로 훌륭한 곡을 만들 수 있는 건 아니다'라는 것을 근거로 보여주는 문장. 이 구문에서 than 이하에 no나 not이 나오지는 않지만, 문장 구조상 이 부분은 반드시 부정적으로 느껴진다는 점에 주의. merely (=only)는 by knowing을 수식한다(⇨11-3-3).

번역 규칙을 아는 것만으로 훌륭한 영어를 쓸 수 있는 것이 아니라는 것은, 그것만으로 훌륭한 곡을 만들 수 있는 것이 아닌 것과 마찬가지다.

참고 '...곡을 만들 수 없는 것처럼 ...영어는 쓸 수 없다'라고 뒤에서부터 번역해도 된다. 하지만 '...영어를 쓰지 못하는 것처럼 ...곡을 만들 수 없다'라고 하면, 논지의 중심이 바뀌어서 맞지 않다.

13.2.8 He had been riding among the hills since early morning, and the look of the country had **no more** changed **than** if he had stood still.

than if ⇨12-1-14. than *it would* (*have changed*) if he had...의 주절 부분에 부정이 더해져서, '정지하고 있는 경우에 풍경이 바뀌지 않는 것(과 같다)'라는 의미가 된다. stand still '정지하다'

번역 그는 이른 아침부터 말을 타고 구릉 사이를 가고 있었는데, 주위의 시골 풍경이 조금도 바뀌지 않는 것이 정지하고 있을 때와 같았다.

not...any more than도 no more...than과 의미가 같다.

13.2.9 In history things do **not** happen suddenly and without preparation **any more than** they do in nature.

번역 역사 속에서 사건들이 갑자기 준비도 없이 일어나지 않는다는 것은 자연의 경우와 [자연 속에서 상황이 그런 식으로 일어나지 않는 것과] 마찬가지다.

He has **no more than** 100 dollars. (그는 100달러밖에 없다)는 번역은 바뀌었지만, 100달러라는 금액이 소극적이고 부정적인 평가를 받는다는 점은 no more...than과 같다(*cf.* no less than ⇨ 13-2-pre4).

13.2.10 The nuclear test ban treaty is **no more than** a beginning step toward the general and complete disarmament.

번역 핵실험 금지 조약은 전반적인 안전군축으로 가는 첫 걸음에 불과하다.

no more than 100 dollars가 오른쪽 그림에서 선 위의 점을 나타낸다면, He has **not more than** 100 dollars. (그는 많아야[기껏해야] 100달러밖에 없다)는 막대를 나타내는 표현이다.

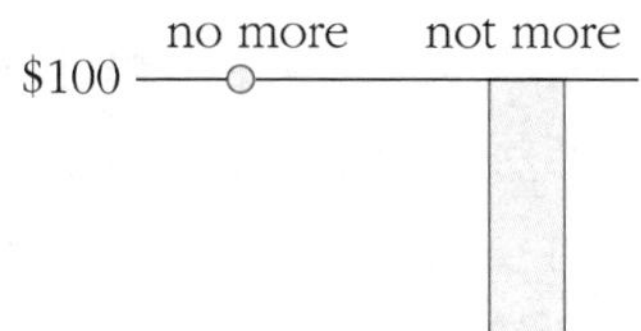

no more...than~, no less...than~ 및 이와 유사한 표현은 모양은 비교 형식을 취하고 있지만, 실은 ...부분을 부정 또는 긍정하기 위해 ~부분을 근거로 삼는 절대적인 표현이라는 것이 지금까지의 설명의 중심이었다. 하지만 She is **not more** beautiful **than** her mother. (그녀가 어머니보다 아름다운 것은 아니다)는 그녀와 어머니의 아름다움을 본래 의미에서 비교하는 상대적인 표현이다. 이것은 She is not more beautiful than her mother, *but she is more* *beautiful than Jane.* (...하지만 그녀는 제인보다는 아름답다)이라고 말할 수 있다는 것을 생각하면 알 수 있을 것이다. not more...than은 실질적으로는 not so...as [less...than]과 같은 뜻이지만, more가 쓰였기 때문에 우리말로 '어머니 이상으로 아름다운 건 아니다'와 '어머니만큼 아름답지는 않다' 사이에 있는 미묘한 차이가 느껴진다.

13.2.11 Contrary to popular belief, the past was **not more** eventful **than** the present.

번역 사람들이 일반적으로 믿고 있는 것과 달리, 옛날이 지금보다 사건이 많았던 것은 아니다.

no more...than과 not more...than은 때로 혼동되기도 한다. 다음 문장이 그런 예다.

13.2.12 The Church was certainly corrupt, but she was **no more** corrupt **than** the feudal lords.

'교회(=she)가 부패하지 않은 것은...'이라고 해석하면 전반과 모순된다. 이 no more는 not more의 의미.

번역 교회는 확실히 부패했지만, 봉건군주 이상으로 부패했던 것은 아니었다.

no의 뒤가 more가 아니라 -er 형태의 비교급일 때, 이것을 상대적인 비교로 볼지 no more...than과 같은 의미로 해석할지는 앞뒤 문맥으로 판단할 수밖에 없다. 다음 문장은 후자의 예.

13.2.13 If you choose your friends on the ground that you are virtuous and want virtuous company, you are **no** near**er** to true friendship **than** if you choose them for commercial reasons.

on the ground that... ⇨ 3-3예(2)②.

번역 자신이 덕을 갖추고 있고 덕 있는 친구가 필요하다는 이유로 친구를 찾는다면, 그 사람이 진정한 우정에서 한참 먼 것은 사업상의 이유로 친구를 선택하는 경우와 마찬가지다.

He knows better than to do such things. (그는 그런 일을 할 정도로 바보는 아니다)에 보이는 know better than+to부정사와 같은 유사형태 속에는 no more...than과 혼동되는 것이 있어서, 아래에 주된 예를 든다. know better than의 경우에는 뒤에 to부정사를 쓰는 것이 원칙이지만, 아래에 드는 숙어 중에는 형태가 확정되지 않은 것도 있으니 그 점에는 너무 연연하지 않아도 된다.

13.2.14 He has **done more than** find solutions to the problem.

do more than+부정사= '...이상의 것을 하다'

번역 그가 한 것은 그 문제의 해결법을 발견한 것만이 아니었다.

13.2.15 Strangers in London who cannot find their way **can never do better than** consult a policeman.

cannot do better than+부정사= '...하는 것이 가장 좋다'

번역 밖에서 런던에 온 사람은 길을 모를 때는 경찰에게 물어보는 것이 제일 좋다.

13.2.16 I **could not do other than** ignore him.

not do other than+부정사= '(달리) ...할 수밖에 없다'

번역 나는 그를 무시할 수밖에 없었다.

13.2 예제(1)

❶ He was, so far as I could judge, as free from ambition in the ordinary sense of the word as any man who ever lived. ❷ If he rose from position to position, it was not because he thrust himself on the attention of his employers, but because his employers insisted on promoting him. ❸ He was naturally a man of creative energy, a man who could no more help being conspicuous among ordinary human beings than a sovereign in a plate of silver.

힌트 진정한 재능은 반드시 드러난다. 사자성어로는 '낭중지추'.

해설 ① **He was**의 뒤에 **so far as**(⇨ 4-1예(1)①)라는 접속사로 시작하는 부사절이 삽입되었다. '〈내가 판단할 수 있는〉한, 그는…'. **as free from ambition in the ordinary sense of the word** free from… 은 '…을 면하다; …이 없다'. in…sense of the word의 the word에 정관사가 사용된 것은 앞의 ambition을 가리키기 때문이다. 직역하면 '야심이라는 말의 일반적인 의미에서의 야심'이지만, 장황하니까 번역할 때는 of the word를 생략해도 된다.

as free from의 as에 호응해서 또 한 번 as가 나오지 않을까 예상하고 있다가, **as any man who ever lived**를 보고 '일찍이 이 세상에 태어난 어떤 사람들과 비교해도, 일반적인 의미에서의 야심이 없었다'라고 전체가 정리된다. as…as any는 ⇨ 13-1-12.

② **If he rose from position to position,** '지위에서 지위로' → '계속해서 지위가 높아졌다고 해도'의 rose는 '현재의 반대'를 나타내는 가정법과거가 아니라 직설법이라는 점에 주의. **it was not because…, but because**의 it이 if절의 내용을 지시하는 형태는 12-3예③에서 봤다. **he thrust himself on the attention of…** '…의 주의에 스스로를 밀어넣었다' → '〈사장〉의 시선을 끌려고 〈해서가

아니라〉'. **his employers insisted on promoting him** 책임만 무거운 그런 일은 싫다고 거절했지만 꼭 자네가 아니면 안 된다는 말을 들은 것이다. '사장이 그를 승진시키고 싶어 했기 〈때문이다〉'

③ He was **naturally**(⇨ 11-3-14참) **a man** of creative energy '그는 천성적으로 창조력이 풍부한 사람이었다'의 a man과 동격으로 쓰인 두 번째의 **a man**에 **who** 이하가 걸린다(⇨ 6-1-2). **could no more help being conspicuous among...**의 help는 '피하다'라는 뜻. 이것을 no more로 부정해서 '...을 피할 수 없었다' → '눈에 띄지 않을 수 없었다' → '〈보통 사람〉 중에서 어쩔 수 없이 눈에 띄게 되었다'가 예제문이 하고 싶은 말. **than a sovereign in a plate of silver**는 a sovereign(1파운드의 금화)...*could help being conspicuous*에 no more...than에 의한 부정이 들어가서(⇨ 13-2-7) '...금화는 어쩔 수 없이 눈에 띄었다'라는 뜻이 된다. '〈...눈에 띄게 된 것은〉 은 접시 위의 금화(가 눈에 띄는 것)과 마찬가지였다'.

▸ 전역 별책 p. 35

13.2 예제(2)

❶ In the study of nature, an explanation must be not only consistent with the facts but also as simple and direct as possible. ❷ Where several explanations are advanced, the rule is followed that the one which is more simple is also more nearly correct. ❸ To choose the more complex explanation, says a recent writer on the nature of science, would be as sensible "as travelling eastward around the world to reach your neighbor's house which is next door to the west."

힌트 수학에서 과정이 복잡한 답보다 단순명쾌한 답이 낫다는 말은 누구나 들어봤을 것이다.

해설 ① **In the study of nature** '자연에 관한 연구에서는'. **an ex-**

planation must be not only consistent with the facts '설명은 사실과 일치할 뿐만 아니라'. **but also as simple and direct as possible**의 as...as possible은 비교 형식을 포함하는 숙어표현. '최대한 단순하고 직접적이어야 한다'.

② **Where several explanations are advanced,...** *Where* there is no rain, farming is impossible. (비가 오지 않는 곳에서는 농사가 불가능하다)에서 Where는 장소를 나타내는 부사절을 이끌고 있는데, 이 Where가 추상화한 *Where* there is life, there is hope. (살아있는 동안은 희망이 있다)가 되면, Where는 if 및 마찬가지로 추상화한 when과 거의 같은 의미가 된다. advance는 여기서는 '제출하다'. '여러 가지 설명이 제시되어 있는 경우에는'. **the rule** is followed **that...** follow는 제3문형의 동사이기 때문에 is followed 뒤에 that절이 올 수 없다는 설명을 듣는 동안, 아니 듣기 전에 10-3 예⑤의 *the suggestion* has been made...*that*을 떠올렸기를 바란다. the rule과 that절이 동격이다. **the one**=the explanation이므로, '〈보다 단순한〉 설명이 〈진실에 가깝다〉라는 원칙에 따르게 된다'.

③ **To choose the more complex explanation**(보다 복잡한 설명을 선택하다)의 To choose가 명사용법의 주어인지 부사용법으로 목적을 나타내는지(⇨ 1-4-0)가 이 문장에서 가장 큰 문제인데, says a recent writer 대목에서 To choose(=S) says(=V)라고 보고 안심하면 곤란하다. 뜻도 통하지 않고 says *to* a writer가 아닌 것도 설명이 되지 않는다. **says a recent writer on the nature of science**는 15-3-0에서 설명할 삽입절로, 통상의 어순으로 하면 *A recent writer on the nature of science says that* to choose...이 된다. to choose의 용법의 열쇠를 쥐는 것은 **would be** as다.... 이것을 보면 to choose는 명사용법으로 주어이며, 동시에 would be가 말하는 결론에 대한 가정도 포함하고 있다는 것을 알 수 있다. 이 앞뒤 문맥에서는 a writer가 '작가, 소설가'가 되면 어색하다는 것에 주의할

것. '최근 과학의 성격에 대해서 쓴 어떤 필자는 보다 복잡한 설명을 선택한다면 ...일 것이라고 말한다'.

would be **as sensible "as..."**의 인용부호는, 그 앞에서는 a writer가 말한 내용을 이 문장을 쓴 이가 요약했지만 여기서부터 a writer가 한 말을 그대로 인용한다는 것을 나타낸다. sensible은 '현명한'인데, as...as 이하의 **travelling eastward around the world...next door to the west** '서쪽 옆에 있는 〈집에 가는데〉 동쪽으로 세계를 일주하는 일'은 아무도 하지 않을 테니, 13-2-6의 경우와 마찬가지로 as...as=no more...than이라고 이해한다. '...선택한다면, 그것은 ...일주해서 가는 것만큼 현명하다고는 할 수 없을 것이다'.

▸ 전역 별책 p. 35

13.3 the + 비교급

the+비교급..., the+비교급~ (...하면 할수록 그만큼~)의 형식에 대해 **The** sooner, **the** better.와 같은 생략형으로 배우는 일이 많아서, 이 생략형은 어디까지나 예외적인 형태로 본래는 ...이나 ~ 부분에 각각 주어와 동사가 온다는 것을 잊고 있는 사람들이 많다. 또한 문장 속의 형용사나 부사가 비교급으로 바뀌어 절의 첫머리에 나올 때 발생하는 어순의 변경에 대해서도 주의가 필요하다.

13.3.1 **The more** mankind widens and deepens the scientific habit of mind, **the more** it will prosper.

두 개의 the more는 모두 뒤의 동사에 걸리는 부사. 특히 전반은 '많은 사람...'이 아니라는 것에 주의할 것. it=mankind

번역 인간은 과학적인 사고를 하는 습관을 확대하고 심화하면 할수록 한층 발전할 것이다.

참고 **The more** other facts a fact is associated with in the mind, **the better** possession of it our memory keeps. (어떤 사실과 머릿속에서 연결되는 다른 사실이 많으면 많을수록 그 사실은 기억에 잘 남는다)에서는 The more는 facts에 걸린다. keep possession of... '...을 계속 유지한다'.

S+be+C의 형태에서 C를 비교급으로 바꾸어 the비교급의 구문으로 하면 the more C+S+be가 된다. 이 형태를 전반에 쓰면 절의 끝, 후반에 쓰면 문장 끝에 be동사가 오는데, 이것을 피하기 위해(⇨ 5-4-pre9) be를 생략하거나 C+be+S라는 도치문(⇨ 5-2-1)을 사용하는 경우가 많다.

13.3.2 Culture now is transmitted by language; **the greater** the language difference, **the greater** the cultural distance.

the greater language difference라면 greater는 직접 difference에 걸리지만, the greater *the*...인 이상, 이 해석은 틀리다. the greater(=C) the...difference(=S) is(=V)의 생략형이라고 해석한다. 후반도 같다.

번역 문화는 현재 언어에 의해 전달된다. 언어의 차이가 크면 클수록 문화의 차이도 크다.

13.3.3 *The higher* we go, **the smaller** and **lighter** *are the particles* of dust in the air.

번역 높이 올라가면 올라갈수록 공기 속 먼지의 입자는 작고 가벼워진다.

참고 *The nearer* you come into a relation with a person, **the more** necessary *do* tact and courtesy *become*. (한 사람과 친밀한 관계가 될수록 기지와 예의가 필요해진다)의 후반에 보이는 the more Ⓥ+S+V의 도치문은 어조에서 비롯된 것이다.

이 구문은 두 개의 the+비교급을 조합하는 것이 기본적인 형태인데, the+비교급이 세 개가 되는 경우도 있다. 이 경우는 and의 위치에 주목해서, and가 없는 곳을 단락으로 본다.

13.3.4 **The more** things a man is interested in, **the more** opportunities of happiness he has, and **the less** he is at the mercy of fate.

cf. His life was *at the mercy of* his captor. (그의 목숨은 그를 체포한 사람의 수중에 있었다.)

번역 사람이 관심을 갖는 것이 많으면 많을수록, 행복해질 기회는 많고 운명에 좌우되는 일은 적어진다.

13.3.5 **The older** it is and **the more** we are accustomed to it, **the greater** the effect it produced upon us.

it=music. the effect와 it 사이에 관계사가 생략되었다(⇨ 13-1-2).

번역 음악이 오래되고 귀에 익으면 익을수록, 그것이 우리에게 주는 효과는 그만큼 크다.

앞의 the+비교급을 '...하면 할수록', 뒤의 the+비교급을 '그만큼'이라고 해석하는 것이 이 구문의 원칙이지만, 다음 예문에서는 의미를 파악하는 방식이 반대가 된다. 전반의 the+비교급이 문장 첫머리에 나오지 않는 것이 특수한 해석임을 보여주는 형태상의 표시다.

13.3.6 Notwithstanding all the boy's mischiefs, his mother loved her boy. It seemed as though she loved him **the better the worse** he behaved.

notwithstanding은 '...에도 불구하고'라는 뜻의 전치사.

번역 소년이 장난이 심했음에도 불구하고 어머니는 소년을 사랑했다. 소년이 예의가 없으면 없을수록 사랑이 더하는 것처럼 보였다.

The sooner, *the* better.는 글자 그대로 해석하면 '빠르면 빠를수록, 그만큼 좋다'인데, 이때 '그만큼'이 '얼마만큼'인지는 앞의 the+비교급이 보여준다. 첫 번째의 the+비교급이 뒤에 나오는 the에 내용을 부여하는 것이 the+비교급, the+비교급 구문인 이상, 두 번째 the를 문제로 할 필요는 없다. 한편,

She liked him **the better**.

처럼 the+비교급이 한 개(이 the는 '그만큼'이라는 뜻)인 경우는, 이대로는 문의가 완전하지 않고 the의 내용, 즉 '그만큼'이 '얼마만큼'인지를 보여주지 않으면 안 된다. the에 내용을 부여하는 것이 무엇인가 하는 관점에서 다음의 예문을 검토해보자.

13.3.7 He proved that a poet could write fiction in prose and would do it **the better** *for* being a poet.

번역 그는 시인이 산문으로 소설을 쓸 수 있고 게다가 시인이기 때문에 한층 훌륭하게 쓴다는 것을 증명했다.

13.3.8 Evil deeds are **the more** attractive just *because* they are forbidden.

13-3-7의 for... 대신에 because절이 쓰였다. attractive와 are forbidden의 의미상의 대립을 반영해서, the more는 '오히려'라고 번역한다. just는 because를 강조한다(⇨ 11-3-pre9).

번역 악행은 바로 그것이 금지되어 있기 때문에 오히려 매력적인 것이다.

13.3.9 *If* you forbid him to read these books he will want to read them *all* **the more**, because they will have the charm of being illegal.

the more는 앞의 if절과 관계한다. the more...because...(⇨ 13-3-8)과는 다르다는 것에 주의한다. all은 the+비교급을 강조하는 말.

번역 그에게 이 책들을 읽지 못하게 하면 한층 읽고 싶어할 겁니다. 그 책들은 금지되었다는 매력을 갖기 때문입니다.

13.3.10 They thought *none* **the less** of her for her lack of interest in what they had been talking.

부사 none(=not at all)을 the+비교급 바로 앞에 놓아서 부정문을 만들기도 한다. 또 이 문장은 They did *not* think *any* the less of...이라고 해도 의미가 바뀌지 않는다는 것에 주의한다. think little of... '...을 경멸하다'

번역 그들이 하는 말에 관심을 보이지 않는다고 해서 그들이 그녀를 경멸하는 일은 전혀 없었다.

13.3 예제(1)

❶ There are ominous signs in the world today that we have allowed the forces of change to get out of control and to become a positive danger to the life of our civilization. ❷ Life necessarily implies change, but this does not mean that change always implies life. ❸ There is always a limit to the amount of change of which an organism is capable, and this is no less true of the social than of the physical organism. ❹ A species may adapt itself to a slight change in climate and may flourish the more for it, but if the change is very great a whole series of species may become extinct and new ones may take their place. ❺ And, as a rule, the more specialized and elaborate is the type the more easily does it succumb to change, while the more plastic and adaptable forms of life may survive. ❻ The lordly mammoth passed away with the ending of the glacial period, while humbler forms of life increased and multiplied.

힌트 생명의 지속과 변화는 불가분의 관계에 있지만, 너무 큰 변화는 생물을 멸망시킨다.

해설 ① **There are ominous signs in the world today** '현대의 세계에는 불길한 징후가 있다'. **that**은 we have 이하의 구성이 보여주듯이 명사절로 앞의 signs과 동격이 된다(⇨ 3-3). 관계대명사 that은 문법상의 요구만 충족되면 선행사로 어떤 명사가 와도 되지만, 뒤에 동격명사절을 취하는 명사에는 '명사=that절', 즉 '명사=명제'라는 추상적인 관계를 충족시켜야 하므로 일정한 제한이 있다. man이나 desk처럼 구체적인 '사람'이나 '사물'을 나타내는 명사에 동격명사절이 이어지는 경우는 없고, that절 앞의 명사가 일반적으로 단수형으로 쓰이는 것도 그래서다. 복수형 signs에 that절이 따라오는 것은 예외다.

we have **allowed** *the forces of change* **to get out of control**은 V+O+to－. get out of control은 The car *got out of control.* (차는 폭주했다)처럼 '감당할 수 없게 되다'라는 의미. **a positive danger** '명백한 위험'. '변화의 힘을 사람이 감당하지 못하게 되고, 〈문명이 존속하는 데〉 명백한 위험이 되는 것을 허용해왔다〈는 징후〉'. 이 부분에서는 지금까지 문명이 진보하는 것을 뒷받침해온 인구의 증가도 일정한 선을 넘으면 거꾸로 문명을 파괴하는 요인으로 작용한다는 것 등을 생각할 수 있다.

② 반대가 반드시 진실은 아니라는 논리. **Life necessarily implies change**(생명은 반드시 변화를 포함한다)란 '살아 있는 것은 반드시 변화한다'는 말. **but...** '하지만 〈변화에 늘 생명이 포함되는 것은 아니다〉'.

③ the amount of change **of which an organism is capable**의 of which 이하는 An organism is capable *of the change.*가 '전치사+관계사'절로 바뀐 것. '유기체가 견딜 수 있는 변화의 양〈에는 항상 한계가 있다〉'.

and this **is no less** true of the social **than** of **the physical organism**은 no less...than(⇨ 13-2-1) 구문. the social(=형용사)은

organism을 수식하지만(⇨ 14-2-3), '사회적 유기체'라고 해석하면 무슨 말인지 이해가 안 간다. 이것은 '사회라는 유기체' → '유기적 구조를 갖는 사회'를 말한다. physical organism도 '물리적 유기체'가 아니라 '생물이라는 유기체' → '생물'이라고 생각한다. '이것은 생물과 마찬가지로, 사회라는 유기체에 대해서도 말할 수 있다'.

④ **A species may adapt itself to...**는 V+oneself의 형태. adapt to...이라고 adapt를 자동사로 써도, 같은 의미를 나타낸다. '어떤 종류의 생물이 〈작은 기후 변화〉에 적응하고'. and may flourish **the more for it**은 13-3-7과 같은 구조. it은 a slight change를 가리킨다. '그것 때문에 한층[오히려] 번성하다'.

a whole series of species '한 생물의 전 계열'. species는 단수와 복수의 형태가 같은 명사인데, 이 species는 복수다(앞의 A species는 단수). 뒤의 **ones**와 **their**는 이 species를 가리킨다. **take one's place**는 '...을 대신하다'. '〈변화가 아주 크면〉 한 생물의 전 계열이 〈멸종되고 새로운 생물이〉 그것을 대신하는 〈일도 있다〉'.

⑤ **as a rule** ⇨ 7-1-3. **the more specialized and elaborate is the type the more easily does it succumb to change**가 the+비교급..., the+비교급...의 구문. 전반에는 C+be+S라는 도치문(⇨ 13-3-3)을, 후반에는 Ⓥ+S+V라는 도치문(⇨ 13-3-3[참])을 사용했다. it은 the type (of species)을 가리킨다. '대개 생물이 특수하고 복잡해질수록 그것은 변화에 쉽게 굴복한다'.

while the more plastic(유연한, 변형하기 쉬운) **and adaptable forms of life**의 the는 forms에 걸리는 관사로, 이 부분은 the비교급의 형태가 아니다. forms of life는 '생명이 현실 세계에서 구체화할 때의 개개의 형태' 즉 '개개의 생물'을 말한다. '한편 그것보다 가소성과 적응력이 풍부한 생물이 〈살아남는다〉'.

⑥ **The lordly mammoth passed away**의 pass away는 '사망하다'. '위풍당당한 매머드는 〈빙하시대의 종말과 함께〉 모습이 사라

졌다'. **humbler forms of life** '매머드보다 열등한 생물'. **increased and multiplied**는 의미가 같은 표현을 중복해서 강조한 형태. '자꾸 늘어났다'.

▸전역 별책 p. 36

13.3 예제(2)

If we think we must not laugh, this impediment makes our temptation to laugh the greater, and the inclination to indulge our mirth, the longer it is held back, collects its force, and breaks out the more violently in peals of laughter.

힌트 웃긴데 웃지 못 할 때의 괴로움.

해설 **If we think** 뒤에는 접속사 that이 생략되었다. '〈웃으면 안 된다〉고 생각하면'. **this impediment**(장애)는 앞의 '웃으면 안 된다고 생각하는 것'을 가리킨다. **makes our temptation** to laugh **the greater**의 the는 '장애가 있는 만큼 〈웃고 싶다는 유혹이 커진다〉'라는 뜻. **and the inclination**은 앞뒤의 분위기로 the inclination(S) → V라고 예상했기를. 그렇지 않은, 예를 들어 *our temptation*..., and *the inclination*이라고 생각한 사람은 어디서 그 잘못을 알아차리는지가 실력의 포인트다.

the inclination(...하고 싶은 마음) **to indulge**(마음껏 하다) **our mirth**(즐거움)는 단어 하나하나는 어렵지만, 전체는 '마음껏 웃고 싶은 기분'을 말한다. **the longer it is held back**은 문장 첫머리는 아니지만, 내용으로 봐서 '그 기분을 참는 것이 오래되면 오래될수록'이라고 이해한다. **collects its force**가 중요하다. and the inclination(S) → 이라고 생각했던 사람은 여기서 V를 찾아서 안심하고, 다르게 해석한 사람은 이 collects가 설명이 안 되니까 해석을 바꾼다. '〈...기분은〉 힘을 키우다'. and breaks out **the more** violently의 the more...도 절의 첫머리는 아니지만, 역시 앞뒤 맥락으로 '그만큼 격하게 폭발한다'고 읽는다. **in peals of laughter**의 peal은 '큰 소리'. '큰 웃음소리가 되어[라는 형태로]'.

▸전역 별책 p. 36

Chapter 14
공통관계

CHAPTER **14**

공통관계

평소에는 신경을 쓰지 않고 지나치다가 그것에 주의하는 습관을 몸에 붙임으로써 독해력이 비약적으로 향상하는 단어가 있다. as나 that과 함께 and도 그 중 하나다. 다만 여기서 하려는 말은 and의 의미에 관한 문제가 아니다. and를 등위접속사라고 부르는 것은 and가 문법적으로 자격이 같은 어구를 연결하기 때문이다. 주어진 and가 무엇과 무엇을 같은 자격으로 결합하고 있는지를 제대로 생각해보는 것은 정확한 해석을 위해 꼭 필요한 일이다.

등위접속사에는 and 외에도 but이나 or가 있다. 이것들이 결합하는 두 어구의 관계는 '공통관계'라고 불린다. 종래 공통관계가 문제가 될 때는 예외적인 형태를 무질서하게 수집해서 제시하는 것으로 끝나는 경우가 많았는데, 이 장에서는 지금까지의 서술을 기초로 문장의 기본구조와 수식구조에 대해 살펴보고, 아울러 공통관계에서 오는 생략의 문제를 다룬다.

14.1 문장 주요소의 공통관계

둘 이상의 주어가 하나의 동사를 취하는 (S+S)V에 대해서는 제1장(⇨ 1-3)에서 보았으니, 여기서는 한 개의 주어에 둘 이상의 동사가 있는 경우부터 보자.

14.1.1 Everybody *can* **and** *does* achieve emotional release through self-expression.

S(Ⓥ+Ⓥ)V(Ⓥ는 조동사), does는 강세의 조동사.

번역 누구나 자기표현을 통해서 감정을 해방할 수 있고, 또 실제로 그렇게 하고 있다.

14.1.2 It *is*, **and** *has been* for a long time, the most prized of our national possessions, the sense of humor.

S(V+V)C. has been에 걸리는 for a long time 때문에 혼동하지 말 것. 번역할 때 is와 has been의 대립을 어떻게 표현할지에 대해서는 ⇨4-2-0. 문장 끝의 the sense of humor는 It과 동격(⇨10-3-2).

번역 유머 감각은 우리 국민이 가지고 있는 것 중에, 현재도 지금까지의 긴 시간 동안도 가장 존중되고 있는 것이다.

I *hate* **and** *detest* a lie. (나는 거짓말을 싫어하고 경멸한다)는 S(V+V)O로, a lie는 두 동사의 공통의 목적어다. 이것을 살짝 바꾸면 다음과 같은 문장이 된다.

14.1.3 The New World has a large and rapidly increasing population of its own and, after more than a century of abuse, not a little of its soil *has lost* **or** *is in process of losing* its fertility.

has lost와 is in process of losing은 구성이 완전히 다르지만, 문장 끝의 lost와 losing이 같은 동사라는 것에 주목해서 its fertility를 양자의 공통의 목적어라고 이해한다. be in process of... '...이 진행하고 있다'

번역 신대륙에서는 자체의 방대한 인구가 급격하게 증가하고 있고, 한 세기 이상에 걸쳐 혹사한 결과 적지 않은 토양이 생산력을 이미 잃었거나 혹은 잃고 있는 중이다.

We are always *suspicious* **and** *afraid* of things we do not understand. (우리는 이해할 수 없는 것에 대해서 항상 의심과 공포를 갖는다)는 S+V(C+C)다. 이것을 힌트로 다음 문장을 생각해보자.

14.1.4 It is *hard* enough to know whether one is happy or unhappy,

and still *harder* to compare the relative happiness or unhappiness of different times of one's life.

It is hard...and...harder가 전체 문장의 골격이다. It은 is hard와의 관계에서는 to know...을 지시하고, still harder와의 관계에서는 to compare...을 지시한다.

번역 자신이 지금 행복한지 불행한지를 아는 것만도 간단한 일이 아닌데, 일생 중 다른 시기의 상대적인 행·불행을 비교하는 것은 그것보다 훨씬 더 어려운 일이다.

14.1.5 She had a good *memory* for bits of fresh gossip, or little stories of some celebrity that she had read or heard somewhere, **and** a *knack* of telling them entertainingly.

She had a good memory (for bits...or little stories...) and a knack이라는 구조로, 기본적으로는 S+V(O+O). a knack을 bits, stories, celebrity와 나란히 읽지 않는 것은 순전히 의미에 따른 것이다.

번역 그녀는 몇몇 새로운 소문이나 어디선가 읽었거나 들은 유명인에 관한 이야기를 잘 기억했고, 또 그것을 재미있게 이야기할 줄 알았다.

14.1.6 Every aged person reminds us *of* our own death, *that* our body won't always remain smooth and responsive.

14-1-5에서는 a good memory와 a knack으로 형태가 통일된 것이 구별하는 기준이 됐다. 하지만 이 문장에서는 그것이 무너져서 of our own death와 that...(⇨ 3-2-pre9)이 함께 reminds us에 이어진다.

번역 모든 노인은 우리에게 자신도 언젠가는 죽는다는 것, 자신의 몸도 언제까지나 유연하고 민감하지는 않다는 사실을 떠올리게 한다.

14.1.7 *People used* to think, **and** *some* still *do*, that Latin should be a universal model for language.

(S+V)(S+V)O의 형태. do는 think를 받는 대동사.

번역 옛날 사람들은 라틴어가 언어의 보편적인 모델이어야 한다고 생각하고 있었고, 지금도 그렇게 생각하는 사람이 있다.

> History tells us that jewels and precious stones have been *sought* after, *prized* **and** *valued* since the earliest times. (역사가 가르치는 바에 따르면, 가장 오래된 시대부터 사람들은 보석을 구하고 그것을 귀중한 것으로 소중히 하고 있었다.)

위 문장은 S+be(p.p.+p.p.)인데, 가끔 S[(be+p.p.)+V]의 형태도 보인다. 혼동하지 말 것.

14.1.8 Formerly girls *were* usually *taught* at home by governesses **and** *received* only a very narrow kind of education, in which science played no part at all.

번역 옛날에는, 여자 아이는 보통 집에서 여자 가정교사로부터 배웠는데, 받는 교육의 범위가 매우 좁아서, 그 안에 과학은 전혀 포함되지 않았다.

I *loved mother* **and** *hated to disappoint her.*는 S[(V...)+(V...)]으로, I...hated의 연결은 단순명료하다. 하지만 다음 문장이 되면 형태면에서 두 가지 가능성이 나온다.

14.1.9 Queen Elizabeth *introduced* several reforms that were helpful to the nation, **and** *guided* her people step by step to prosperity and power.

이 문장을 Queen Elizabeth introduced...and guided로 읽을지, that were... and guided로 읽을지(참의 예문을 참조)는 형태로는 판단할 수 없다. 내용으

로 봐서 앞의 해석을 택한다.

번역 엘리자베스 여왕은 국민을 위한 몇 가지 개혁을 도입하고, 국민을 한 걸음 한 걸음 번영과 강국의 길로 이끌었다.

참고 He was left to the care of his grandmother, who *was* very kind **and** *sent* him to school. (그는 뒤에 남겨져서 할머니의 보살핌을 받게 됐다. 할머니는 매우 인자해서 그를 학교에 보내주었다.)

Man saw *the sun*, *the moon*, **and** *the stars* revolve round the earth. (인간은 태양과 달과 별이 지구의 주위를 도는 것을 봤다)는 S+V(O+O)C다.

14.1.10 You can hardly imagine a blind deaf girl *holding* a lively conversation, *reading* books, *writing* letters, **and** above all, *enjoying* life. But such is Helen Keller.

S+V+O(C+C) ⇨ 2-2-10.

번역 앞이 보이지 않고 귀가 들리지 않는 소녀가 활발히 대화를 하고 책을 읽고 편지를 쓴다는 것, 그리고 무엇보다 인생을 즐기고 있다는 것은 거의 상상이 가지 않습니다. 하지만 헬렌 켈러는 그런 사람입니다.

14.1.11 Through the trees they look out across the fields and see *farmers at work* about the barns **or** *people driving* up and down on the roads.

S+V(O+C)(O+C)

번역 그들이 나무들 사이로 밭 너머 먼 곳을 바라보니, 농민들이 헛간 근처에서 일하거나 사람들이 길 여기저기서 차를 운전하는 것이 보였다.

14.1 예제(1)

❶ When I was young we all knew, or thought we knew, that a man consists of a soul and a body; that the body is in time and space, but the soul is in time only. ❷ Whether the soul survives death was a matter as to which opinions might differ, but that there is a soul was thought to be certain.

힌트 옛날에는 영혼의 존재가 자명한 사실로 받아들여졌다.

해설 ① **we all knew** 이하는 14-1-3을 한층 복잡하게 만든 형태.

we all { *knew*, / **or** thought we *knew*, } that a man consists of...

라고 읽는다. '인간이 영혼과 육체로 이루어져 있다는 것을 누구나 알고 있었다, 아니 알고 있다고 생각했다'. we all knew that이라고만 하면 영혼의 존재를 인정하지 않는 사람들로부터 불평이 나올 것을 염려해서, thought we knew...을 덧붙인 문장이다.

...; **that the body is in time and space, but the soul is in time only**도 앞의 두 개의 knew의 목적어. but 뒤에 that이 반복되지 않지만, 내용으로 봐서 that은 ...time only까지를 절로 묶는다고 본다(⇨ 3-2-4). the soul...은 영혼이 물질적인 형태를 갖지 않는다는 것을 말한다. '육체는 시공간 속에 있지만 영혼은 시간 속에만 존재한다〈...라는 것을...〉'.

② **Whether the soul survives death**는 명사절로 **was**의 주어가 된다고 본다(⇨ 1-4-pre예(2)). **survive**는 '...보다 오래 살다'(⇨ 5-2 예(1)②). '죽은 뒤에도 영혼이 계속 사는지는...'. **a matter as to which opinions might differ**의 which는 matter를 선행사로 하고

as to의 목적어가 되는 관계대명사. '사람에 따라 견해가 다른 문제였다'. 의문형용사 which가 이끄는 명사절(⇨ 4-3-1)이 as to의 목적어가 되는 다음의 문장과 비교해보자. We had no news as to *which route he had taken.* (그가 어느 길로 갔는지에 대해서는 소식이 없었다.)

but이 **that there is a soul**을 앞의 무언가와 묶는다고 해석하려고 해도 ①의 …; that의 경우와 달리 적당한 것이 앞에 없다. that there is a soul(=S) **was thought to be certain**이라고 읽어야 하고(⇨ 1-4예(2)②), but은 두 개의 S+V를 묶고 있다. '영혼이 존재한다는 것은 확실하다고 여겨졌다'.

▸전역 별책 p. 37

14.1 예제(2)

❶ In the late summer of that year we lived in a house in a village that looked across the river and the plain to the mountains. ❷ In the bed of the river there were pebbles and boulders, dry and white in the sun, and the water was clear and swiftly moving and blue in the channels. ❸ Troops went by the house and down the road and the dust they raised powdered the leaves of the trees. ❹ The trunks of the trees too were dusty and the leaves fell early that year and we saw the troops marching along the road and the dust rising and leaves, stirred by the breeze, falling and the soldiers marching and afterward the road bare and white except for the leaves.

힌트 Hemingway: *A Farewell to Arms*에서.

해설 ① a village **that looked** *across the river and the plain* **to the mountains**라는 V+M+M(⇨ 11-2-2)의 연결에 주의한다. '〈그해 여름의 막바지에, 우리는〉 강과 평야 너머로 산이 보이는 마을의

〈어느 집에 살고 있었다〉'.

② there is 구문의 주어가 되어 있는 **pebbles and boulders**를 **dry and white**...이 뒤에서 수식한다. '〈강변에는〉 햇빛에 하얗게 말라 있는 자갈과 조약돌이 있었다'. and the water was **clear**는 '깨끗하다'고 해도 clean과 달리, 마실 수 있느냐 없느냐를 문제로 삼는 것은 아니다. '물은 투명하고 〈물줄기는 빠르고 푸르렀다〉'.

③ Troops went 뒤에서 **by the house**와 **down the road**를 묶는 **and**와, **Troops went**와 **the dust...powdered**를 묶는 **and**는 같은 and라도 기능의 차원이 다르다. the dust 뒤에는 관계사가 생략되었다. '병사들이 집 옆을 지나 길을 내려가고, 〈나뭇잎은 그들이 일으키는〉 먼지에 뒤덮여 있었다'.

④는 and의 기능에 집중해서 꼼꼼히 분석하면 다음과 같다.

The trunks... were dusty
and the leaves fell early that year
and we saw the troops marching...
and the dust rising
and leaves, ..., falling
and the soldiers marching
and (afterward) the road bare *and* white...

이 문장에서 and는 S+V and S+V, the troops(=O) marching(=C)의 V(O+C) and (O+C), 그리고 the road(=O) bare and white(C+C)라는 세 가지 차원에서 기능한다. and를 많이 사용한 것이 이 예문의 전체적인 특징이지만, 그렇다고 해서 읽기 쉬워지는 건 아니라는 것을 알아야 한다. stirred by the breeze는 leaves...falling에 걸리는 분사구문으로 본다. except for... '...을 제외하고'. 해석은 ⇨'전역'.

▸전역 별책 p. 37

14.2 수식어의 공통관계

M+H의 어순부터 시작하자.

14.2.1 There are vast *mountain* **and** *highland* areas in the north and fertile plains in the south.

위 문장이 vast mountain과 highland areas로 나누어진다고 본 사람은 없는지. 그러면 mountain에 관사가 없는 것이 설명이 되지 않는다. 무엇보다 영문을 읽을 때의 리듬으로 봐도 vast (M+M) areas로 보여야 한다.

번역 북부에는 광대한 산악지대가 있고 남부에는 비옥한 평야가 있다.

위 문장의 어려움은 mountain과 highland가 각각 명사이면서 뒤에 오는 명사에 대한 수식어로서 쓰이고 있다는 점이다. 하지만 She has a *simple* **and** *beautiful* nature.와 같은 형태라면 잘못 읽는 사람은 없을 것이다. simple을 모르더라도 직관적으로 형용사라고 느끼는 것이 영문을 독해하는 힘이다. 그런데 She has *a simple* **and** *a beautiful* nature.가 되면 사정은 달라진다. 겨우 a 하나의 차이지만, 이번에는 simple이 형용사라는 것을 모르면 a simple이 a beautiful과 함께 nature를 수식한다는 것을 알 수 없다. 이런 종류의 형태에서 and보다 복잡한 접속의 어구, 예를 들어 as well as나 instead of가 쓰인 경우는, 이런 수식 방식이 있다는 것을 미리 알고 있지 않으면 이해하기 힘들다.

14.2.2 Luxury is a word of uncertain signification, and may be taken *in a good* **as well as** *in a bad* sense.

a good (thing)이라고 마음대로 보충하면 안 된다. good은 sense를 수식하는 형용사.

번역 사치라는 말은 의미가 애매해서, 좋은 뜻으로도 나쁜 뜻으로도 해석된다.

14.2.3 Somehow or other, life—in a play—seems even finer *with an unhappy* **than** *with a happy* ending.

somehow(=in some way)의 some을 강조하고 싶을 때는 뒤에 other를 덧붙인다. unhappy가 than with a happy를 지나서 ending과 연결되는 것에 놀라는 사람이 있을지도 모른다. 하지만 이런 종류의 형태가 있다는 것을 알고 있으면, with a happy와 with an unhappy가 완전한 평행관계에 있다는 것이 단서가 되어 의외로 쉽게 읽힌다.

번역 왠지 모르지만, 극중의 인생은 행복한 결말보다 불행한 결말로 끝나는 쪽이 더 멋있게 보인다.

다음은 H+M이다. 우선 H(M+M)이라는 형태는, 두 개의 M을 연결하는 접속사가 있을 때는(접속사가 없는 경우에 대해서는 ⇨ 10-1-2~5) 별로 문제가 되지 않는다.

14.2.4 Today we are living in a time *of hope* for the future of mankind, **and** *of fear*, *of great hope* **and** *of great fear*.

of mankind와 of fear가 병행하는 것이 아니라는 사실에 주의.

번역 오늘날 우리는 인류의 미래에 대한 희망과 공포, 큰 희망과 큰 공포의 시대에 살고 있다.

14.2.5 It was noticed that the moon changed in shape, *beginning* with the new moon, *waxing* to the full moon, **and** then gradually *waning*.

동사를 수식하는 M(분사구문)의 병렬.

번역 달이 모양을 바꾸는 것, 즉 신월에서 시작해서 점점 차다가 만월에 이르고 그러고 나면 점점 기우는 것이 주목되었다.

useful *plants* **and** *animals*(유익한 식물과 동물)의 useful은 plants와 animals

양쪽을 수식한다고 생각된다. 하지만 가령 useful이 수식하는 것이 plants뿐이라도 우리말에서는 두 가지의 같은 해석이 허용되기 때문에, M+H+H의 경우에는 이 점에 너무 연연하지 않아도 된다. 그런데 어순이 바뀌어서 plants **and** animals useful..., 즉 H+H+M이 되면, 이것은 (H+H)M으로 봐서 '유용한 식물이나 동물'이라고 할지, H+(H+M)으로 봐서 '식물이나 유용한 동물'이라고 할지가 큰 문제가 된다. 영어는 어구의 평행적인 대응관계를 중시하는 언어이기 때문에, 이 경우에는 다음과 같은 순서로 생각하면 될 것이다.

> ❶ 우선 (H+H)M이라는 균형 잡힌 형태로 본다.
> ❷ 이렇게 해석해서 뜻이 통하지 않는 경우(14-2-6~8의 참 참조)에 한해서 H(H+M)의 해석을 취한다.

14.2.6 Biological science must have begun with observation of *plants* **and** *animals* useful to man.

번역 생물학은 틀림없이 인간에게 유용한 식물이나 동물을 관찰하는 것에서 시작되었을 것이다.

참고 Her eyes were constantly straying past him to *the open window* **and** *the lawn beyond.* (그녀의 불안한 시선은 끊임없이 그가 있는 곳을 지나서 열린 창으로, 또 그 너머에 있는 잔디로 향하고 있었다.)

14.2.7 No man wholly *escapes from the kind*, **or** wholly *surpasses the degree*, of culture which he acquired from his early environment.

No...wholly는 부분부정. the degree와 of culture 사이의 쉼표는 of culture가 수식하는 것이 the degree에만 그치지 않는다는 것을 나타내는 것이다. 다만 이런 쉼표가 (H+H)M이라는 해석을 취하기 위한 필수 조건은 아니다. the kind[degree] of...which에 대해서는 ⇨ 10-1-8.

번역 어떤 사람도 어린 시절의 환경으로부터 얻은 문화를 완전히 벗어나거나 또는 그 정도를 완전히 뛰어넘는 것은 불가능하다.

참고 What we should aim at producing is men who possess both *culture* **and** *expert knowledge in some special direction.* (우리가 만들어내야 하는 것은, 교양과 어떤 특수한 분야의 전문지식을 모두 갖춘 인간이다.)

14.2.8 The *discoveries* **and** *inventions* that mark man's progress in civilization are the result of his unquenchable thirst for knowledge.

번역 인간의 문명의 진보에 한 획을 긋는 발견이나 발명은 지식에 대한 억누를 수 없는 갈망의 소산이다.

참고 Queen Elizabeth delighted in the flattery *of her suitors* **and** *of the poets who crowded her court and dedicated their books to her.* (엘리자베스 여왕은 구혼자나 그녀의 궁정에 모여 책을 바친 시인들의 추종을 기뻐했다.)

14.2.9 I have always gained *the most profit*, **and** *the most pleasure* also, from the books which have made me think most.

I gained profit from the books.라는 문장의 from the books는 gained에 걸린다. 위 문장에서도 from the books가 gained에 걸리고 문장구성이 V(O+O)M인 이상, '나는 최대의 이익과, 책으로부터 최대의 기쁨을 얻었다'라는 해석이 논리적으로 성립하지 않는다는 것에 주의한다.

번역 나는 항상 나로 하여금 가장 생각하게 만드는 책에서 가장 큰 이익과 기쁨을 얻어 왔다.

Work *with*, **and** not *against*, nature. (자연과 함께 일하고, 자연을 거스르지 않도록 하라)는 (전+전)O다. 이 관계를 조금 더 복잡하게 하면 아래의 문장이 된다.

14.2.10 A great many of the minerals are *useful to* **and** *essential for* proper health.

useful to의 to에 주목해서 [(...전)+(...전)]O라고 본다. 위의 Work...에서는 against 뒤의 쉼표가 공통관계의 단서가 되었는데, 이 문장에는 그것이 없다. ⇨ 14-2-7.

번역 매우 많은 광물이 건강에 도움이 될 뿐만 아니라 절대적으로 필요하다.

14.2.11 Some people tell fine stories of *the use* of atomic energy in industry, **and** *the economies* which will result.

형태만 가지고 말하면 the economies는 앞의 fine stories, the use, atomic energy, industry의 어느 것과도 연결될 수 있다. 어느 것을 선택할지는 의미에 따라 판단한다.

번역 원자력을 산업에 응용하는 일이나 그 결과 생기는 경제효과에 대해 근사한 말을 하는 사람도 있다.

It is useful to inquire *how* **and** *why* this modern fashion of sport arouse. (현대의 스포츠의 유행이 어떤 식으로, 그리고 왜 일어났는지를 연구하는 것은 유익하다)라는 문장에서는 명사절을 묶는 의문사인 how와 why가 공통관계에 있다. 다음은 관계사만이 공통관계에 있는 예다.

14.2.12 Questions of education are frequently discussed as if they bore no relation to the social system *in which* **and** *for which* the education is carried on.

bear no relation to... '...과 무관하다'. carry on '(업무를) 수행하다'

번역 교육문제는 종종 교육이 이루어지는 장이자 목적인 사회제도와는 아무 관계도 없는 것처럼 논의된다.

14.2 예제(1)

Most of those who are in the habit of reading books in a foreign language will have experienced a much greater average difficulty in books written by male than by female authors, because they contain many more rare words, dialect words, technical terms, etc.

힌트 어휘에도 남녀차가 있다. 남자가 난해한 단어를 선호한다.

해설 Most of those who are **in the habit of** reading books... '〈외국어로 된〉 책을 읽는 습관이 있는 사람 대부분은'. **will have experienced** He *will be* there tomorrow.는 미래의 일이지만, He *will be* there now. (거기에 와있을 것이다)는 현재의 사항에 대한 추측. 마찬가지로 He *will have finished* it by tomorrow.는 미래완료형이지만, He *will have finished* it by now. (그는 지금은 그것을 끝냈을 것이다)는 현재완료에 추측의 will이 부가된 것이다. 이 예문도 '지금까지 (이미) 경험한 적이 있을 것이다'라는 뜻. **a much greater average difficulty**는 much가 greater를 강조해서 '훨씬 많은...'. '평균적인 어려움'이란 난해한 여성작가도 있고 쉬운 작품을 쓰는 남성작가도 있지만, '평균적으로 봐서 〈여성작가보다 남성작가...〉에게 훨씬 많은 어려움을 경험했다'라는 의미. written **by male** than **by female** authors의 평행관계에서 male은 authors를 수식하는 형용사라는 것을 알 수 있다(⇨ 14-2-3). '여성작가보다 남성작가가 쓴 〈책〉'.

because they contain의 they를 '그들'이라고 번역하는 것은 심각한 오역이다. 이 they는 books written...을 가리킨다. **many more rare words**도 정확히 읽기가 꽤 어렵다. 우선 *more rare* words는 '더 생소한 단어'가 아니다. 그건 *rarer* words다(⇨ 12-1예(2)③ more great poets). 이 more는 many의 비교급이니까 '더 많은 생소한 단

어'가 맞다. more가 '보다 많은'이라면 그 앞의 many를 어떻게 해석할지가 다음 문제다. 이 many는 more를 강조하는 말이다. 비교급을 강조할 때는 much, far, still 등을 사용하는 것이 원칙이지만, 수적으로 차이가 큰 것이 문제가 되는 경우에는 many를 사용한다. He has *three* more books than I. (그는 나보다 책을 세 권 더 가지고 있다. ⇨ 12-1-6참)의 three가 many로 바뀌었다고 보면 된다. '남성작가의 책이 훨씬 많은 생소한 단어〈나 방언이나 전문용어 등을〉 포함하고 있기 때문이다'. 전체를 번역할 때 will have experienced까지를 앞으로 보내는 번역 방식에 대해서는 ⇨ '전역'.

▸ 전역 별책 p. 37

14.2 예제(2)

❶ The pen can be used for different purposes: for instance, either in support of prevailing tendencies or in opposition to them. ❷ But, to be effective for any purpose, the written word must reach the minds and touch the feelings of the writer's contemporaries.

힌트 필력이라고 해도 쓴 것을 읽는 사람이 있을 때의 이야기다.

해설 ① **The pen** 'the+보통명사'=추상명사라고 설명되는 용법으로, '필력'을 나타낸다. *cf.* He felt *the patriot* rise within himself. (그는 마음속에 애국심이 일어나는 것을 느꼈다.) **for different purposes** '다양한 목적(을 위해)'의 구체적인 예가 either **in support of** prevailing tendencies or **in opposition to** them이라는 것을 쌍점과 **for instance**가 보여준다. '〈다양한 목적을 위해서〉 예를 들어 지배적인 경향을 지지할 때도, 그것에 대해 반대할 때도 〈쓸 수 있다〉'.

② **But, to be effective for any purpose,** But 뒤의 쉼표는 삽입의 표시(⇨ 14-3-1)이므로 to be...은 주어가 아니다. '어떤 목적에 대해서도 효과를 올리기 위해서는'이라고 예상하고, **the written**

word must reach...에서 그것을 확인한다(⇨ 1-4-0). **reach the minds** 이하를 '마음에 도달하고, 〈...의 감정에 닿다〉'라고 해석하면, '마음'이 막연하고 minds에 왜 the가 있는지도 설명이 되지 않는다. the minds와 **the feelings** 양쪽에 **of the writer's contemporaries**를 연결하는 것이 맞는 해석이다(⇨ 14-2-7). '쓴 말이 필자와 동시대 사람들의 마음에 도달해 그 감정을 울리는 것이 아니면 안 된다'.

▸전역 별책 p. 38

14.2 예제(3)

❶ Most of the people who settled the United States were poor. ❷ The country they came to was a wilderness. ❸ Land had to be cleared of trees in order to make farms; mines had to be developed; houses, shops and public buildings had to be built. ❹ Everyone had to help build them. ❺ Manual labor was highly valued. ❻ Later it was the man who worked with his head to achieve success in business and industry who was looked up to. ❼ Now there is in America a curious combination of pride in having risen to a position where it is no longer necessary to depend on manual labor for a living and genuine delight in what one is able to accomplish with his hands.

힌트 '의식이 풍족해야 예절을 안다'라는 말이 있듯이, 지적인 일을 존중하는 것도 생활의 기초를 확립한 다음의 일이다.

해설 ① **Most of** the people **who...were**라는 첫머리는 예제(1)과 같다. **settled**는 '...에 이주한'. '〈미국에〉 이주한 사람들 대부분은 〈가난〉했다'.

② **The country**와 **they came to** 사이에는 to의 목적어가 되는 관계대명사가 생략되었다. '그들이 도착한 지방은 〈황야였다〉'.

③ **Land had to be cleared of trees**는 clear A of B 'A에서 B를

제거하다'의 수동태. Ⓥ+be+p.p.의 번역에 대해서는 ⇨6-2예(1) 역. '〈농장을 만들기 위해〉 땅에서 수목을 채벌하지 않으면 안 되었다'. **mines had to be developed** '광산을 개발해야 했다'. **public buildings** '공공건물'.

④ ...had to **help build** them 미국에서는 help 뒤에 목적어로 원형부정사를 쓰는 경우가 많다. '그 건설을 도와야했다'.

⑤ **Manual labor** '육체노동〈이 크게 존중되었다〉'.

⑥ **Later it was the man who worked with his head...** it이 가리키는 것이 앞에 없다. it was...who의 강조구문(⇨7-3-8)으로 보려고 해도, '머리로 일을 하는 것은 그 사람이었다'로는 의미를 알 수 없다. 어떤 구조인지 생각하면서 계속 읽어보자. **to achieve success in business and industry** '상공업에서 성공하기 위해'. **who was looked up to** 부분까지 그 의문을 가지고 간 결과, 역시 강조구문이었다는 것을 알 수 있다. *the man who worked... industry* was looked up to(=respected[valued])의 이탤릭체 부분을 it was...-who로 강조한 것이라고 해석했다면 성공이다. 직역하면, '나중이 되어 존경받은 것은 상공업에서 성공하기 위해 머리를 쓰는 사람이었다'. ①~⑤가 개척시대의 미국의 이야기. → ⑥ Later → ⑦ Now라는 큰 흐름 속에서 번역하면 어떻게 되는지는 ⇨'전역'.

⑦ **there is in America a curious combination**은 there is...S(⇨5-4-1). combination **of pride**는 '자부심의 결합'만으로는 무엇과 무엇이 결합하는지 알 수 없다. **combination of A** *and B* [A *with B*] 중의 한 가지 구조가 될 거라고 예상하지 못하면 이 문장은 해석할 수 없다. **in having risen to a position where...** '...지위에까지 출세했다는 〈자부심〉'. **it is no longer necessary to** depend...은 it...to– '의지할 것은 더 이상 필요없다'. **depend on...for~** '~을 위해 ...에 의지하다'(⇨13-1예① look to...for~). '생계를 위해 더 이상 육체노동에 의지할 필요가 없는 지위에까지 출세했다

는 것에 대한 자부심'.

for *a living* and *genuine delight*라고 늘어놓아도 뜻이 통하지 않는다. 그럼 manual labor...*and* genuine delight는 어떨까 하고 앞으로 돌아가지 말고, combination of pride... 부분에서 세운 예상을 여기에 살려서 combination of **pride in**...*and* **genuine delight in**...이었다고 깨닫는 것, 아니, 누누이 강조하지만 그 밖의 해석은 처음부터 떠오르지도 않는 것이 중요하다. **in what one is able to accomplish with his hands** '〈...자부심과〉 자신의 손으로 이룬 것에 대한 순수한 기쁨과의 〈묘한 결합이 미국에는 존재한다〉'. 예를 들어 큰 회사 사장의 대저택에 초대받아 갔는데, 첨단 자동 설비 속에서 많은 사용인들에게 둘러싸여서 사는 사장이 손으로 만들었다는 나무 책상을 보이면서 자랑하는 듯한 느낌이다.

▸ 전역 별책 p. 38

14.3 A and (M)B

동일한 자격의 A와 B를 and[but, or]가 결합하는 경우, A and B, 혹은 A 뒤에 쉼표를 넣어 A, and B라고 한다. 하지만 B 앞에 쉼표를 넣어서 A and[but, or], B라고는 하지 않는다. 학생들이 쓴 작문에서 and, B라는 부주의한 형태를 자주 보는데, and와 B 사이에는 쉼표를 쓸 수 없기 때문에 이것은 큰 실수다. 그럼 아래의 문장은 어떻게 이해해야할까?

14.3.1 *Each country has* its own proverbs, **but,** if we compare these proverbs, *we find* striking similarities in meaning.

Each country...proverbs 속에 if절과 대등한 것이 없으니까, but은 if...proverbs를 직접 앞에 연결하는 것은 아니다. but 뒤의 쉼표가 이것을 보여주는 삽입의 표시다. 따라서 but이나 if 등이 나오면 뒤에 삽입부가 끝나는 것을 표시하는 쉼표가 또 하나 나오고 그 다음에 but 이하의 중심부가 나온다(기호로 표시하면 A, but, ..., B)고 생각하면 we find가 보일 것이다.

번역 나라마다 고유한 격언이 있는데, 비교해보면, 그 의미가 놀랄 정도로 비슷하다는 것을 알 수 있다.

and[but, or]와 B 사이에 어구가 삽입되는 형태는, 이런 상황에서 쉼표가 하는 역할을 알고 있으면 대부분 쉽게 이해된다. 하지만 쉼표의 사용은 필수 요건이 아니며 쉼표가 없는 형태는 꽤 어렵다.

14.3.2 He *had* no conventional education **and** all his life *remained* an illiterate.

education and...life라고 해석하면 remained의 주어가 없어지고, his life(=S) remained(=V)도 의미가 통하지 않는다. He had...and...remained가 문장의 중심. all his life는 부사적 목적격(⇨6-4-0). remain ⇨2-2예(1)②.

번역 그는 정규 교육을 받지 못해서, 평생 문맹으로 지냈다.

A and...B의 ... 부분에 문장의 중심이 되는 주어나 동사, 목적어나 보어가 나올 리 없다. 이 부분에 들어가는 어구의 역할은 당연히 수식어이고, 이 수식어는 반드시 B를 수식한다. 적어도 B를 중심으로 해서(아래 그림의 B와 ~~~~~부분의 연결을) 수식하는 것이 원칙으로, M이 A를 수식하는 일은 있을 수 없다. 14-3-1을 '비교해보면 나라마다 고유한 격언이 있는데...', 14-3-2를 '그는 정규 교육을 평생 받지 못했다'라고 번역하는 것은 근본적인 실수다.

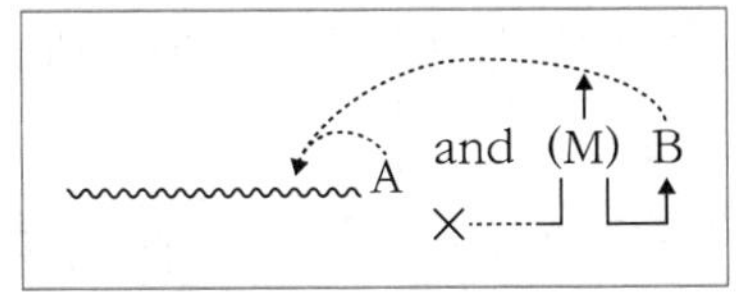

다음은 14.1과 14.2에서 본 순서에 따라, and[but, or] 뒤에 M이 들어가

는 예를 보자. 다양한 패턴 속에서 공통의 사고방식을 파악하기 바란다.

14.3.3 *Wealth*, **and,** with it, *power* will continue to pass from one class to another.

with it(=wealth)은 power will continue에 걸린다.

번역 부와 그것에 동반하는 권력이 한 계급에서 다른 계급으로 계속 옮겨갈 것이다.

14.3.4 If a visitor is told that a lady is not 'at home', it may mean that she is *feeling* unwell, **or** for some other reason not *receiving* guests.

she is feeling unwell 속에는 for some other reason과 대등한 것이 없다는 점에 주목해서, she is feeling...or...not receiving이라고 보고 for...reason을 she is not receiving guests에 연결한다.

번역 한 여성을 찾아가서 '집에 없다'(=not at home)라는 말을 들었을 때는, 그 여성이 컨디션이 좋지 않거나 뭔가 다른 이유로 손님을 만나지 않겠다는 의미인 경우도 있다.

14.3.5 He *watched* jealously Rose's companionship with others; **and** though he knew it was unreasonable *could not help* sometimes saying bitter things to him.

though he knew it was unreasonable을 M으로 보면, 문장의 골격은 He watched...; and...could not help다. it은 내용적으로 could not 이하를 가리킨다. Rose는 이 문장에서는 남자 이름으로, 마지막의 him은 Rose를 가리킨다 (⇨5-1예(2)②).

번역 그는 로즈가 다른 사람들과 교제하는 것을 질투를 느끼면서 보고 있었다. 그리고 말이 안 된다는 것은 알고 있었지만, 때로 로즈에게 심한 말을 하지 않을 수 없었다.

14.3.6 The parlor faced southeast, the sun went off it early, which made it beautifully *cool* in summer **but** in the afternoons at other times of the year a little *sad*.

go off '떠나다'. 여기서는 '(해가) 기울다'. which의 선행사는 the sun...early. in summer but in the afternoons이라고 하면 이상하다고 생각하면서 읽다가 a little sad를 보고 made it cool...but...a little sad라는 전체의 구성을 발견했다면 손색없는 실력이다.

번역 거실이 동남향이었기 때문에 해가 빨리 졌다. 그래서 여름에는 시원하고 기분이 좋았지만, 다른 계절에는 오후가 되면 조금 울적했다.

다음으로 수식어에 관한 A and (M) B의 형태를 보자.

14.3.7 This work became *the daily*, **and** with many *the only*, reading of our people.

the가 daily에 걸린다고 보면 뜻이 통하지 않는다. the daily에 이어지는 명사가 and 뒤에 있을지도 모른다고(⇨ 14-2-1) 사고를 전환하면 reading이 보일 것이다. the daily and...the only reading이라는 해석이 정해지면, with many (people)는 the only를 주로 수식하게 된다.

번역 이 작품은 우리 국민이 평소 읽고 있는, 또 많은 사람의 경우에는 유일한 책이 되었다.

14.3.8 In the whole nature the cat is the only animal which has solved the problem *of living* in close contact with human beings **and** at the same time *of maintaining* its freedom and conserving its own personality.

at the same time과 of maintaining 모두 전치사로 시작하는 구인데, at the same time과 의미상 대립하는 것이 앞에 없기 때문에 the problem of living...and (at the same time) of maintaining이라고 읽는다.

번역 자연계 전체에서 고양이는 인간과 밀접한 관계를 갖고 생활하면서 동시에 자유를 잃지 않고 고유한 개성을 유지하는 문제를 해결한 유일한 동물이다.

14.3.9 The best way to see a country, to get to know its people is to go *on foot*, **or** if not on foot *by some slow-moving machines* of transport.

get to– '–하게 되다'. go on foot, or (if not on foot) by some slow–moving.... 괄호 안은 '도보가 아니라면'이라는 의미(⇨ 15–1–12).

번역 한 나라를 구경하고 그 나라 국민을 알게 되는 가장 좋은 방법은, 도보로 여행하거나 도보가 아니라면 느린 교통수단을 이용하는 것이다.

14.3.10 In nearly all Japanese songs the word *sabishii* (lonely) can be heard, expressing the feeling of belonging to something **and** at the same time being totally apart.

14–3–8에서처럼, at the same time을 괄호 안에 넣어서 of belonging...and... being의 관계를 발견한다.

번역 거의 모든 일본 노래에 '사비시이'라는 말이 나온다. 그것은 무언가에 소속되어 있으면서 동시에 거기에서 완전히 떠나 있는 감정이다.

14.3 예제(1)

Government can never in our large states be by the people in any true sense of the word; it may be —and since we are democrats, should be— by their true representatives, those who represent their real interest, the general interest of the community.

힌트 민주정치라고 해도 결국은 대의 정치. 대의원이 무엇을 대표하는가가 문제다.

해설 **Government can** never in our large states **be by the people**의 Government는 '정부'가 아니라 '정치'. state는 '국가'. '오늘날의 대형 국가에서 정치가 국민에 의한다[국민에 의해 실시된다]는 것은 절대 있을 수 없다' **in any true sense of the word** '진정한 의미에서의 〈국민〉' (⇨ 13-2예(1)①). '국민에 의한' 정치라고 해도, 모든 국민을 한 자리에 모을 수도 없고 모든 문제에 대해 국민투표를 실시하는 것도 불가능하다는 말이다.

it may be—and since we are democrats, should be—와 같이 앞뒤에 쓰인 줄표는 괄호와 마찬가지로 삽입(15-3-0)을 표시하는데, 삽입이라고 해도 그 내용이 문법의 무법지대는 아니다. 여기서도 and가 무엇과 무엇을 연결하는지 판단하려는 자세가 중요하다. 줄표 내부를 since *we...should be* (*democrats*)라고 읽은 사람은 이 점을 간과하고 있다. it *may be*—**and** *should be*—by their true representatives 속에 (it) should be (by...)에 걸리는 since we are democrats가 또 삽입된 것으로 읽어야 한다. '정치가 진정한 대표자...에 의해 실시되는 것은 가능하고, 또 우리가 민주주의자인 이상 당연히 그래야 한다'.

their true representatives와 **those** who represent their real interest가, **their real interest**와 **the general interest**가 각각 동격 관계다. '진정한 대표자, 즉 국민의 진정한 이익, 즉 사회 전체의 이익을 대표하는 사람들'.

▸ 전역 별책 p. 38

14.3 예제(2)

❶ Mankind is puny and feeble under the heavens as long as it is ignorant. ❷ It is ignorant so far as it is self-limited by dogma, custom, and most of all by fear—fear of the unknown. ❸ To science the unknown is a problem full of interest and promise, in fact science derives its sustenance from the unknown; all the good things have come from that inexhaustible realm. ❹ But without the light of science the unknown is a menace to be avoided by taboo or propitiated by incantation and sacrifice. ❺ The scientific tradition rests first of all on a faith in mankind, in the ability of humans to understand, and ultimately, within certain limits, which are in the nature of things, to control, the environment in which we live in all its aspects: physical, biological, and social.

힌트 과학으로 미지의 세계를 해명하는 것과, 과학을 뒷받침하는, 인간에 대한 신뢰.

해설 ① **Mankind is puny and feeble under the heavens** 인류라고 해도 끝없이 펼쳐진 이 우주에 비하면 보잘 것 없고 미약한 존재에 불과하다는 것. **as long as**는 '...하는 동안은; ...인 한'이라는 뜻의 접속사(⇨ 11-2-7). **it**은 Mankind를 가리킨다(⇨ 13-3-1). '인류는 〈무지한〉 한'.

② **It is ignorant so far as it is self-limited**의 두 개의 it도 mankind를 가리킨다. so far as는 ⇨ 4-1예(1)①. self-limited '자신에 의해 제한되다'란 '스스로 자신의 활동을 제한하다'라는 의미. **by** dogma, custom, *and*...**by** fear로 이어지고, **most of all**은 by fear에 걸린다(⇨ 14-3-8). **fear of the unknown**은 앞의 **fear**와 동격. '종교의 교리나 인습, 특히 공포—미지의 것에 대한 공포에 의해'.

③ **a problem**을 **full of**...이 뒤에서 수식해서 '〈과학에 있어서 미지의 것은 흥미와 희망〉으로 가득한 문제다'. promise 뒤의 쉼표는 the unknown is...의 전반과 science derives...의 후반이 나뉘는 곳을 표시하고 있고, in fact('그렇기는커녕' ⇨ 10-2예② indeed)는 derives에 걸린다. **derives its sustenance**(생명을 유지시켜주는 것, 자양분) **from~**은 '~으로부터 ...을 얻고 있다'(⇨ 3-2예(2)①). **that inexhaustible**(무궁한) **realm**(영역)은 the unknown을 바꾸어 말한 것.

④ **a menace**(위협) **to be avoided by taboo or propitiated**(위로하다) **by incantation**(주문) **and sacrifice** '터부에 의해 피하거나 주술이나 제물을 가지고 누그러뜨리지 않으면 안 되는 위협'.

⑤ **The scientific tradition**을 기계적으로 '과학적 전통'이라고 하면 의미가 불분명하다. 여기서 말하는 것은 전통적으로 과학의 중심에 있었던 사고를 가리킨다. **rests** first of all **on a faith in mankind**의 rests on...은 '...에 근거하다'이기 때문에 '과학의 전통은 무엇보다도 인간에 대한 신뢰에 근거하고 있다'.

..., **in the ability of humans to understand**는 in을 단서로 a faith...in이라고 읽는다. human에는 복수를 나타내는 s가 있으니 당연히 명사다. '인간이 ...을 이해하는 능력'. **and ultimately, within certain limits,** 대목을 어떻게 볼 지가 독해의 열쇠다. to understand는 그것만으로 '사항을 이해하다'라는 의미로 파악할 수도 있지만, 역시 뒤에 목적어가 나오지 않을까 하는 의문과, and가 무엇과 무엇을 연결하는가 하는 두 가지 의문이 아직 해결되지 않았다. ultimately '궁극적으로', within certain limits '어떤 한계 안에서'와 대립하는 어구가 and 앞에 없기 때문에, 이 둘은 A and (M) B의 M일 거라고 보고 더 읽는다. ..., **which are in the nature of things** (사물의 본질상 당연한; 본래 사물에 갖추어져 있는)는 limits에 걸리기 때문에 이것은 M의 일부다. **to control, the environment**까지 오면 이 문장의 골격을 알 수 있다.

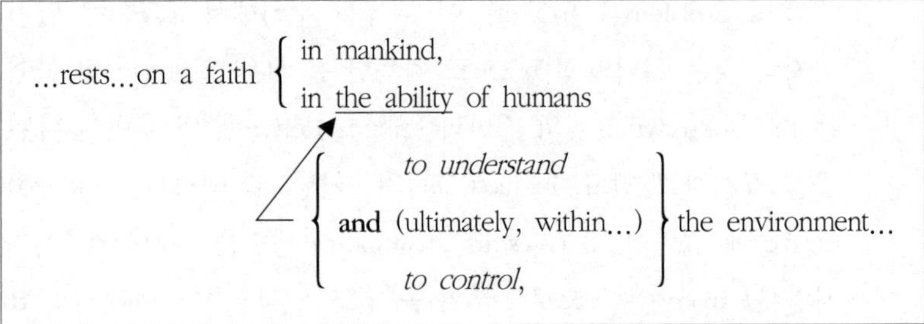

control과 the environment, 타동사와 목적어라는 밀접한 연결 사이에 쉼표가 있는 것은, the environment가 앞의 understand에 대해서도 목적어가 된다는 것을 나타내기 위해서다.

in which we live **in all its aspects**가 마지막 문제. in which we live '우리들이 생활하는 환경'은 아무것도 아니지만, '모든 면에서 생활하는'은 무슨 말인지 알 수 없다. in all its aspects가 수식하는 것은 to understand와 to control이다(⇨ 11-2-4). its aspects가 구체적으로 무엇인지는 쌍점 뒤의 세 개의 형용사가 말해준다. **physical, biological, and social** aspects라고 보충하면 H=A+A의 동격관계(⇨ 6-1-5[참]). a faith in 이하는 '인간에 대한 신뢰, 즉 인간에게는 주위의 세계를 물리·생물·사회의 모든 방면에서 이해하고, 궁극적으로는 사물의 본성이 가진 한계 안에서이긴 하지만, 그것을 지배할 능력이 있다는 신념'이 된다.

▸ 전역 별책 p. 38

14.4 (A + B + C) (A′ + C′)

The day **has** twenty-four hours and the week seven days.라는 문장에서는, 후반의 the week과 seven days 사이에 has가 생략되어 있다. 이렇게 A+B+C..., A′+B+C′...이라는 형태로, 구조가 같고 일부 어구가 동일한 두 부분으로 구성되는 경우, 후반에서는 동일한 부분을 생략해서 (A+B+C)(A+C)라는 구성을 취하기도 한다.

14.4.1 Though direct **moral teaching** does much, indirect does more.

형+명, 형+(명)으로 보고, indirect *moral teaching*이라고 읽는다.

번역 직접적인 도덕 교육도 크게 도움이 되지만, 간접적인 교육은 더욱 유익하다.

14.4.2 My political ideal is democracy. Everyone **should be** respected, but no one idolized.

idolized를 과거형으로 읽으면 뜻이 통하지 않는다. no one *should be* idolized라고 해석한다.

번역 나의 정치적 이상은 민주주의다. 모든 사람을 존중해야 하지만, 어떤 사람도 우상시해서는 안 된다.

14.4.3 Cricket matches and school parties and prize givings are seldom **forgotten**; home-work frequently is.

prize giving '상장 수여식'. 14-4-2는 S+Ⓥ+V, S+(Ⓥ)+V이었는데, 이 문장은 S+Ⓥ+V, S+Ⓥ+(V)다. *cf.* Home-work is frequently *forgotten*.

번역 학생들이 크리켓 시합, 학교 파티, 상장 수여식 등을 잊는 일은 거의 없지만, 숙제는 종종 잊는다.

14.4.4 In a short story the plot **must be** simple and the characters few.

14-4-0 첫머리의 The day has...은 S+V+O, S+(V)+O이었고, 이 문장은 S+V+C, S+(V)+C다.

번역 단편소설에서는 줄거리는 단순하고 등장인물은 적어야 한다.

14.4.5 Intimacy is no **excuse for rough manners**, though the majority of us seem to think it is.

...think it is *an excuse for rough manners*라고 본다. 이 문장은 S+V+C, S+V+(C). 후반은 부정이 아니라는 것에 주의.

번역 대부분의 사람은 친하면 예의가 없어도 된다고 생각하는 것 같은데, 그 것은 잘못이다.

14.4.6 Courage is said to be **the commonest and easiest of virtues,** and probably it is.

cf. it is *the commonest....* is said to be와 is의 대조가 중심 내용이다.

번역 용기는 미덕 가운데 가장 일반적이고 익히기 쉽다고들 하는데, 그 말이 맞는 것 같다.

14.4.7 The actions of men **were said to be governed** by the faculty of reason, those of animals by the faculty of instinct.

A clear idea **is expressed** clearly and a vague idea vaguely. (명료한 생각은 명료하게, 애매한 생각은 애매하게 표현된다)에 보이는 S+V+M, S+(V)+M이 한층 복잡해진 형태. those(=the actions) of animals *were said to be governed* by the faculty of instinct.

번역 옛날에는 인간의 행동은 이성의 힘에 의해, 동물의 행동은 본능의 힘에 의해 지배된다고 알고 있었다.

지금까지는 단어나 단어에 가까운 것이 생략된 경우고, 다음은 더 큰 어구가 생략된 경우다.

14.4.8 If **the people are influenced chiefly** by public considerations, order is assured; if by private, disorder is inevitable.

후반은 if *the people are influenced chiefly* by private *considerations*, ...이라고 이해한다. 이 문장은 S+V+M, (S+V)+M.

번역 사람들이 주로 공공에 대한 생각으로 움직인다면 질서가 보장되지만, 사적인 생각으로 움직이면 혼란은 불가피하다.

14.4.9 Dark skin coloring **has advantages** in tropical climates, compact physique in steep mountain districts and short strong legs where people cultivate rice.

S+V+O, S+(V+O)의 형태가 두 군데에 사용되었다. compact physique *has advantages* in...districts; short strong legs *have advantages* where.... where가 부사절을 이끈다는 것에 주의(⇨ 13-2예(2)②).

번역 열대 기후에는 검은 피부가 좋고, 험한 산악지대에서는 작고 단단한 체격이 좋고, 곡창지대에서는 다리가 짧고 튼튼한 것이 좋다.

14.4.10 Ugliness **is one of the symptoms** of disease, beauty of health.

S+V+C, S+(V+C)

번역 추함은 병의 징후의 하나고, 아름다움은 건강의 징후의 하나다.

14.4.11 **Man as man** has always been **a creative artist**, and still is.

S+V+C, (S)+V+(C). *Man* is still *a creative artist.*

번역 사람다운 사람은 늘 창조적인 예술가였고, 지금도 그렇다.

14.4.12 The optimist **looks into a mirror and becomes** too optimistic, the pessimist too pessimistic.

cf. the pessimist *looks into a mirror and becomes* too pessimistic

번역 낙천적인 사람은 거울을 보면 너무 낙천적이 되고, 비관적인 사람은 너무 비관적이 된다.

14.4 예제

❶ Different philosophers have formed different conceptions of the Good. ❷ Some hold that it consists in the knowledge and love of God; others in universal love; others in the enjoyment of beauty; and yet others in pleasure. ❸ The Good once defined, the rest of ethics follows; we ought to act in the way we believe most likely to create as much good as possible, and as little as possible of evil. ❹ The framing of moral rules, so long as the ultimate Good is supposed known, is matter for science.

힌트 '선'이 무엇인가 하는 정의가 내려지면 윤리학의 체계는 간단히 수립된다. 어려운 것은 모든 이를 납득시키는 '선'의 정의다.

해설 ① **Different** philosophers have formed **different** conceptions of the Good.은 different를 두 번 사용함으로써 '다양한 철학자들이 선에 대해 다양한 개념을 만들어왔다; 지금까지 철학자가 다르면 선에 대한 개념도 달라졌다'라는 의미를 나타내고 있다.

② **Some...; others...**의 대립에 주목해서, '몇 사람은...'이라는 단순한 번역이 아니라 '...사람이 있는가 하면, ...사람도 있다'라고 해석한다. **hold that it**(=the Good) **consists in the knowledge and love of God**의 hold는 '...이라고 주장하다[생각하다]'라는 뜻. consist in...은 '...에 있다; ...을 의미하다'. '선이란 신을 알고 사랑하는 것이라고 생각하는 철학자가 있다'. of God이 knowledge와 love 양쪽에 걸린다는 것에 주의(⇨ 14-2-6). **others in universal love** Some과 others, in the knowledge와 in...love라는 대응관계로부터 others *hold that it consists* in universal love라고 본다. 다음의 **others / in the enjoyment of beauty**와 **others / in pleasure**도 마찬가지다. and **yet others**...의 yet은 others에 걸려서 '또 다른...'. '선이란 만

인을 사랑하는 것이라고 생각하는 사람도 있다. 미를 향수하는 것을 선이라고 하는 사람도 있고, 또 쾌락을 선이라고 하는 사람도 있다'. 3-4예(1)이나 6-2예(2)③에서 본 문장 첫머리의 Yet(하지만)과 다르다는 것에 주의.

③ **The Good once defined** '선이 정의했다'라고 하면 의미가 통하지 않고 defined 뒤에 접속사가 없는 것으로 봐서 S′+p.p.(⇨ 8-2-pre3). '일단 선이 정의되면'. **the rest of ethics follows**의 the rest는 '나머지'. 윤리학 체계의 나머지 부분은 그 정의로부터의 귀결로 연역할 수 있다.

...act in **the way**의 뒤에는 **believe**의 목적어가 되는 관계대명사가 생략되었다. *cf.* We believe *the way* most likely to－ (< The way is most likely to－). **as...as possible** ⇨ 13-2예(2)①. '최대한 〈많은 선을 낳을〉 가능성이 가장 크다고 생각되는 방식으로 행동 〈해야 한다〉'. **as little as possible of evil**은 as...as possible과 little of evil(⇨ 2-2예(1)②)가 결합된 것. '최대한 적은 악'.

④ **The framing of moral rules** '도덕률의 형성'. **so long as**는 as long as(⇨ 14-3예(2)①)와 비슷하게 쓰이는 접속사(⇨ 7-3-8참). the ultimate Good **is supposed known**은 is supposed *to be* known에서 to be가 생략된 형태. '궁극적인 선이 무엇인지 알고 있다고 생각되는 한, 〈과학적으로 해결할 수 있는 문제다〉'.

▸ 전역 별책 p. 39

Chapter 15
삽입의 여러 형식

CHAPTER 15

삽입의 여러 형식

TV 드라마에 내레이션이 들어간다거나 인형극에서 인형 뒤로 사람 손이 보이는 경우가 있다. 문장 중간에 갑자기 글쓴이가 얼굴을 내밀고 자신의 견해를 말하거나 주석적인 설명을 덧붙이는 이른바 삽입의 형식은, 통상의 문장 구조의 규칙을 깬다는 점에서 여러 가지로 문제가 많다. 원칙이 있는 곳에 반드시 예외가 있다고 하지만, 문장의 중심이 되는 주어와 동사를 찾는 방법, 절을 이끄는 접속사가 나오면 반드시 절 안의 주어와 동사를 확인하는 것, and를 보면 무엇과 무엇을 결합하고 있는지 점검하는 것 등등, 지금까지 각 장에서 강조한 영문을 해석하는 기본자세에 대한 중요한 예외 사항을 묶어서 이 책의 마지막 장으로 하고, 동시에 예외를 통해서 원칙을 재확인하고자 한다.

15.1 어구의 삽입 - and와 if

문장 속에 어구를 삽입해서 주석적 설명을 덧붙이는 예 중에서 비교적 어려운 것부터 시작하자.

15.1.1 Years ago, I used to receive letters from a friend, —**very interesting letters, too.**

very 이하는 떠오른 것을 추가한 동격표현. 마지막의 too에 주의한다.

번역 몇 년 전에 나는 한 친구로부터 편지를, 그것도 아주 재미있는 편지를 자주 받았다.

15.1.2 I am always struck by the precedence which the idea of a "position in life" takes above all other thoughts in the parents'

—**more especially in the mother's**— minds.

more especially는 '아버지의 경우보다 특히'라는 의미. take precedence above... '...보다 낫다'.

번역 나는 항상 '사회적 지위'라는 생각이 부모님의 -특히 어머니의- 마음속에 다른 어떤 생각보다 우선하고 있다는 사실에 놀란다.

15.1.3 You can examine them carefully under a good magnifying glass, or, **better still**, through a microscope lens.

or 뒤의 쉼표에 주의(⇨ 14-3-1). better still=what is better still(⇨ 15-2-0).

번역 성능 좋은 확대경이나, 이게 더 좋지만 현미경의 렌즈를 통해서 그것들을 꼼꼼히 조사할 수 있다.

(a) We had to judge very hastily.

(b) We had to judge—very hastily.

(c) We had to judge, **and** very hastily.

(우리는 판단을, 그것도 매우 서둘러서 내려야 했다.)

(a)는 딱히 끊을 곳이 없는 한 덩어리의 문장이다. 이에 비해 (b)에서는 줄표를 사용함으로써, very hastily를 앞부분에서 어느 정도 독립된 부가적 요소라고 느끼게 한다. (c)의 and는 줄표 대신 쓰인 말로, 14장에서 본 등위접속사 and의 본래의 용법에서 벗어나 있다는 점에 주의한다.

15.1.4 It is frequently said, **and** with considerable justice, that some persons enjoy ill-health.

cf. It is frequently said with considerable justice that....

번역 건강하지 않은 것을 즐기는 사람도 있다는 사실이 가끔, 게다가 상당히 타당성 있게 언급된다.

15.1.5 Some books are to be read only in parts; others to be read **but** not curiously, and some few to be read wholly, and with diligence and attention.

in parts '부분 부분'. but은 역접을 나타낼 뿐만 아니라, 15-1-4의 and와 같은 용법으로 쓰였다. others (are) to be ⇨14-4-0. wholly, and with diligence (=diligently)...의 and는 대등한 것을 묶는 용법.

번역 책 중에는 부분적으로 읽으면 되는 것도 있고, 읽을 만하지만 호기심을 가질 필요가 없는 것도 있다. 그리고 소수의 몇몇 책은 전체를 꼼꼼하고 주의 깊게 읽어야 한다.

We had to judge, and **that** very hastily.라는 문장의 that은 We had to judge를 받는 대명사로, and that='게다가'라고 설명되지만, 이 말을 추가함으로써 very hastily의 독립성이 한층 강조된다고 볼 수 있다.

15.1.6 People who were presented to him often felt a certain awkwardness, **and that** not entirely because they were alarmed by his reputation.

cf. People felt...awkwardness not entirely because.... not entirely는 부분부정을 나타내는 표현.

번역 그를 소개받은 사람들은 다소 거북해하는 경우가 많았다. 그리고 그것은 반드시 그의 명성에 기가 죽었기 때문만은 아니었다.

if는 보통 *If* it is fine, I'll go for a walk.처럼, 뒤의 S+V를 종속절로 묶는 역할을 하는 말이다. *If asked*, he will say that you are wrong.과 같은 문장도 부사절을 이끄는 일반적인 접속사에 보이는 생략형과 마찬가지로, 주절의 주어와 be동사를 보충함으로써 If (*he is*) asked, he will say...이라고 설명된다. If가 나오면 이것에 대응하는 S+V를 찾는 것이 영문을 읽을 때의 습관적인 사고다. 하지만 She speaks, **if possible**, in a soft voice. (그녀는 가능한 한 낮은 목소리로 말한다)의 if possible과 같은 표현이 되면 S+V를 보충하지 못하는 것은 아니지만, 일반적인 규칙도 없고 결과적으로 문장이 부자연스러워지는 경우가 많기 때문에, if possible, if necessary, if any 등의 삽입적인 표현은 숙어로서 그 의미를 기억하는 데 그치고 더 이상 파고들지 않는 것이 좋다.

15.1.7 Few, **if any**, Americans grasped the significance of what had been accomplished.

if any는 수나 양에 대해서 '만약 있다면, 비록 있다고 해도'라는 의미. if ever는 횟수에 대해서, He seldom, *if ever*, went to church. (그가 교회에 가는 일은 있다고 해도 드물었다)와 같이 사용한다.

번역 달성한 것의 의의를 이해한 미국인이 있다고 해도, 그 수는 적었다.

15.1.8 Purely physical fatigue tends **if anything** to be a cause of happiness.

tends...to be가 문장의 중심이라고 아는 것이 중요하다. 이 if anything은 '어느 쪽이냐 하면', Little, *if anything*, is known about him.의 if anything은 '설사 있다고 해도'.

번역 순수하게 육체적인 피로는, 오히려 행복의 원인이 되는 경우가 많다.

These cases must be stated, *though* briefly. (간단하게라도, 이들 경우에 대해 말해두지 않으면 안 된다)라는 문장의 though는, 본래 하나로 연결된 These cases must be stated briefly. 속에 끼어들어서 briefly가 앞과 역접 관계에 있다는 것을 나타낸다. 이것은 위의 and나 but이 기본용법에서 벗어나 있는 것과 마찬가지로, 부사절을 이끄는 though 본래의 용법과는 다른 것으로, 주어와 동사를 보충하는 방법으로는 해석할 수 없는 형태다. if나 however에도 같은 용법이 있다.

15.1.9 My mother felt my father's loss of fortune more keenly than my father himself, and it preyed upon her mind, **though** rather for my sake than for her own.

my father's loss of fortune(재산) < My father lost fortune ⇨8-4-8. *cf.* It preyed upon her mind for my sake. (어머니는 나를 위해 그 일을 고민했다.) for her own (sake) ⇨10-2-9.

번역 어머니는 아버지가 재산을 잃은 것을 아버지 본인보다도 마음 아파하고, 그래서 고민했는데, 그것은 당신을 위해서라기보다 오히려 나를 위해서였다.

15.1.10 It is not enough to read great books once only, **however** carefully.

however로 시작하는 양보절의 일반적인 생략형에 대해서는 ⇨7-2예③.

번역 좋은 책은 아무리 주의 깊게 읽는다 해도, 한 번 읽는 것만으로는 부족하다.

15.1.11 The coming of the clock must have caused a great **if** gradual change in the social life of England.

great와 gradual이라는 의미상 대립하는 두 개의 요소를 if가 묶고 있다고 보면 된다. a가 change에 걸리는 관사라는 것에 주의한다(⇨14-2). *cf.* The rain continued, fast *though* not heavy. (비가 세지는 않지만 하염없이 내렸다.)

번역 시계의 출현은 영국의 사회생활에 느리지만 커다란 변화를 불러일으킨 것이 틀림없다.

15.1.12 In the mid-eighteenth century, novel-reading was still considered rather a waste of time, **if not** actually harmful.

a waste of time과 harmful은 같은 계통의 표현이지만, 의미는 후자가 강하다. if not은 이 양자를 묶어서 'harmful까지는 아니더라도 waste of time'이라는 것

을 나타낸다.

번역 18세기 중엽에는 소설을 읽는 것이, 실제로 해롭지는 않더라도 굳이 말하면 시간 낭비라고 여겨졌다.

15.1.13 Most people accept their lot, **if not** with serenity, **at all events** with resignation.

A, if not B의 순서를 반대로 하면, if not 속에 숨어 있는 '적어도, 어쨌든'이라는 의미가 표면에 나와서 if not B, at any rate[at least, at all events] A가 된다.

번역 대부분의 사람은 자신의 운명을, 평정까지는 아니더라도, 적어도 체념과 함께 받아들인다.

15.1 예제(1)

❶ Henri Rousseau worked as a minor official in the customs for about twenty years and then retired on a tiny pension and painted to his heart's content for another twenty-five years. ❷ There may be modern states which would give such an artist a somewhat better pension, but only on condition that he conformed to some recognized standard or style. ❸ Rousseau was condemned to poverty, but at least he was free to realize his vision. ❹ He seems to have been a happy man.

힌트 가난했지만 아무런 제약도 받지 않고 그림을 그릴 수 있었던 행복한 화가.

해설 ① **Henri Rousseau** '앙리 루소'는 프랑스의 화가(1844-1910). **worked as a minor official in the customs**의 customs는 '세관'으로, 이런 뜻일 때는 항상 복수형이다(⇨ 6-1-8참). '세관의 말단 직

원으로 〈약 20년간〉 일했다'. and **then retired on a tiny pension** '그 후 얼마 되지 않는 연금에 기대어 퇴직했다'. and **painted to his heart's content** '마음껏[실컷] 그림을 그렸다'. **for another twenty-five years** another(=an+other)는 '또 하나의'라는 뜻이니까 원칙적으로 단수명사와 함께 사용한다. 다만 이 문장처럼 뒤에 '수사+복수명사'가 오는 경우에는, 그 전체를 하나로 묶어서 '앞으로...; 더...'이라는 뜻이 된다. *cf.* He will be back in *another six weeks.* (그는 앞으로 6주 있으면 돌아옵니다.)

② **There may be modern states which would give such an artist...**의 would는 '이런 예술가가 있는 경우에 〈...을〉 주는 나라도 있을지도 모른다'라는 가정을 받아서 사용되었다. **a somewhat better pension**의 somewhat은 better에 걸리는 부사. '〈루소가 받은 것보다〉 좀 더 많은 연금'. **but only on condition that**은 on condition that(=if는 ⇨ 3-3예(2)② for the reason that). I will allow you to do so *only if* you work hard. (열심히 일하는 것만을 조건으로) → I will allow you to do so, *but* only *on condition that* you work hard. (그렇게 하는 것을 허락해도 좋지만, 열심히 일하는 것이 조건이다)라는 순서로 생각한다(⇨ 15-1-5). **he conformed to** 이하를 덧붙여서 '〈연금을 주는 나라도 있을지도 모르지만〉, 하지만 그것은 〈어떤 공인된 기준이나 양식〉에 맞는 그림을 그리는 경우에만 해당한다'. conformed는 앞의 would의 영향으로 과거형이 쓰였고, 말하려는 것은 현재의 일이다.

③ **was condemned to poverty** '가난한 생활을 보내도록 운명지워졌다'. **he was free to realize his vision** '자신의 이미지를 자유롭게 실현할 수 있었다'.

④ **He seems to have been**=*It seems that* he *was*... '그는 〈행복한〉 사람이었던 것 같다'.

▸ 전역 별책 p. 40

15.1 예제(2)

❶ The public library is taken for granted now as one of the citizen's indisputable rights; if not altogether as free as air, at least a service which makes hardly greater claim on his purse than do the public parks he strolls in or the street lights to guide his steps. ❷ Yet he has enjoyed this right for little more than a century.

힌트 도서관을 자유롭게 이용할 수 있게 된 것은 비교적 최근의 일이다.

해설 ① **...is taken for granted** '...은 당연한 일로 여겨진다'. *cf.* I *took* it *for granted* that you would come. (it은 that절을 받는 가목적어) '너는 당연히 올 거라고 생각하고 있었어'. **as one of the citizen's indisputable rights** '논의의 여지가 없는 시민의 권리의 하나로서'.

...; **if not...** 대목에서 쌍반점 뒤의 if not S+V S+V의 구성을 예상하지만, *altogether* as free as air, **at least** a service 부분에 주어와 동사가 전혀 보이지 않는다. 여기서 그 예상을 포기할 수 있는 것이 앞에서 15-1-13을 공부한 효과다. 쌍반점 뒤는 앞의 The public library를 설명하는 free와 a service가 중심이고, 이것을 if not...at least가 묶고 있다.

as free as air를 '공기처럼 자유롭다'가 아니라, 앞뒤 문맥에서 '공기처럼 공짜다'라고 생각을 바꾸는 힘이 필요하다. **not**과 **altogether**가 결합되어 부분부정의 표현(⇨ 3-2-4)이 되기 때문에 '공기처럼 완전히 공짜는 아니지만'. **a service**는 '(공공)시설'. **which makes hardly greater claim on his purse than...**의 make...claim on his purse는 '지갑에 요구하다' → '돈이 들다'. than **do the public parks...or the street lights**는 than+V+S라는 도치문(⇨ 5-4-9). parks와 **he strolls in** 사이에는 in의 목적어가 되는 관계대명사가 생략되어 있다. **to guide his steps**는 street lights에 걸린다. 직역하면

'산책하는 공원이나 발밑을 비춰주는 가로등 이상의 비용이 일단 들지 않는 공공시설'. 조금 더 알기 쉬운 번역은 ⇨'전역'.

② **Yet**은 14-4예②와 달리, 여기서는 '하지만'이다. for *no more than* a century라면 '불과 한 세기'(⇨13-2-10). no가 **little**로 바뀐 만큼 번역을 약화한다. '〈국민이 이 권리를 누릴 수 있게 된 뒤로〉 아직 한 세기를 넘지 않았다'.

▸ 전역 별책 p. 40

15.2 절의 삽입 - what과 as

He is a scholar, and **what** is better still, a man of character. (그는 학식이 있고, 더 좋은 것은 인격자다)라는 문장의 and는 a scholar와 what절을 묶는 것이 아니다. 이 문장의 골격은 He is a scholar and...a man of character.이고, what...still은 삽입절이다.

what으로 시작하는 삽입절은 위 문장처럼 그 안에 비교급을 쓰는 경우가 많다. than...의 부분이 실제로 드러나지는 않지만, 이 경우도 비교는 일어난다. 독립된 문장으로 나타내면, 위 문장의 what... 속에는 *Being a man of character* is better still *than being a scholar.* (still은 비교급의 강조)라는 내용이 포함되어 있다. 이때 is better의 주어가 되는 것[what이 가리키는 것]이 원문에서는 what절 뒤에 있고, than 뒤에 해당하는 내용은 what절 앞에 나와 있다는 점에 주목할 것. 즉, 이 구문은 원칙적으로,

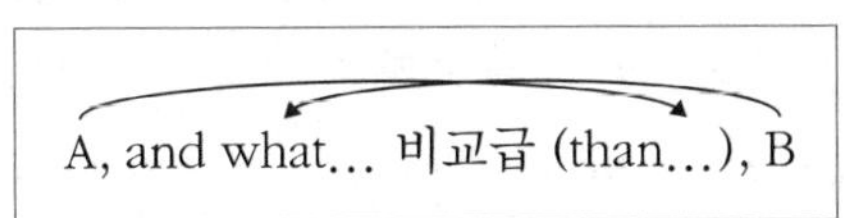

라는 교차된 구성이 된다. 이 비교 관계를 정확하게 보여주면서 삽입의 느낌을 살릴 수 있는 번역을 궁리해야 한다.

15.2.1 We cannot all be great men, but **what** is more important for us, we can all be good men.

번역 모두가 위대한 사람이 될 수 있는 것은 아니다. 하지만 우리에겐 이것이 더 중요하지만, 선량한 인간이 되는 것은 누구나 할 수 있다.

15.2.2 She is beautiful, clever, and **what** is the best of all, rich.

what절의 내부가 최상급이고 비교 대상도 of all에 의해 명시되어 있기 때문에 뒤에 보충할 것을 생각할 필요는 없지만, what이 나타내는 내용이 what절 뒤에 나온다는 관계는 변함없다. and, *best of all*, rich라고 해도 의미는 같다.

번역 그녀는 아름답고 똑똑하고, 무엇보다도 부자다.

15.2.3 I had imagined, **what** most pacifists contended, that wars were forced upon a reluctant population by despotic governments.

imagined의 목적어가 that절이라는 것에 주의. what...contended=that절의 관계다.

번역 대부분의 평화주의자들도 주장했지만, 나는 전쟁은 전제적인 정부가 원하지 않는 국민에게 강요하는 것이라고 생각하고 있었다.

He was in a bad temper, **which** was rate for him. (그는 심기가 불편했는데, 그것은 그에게 드문 일이었다)이라는 문장의 which는, 문장의 일부 또는 전체를 선행사로 해서 항상 비제한 용법으로 쓰이는 특수용법이다. 같은 내용을 which의 선행사의 내용을 뒤로 돌려서 다음처럼 쓸 수도 있다.

He was, **which** was rate for him, in a bad temper.

이 구문은 what(=that which)으로 시작하는 삽입절에서 선행사에 해당하는 것을 생략한 형태다.

15.2.4 The nation in which the average individual economizes his energy and his money, or, **which** means the same thing, spends them wisely, will always be a prosperous nation.

or 뒤의 쉼표에 주목해서(⇨14-3-1), the...individual economizes...or...spends가 in which 이하의 중심이라는 것을 발견한다. A means the same thing (as B).의 A가 which(=spends them wisely), B가 economizes his energy and his money에 해당한다고 본다. 첫머리의 The nation에 대응하는 동사는 will always be.

번역 일반 국민이 정력이나 돈을 절약하는, 또는 의미는 같지만 현명하게 사용하는 국가는 항상 번영이 이어질 것이다.

(a) Young men are impatient, **as you know**.
(b) **As you know**, young men are impatient.
(c) Young men, **as you know**, are impatient.
(알다시피 젊은 사람들은 참을성이 없다.)

(a)~(c) 모두 as는 삽입절을 이끄는 관계대명사로, 절 안에서는 know의 목적어다. 선행사를 as 속에 대입해서 삽입절을 한 문장으로 바꾸면,

You know *that young men are impatient.*

가 된다. 단, 선행사가 (a)에서는 as절 앞, (b)에서는 절 뒤, (c)에서는 절의 앞뒤에 온다. 삽입의 as에 대해서는 이렇게 선행사가 나오는 방식이 복잡하기 때문에, 그것을 정확하게 파악하는 것이 첫 번째 과제다.

15.2.5 His heart was heavy; and **as** was usual with him, he began to reproach himself for what he had done.

as의 선행사는 he began to 이하. as는 절 속에서는 was의 주어. *cf. It* is usual with him to be late. (늦는 것은 그에게는 흔한 일이다.) *with* him의 with는 '...에 관해서'라는 뜻. *cf. With* God everything is possible. (신께는 모든 것이 가능하다.) reproach '탓하다, 비난하다'

번역 그는 마음이 무거웠다. 그리고 늘 그렇듯이, 자기가 한 일로 스스로를 책망하기 시작했다.

15.2.6 The picture, **as** prehistoric caves remind us, was man's first way of recording his reaction to the world about him.

as의 선행사는 as절을 제외한 전체 문장이다. *cf.* Prehistoric caves remind us *that the picture was* man's first way of....

번역 선사시대의 인간이 살고 있던 동굴을 보면 알 수 있듯이, 그림을 그리는 것은 인간이 외부 세계에 대한 반응을 기록하는 최초의 방법이었다.

이상의 예문에서 as의 선행사는 모두 S+V 또는 그것에 가까운 것이었다. 하지만 아래에 보이는 예처럼 as의 선행사의 범위가 한정되기도 한다. 그 때는 as절의 내부가 일반적인 관계사절보다 간단해져서 내용을 파악하기가 쉽지 않기 때문에, 의미를 파악하고 번역하는 방법에 주의해야 한다.

15.2.7 What the poetic imagination says may be either true or false, and there is no means, **as** there is in science, for demonstrating that it is the one or the other.

as의 선행사는 no means 속에서 부정을 제외한 a means for demonstrating... 이 된다. it=what...says. the one or the other '전자 혹은 후자' =true or false

번역 시적 상상력을 통해 말하는 것은 맞을 때도 틀릴 때도 있다. 그리고 과학의 경우처럼[과학의 경우와 달리], 그 진위를 증명하는 방법은 시적 상상력에 대해서는 존재하지 않는다.

15.2.8 The observation of nature gives us, **as** nothing else can, a special opportunity for sharpening our perceptions.

as에 선행사를 대입해서 삽입부를 독립시키면, Nothing else can *give us a*

special opportunity...이 된다.

번역 자연을 관찰하는 것은 지각을 날카롭게 하는 특별한 기회를 주는데, 이것은 다른 무엇으로도 얻을 수 없는 것이다.

참고 위 문장은 '다른 어떤 것도 줄 수 없듯이, ...은 줄 수 있다'라고 하면 무슨 말인지 알 수 없다. 이럴 때는 as절을 독립된 문장으로 바꾸어 그 의미를 이해한 다음에, 그것을 주절과 간단히 잇는 번역어를 찾는 것이 중요하다.

15.2.9 If this be your aim, **as** it should be, you will not be impatient if it takes a long time.

as it were라는 숙어는 있어도 as it should be라는 숙어는 없다. as에 선행사를 넣음으로써 It(=this) should be *your aim*.이라고 본다. should be를 강조하는 번역에 대해서는 ⇨4-2-0.

번역 그게 당연하지만, 네가 이런 것을 목표로 하고 있다면 아무리 시간이 오래 걸려도 서두를 건 없다.

15.2.10 He was careful, **as** I have hardly known any other man to be, not to allow himself to be burdened by the weight of material things. It was quite a jest with us that he never acquired any possessions.

as의 선행사는 careful. to be는 as가 절 안에서 보어의 역할을 하고 있다는 표시(⇨2-2-1참)이므로, I have hardly known any other man to be *so careful*이라고 본다(⇨13-1-8). allow himself to- ⇨2-2-4.

번역 그는 조심해서 물질적인 부담에 시달리는 일이 없도록 하고 있는데, 나는 그런 점에서 그만큼 주의 깊은 사람을 지금까지 보지 못했다. 그에게 소지품이 없다는 것은 우리들 사이에서는 완전히 웃음거리가 되었다.

이런 형태의 삽입절에서는 절 첫머리에 as 대신 so를 쓰기도 한다.

15.2.11 The bee and the wasp will, **so** it is said, never injure a human being unless a human being has injured them.

cf. It is said *that the bee...will never injure a human being....*

번역 꿀벌이나 말벌은 인간이 해를 가하지 않는 한, 결코 인간에게 해를 입히는 일은 없다고 한다.

15.2 예제(1)

❶ Not the least of the Zoological Garden's many attractions is their inexhaustibility. ❷ There is always something new, and —what is not less satisfactory—there is always something old that you have previously missed.

힌트 동물원에서 재미있는 것은 판다만이 아니다.

해설 ① **Not the least of the Zoological Garden's many attractions is...** There *isn't* the least wind today.에서는 not이 동사를 부정해서 '최소의 바람도 없다', 즉 '바람이 전혀 없다'라는 뜻이 된다. 이에 비해 There's *not* the least danger. (not은 [nɔt]이라고 강하게 발음한다)에서는, not이 the least만을 부정함으로써 '최소가 아니다' → '꽤 큰 위험이 있다'가 된다. 예문의 Not the least는 후자의 용법. '동물원의 많은 매력 가운데 상당히 큰 것은'. **their inexhaustibility**는 They (=...many attractions) are inexhaustible.에서 온 것(⇨8-4-1). '그것이 무한하다는 것'. 이 동물원은 이제 다 봤다고 생각해도, 갈 때마다 지금까지 몰랐던 매력적인 동물을 발견할 수 있다는 것.

② **There is always something new, and—what is not less**

satisfactory—there is...의 what...satisfactory가 삽입절(⇨ 15-2-1). [there is always something old] is not less satisfactory than [there is always something new]의 관계에 있다. not less...than은 ⇨ 13-2-5. '항상 뭔가 새로운 것이 있고, 그리고 그에 못지않은 만족감을 주는 것은 항상 ...이 있다'. **there is...something old that you have previously missed** '옛날부터 있었는데 지금까지 못 봤던 것이 있다'.

▸ 전역 별책 p. 40

15.2 예제(2)

❶ His talents went into his hobbies, which were book-collecting and gardening; for his career he had accepted a routine occupation and was quite content to be a bank manager in that town. ❷ His wife became irritated at his lack of enterprise, and was a little jealous and impatient of his hobbies, which enclosed him in himself, as hobbies do, and, so she thought, got him nowhere.

힌트 취미의 세계에 안주하는 남편과 옆에서 안달복달하는 아내.

해설 ① **His talents went into his hobbies**는 '재능이 취미 속에 들어갔다', 즉 '그의 재능은 취미를 위해 사용되었다'라고 이해한다. **book-collecting and gardening** '서적수집과 정원 가꾸기'.

...; **for** his career의 for를 처음 봤을 때 무슨 생각을 했는지 점검하자. *For most us* the sense of emptiness is not a permanent mood. (우리들 대부분에게 상실감은 영원히 지속하는 기분은 아니다. ⇨ 11-1예(1)② *cf.* 3-3예(2)②)와 마찬가지로 for가 전치사이고 뒤에 주어와 동사가 나온다고 예상한 사람은, (for his career) he had accepted a...occupation...and was 부분에 와서 그 예상이 맞았다는 것을 확인한다. '평생의 직업으로서 그는 〈틀에 박힌〉 직

업을 가지고 있었다'. 운 나쁘게(여기는 실력보다는 운의 문제) *for*는 접속사이고, his career(=S) → V가 이하의 구성으로 career 뒤에 관계대명사가 생략되었다고 생각한 사람이 있을지도 모른다. 그런 사람은 accepted에 a...occupation이라는 목적어가 있기 때문에 관계사가 생략되었다는 해석이 맞지 않다는 것을 느끼고, and was... 대목에서 his career를 주어로 하는 동사가 나오지 않기 때문에 자신의 잘못을 깨달음과 동시에, 영어는 오해의 가능성이 적은 뛰어난 언어라고 감탄하게 될 것이다. 곤란한 것은, 이렇게 형태를 분석하지 않고, '왜냐하면 그가 종사한 평생의 직업은 틀에 박힌 것이기 때문이고, 그는 ...에 만족하고 있었다'라고 이해해서, 대충 비슷하니 됐다거나 영어는 단어만 알면 어떻게든 된다고 은근슬쩍 넘어가는 태도다. 당장은 무마하더라도 그런 방식으로는 언제가 큰 코를 다치게 된다는 것이 필자가 이 책에서 가장 강조하고 싶은 것이다.

and was quite content to be... '〈그 마을의 은행 지점장〉이라는 것에 무척 만족하고 있었다'.

② **His wife became irritated at...** '그의 아내는 ...에 짜증이 났다'. **his lack of enterprise**(<He *lacked* enterprise. ⇨8-4-8)의 enterprise는 '진취적인 성격, 모험심'. '그에게 진취적인 성격이 없다는 것에'. and was a little **jealous** and **impatient**의 양쪽에 **of his hobbies**가 관계하고 있다. '남편의 취미에 조금 질투를 느끼고 안달복달하고 있었다'. 아내인 나는 거들떠보지도 않고 취미에 애정을 쏟는 것을 질투해서, 이런 식이라면 가망이 없다고 초조해하는 것이다.

which enclosed him in himself '취미는 남편을 자기 자신 속에 가두었다'. **as hobbies do**의 삽입절(⇨15-2-8). as는 enclosed him in himself를 가리킨다. 절 내부의 hobbies에는 his가 없고 do도 현재형이기 때문에, 여기서 말하는 것은 일반적인 것, 즉 Hobbies *enclose a man in himself.*이다. '취미가 있으면 그렇게 되지만'.

and, so she thought, **got him nowhere**의 and가 as hobbies do와 so she thought를 연결한다고 보거나 she...got him...이라고 읽는다면 실망이다. and 뒤의 쉼표(⇨ 14-3-1)에 주목한다면 아래와 같은 관계가 보일 것이다.

his hobbies, which {	*enclosed him...* ←, as hobbies do,
	and, (so she thought →), *got him nowhere*

got이 과거형으로 돌아가 있는 것도 이해를 돕는다. **so she thought**는 위치로 봐서 **got him nowhere** ('그를 어디에도 데리고 가지 않았다' → '그에게 전혀 도움이 되지 않았다')에 걸리므로, thought의 내용은 she thought *that his hobbies got him nowhere.*가 된다. '취미는 남편을 자신 속에 가두고 있었고, 그녀가 보기에 그것은 남편에게 전혀 도움이 되지 않았다'.

▸ 전역 별책 p. 40

15.3 S + V의 삽입

They knew that the approaching exam would be quite easy.라는 문장에서는 They knew가 주절이고 that 이하가 종속절인데, 거꾸로 The approaching exam, **they knew**, would be quite easy.처럼 The...exam 이하를 주절로 하고, they knew의 앞뒤에 쉼표를 넣어서 이것을 주절 속에 삽입하거나 문장 끝에 추가하는 경우도 있다. 이때 줄표나 괄호로 삽입이라는 것을 표시하기도 한다. They knew that...처럼 S+타동사+that절이 아니라도, We are told[sure] that...(⇨ 3-2); It seems that...(⇨ 7-1-pre3) 등, S+V 뒤에 접속사 that이 오는 형태라면, 이런 식으로 주절에 해당하는 부분을 삽입부로 바꾸는 것이 가능하다.

15.3.1 This is a point, **it appears**, somewhat above the understanding of the police officer.

cf. It appears that this is.... somewhat은 above를 수식한다(⇨ 11-3-3).

번역 이것은 경찰관의 이해력을 어느 정도 넘는 문제인 듯하다.

15.3.2 It is, **I am convinced**, the right attitude for parents to admit that nature is wiser than they are.

cf. I am convinced that it is...for...to- (⇨ 3-2-5)

번역 자연이 우리들보다 현명하다는 것을 인정하는 것이 부모가 가져야 할 태도라고 나는 믿는다.

15.3.3 This, **I think you will agree with me**, would be unfair.

cf. I think you will agree with me that this would be unfair.

번역 이런 일을 하면 불공평해진다는 것은, 여러분도 나와 마찬가지로 인정해 주리라고 생각합니다.

15.3.4 Science, **it is important to realize**, does not consist in collecting what we clearly know and arranging it in this or that kind of pattern.

cf. It is important to realize that science does not.... this or that '이것저것, 어떤 특정한 물건[사람]'. *cf.* We spoke of *this or that.* (우리들은 이런저런 이야기를 했다.)

번역 명백하게 알려져 있는 사항을 수집하고 그것을 적당한 패턴으로 배열하는 것이 과학이 아님을 이해하는 것이 중요하다.

She read novels. They would, **she believed**, suggest to her some idea. 라는 문장의 she believed가 두 번째 문장 속에서만 기능한다는 것은 분명할 것이다. 이것은 She read novels, and they would, **she believed**,...이라

고 했을 때도 마찬가지다. 이것을 힌트로 해서 다음 예문을 보자.

15.3.5 She sometimes read novels, but mainly those which would, **she believed**, suggest to her some idea.

관계사 which는 some idea까지를 절이라는 문법 단위로 묶는, 다시 말해 [which...idea]라는 틀 안에 넣는 말이기 때문에, 틀 내부의 말은 외부와 관계를 가질 수 없다(⇨9-1-pre2). 따라서 위의 문장을 She believed that she sometimes read...이라고 이해하는 것은 잘못이다.

번역 그녀는 가끔 소설을 읽었는데, 그것은 주로, 그녀가 생각하기에는 뭔가 아이디어를 주는 것 같은 소설이었다.

15.3.6 My father had a bad heart, the result, **I was told** as a child, of playing football.

the result는 앞의 had a bad heart와 동격(⇨6-3-2). 이 문장에서도 역시 [the result of playing football]이 의미상 하나의 덩어리가 되어 있기 때문에, I was told that my father had...이 아니라, *I was told as a child that it was* the result...이라고 보는 것이 맞다. as a child=when I was a child

번역 아버지는 심장이 나빴는데, 내가 어렸을 때 들은 바로는 그것은 축구를 했기 때문이라고 했다.

(a) It is difficult to do so.
(b) It is impossible, **I am told**, to do so.

이 두 문장을 하나로 연결할 때,

It is difficult and impossible, *I am told*, to do so.

라고 하면, 이것은 I am told that it is difficult and impossible to do so.

와 같은 의미가 되어 원래의 문장과는 달라진다. I am told가 impossible에만 걸린다는 것을 나타내기 위해서, 삽입의 원칙을 깨고 앞의 쉼표를 생략한 것이 다음 문장이다. 여기서는 그 결과로, S+V가 접속하는 말을 갖지 않은 채 단어나 구에 걸리는, 문장 구성의 상식을 깬 형태가 나오게 되므로 잘 생각해야 한다.

15.3.7 It is difficult, impossible **I am told**, for anyone to recall his boyhood exactly.

번역 누구라도 자신의 소년 시절을 정확하게 떠올리는 것은 어렵고, 내가 들은 바로는 불가능하다고도 한다.

15.3.8 The child is not put into the hands of parents alone. It is brought at birth into a vast, **we may say** an infinite, school.

a vast에서 문장을 끊어서 그 뒤를 '우리는 무한한 학교라고 말할 수 있다'라고 하면 오역이다. vast를 명사로 해석할 수 없다는 점, infinite와 school 사이에 쉼표가 있는 것에 착안해서, into a...school이 골격이고, an infinite에 걸리는 we may say가 15-3-7처럼 뒤에서가 아니라 앞에 달린 것으로 본다. It은 The child를 가리킨다. a...school이란 '넓은 세상'을 말한다.

번역 아이는 부모의 손 안에만 있는 것은 아니다. 아이는 태어나는 순간에 광대한, 무한하다고 할 수 있는 학교에 들어가는 것이다.

I came up to London at once (**it was early in the afternoon**) and saw my uncle. '나는 바로 런던에 나가서(아직 이른 오후였다) 삼촌을 만났다'의 it...afternoon은 삽입부인데, 15-3-1~8의 삽입부처럼 주절과 관계를 갖지 않고, 게다가 그 자체가 완전한 문장이다. 이 경우는 삽입부라는 것을 보여주기 위해 앞뒤에 줄표나 괄호를 쓰거나 15.1에서 말한 '추가의 and'라고 부를 수 있는 and의 도움을 빌리는 것이 원칙으로, 앞뒤의 쉼표를 생략하기만 하는 것은 드물다.

15.3.9 The people who are not accustomed to teaching—**and this includes practically all educational authorities**—have no idea of the expense of spirit that it involves.

this는 내용적으로 앞의 The people who...을 가리킨다. the expense 이하는 '가르치는 것(=it)에 포함되는 정신적 수고'라는 뜻. practically=almost

번역 가르치는 것에 익숙하지 않은 사람들 –그리고 이 표현 속에는 거의 모든 교육당국이 포함된다– 은 가르치기 위해 얼마나 마음을 써야하는지 알지 못한다.

참고 위 예문의 this는 내용적으로 앞의 The people who...을 가리키지만, At the same time –and *this* is also a fact of great significance– the economy of Europe was becoming capitalistic. (동시에 이 역시 매우 중요한 사실이지만 유럽의 경제는 자본주의화하고 있었다)에서는 this가 삽입부 뒤에 오는 부분을 가리킨다.

다음 문장에서는 삽입의 표시가 and와 쉼표뿐이다.

15.3.10 For those wishing to take further education, **and there are many**, there is a choice of excellent universities.

and가 무엇과 무엇을 연결하는지를 생각해보고, and 뒤의 S+V와 대립할 수 있는 것이 없다는 점에서 and를 삽입의 표시로 이해하고 and there are many 전체를 괄호 속에 넣어본다.

번역 교육을 더 받고 싶은 사람(그런 사람은 많이 있습니다)은 좋은 대학 중에 선택할 수 있습니다.

15.3 예제(1)

❶ A shy man's troubles are always very amusing to other people; and have afforded material for comic writing from time immemorial. ❷ But if we look a little deeper, we shall find there a pathetic, one might almost say a tragic, side to the picture. ❸ A shy man means a lonely man—a man cut off from all companionship, all sociability.

힌트 내성적인 사람의 남모르는 고민과 그것을 웃음거리로 하는 잔혹함.

해설 ① **A shy man's troubles** '내성적인 사람의 고민은 〈남들에게는 늘 무척 재미있다〉'. **have afforded material...from time immemorial**의 time immemorial은 형용사가 뒤에서부터 명사를 수식하는 숙어적 표현. '먼 옛날부터 〈희극작품〉에 소재를 제공해왔다'.

② **look a little deeper** '좀 더 깊은 곳까지 보다'. find there **a pathetic, one might almost say a tragic, side to the picture**의 a pathetic은 뒤의 a tragic과 함께 side를 수식한다. one might almost say는 a tragic에만 걸리는 삽입부(⇨ 15-3-8). the picture는 내성적인 사람이 고민하고 있는 정경. '그 정경에는 가엽게도 비극적이라고도 할 수 있는 측면이 있다는 것을 알 수 있다'.

③ **A shy man means a lonely man** '내성적인 사람이란 고독한 사람이다'. **a man cut off from...**의 a man은 앞의 a lonely man과 동격. cut은 a man을 수식하는 과거분사. '〈모든 우정과 모든 사교〉에서 단절된 인간'.

▸전역 별책 p. 41

15.3 예제(2)

❶ I never travel without books either in peace or in war. ❷ Yet many days or months will go by without my using them. ❸ Very soon, I say to myself, or tomorrow or when I feel like it. ❹ Meanwhile time runs by and is gone, and I am none the worse. ❺ For you cannot imagine how much ease and comfort I draw from the thought that they are beside me, to give me pleasure when I choose.

힌트 정독이나 다독뿐 아니라 책을 쌓아놓는 것도 책의 효용 가운데 하나다.

해설 ① I **never** travel **without** books를 '책 없이 여행을 가는 일은 결코 없다'라고 번역하든, '여행을 갈 때는 반드시 책을 가지고 간다'라고 번역하든, ❶원문과 내용이 같고 ❷우리말만 읽어도 알 수 있으므로 둘 다 가능하다(⇨ 5-4예(1)역). **either in peace or in war** '평화시에도 전시에도'.

② **Yet**은 15-1예(2)②와 마찬가지로 '하지만'. without **my using** them ⇨ 8-3-1. '하지만 그것을 읽지 않은 채 〈몇 날 몇 달이 지나간다〉'.

③ Very soon을 *I say to myself*(⇨ 9-4-2)에 연결해서 '곧바로 나는 생각한다'라고 하면, 무엇을 '생각하는'지 알 수 없고, or 이하도 앞과 이어지지 않는다. 여기는 (I will read it) **very soon,** *I say to myself,* **or**...이라고, I say to myself를 삽입절로 읽어야 한다. '곧, 아니 〈내일이라도, 아니 마음이 내키면〉 읽자고, 나는 속으로 말한다'. *cf.* I don't *feel like* going to the movies today. (오늘은 별로 영화를 보러 가고 싶지 않다.)

④ **Meanwhile** '그러는 사이에도'. **time runs by and is gone** '시간은 흘러간다'. and I am **none the worse** ⇨ 13-3-10. '〈책을 읽

지 않는다고 해서〉 그것 때문에 곤란할 일은 없다' → '특별히 지장이 없다'.

⑤ **For** you cannot의 For는 동시에 뒤에 있는 you cannot imagine이 시야에 들어와서 접속사라는 것을 알 수 있다. **how much ease and comfort**의 뒤를 draw의 목적어가 되는 관계대명사가 생략되었다고 보는 것은 잘못이다. 여기서는 how로 인해 앞으로 나간 much ease and comfort가 how가 없으면 뒤의 어디서 작용하는지를 생각하고, I draw *much ease and comfort* from the thought... 을 기초 문장으로 만들어보는 것이 먼저다. **that they**(=the books) **are beside me**...은 the thought와 동격이 되는 명사절. '왜냐하면 책이 내 곁에 있다는 생각만으로 얼마나 많은 편안함과 위로를 얻는지 〈상상도 할 수 없기 때문이다〉'. **to give me pleasure**는 '부사용법·목적'의 부정사. **when I choose** (to read them)의 choose는 '고르다'가 아니라 '...으로 정하다'. 직역하면 '내가 읽고 싶은 생각이 들었을 때 기쁨을 주기 위해'지만, 전체의 의역은 ⇨ '전역'.

▸전역 별책 p. 41

맺는 말

마지막까지 도달한 독자 여러분의 감상이 궁금하다. 참고서를 사는 사람은 많지만 끝까지 읽는 사람은 적다. 끝까지 읽은 것만으로도 열의와 노력이 크다고 하겠지만, 이제부터 여러분이 선택해야 할 길은 두 가지다. 첫 번째는 이 책을 다시 한 번 읽는 것이다. 어떤 책도 한 번만 읽어서는 내용을 전부 파악할 수 없다. 특히 ABC부터 차근차근 설명한 책과 달리, 이 책처럼 독자가 어느 정도의 실력이 있다는 것을 전제로 해서 쓴 책에서는, 뒤의 설명을 보고 나서 앞의 내용이 이해되는 경우가 어쩔 수 없이 생긴다. 특히 각 장의 예제는 일정 수준 이상의 문제를 모았기 때문에, ⇨ 기호에 따라 관련 내용을 참고해도 충분히 이해가 되지 않을 수도 있다. 끝까지 읽고 나서 이 책이 더러워졌는지도 모르겠다. 하지만 처음에 비해 두 번째 읽을 때는, 고생은 훨씬 줄고 얻는 것은 훨씬 많을 것이다.

두 번째 길은 이 책에서 얻은 지식을 기초로 원서를 읽는 길, 전부터 읽고 싶었던 책을 읽는 것이다. 필자는 이 책에서 영어 구문을 이론적으로 해명하는 것을 주안점으로 해서, 영문을 읽을 때 그 구조를 최대한 의식해서 분석하려고 했다. 하지만 서문에서도 말했듯이, 영어 실력은 이해가 반, 연습을 통해 몸에 익는 것이 반이다. 오직 영어를 읽음으로써 영어를 읽을 수 있게 된다. 책을 읽을 때 우리는 끊임없이 형식과 내용 양 면을 생각하지만 이 책에서만큼은 항상 형식을 먼저 고려했다. 하지만 많은 책을 읽고 많은 영어 문장을 접해서 영어에 익숙해지면 형식에 대한 생각은 점점 의식의 바닥에 가라앉는다. 언젠가 형식상 특별히 난해한 문장을 만나지 않는 한, 내용만 생각하면 되게 된다. 이 책에서 말한 사고법이 여러분의 무의식의 세계에 완전히 가라앉아서 여러분이 이 책을 잊을 수 있게 됐을 때, '직독직해'의 이상은 달성되고 이 책은 여러분을 위한 역할을 전부 수행한 것이 될 것이다.

부 록

차 례

CHAPTER 1

주어와 동사

1.1 예제(1) p. 6

일상생활에서, 또는 편지를 쓰거나 대화를 나누거나 정치연설을 하거나 공식적 통지의 초안을 쓸 때, 주의를 기울여 능숙하게 언어를 사용하는 것이 문학에 대한 관심의 바탕이 된다. 문학은 그런 기교와 감수성이 인간생활에 대한 더 깊은 통찰을 다룸으로써 태어난 것이다.

1.1 예제(2) p. 7

19세기부터 남아서 지금까지 우리의 사상에 영향을 미치는 사고방식 가운데, 몇 년 이내에 큰 전쟁이 두 번 일어날 리가 없다는 것이 있다. 미국의 남북전쟁과 보불전쟁이 거의 동시에 일어난 것은 사실이지만, 그건 다른 대륙에서 다른 사람들이 싸운 것이었다.

1.2 예제(1) p. 10

우리 아버지는 대가족을 부양하고 있어서 대학의 학비를 전부 부담할 수 없다는 것과 대학교육을 받은 사람들 대부분이 졸업한 뒤에 가난하게 산다는 것을 생각해서, 내 교육에 대한 당초의 생각을 바꾸었다.

1.2 예제(2) p. 12

도서관에는 교육적으로 중요한 기능이 있다. 도서관은 온 힘을 다해서, 충실한 생활에 책이 불가결한 요소이고 도서관은 모든 사람에게 제공할 수 있는 것을 가지고 있다는 것을 보여주지 않으면 안 된다. 도서관이 우리의 마음속에 책과 도서관이 특정한 사람들을 위한 것이고 모든 사람들을 위한 것이 아니라는 인상을 준다면, 도서관은 결국 유해무익한 시설이 되고 말 것이다.

1.3 예제 p. 13

직업을 선택할 때, 평생의 행복과 만족을 포함하는 많은 것이 결정된다. 우리가 만드는 가정, 우리가 살게 될 지역사회, 유지하는 생활수준, 원하는 오락, 아이들이 성장하는 환경은 대부분 어떤 직업을 선택하느냐에 따라 결정된다.

번역의 요령1 위의 문장을 번역할 때 you, your에 대해 일일이 '당신(들)'이라고 해야 직성이 풀리는 사람이 있을지도 모른다(예 '당신은 당신의 행복과 만족을 포함하는…'). 이 you는 눈앞에 있는 특정인을 가리키는 것이 아니라 사람 일반을 말하기 때문에, 번역을 피할 수 있다면 가장 좋다. 가령 '여러분' 같은 역어를 사용하더라도, 한 번 나온 다음에는 두세 줄 안에 같은 역어를 반복하는 것은 피하는 것이 좋다. 영어의 you는 한 줄 속에 두세 번 나와도 특별히 복잡하지 않지만, 우리말로 '당신…당신…' 하고 반복하는 것은 노래 가사로 족하다.

1.4 예제(1) p. 16

단테를 원서로 읽을 수 있게 된다는 것은, 그것을 위한 노력에 값어치가 있을 수도 있고 없을 수도 있다. ―그것은 상황에 따라 다르다. 소르본 대학에서 프랑스인 교수에게 말을 걸거나 그의 말을 알아들을 수 있는 것은 매우 중요한 일일지도 모른다. ―이것도 상황에 따라 다르다. 하지만 외국어를 배우지 않고는 아무도 자신이 교육을 받았다는 말을 할 수 없다면, 그것은 사실이 아니다.

1.4 예제(2) p. 20

과거 반세기의 물질적 또는 정신적 변화의 어느 쪽이 미국의 국민성에 그에 상응하는 변화를 가져왔는지의 여부는 판단하기 어렵다. 국민성을 형성하는 힘은 개인의 성격을 형성하는 힘과 마찬가지로 불확실하다. 하지만 두 가지 모두 일찌감치 형성되어 비교적 조금밖에 변화하지 않는다는 사실은 거의 확실하다고 할 수 있다.

CHAPTER 2

목적보어

2.1 예제 p. 28

이집트 문명은 지상에서 가장 오래된 문명의 하나다. 이집트인들은 나일 강변과 양 기슭에 좁고 길게 이어진 비옥한 지방에 살았다. 그들은 그 비옥한 토지를 일구고 그곳에 현재 재배되는 것과 거의 같은 많은 작물을 재배했다. 그들은 식용 작물 외에도 아마를 만들어, 아마에서 잣은 실로 린넨 옷을 짜서 입고, 만들기 시작한 염료를 써서 그것을 많은 아름다운 색으로 염색했다.

2.2 예제(1) p. 32

영국인은 장사에 빈틈이 없다. 나폴레옹은 영국인을 무시해서 상인 근성의 국민이라고 불렀다. 당시 그가 모욕을 주려고 한 말은 지금도 여전히 유효하지만, 지금은 모욕의 의미는 옅어지고 모든 나라 사람들이 상인이 되고 싶어 한다. 영국인은 장사가 될 기회를 간단히 놓치지 않고, 어떻게든 그 기회를 잡으려고 한다. 순수한 동기에서 출발한 모험의 도중에 만난 기회라고 해도 그것은 다르지 않다.

2.2 예제(2) p. 38

재봉틀이라는 이 위대한 발명품은 주로 가정에서 도움이 되는 것이라고 생각하기 십상이다. 하지만 재봉틀이 인류의 진보에서 이 정도로 귀중한 것이 된 것은 이것 때문은 아니었다. 재봉틀의 최대의 가치는 그것이 공장에서 사용되면서부터 생겼다. 여성과 그 남편과 아이가 백화점에 가서 몸에 걸치는 모든 것을 기성품으로 살 수 있게 되었을 때 여성은 자유로워졌다.

2.2 예제(3) p. 39

수학은 아주 어린 아이들에게 가르치는 것이 제일 쉽다. 아이들은 탐구심이 풍부하고 자신감이 있으며 혼자 힘으로 무언가를 이해하기를 원하기 때문이다.

어른의 경우에는 서툰 방법으로 배운 탓에 무척 많은 사람들이 자신감을 잃고 있어서, 가르치기가 훨씬 더 어렵다. 어른은 본인을 수학의 실패자라고 느낀다. 누구나 실패할 것 같은 일은 시도하려고 하지 않는 법이다. 이런 당혹감 때문에 사람들은 '수학? 안 돼. 학교 다닐 때도 포기했어. 수학을 잘하는 사람이 어디 있어.'라고 말하게 된다. 이런 말을 하는 목적은 변명이다. '나는 실패했지만, 내 탓은 아니야. 그렇잖아? 다들 실패해. 사람이라면 수학을 못 하는 게 당연하지.' 부모는 아이에게 이런 말을 할 때가 있다. 그리고 부모는 종종 자신의 위엄을 지키려고 아이에게 부모와 마찬가지 실패를 할 가능성을 극단적으로 높인다는 사실을 깨닫지 못한다. 왜냐하면 실패를 예상하고 있는 사람은 생각한 대로 실패하는 법이기 때문이다.

번역의 요령2 영어는 무생물이나 추상적인 개념이 주어가 되는 일이 많다. 우리말도 그 영향을 받아서 '무엇이 그녀를 그렇게 만들었나?' 하는 식의 표현이 정착했는데, 여전히 부자연스러움이 남는 경우도 있다. 예를 들어 위 문장의 This sense...leads people to make와 같은 경우에는, '이 생각이 사람들을 이끌어서 ...하게 한다'보다는 위와 같은 번역이 바람직하다. 이렇게 주어를 부사적인 표현으로 바꾸어 번역하는 방법은, 의미의 관점에서 분석하면 보통 아래의 세 가지가 있다.

① **원인**

The rain caused the weeds to grow fast. (비 때문에 잡초가 부쩍 자랐다) / *Business brought* me here. (내가 여기에 온 것은 일이 있어서입니다)

② **조건**

The rain will cause the weeds to grow fast. (비가 오면 잡초는 부쩍 자랄 것이다) / *A moment's thought will make* it clear. (잠깐 생각하면 알 수 있을 것이다)

③ **양보**

No amount of study seems to improve him. (그는 아무리 공부해도 발전하지 않는 것 같다) / *No stretch of imagination* can let us participate in the experience. (우리는 아무리 상상력을 발휘해도 그 경험이 어떤 것인지 헤아릴 수가 없다)

2.3 예제 p. 45

영어에 대한 정확한 지식에 자신이 없는 사람은 철자나 발음, 의미, 문법적 용법을 일일이 확실하게 정해주고 어느 것이 맞고 어느 것이 틀린지 알면 좋을 거라고 생각하고, 몇 가지 용법 중에 선택이 확실히 허용되어 있을 때는 불안해한다. 그런 사람은 어떤 일정한 기준에 비추어 모든 관용적인 문제를 해결하기를 바라는 탓에, 이런 종류의 기준이 실제로 있어서 작용한다고 믿게 되어, 판단이나 규칙의 근거를 조사하지도 않고 그것들을 계속해서 반복하게 되는 것이다.

CHAPTER 3

that절

3.1 예제 p. 52

우리의 조상들에게 익숙했던 것과 전혀 다른 건축양식의 예가 20년 전부터 실제로 나타나고 있는 것은 부정할 수 없다. 현대의 건축 설계자는 건축을 발전 완성시켜서 금세기의 모든 문제를 해결하고, 그런 전망에 부응하는 것이 되도록 함으로써 건축을 살아 있는 예술로 부활시키는 것에 일조하고 있다고 확신한다. 그들이 건축물을 그것이 만족시켜야 하는 요구에 보다 밀접하게 관련시키는 일에 특별히 관심을 둔다고 해서, 건축의 실용적인 면만을 생각한다고 보는 것은 옳지 않다. 건축가는 자신의 일이 예술이라는 것을 알고 있고, 따라서 미를 추구하는 것에도 관심이 있다.

번역의 요령3 예제 가운데 ②의 문장은 The designers...believe that..., they are helping at the revival of architecture as a live art가 중심이다. ③도 it is a mistake to suppose that..., they are only interested in the practical side of architecture가 중심이기 때문에, 그 둘을 For로 묶어서 '건축가는 건축을 살아 있는 예술로 부흥시키고 있다고 믿고 있다. 왜냐하면 건축가가 건축의 실용적인 측면만을 생각하고 있다고 보는 것은 옳지 않기 때문이다'라고 해도 모순이 없다. 그런데 전체를 우리말로 번역하려고 하면, ③에서는 because modern architectures 이하를 먼저 번역해야 하기 때문에, '건축을 ... 예술로서 부활시키는 .... 왜냐하면 건축가는 건조물을 ... 목적에 부응시키는 것에 특별히 관심을 둔다고 해서...'이 된다. 건조물을 목적에 부응시키는 것은 '예술'에 대립하는 '실용'적인 면이기 때문에, 이 번역은 '건축의 예술적인 측면에 관심이 있다. 왜냐하면 건축은 실용이기 때문이다'가 되어 모순이 생긴다. 이런 오해를 피하기 위해 '전역'에서는 For에 대응하는 번역어를 일부러 생략했다. 이렇게 영문의 일부 또는 한 문장의 번역으로서는 맞아도, 긴 문장 전체의 흐름 속에서는 오역, 혹은 이해하기 힘든 번역이 되는 경우가 있다.

3.2 예제(1) p. 59

여러분은 팔걸이의자에 편안히 앉아서, 우리들 등산가에게 가치 있는 동기 따위는 없다고 생각하겠지만, 지금까지 사람의 발이 닿은 적 없는 산정에 족적을 남기는 일에는 자기만족 이상의 무언가가 존재한다는 것을 나는 분명하게 말씀드립니다.

3.2 예제(2) p. 60

사실 그들이 여름 여행에서 어떤 기쁨을 얻고 있었는지는 알기 어렵다. 어쩌면 그들의 주된 만족은 매년 여름마다 아이를 데리고 한 달간 바닷가에서 지낼 만큼 생활에 여유가 있다는 것을 이웃사람들에게 보여주는 것이었는지도 모른다.

번역의 요령4 remove oneself와 같은 '타동사+oneself'의 형태는 의미상으로 자동사와 같아지는 경우가 많기 때문에, '옮기다 → 이동하다' '이사시키다 → 이사하다'는 식으로 바꾸면 번역이 수월해진다. *cf.* He *hid himself* behind a tree. (그는 나무 뒤에 숨었다)

3.2 예제(3) p. 61

우리는 세계의 어느 나라 출신이건 자신의 나라가 다른 어떤 나라보다 훌륭하다고 믿는다. 나라마다 독특한 장점과 단점이 있는 것을 보면, 우리는 가치 기준을 조정해서 자기 나라가 가진 장점은 정말 중요한 것이고, 반면 그 단점은 별로 중요하지 않다고 말할 수 있게 된다.

3.3 예제(1) p. 65

우리 아버지는 아이가 부모의 말을 듣지 않을 때의 반은 해야 할 일이 없기 때문이며, 아이는 어릴 때부터 항상 노는 것과 다른 사람을 돕는 일을 확실하게 구분하고 있다고 믿었다.

3.3 예제(2) p. 65

시간이 1분 1분의 집합체로 그 하나하나를 일이나 노는 것으로 채우지 않으면 안 된다는 현대의 사고방식은, 그리스인에게는 전혀 연이 없다. 공업화 이전의 세계에 사는 사람에게 시간은 천천히 느긋한 페이스로 진행해서, 1분 1분에 신경을 쓰지 않는다. 왜냐하면 본래 분 등의 단위가 존재하는 것을 의식하는 일이 아직 없었기 때문이다.

3.4 예제(1) p. 70

사랑이 아니라 재산이나 사회적 지위를 위해서 결혼하는 것이 부자연스럽다는 것은 누구나 본능적으로 알지만, 세상의 구조로 보면 실질적으로 돈이나 사회적 지위를 위해, 또는 그 두 가지 모두를 위해 결혼하지 않으면 안 되게끔 되어 있습니다.

3.4 예제(2) p. 71

학식 있는 여성이 무척 드물어서 그들의 문학 활동이 화제에 오를 때마다 작가가 여성이라는 사실이 주목을 받던 시대가 벌써 100년 전이다. 그래서 '여류작가'라는 말도 점점 쓰이지 않게 됐다. 남자밖에 못 한다고 남자들이 생각하던 많은 일을 곧 여성들이 하게 될 테니, 그것에 주의를 향하게 하려면 언어에 불필요한 부담을 지우는 결과가 된다는 사실을 50년 전에는 아무도 예견하지 못했을 것이다.

CHAPTER 4

what절

4.1 예제(1) p. 80

우리가 아는 한, 그리스 문명은 신들이나 사제에 의해 지배당하지 않은 최초의 문명이었다. 그 이전의 모든 문명에서 사람은 무엇을 하고 무슨 말을 하는 것이 신의 뜻에 적합한지를 묻고 나서 비로소 그것을 언행에 옮겼고, 또 그 질문에 답하기 위해 사제가 있었다. 그런데 그리스에서 처음으로 사람은 스스로 생각해서 바르거나 현명하다고 생각하는 일을 하기 시작했으며, 또 왜 모든 것에는 옳은 것과 그른 것이 있는 것처럼 보이는지, 세계는 어떻게 해서 지금의 모습이 되었는지, 어떻게 하면 세계를 바꿀 수 있는지를 그들끼리 논하기 시작했다.

번역의 요령5 men asked what...before they did *it*의 it은 what절을 가리킨다. 영어에서는 what절이 it보다 앞에 있기 때문에 이 점이 확실하지만, 번역할 때 뒤에서부터 '사람은 그것을 하기 전에 신에게 무엇을 ... 바라는지 물었다'라고 하면, '그것'이 what절과는 다른 것을 가리키는 게 되기 때문에, 주의가 필요하다. 위의 번역에서는 He did it *before* she came.(그녀가 오기 <u>전에</u> 그는 그것을 했다)을 '그가 그것을 한 <u>다음에</u> 그녀가 왔다'로 바꿔서 앞에서부터 번역하는 방법으로 해결했는데, '사람은 <u>무언가를</u> 하기 전에, 그것이 신들이 ... 바라는 것인지를 물었다'와 같이 번역해도 된다. 해결책은 각 상황에 따라 선택해야 하는데, 명사...대명사의 어순을 뒤에서부터 번역하려고 하면 항상 이런 종류의 문제가 생긴다는 점에 주의하자.

4.1 예제(2) p. 81

아이들이나 남편의 귀가에 대비해서 좋은 옷을 입는 여성은 그때 우연히 입고 있는 옷으로 충분하다고 생각하는 여성보다 당연히 큰 매력으로 아이들이나 남편을 맞을 것이다.

4.2 예제(1) p. 86

자유로운 사회의 근저에 있는 꿈은, 한 사람 한 사람이 존중되고, 몰개성적인 집단의 일부라든가 민족의 혈통의 한 예로 간주되는 일이 결코 없다는 꿈이다. 누구나 진지하게 생각해보면, 이것이야말로 자기 자신을 위해 바라는 일이다. 우리는 모두 자신이 한 사람의 농민 그 이상의 것, 어떤 시대와 계급에 속하는 일원 그 이상이 되기를 바라고 있다. 자신이 영원히 살지 못한다는 것은 충분히 알고 있고, 자신이 불가결한 존재가 아니라는 것도 잘 알고 있다. 그래도 우리는 살아 있는 한 뭔가 특별한 공헌을 해서, 세상을 떠날 때는 자신이 태어나지 않았을 때보다는 조금은 세상을 다른 것으로 만들기를 바라고, 그 점에 대해 존경을 받고 싶다고 생각한다.

4.2 예제(2) p. 89

과학적인 문제에 대해서는 적절한 질문을 할 수 있어야 한다. 동물의 경우 획득형질의 유전이 어떻게 이루어지는지 묻는 것은, 예전에는 당연한 질문이라고 여겨서 그 문제를 푸는 데 막대한 시간과 노력을 기울여왔다. 하지만 그런 질문을 하는 것은 무의미하다. 이유는 간단해서, 그런 종류의 획득형질의 유전 자체가 본래 존재하지 않기 때문이다.

흔히 기본적 사실이라고 부르는 것이 문제가 되는 경우에, 부적절한 질문을 하지 않는 편이 더 어렵다. 실제로 인류 중에 문명이 발달하지 않은 반수의 생활은 대부분 '어떤 마력이 원인이 되어 행운이나 불행이 생기는가'라는, 해답이 있을 리 없는 질문의 답을 찾으려는 것을 근간으로 한다.

4.3 예제(1) p. 93

증기 기관이 세계의 경제적 관계는 물론 정치적 관계까지 변혁했다는 사실에 이의를 제기할 사람은 없을 것이다. 그리고 현대의 원자력 시대에도 당연히 이 혁명의 과정이 계속되리라는 것은 누가 봐도 분명하다. 하지만 그것이 최종적으로 세계의 모든 사람들을 어떤 결말로 이끌게 될지는 아무도 예언할 수 없다.

4.3 예제(2) p. 97

그는 현재 매우 많은 미국인들의 생활에 침투해 있는 거대하고 두려운 양심의 문제에 직면했다. 그는 자신이 지금까지 늘 신봉해온 언론과 사상의 자유라는 원칙을 계속 고수하면서 거기서 발생하는 모든 결과를 감수할 것인지, 아니면 이들 원칙을 방기하고 어떻게든 구실을 만들어서 그것을 없애고 그에 따라 안정되고 쾌적한 생활을 지켜나갈 것인지를 결정해야 했다.

4.3 예제(3) p. 98

아직도 독일인 조상을 갖는 아이는 다른 언어보다 독일어를 쉽게 습득한다는 말도 안 되는 주장을 들을 때가 있는데, 경험으로 보건대 그 말은 맞지 않다. 어떤 민족의 아이도 자신의 귀에 들어오는 언어가 뭐든 그것을 기억하는 것이고, 언어가 달라도 그 난이도에는 거의 차이가 없다. 완전히 적응을 해야 생존이 가능하다. 아이는 특정한 문화에 의존하는 것이 아니라 자신이 태어난 문화에 적응하는 것이고, 그 문화 자체도 반드시 거기에 호의적이라고 할 수 없는 세계 속에서 존속을 계속하고 있다. 그 문화가 어떤 성공을 거두든, 대부분은 언어에 의해 가능한 이해와 협력에 근거하는 것이다.

CHAPTER 5
도치문

5.1 예제(1) p. 106

나는 전부터 인류가 정력적으로 노력하면 자연의 무차별적인 파괴를 극복할 수 있다고 주장해왔다. 또한 나는 이러한 승리가 끊임없는 진지한 사고와 인간이 갖는 자기희생과 영웅적 행동의 힘을 보다 멋지게 조정할 때 비로소 가능하다는 것도 줄곧 주장해왔다.

5.1 예제(2) p. 107

꽃에 대한 일본인의 애정에 필적하는 것으로 시나 그림에 대한 애정이 있다. 사람들은 일본인의 집 안을 보면 그들에게 예술이 얼마나 중요한지 알 수 있다고 한다. 일본인의 간소한 집은 아름답게 정리되어 있고, 명화의 복제품을 구할 수 있는 사람은 다들 그렇게 하려고 한다.

5.2 예제(1) p. 112

미국의 상공업에서 일하는 여성의 수보다 아마 더 흥미로운 것은, 나라 전체의 부 중에 70~80%를 여성이 소유하고 있다는 사실이다. 이들 숫자는 여성이 남성보다 장수한다는 사실로 일부는 설명된다.

번역의 요령6 This fact(=S) is…interesting(=C)이라고 하면서, 번역문이 '사실이 …보다 흥미롭다'가 아니라는 점에 의문을 갖는 사람이 있을지도 모른다. 하지만 이것은 문법적 해석과 번역을 혼동한 결과다. 문법적 해석에 따라 영문의 의미를 이해한 다음, 같은 내용을 우리말로 어떻게 표현하면 그것을 읽는 사람에게 정확하고 알기 쉽게 전달될지를 생각하는 것이 번역 작업이다. 직역을 해서 이해하기 어렵다면, 내용에 변경을 가하지 않는 것을 조건으로 위의 번역문처럼 바꿔도 괜찮다.

5.2 예제(2) p. 113

본래 시와 음악은 서로 무관하지 않고, 또 신체 동작의 예술인 무용과도 분리된 것이 아니었다. 노래와 음악과 무용의 원조는 부족의 어떤 축제 때 처음 박자에 맞추어 박수를 치고 뛰어오르고 소리를 지른 야만인이었다. 박수에서 기악 예술 전체가 발달해서 사람을 황홀하게 할 정도로 복잡한 현대의 교향악이 태어났다. 함성에서는 현대의 오페라에 이르는 성악 예술 전체가, 도약에서는 모든 종류의 무용이 태어났다.

5.3 예제(1) p. 117

영국인의 두드러진 특징은 유머가 풍부한 점이다. 그리고 우리는 어떤 역경을 만나더라도 그것을 계속 간직할 수 있을 것 같다. 그것은 굉장한 장점이다.

5.3 예제(2) p. 118

과거의 전 시대를 통틀어 어떤 궁극적인 의미에서 역사를 구성하는 일련의 사건이 실제로 일어난 것은 분명하지만, 그럼에도 불구하고 이들 사건의 대부분에 대해서는 아무것도, 그것이 일어났다는 사실조차 모른다. 많은 사건에 대해 우리는 불완전하게밖에 알지 못하고, 확실히 알고 있다고 생각하는 소수의 사건에 대해서도 절대적인 확신을 갖는 것은 불가능하다. 그것을 재현하거나 직접 보고 조사하는 일은 절대 불가능하기 때문이다.

5.4 예제(1) p. 125

물질에 대한 과도한 존중으로 인해 일상생활이 누구에게나 똑같은 것으로 변하고 있지만, 요 몇 년간 개인들이 이런 종류의 획일성에 거스르는 경향이 생겼다고 할 수 있을 것 같다. 이러한 변화의 배후에는 사적으로 재물을 가지고 있다고 해서 남들보다 훌륭해지는 것은 아니라는 생각이 있다.

번역의 요령7 둘째 줄의 which를 평범하게 번역해서는 의미가 확실하지 않아서, 관계사절을 독립시켜서 앞으로 보내고 그것을 다른 부분과 연결하기 위해 필요한 변경을 가했다. 학생들로부터 '직역이냐 의역이냐' 하는 질문을 자주 듣는데, '원문과 다른 것'을 번역이라고 할 수 없고, 동시에 '번역만 읽어서는 알 수 없는 것'도 번역이 아니다. 이 모순된 요구를 각각의 경우에 어떻게 조화시킬지는 이 책 전체의 번역문을 통해 터득하길 바란다.

5.4 예제(2) p. 126

문화가 진보함에 따라 놀이나 예술과 관련된 활동의 역할이 점점 커지는 경향이 있다. 여가의 증가가 바람직한 사회적 목표라는 것은 대부분의 사람들이 인정하지만, 여가에 하는 활동에는 통상 확실하게 일로 분류되는 활동보다는 많은 정신적인 활동의 요소가 포함되어 있다.

5.4 예제(3) p. 127

내 인생에는 때로 주어지는 근심과 고생과 슬픔이 너무 많아서, 만약 신경이 이 정도로 강하지 않았다면 나는 틀림없이 그 무게에 무너졌을 것이다. 지금까지 오랫동안 계속해서 나를 짓누르는 피로와 책임의 부담은 정말이지 무겁다. 내게는 나 자신을 위한 생활이 거의 없고, 아내나 아이를 위해 할애하고 싶어도 그 몇 시간조차 없다.

CHAPTER 6

동격구문

6.1 예제(1) p. 135

나중에 이 산업혁명에 대해서, 그리고 산업혁명이 야기한 다툼, 즉 국가 내부에서 일어난 사회적 투쟁과 국가 간의 경제적 투쟁에 대해서 어느 정도 배우게 될 것이다. 그런데 이제부터 공부할 산업혁명의 첫 번째 원인이 뭐냐고 묻는다면, 대답은 과학과 발명, 그리고 동력으로 움직이는 기계의 급속한 증가가 될 것이다.

6.1 예제(2) p. 136

철자가 약간 바뀌기는 했지만, 휴일(holiday)이라는 말을 보면 그것이 본래 성스러운 날(holy day)이었다는 것이 짐작이 간다. 이런 날이 처음에는 어떤 자연의 힘을 누그러뜨리거나 신을 예배하기 위한 날이었다는 점에서는 역사학자들의 견해가 일치하는 것 같다. 모든 사람에게는 일한 뒤에 휴식이 필요하다는 생각, 끝없이 반복되는 단조로운 나날 속에 휴식을 넣는 편이 생활이 보다 순조로우리라는 생각 -이것은 모두 후대에 생긴 것이다.

6.2 예제(1) p. 141

가장 고상하고 순수한 즐거움을 음미하는 힘은 노력해서 획득해야 하는 후천적인 힘이다. 더 큰 기쁨을 음미할 수 있는 힘을 기르도록 도와주는 것, 그것이 교육의 목적이다.

번역의 요령8 must be won과 같은 '조동사+be+p.p'의 형식을 번역할 때는, '...되지 않으면 안 된다'와 같은 표현은 우리말답지 않기 때문에, 기본적인 의미를 바꾸지 않는 한 능동 표현을 사용하는 것이 바람직하다.

cf. This *must be done* quickly. (이것은[이것을] 서둘러서 해야 한다.)

6.2 예제(2) p. 141

근사한 자동차와 직물, 그 밖의 고급제품이 해외에 수출되는데도 국내에서는 사람들이 고급제품을 손에 넣기 힘들게 정부가 방치하고 있는데, 이것은 큰 문제라고 지금 많은 사람들이 생각하고 있다. 그들은 수출품은 국민들이 쓰고 싶어 하지 않는 남는 제품에 한정해야 한다고 생각한다. 하지만 롤스로이스 자동차를 만드는 기계공 자신이 그 차를 갖지 못하더라도 그것이 이상하다고는 생각하지 않는다.

6.3 예제 p. 144

인간은 모든 생물 가운데 가장 적응력이 뛰어난 것 중의 하나로, 아마도 그 명예를 인간과 늘 함께 있는 개나 파리와 나누고 있을 것 같다. 인간은 고산이나 극한의 황무지나 열대 정글이나 황량한 사막 어디서든 거주할 수 있고, 개인적으로는 바다의 심해나 대기권 상층부까지 도달했다. 인간은 놀랄 만한 적응력을 가지고 있지만, 다만 인간을 대할 때만은 다르다.

6.4 예제 p. 147

자동차 시대 이전에는 순수하게 여행을 즐기는 사람은 주로 부자에 한정되어 있었다. 부유한 사람은 충분한 돈이 있으면 유럽에 가고, 그렇지 않으면 바닷가나 산에서 여름을 보내거나 어딘가 휴양지에서 온천을 하기도 했다. 특별히 부유하지는 가지 않는 사람들의 여행은 일 때문이거나 가족의 결혼식이나 장례식과 같은 긴급한 경우에 한정되었던 것 같다. 그리고 회사원이나 사회경제적으로 윤택하지 않은 사람들보다 조금 위에 있는 사람들 사이에서는, 여행을 하는 것은 보통 신혼여행이나 아니면 아마 평생에 한 번 만국박람회라든가 역사적인 사건의 백주년 행사를 보러 서둘러 갈 때뿐이었다.

CHAPTER **7**

It ... that ...

7.1 예제 p. 156

지금의 세계를 괴롭히고 있는 격렬한 투쟁 속에서, 현역 활동가들은 싸움이 이렇게 격한 것을 봐도 그들을 대립하게 하는 문제가 심각한 것이 분명하다고 믿고 있다. 나는 그들의 생각이 틀렸다고 본다. 당파가 격하게 대립하고 있다고 해서 반드시 그들이 근본적으로 다른 목적을 가지고 있는 것은 아니다. 적대심의 강도가 견해의 차이를 측정하는 척도는 아니다. 같은 신을 숭배하는 종파 사이에도 지금까지 수많은 격렬한 분쟁이 있었다.

7.2 예제 p. 162

과학자가 연구하는 개개의 과제가 시대의 사회적 상황이나 기술적 요구와 밀접한 관련이 있다는 발언이 일반적인 일이 되었다. 이런 경향은 '순수' 과학자가 진공 상태 속에서 일을 하고 외부세계의 상황과는 전혀 관계를 갖지 않는 듯한 잘못된 인상을 일소하는 것을 돕고, 연구과제가 아무리 추상적이어도 과학자는 시대의 사회적 상황의 한 요소로 간주되어야 한다고 강조하는 데도 도움이 된다. 하지만 그렇다고 해서 과학자가 하는 모든 일이, 그들이 아무리 의식하지 않는다 해도, 어떤 절박한 사회적 필요에서 비롯된 것이라는 분명히 잘못된 사실을 말하는 것은 아니다. 수십 년을 전혀 응용되지 않은 채 있는 중요한 발견의 수를 생각하면, 과학자의 자유로운 탐구 정신이 때로 주위의 사회의 필요에 선행하는 것은 분명하다.

7.3 예제(1) p. 170

배에 가장 위험한 것은 비바람이 치는 거친 바다가 아니다. 바위에 둘러싸인 위험한 해안이다. 짐을 적당히 싣고 승무원이 충분히 배치되어 있는 경우에는, 배는 바다 위에서도 항구에 있을 때와 마찬가지로 안전하다. 배가 난파의 위험을 무릅쓰게 되는 것은 출발하며 해안을 떠날 때와 귀로에 해안에 댈 때다.

7.3 예제(2) p. 171

영국인은 일단 자신이 잘못했다고 납득하면 그 잘못으로부터 배우지만, 영국인을 납득시키는 것은 냉엄한 현실이라는 가혹한 증거뿐이다. 이 냉엄한 현실에 맞닥뜨릴 때까지 영국인은 완고한 성격 때문에 기존의 방식을 바꾸려고 하지 않는다. 영국인은 전투에는 전부 지지만 전쟁에는 전부 이긴다고 한다. 그들은 몇 차례 전투에서 패한 뒤에야 전술을 바꾼다.

7.3 예제(3) p. 173

지성을 갖춘 사람이라면 누구나 자신이 살고 있는 나라, 가능하면 세계의 역사에 대해, 자신이 읽는 문학과 종사하는 직업과 신봉하는 종교의 역사에 대해서 어느 정도 알고 있어야 한다는 것은 누구나 인정한다. 그렇다면 자신이 말하는 언어에 대해서는 말할 것도 없을 것이다. 이 책을 쓴 이유는, 언어의 역사를 아는 것이 정말 필요하고 언어를 지적으로 구사하기 위한 가장 확실한 방법의 하나는 그 언어를 역사적으로 연구하는 것이라고 믿기 때문이다.

CHAPTER 8

의미상의 주어

8.1 예제(1) p. 182

미국의 대부분의 부모는 아이들의 기쁨과 즐거움을 제한하는 역할을 맡기 싫어하기 때문에, 처음에 아이에게 부탁을 받은 부모는 결정을 내리는 부담을 배우자에게 떠넘기려고 하는 경향이 매우 강하다.

8.1 예제(2) p. 183

사람이 공동 작업을 효과적으로 기획하고 적절하게 달성할 수 있는 것은, 그 중 한 사람이 끊임없이 지도해서 전원의 활동을 같은 목적으로 향하게 할 때뿐이다. 이것은 일정한 리듬에 따라 진행해야 하는 활동이 포함되어 있을 때 특히 그렇다. 레일을 깔고 있는 선로공들이나 조정 경기 선수들이 아무리 노력해도 팀장이나 감독이 그들의 활동을 통제하지 않으면 그 노력은 효과가 없을 것이다. 지도자가 없는 집단적인 활동은 전부 곧 혼란과 무질서에 빠지는 법이다.

번역의 요령9 첫 번째 문장을 '사람은 그들 중 한 사람이 ...할 때만 ...할 수 있다'라고 번역한 사람도 있을 텐데, 위의 번역이 좀 더 원문에 가깝고 우리말로도 이해하기 쉽다. 문법 구조를 어느 정도 떠나서 의미를 중심으로 생각하면 첫 번째 문장은

________________ only when ~~~~~~~~~~~~~~~~

으로 느껴진다. 해답에 붙인 번역에서는 이 의미의 덩어리가 무너지지 않았지만, '사람은 그들의 ...'은,

__________ only when ~~~~~~~~~~ __________

으로 되어 있기 때문에 __________로 표시한 부분의 연결 관계가 알기 어렵다. 번역할 때의 이런 조작에 대해서는 ⇨ 8-2예(2)역.

8.2 예제(1) p. 189

나는 대학생활을 연장자와 젊은이들의 동지 관계라고 보고 싶다. 그곳에서는 누구나 마음은 학생이고 모든 본질적인 가치를 공유하고 있는데, 다만 관심과 개성이 매우 다양해서 그들은 그것을 함께 나누고 공익을 위해 기여한다.

8.2 예제(2) p. 190

그는 학생들 사이나 교수의 가정에서 친구를 발견하고 재능이 있는 젊은이들의 그룹의 일원이 되었다. 그들은 자연에 대한 공통의 사랑과 자신들이 새로운 시대의 선구자라는 자랑스러운 신념으로 서로 끌리고 있었다. 그들의 연구는 사회과학에서 미술에 이르는 열두 가지 분야로 모두 각 분야의 전문가였는데, 폭넓고 깊이 있는 독일 교육 덕분에, 각자가 상대방의 전문분야에 대해서도 지적인 대화가 가능했다.

번역의 요령10 첫 번째 문장은 drawn 이하의 수식부가 길어서, 뒤에서부터 번역하면 무슨 말인지 알 수 없게 된다. 번역문만 읽어도 이해가 되는 것이 번역의 필수 조건(⇨ 5-4예(1)역)이기 때문에, 위의 번역에서는 ...women에서 일단 끊고 drawn 이하를 새 문장으로 했다. 본래 한 문장인 원문을 번역을 위해 방편으로 나눈 이상, '...의 일원이 되었다. ...에 의해 끌려서.'와 같은 어색한 번역문은 좋지 않다. 문장을 나눈 역자가 책임지고 주어와 술어가 확실한 번역문으로 마무리해야 한다.

8.2 예제(3) p. 194

1914년 유럽에서 제1차 세계대전이 발발했을 때, 당초 미국에서는 이 전쟁이 미국과 무관하다는 점에서 거의 모든 사람들의 의견이 일치하고 있었다. 그 배경에는 고립주의의 정서와 평화에 대한 바람이 있었다. 그런데 전쟁이 확대되면서 미국의 해상 항행권이 위기에 처하고 위험하게도 독일 제국주의가 승리에 다가가자, 대중은 무기를 드는 것에는 여전히 반대했지만 두 개의 진영, 즉 독일파와 연합국파로 분열하기 시작했다. 하지만 민주국가인 영국과 프랑스에 대한 우려가 퍼지고 미국 자신이 참전했을 때, 국민들은 국가의 위기에 직면해서 일찍이 없었던 단결을 보였다.

8.3 예제 p. 198

사람들은 현대인에게는 여가가 없다는 말을 되풀이함으로써 점점 그 말이 사실이라고 믿게 되었다. 그 말이 사실이 아니라는 것은, 그 말을 반복할 때 정말 유감이라는 기색이 거의 보이지 않는다는 점, 그리고 아무도 어떻게 하면 잃어버린 여가를 되찾을 수 있을지 천천히 생각하려 하지 않는다는 점에서 입증된다고 본다.

8.4 예제(1) p. 203

자연과학의 기원으로 생각할 수 있는 것은, 원시인들이 그들의 눈에 비치는 천체의 운행과 같은 자연현상을 무의식중에 천천히 관찰한 것과, 원시적인 도구를 사용하는 방법을 점차 습득해서 그 도움으로 생활을 한층 안전하고 쾌적하게 만들려고 노력한 것이다.

번역의 요령11 이것도 문법구조를 따라가기만 해서는 우리말이 되지 않는다. 위의 번역은 첫 번째 행을 하나로 묶어서 뒤에서 다시 돌아가는 수고를 없애고, by the aid of which...을 번역함으로써 최대한 원문의 어순에 가깝게 했다(⇨ 8-2예(2)역).

8.4 예제(2) p. 204

부모가 자식에게 갖는 애정과 자식이 부모에게 갖는 애정은 행복의 가장 큰 원천의 하나다. 하지만 오늘날의 현실에서 부모와 자식의 관계는 열에 아홉은 양쪽 모두에게 불행의 원인이 되어 있다. 가족 제도는 원리적으로는 근본적인 만족감을 줄 수 있어야 하는데 현실은 그렇지 못하다는 것이 오늘날 확대되고 있는 불만의 가장 뿌리 깊은 원인의 하나다.

번역의 요령12 마지막 문장의 which in principle... 이하를 평범하게 satisfaction에 연결하면 번역이 알기 어렵기 때문에, 위의 번역에서는 이것을 부사적인 표현으로 바꿨다. 이런 번역 방법에 대해서는 ⇨ 5-4예(1)역.

CHAPTER 9

관계사

9.1 예제(1) p. 213

진정으로 식별력이 있는 독자가 자손 대대로 보존할 가치가 있다고 지정한 책의 가치를 아는 안목은 서서히 형성되는 것이다. 책을 보는 안목과 책에 대한 지식이 증가함에 따라, 많은 경우에 이전의 사고방식은 바뀐다. 이것이야말로 진정한 진보의 과정이기 때문이다.

9.1 예제(2) p. 215

최근에 어떤 교사가 자신이 가르치는 250명의 학생들 중에 TV를 보는 아이들이 확실히 가장 머리가 좋다고 말했다.

TV에 중독된 탓에 밤마다 모든 TV프로그램을 끝까지 보는 어른이 있다는 것은 누구나 알고 있다. 하지만 얼마든지 봐도 좋다는 말을 듣고 TV프로그램에 대해 식별력을 보이지 않는 아이를 나는 아직 본 적이 없다.

9.2 예제 p. 220

대부분의 사람들이 작곡에 관한 논의 중에 제일 먼저 듣고 싶어하는 것의 하나가 영감의 문제다. 그 문제가 그들이 생각하는 것만큼 작곡가의 마음을 차지하지 않는다는 사실이 그들로서는 도저히 믿기지 않는다. 작곡가에게 작곡이라는 행위가 얼마나 자연스러운 것인지 일반인은 항상 이해하지 못한다. 일반인은 자신을 작곡가의 입장에 놓고 영감의 문제를 비롯한 작곡에 관한 문제를 일반인의 입장에서 시각화하려는 경향이 있는데, 그때 그들은 작곡가에게 작곡이 타고난 기능을 수행하는 것과 비슷하다는 사실을 잊고 있는 것이다. 작곡가에게 작곡을 하는 것은 먹거나 자는 일과 다르지 않다. 말하자면 작곡가는 작곡을 하기 위해 우연히 이 세상에 태어났고, 또 그렇기 때문에 작곡가의 눈으로 봤을 때 작곡은 특별한 미덕이라는 성격을 잃는 것이다.

9.3 예제(1) p. 227

즐겁고 기분 좋은 부산스러움이나 바쁨도 정도가 지나치면 혐오할 만한 혼잡으로 바뀌어, 기쁨을 고조하지 못하고 오히려 그것을 빼앗는 것이 된다.

번역의 요령13 전치사+관계사 구문을 번역할 때의 문제점은 소유격 관계사에 대한 번역과 공통점이 많기 때문에, 그 문제부터 들어간다.

I know a boy whose father is very rich.라는 문장에 대해서 공식적으로 생각할 수 있는 번역은 아래의 다섯 가지가 있다.

【1】 나는 그 아버지가 대단히 부자인 소년을 알고 있다.

【2】 나는 아버지가 대단히 부자인 소년을 알고 있다.

【3】 내가 알고 있는 소년의 아버지는 대단히 부자다.

【4】 나는 어떤 소년을 알고 있는데, 그의 아버지는 대단히 부자다.

【5】 나는 대단히 부자 아버지가 있는 소년을 알고 있다.

【1】은 보통 직역에 해당하는데, 이것은 '그'라는 대명사가 '소년'보다 앞에 나와 있기 때문에 우리말답지 않은 표현이 되었다. 물론 이런 종류의 표현도 어느 정도 우리말로 정착한 이상, 의미를 알 수 있으면 이 번역도 괜찮지만, I know a boy whose father is a friend of the son of a very rich man.이 되면 이 번역으로 대응하는 것은 무리다.

【2】는 여러 가지 문제를 낳는 '그'를 떼어낸 번역이다. 이것이 우리말로서 통용이 되는지의 여부는 '아버지가 대단히 부자다'라는 부분이 하나로 묶여서 '소년'에 대한 수식어로 느껴지는가에 달려 있다. 위의 번역은 명료하지만, '아버지가 대단한 부자의 아들의 친구인 소년'처럼 되면 이해가 불가능해진다.

【3】은 과감한 의역으로, I know a boy의 문법 구조를 무시하고 이것을 내용적으로 정리해서 whose 안에 넣어버린 것이다. 원문의 중심은 I know a boy인데, 번역문에서는 '아버지는 대단히 부자다' 쪽으로 중심이 이동한 점이 원문과 다르다. 다만 영문이라도 내용의 중점이 주절보다 관계사절에

놓였을 때(예제1은 '전치사+관계사'인데 의미의 중점은 past which 이하에 있다는 것에 주의)는 이런 번역 방식이 적절한 경우도 있다.

【4】는 앞에서부터 번역하는 경우인데, 이 번역이 적절한지는 전반부가 하나의 덩어리로 느껴지는가에 달려있다. 예문의 경우는 괜찮지만, He is a man whose father is very rich.를 '그 사람은 인간인데, 그의 …'이라고 하는 것은 우스꽝스럽다.

【5】는 관계사절의 내용을 파악한 뒤에 구조를 바꾼 번역이다. 실제로는 이 번역 방식에 따라야 하는 경우가 많다.

이제 전치사+관계사에 대해 살펴보자. This is the house in which he lives.에 대해 '이것은 그가 그 안에 살고 있는 집이다'라고 하는 것은 위의 【1】에 해당하는 번역인데, 이 번역에 대해서는 【1】에서 '그'에 대해서 했던 말이 그대로 적용된다. 이 경우에는 오히려 in which를 떼어내고 '그가 살고 있는 집'(위의 【2】)이라고 해야 한다. '동사의 명사수식형+명사' 형태가 '명사+관계사절'에 대응하는 우리말 형식이지만, 영어에서는 '명사+관계사', '명사+전치사+관계사'로 구별해서 표현하는 내용(예: a house which he has; a house in which he lives)을 우리말로 하면 같은 형태로 가능한(예: 그가 가지고 있는 집; 그가 사는 집) 경우가 많으니까, 이 형식을 가능하면 이용하는 것이 좋다. 개개의 경우에 대해서는 Index 참조.

9.3 예제(2) p. 227

지식은 힘을 주지만 그 힘 속에 악을 행하는 힘이 포함되기도 한다는 것은 새로운 사실이 아니다. 현대의 과학에는 이런 종류의 지식이 많고, 그런 지식으로부터는 사용하면 재앙을 초래하는 힘도 생겨난다[그런 지식이 주는 힘에는 사용하면 재앙을 초래하는 것도 있다].

9.3 예제(3) p. 229

스펙트럼의 빨강색과 보라색 외에도 감각으로 인식할 수 없는 광파의 전 영역이 존재한다. 하지만 현대인은 직접 고안한 정교한 도구의 도움을 빌려서 모든 종류의 광파에 대해서 알게 되었다. 만약 그런 도구를 발명하지 않았다면 인간은 모든 광파의 존재에 대해서 무지한 채로 있었을 것이다.

9.4 예제 p. 235

나는 몇 년이나 계속 로마에 가기를 바랐는데, 마침내 로마에 가서 차를 운전해서 거리를 달렸을 때, 이토록 그 역사와 어울리지 않는 도시를 보려고 이렇게 멀리까지 올 가치가 있었나 하고 생각했다. 그 실망은 이윽고 사라졌다고 할 수 있지만, 유명한 광경이란 처음 볼 때 기대한 것 같은 감동을 항상 불러일으킨다는 보장이 없다. 아마 꿈꾸던 모든 것이 손에 들어온다면, 그때의 실망은 그것을 손에 넣지 못했을 때보다 훨씬 클 것이다.

CHAPTER **10**

수식어의 위치(1)

10.1 예제(1) p. 246

미국의 전통의 형성에는 미국의 크기 자체가 중요해서, 그 중요성은 아무리 중시해도 지나치지 않다. 그것은 미국이 다른 나라와 달라서 왠지 예외적인 나라이고, 유럽이 맞게 될 운명과는 다른 운명이 미국 국민을 기다리고 있다는 신념을 낳는다.

번역의 요령14 The *very* bigness를 '대단히 큰 것'이라고 번역하면 틀리다. 이 very는 the와 명사 사이에 있어서 형용사다. 형용사 very를 '대단한[히]'라고 번역하는 것은 언제나 틀렸다고 보면 된다. 'the very+명사'는 '명사 (그) 자체'라고 번역하면 대개 맞는다. 나머지는 상황에 따라 번역어를 바꿀 필요가 있다. 대표적인 예를 든다. This is the *very* thing I want. (내가 원하는 것 그 자체) → 이것이야말로 내가 원하는 것이다. / His *very* servants despised him. (그의 고용인 자체) → 그의 고용인까지[마저] 그를 경멸했다. / The *very* thought of it is disgusting. (생각하는 것 자체) → 그 일을 생각하는 것만으로도 지긋지긋하다. / Her *very* sagacity will mislead her. (본래는 인간을 좋은 방향으로 인도해야 하는 총명함 자체) → 그녀는 총명해서 오히려 신세를 그르칠 것이다.

번역의 요령15 (선) ______ (관) ~~~~~~~ 의 형태로 선행사와 제한용법의 관계사 사이에 긴 수식어가 들어가는 경우는, 우리말의 뜻이 통하기만 하다면 ______ ~~~~~~~ (선) 의 형태로도, ~~~~~~~ ______ (선) 의 형태로도 번역할 수 있다. 하지만 위의 예문에서 보면, '미국의 전통의 형성 속의 아무리 중시해도 지나치지 않은 중요성'이라고 하면 너무 복잡하고, 또 '아무리 중시해도 지나치지 않은 미국의 전통의 형성 속의 중요성'이라고 하면 '지나치지 않은'을 '중요성'을 수식하는 것으로 읽는 것은 원문을 참고하지 않고서는 불가능하다. '우리말만 읽어도 아는 것'이 번역의 필수 조건(⇨ 5-4예

(1)[역])이기 때문에, 위의 번역에서는 which 앞을 묶어서 번역하는 것으로 이 문제를 넘겼다. 영문을 번역할 때는 어쩔 수 없이 영문의 영향을 받기 때문에, 번역문에서 이런 종류의 이해하기 어려운 부분이 생긴 것을 알아 차리지 못하는 경우가 많으므로 주의가 필요하다.

10.1 예제(2) p. 248

여성의 각성은 진보적 사상의 소유자인 스코틀랜드 여성 프란시스 라이트가 미국을 방문했을 때 시작됐다. 그녀가 여성의 권리에 대해 강연하기 위해 연단에 올랐을 때 대중은 충격을 받았다. 1848년, 세계 역사상 첫 여권옹호 대회가 뉴욕 주의 세네카 폴스에서 개최되었다. 대표들은 교육적 경제적 기회와 선거권에 있어서 남성과 법적으로 평등하다는 것을 요청하는 선언문을 작성했다.

10.2 예제 p. 254

사람이 주위에 기르고 있는 생물 중에 꿀벌만큼 문명의 산물처럼 보이는 것, 독자적인 경로와 영역에서 발전한 성과로 보이는 것은 달리 없다. 사실 꿀벌 집단이 정연하게 질서를 중시하고, 분업, 공공심, 검약, 그리고 복잡한 경제조직을 갖추고 있는 것을 보면, 그것은 성곽 도시나 대사원이 있는 도시가 그렇듯이, 미개한 자연 상태에서 멀리 떨어져 있는 것 같다는 생각이 든다.

10.3 예제 p. 259

배우려는 의지가 있으면 가장 믿기 힘든 장벽도 극복할 수 있는 것 같다. 의지는 피로를 극복할 수 있다. 여러 증거에 따르면, 가장 힘든 일을 아무리 계속해도 놀랄 정도로 능률이 저하하지 않을 수 있다고 한다. 심지어 어떤 일이 몹시 싫어진 뒤에도 여전히 그 일을 훌륭하게 해나갈 수 있다. 사실 매우 믿을만한 방면의 발언에 따르면, 일을 계속하더라도 이 이상은 성과를 내지 못한다는 의미에서의 정신적인 피로는 전혀 존재하지 않는다고 한다. 우리는 쉬고 싶을 때, 더 이상 계속할 수 없다고 말해서 양심을 위로한다.

번역의 요령16 The weather forecast says that it will be fine tomorrow.는 형식적으로는 The weather forecast says가 중심이지만, '일기예보가 ... 이라고 한다'보다는 주절을 부사적인 표현으로 바꿔서 '일기예보에 따르면(=According to the weather forecast), 내일은 맑다고 한다'라고 하는 편이 자연스럽다. S+V+that...의 형태를 문법적으로 바르다고 이해하는 것과, 읽기 쉬운 번역문을 만들기 위해서 원문의 내용을 유지한다는 전제 아래 번역문을 어느 정도 변경하는 것은 차원이 다른 문제이고, 때로 불가피하다. 위 예제의 세 번째 문장과 다섯 번째 문장을 각각 뒤에서부터 읽어서 '... 이라는 풍부한 증거가 있다' '...이라는 것을 매우 믿을만한 방면에서 말하고 있다'라고 번역한 경우와 위의 번역문을 이런 관점에서 비교 검토해보기 바란다.

CHAPTER **11**

수식어의 위치(2)

11.1 예제(1) p. 266

우리들 미국인은 전통적으로 낙천적인 국민이다. 우리들 대부분에게 상실감은 영원히 지속하는 기분은 아니다. 반대를 보여주는 무서운 반증이 있음에도 불구하고 우리는 현 시대가 이성적인 생활의 종말을 보이고 있다는 것을 마음 깊은 곳에서는 믿으려고 하지 않는다. 우리들 대부분은 심리적으로 건전한 길을 따라 습관적인 일을 계속하고, 보통 사람이라면 그래야 하듯 보다 나은 행복한 미래를 설계한다.

11.1 예제(2) p. 268

어쩌면 친구를 화나게 할지도 모르겠다고 생각되는 편지를 썼을 때는, 그런 식으로 자신의 생각을 표현하는 것이 얼마나 필요한지 느꼈다고 해도, 그것을 다음날까지 내버려두세요. 그리고 그 편지를 반복해서 읽어보고 그것을 본인이 받았다고 상상해보세요.

11.2 예제 p. 273

전쟁 때 스티븐의 할머니는 옥스퍼드 근처의 호텔에서 소개疏開 생활을 했는데, 그곳에서 런던에 있었을 때와 거의 같은 생활을 보내서 자주 당신의 방을 쓸고 닦았고, 겨울에는 난로에 불을 지피지 않으려고 해서 모두를 힘들게 했다. 몹시 추운 어느 겨울날에 스티븐은 할머니를 찾아갔다. 그가 도착했을 때 할머니는 눈이 내리는 가운데 버스 정류장에서 그를 기다리고 있었다. 그들은 호텔까지 걸어갔다. 그런데 호텔에 도착하자 뒤돌아서, 할머니가 떨어뜨린 한쪽 장갑을 찾기 위해 두 사람이 걸어온 눈 내린 길을 30분이나 하릴없이 찾아다녔다.

11.3 예제(1) p. 281

대부분의 사람들은 순문학을 '뛰어난' 소설 장르라고 칭송하지만, 자진해서 그것을 읽는 사람은 비교적 적다. 분명한 것은 많은 독자가 순문학을 칭찬하는 것은 그저 그렇게 하도록 배워왔기 때문이고, 정말로 대중소설보다 순문학을 좋아해서 그러는 것은 아니라는 것이다.

11.3 예제(2) p. 282

그리고 희한하게도 직원들 가운데 누군가가 힘들어 하거나 충고가 필요할 때, 그곳에서 일하는 모든 사람들 중에 고민을 털어놓을 상대로 선택받는 것은 항상 로버트였다. 아마 그 비밀은 그가 다른 것은 전부 잊고 이야기를 들어준다는 것, 마치 상대방의 고민이 실제로 그의 고민이고 바로 그 순간에 이 세상에서 가장 중요한 것은 상대방이 그 고민과 싸우는 것을 도와주는 일인 것처럼 들어준다는 것에 있었다. 고민을 이야기하러 왔던 사람이 로버트가 의견을 말하는 것을 기다리지 않고 가버리는 일도 종종 있었다. 방해받지 않고 이야기할 수 있었다는 것만으로도 충분하고, 문제의 해결책이 로버트에게 이야기하려고 노력하는 것만으로 그 사람의 내부에서 저절로 떠오르는 것 같았다.

번역의 요령17 이 정도로 각 문장의 호흡이 길면, 장황하게 뒤에서부터 돌아오지 말고 앞에서부터 적당히 의미의 단위를 끊을 필요가 있다. 둘째와 셋째 문장의 as though(각각 마지막까지 이어진다) 이하의 번역에 주의할 것.

CHAPTER 12

비교의 일반적인 문제

12.1 예제(1) p. 294

생활에 필요한 도구는 획일화해도 크게 문제되지 않지만, 사상이나 견해와 관련된 것의 획일화는 훨씬 위험하다. 하지만 그것은 현대의 다양한 발명품에서 오는 피하기 힘든 결과다. 생산은 집약되어 대규모로 이루어지는 편이, 많은 작은 공정으로 분할되어 있을 때보다 비용이 덜 든다. 이것은 핀의 제조와 마찬가지로 여론의 형성에도 적용된다. 오늘날 여론의 주요한 원천은 학교·신문·영화·라디오인데, 초등학교의 교육은 교육 기기의 이용이 늘어남에 따라서 필연적으로 점점 규격화할 것이 분명하다.

12.1 예제(2) p. 296

잉글랜드 사람(스코틀랜드나 웨일스나 아일랜드 사람은 그렇지 않지만)은 예술성이 떨어지고 상상력이 부족한 민족이라는 말을 지금까지 너무 많이 들었기 때문에, 잉글랜드 사람은 스스로도 그 말이 맞다고 믿게 되었다. 그들은 꿈이 없고 정신이나 영혼보다 돈 걱정을 많이 한다는 말을 듣는다. 그들은 온건하고 점잖은 민족으로 자기불신에 차있고 좀처럼 남을 화나게 하지 않기 때문에 웬만해서는 말하지 않겠지만, 잉글랜드에서는 고금을 통해서 가장 위대한 시인이 나왔을 뿐만 아니라 다른 나라들을 전부 합친 것보다 많은 위대한 시인을 배출했다.

마지막 문장을 뒤에서부터 거슬러오지 않고 ...point out까지를 먼저 번역한 것에 주의(⇨ 10-3예[역]).

12.2 예제(1) p. 304

끊임없이 주장되는 말도 안 되는 의견과 달리, 우리 인간은 결코 실리적이지 않다. 남녀를 불문하고 내가 지금까지 인간에 대해서 알게 된 것으로 판단하건대, 나는 사람들 안에 세상의 표면에 드러나는 것보다 훨씬 많은 이상주의적인 힘이 있다고 믿는다.

12.2 예제(2) p. 305

원자폭탄을 독자의 무기로 만드는 유일한 사실은 막대한 양의 에너지를 아주 작은 껍질 속에 넣어 그 에너지를 무서운 속도로 방출하는 것이다. 원자폭탄은 집중된 에너지, 기존에 알려진 어떤 형태의 것보다 수백만 배나 집중된 에너지에 상당한다. 한 개의 폭탄 속에 들어있는 에너지의 총량은 사람이 다른 형태로 사용하거나 느꼈을 때에 비해 크지 않다. 수천 톤의 석탄은 그것과 같은 양의 에너지를 포함하고 있고, 뇌우는 그것보다 훨씬 많은 에너지를 방출한다. 수백만 톤의 물을 바다에서 하늘로 증발시켜 구름으로 만드는 햇빛은 원자폭탄보다도 측량할 수 없을 정도로 큰 에너지를 쓴다. 하지만 이들 경우는 에너지가 확산되어 희박해진다. 원자폭탄의 경우는 에너지가 수 파운드 혹은 수 킬로의 '핵물질' 속에 조용히 숨어 있다가, 갑자기 매우 좁은 공간에 한 순간 방출된다. 그것이야말로 폭발에 필요한 것이고, 이 폭발은 모든 폭발 중에서 가장 빠르고 가장 강력하다.

12.3 예제 p. 310

백인들은 깊은 신앙심과 강한 민주적인 정신을 가지고 있지만, 그들은 실제로 흑인 문제에서는 위선적인 입장에 놓여 있다는 것을 느끼고 있다. 떳떳치 못한 마음이 그들의 행동을 결정한다. 그들이 흑인으로 인해 발생하는 위험이 있다고 진지하게 생각한다면, 그것은 틀림없이 흑인을 정당하게 대우하려고 하지 않기 때문이다. 불의는 항상 공포심을 낳는다. 인종 문제의 주된 어려움은 흑인의 실태보다 오히려 백인의 정신적인 자세 속에 있다.

CHAPTER 13

비교의 특수한 문제

13.1 예제 p. 319

16세기의 호전적이고 모험을 즐기던 일본인은, 19세기까지는 순종적인 민족이 되어 지배자가 모든 것을 지도해주는 것을 얌전히 기대하고 위로부터의 모든 명령에 의심 없이 따르는 국민이 되었다. 그들은 견고하게 수립된 행동양식에 익숙해졌다. 전 세계에서 일본만큼 모든 계층의 사람들이 모든 상황에서 예의범절이라는 사회적 규칙을 엄격하게 지키는 곳도 없으며, 일본만큼 폭력이 보이지 않는 곳도 없다. 일본인은 일상의 환경에서 떠나서 자신의 판단으로 뭔가를 결정해야 될 때는, 더 많은 행동의 자유에 익숙해져 있는 국민들보다 어쩔 줄을 모르는 것처럼 보인다.

13.2 예제(1) p. 328

내가 판단할 수 있는 한, 그는 일찍이 이 세상에 태어난 어떤 사람들과 비교해도 일반적인 의미의 야심이 없었다. 그가 계속해서 승진을 했어도, 그것은 그가 사장에게 인정을 받으려고 노력해서가 아니라 사장이 그를 승진시키자고 주장했기 때문이다. 그는 천성적으로 창조력이 풍부한 사람이었다. 평범한 사람들 가운데 어쩔 수 없이 눈에 띄게 된 것은 은 접시 위의 금화와 마찬가지였다.

13.2 예제(2) p. 329

자연에 관한 연구에서, 설명은 사실과 일치할 뿐만 아니라 가능하면 단순하고 직접적이어야 한다. 여러 가지 설명이 제시되어 있는 경우에는, 보다 단순한 설명이 진실에 가깝다는 원칙에 따르게 된다. 최근 과학의 성격에 대해서 쓴 어떤 필자는, 더 복잡한 설명을 선택한다는 것은 '서쪽 옆에 있는 집에 가는데 동쪽으로 세계를 일주해서 가는 것'과 마찬가지로 어리석은 일일 것이라고 말한다.

13.3 예제(1) p. 335

오늘날 세계에는 우리가 변화의 힘을 감당하지 못하고 문명이 존속하는데 명백한 위험이 되는 것을 허용해왔다는 것을 보여주는 불길한 징후가 보인다. 생명이 있는 것은 반드시 변화하지만, 변화에 언제나 생명이 포함되는 것은 아니다. 유기체가 견딜 수 있는 변화의 양에는 항상 한계가 있는데, 이것은 생물과 마찬가지로 사회라는 유기체에 대해서도 말할 수 있다. 어떤 종류의 생물이 기후의 작은 변화에 적응하고 그로 인해 오히려 번성하는 일이 있는데, 그 변화가 아주 크면 한 생물의 전 계열이 멸종되고 새로운 생물이 그것을 대신하는 일도 있다. 대개 생물이 특수하고 복잡해질수록 그것은 변화에 쉽게 굴복하고, 한편 그것보다 가소성과 적응력이 풍부한 생물이 살아남을 가능성이 있다. 빙하 시대의 종말과 함께 위풍당당하던 매머드는 사라졌지만, 반면 매머드보다 하등한 생물은 계속해서 늘어났다.

13.3 예제(2) p. 338

웃으면 안 된다고 생각하면, 이 장애가 웃고 싶다는 유혹을 더욱 키운다. 그리고 마음껏 웃고 싶다는 기분은 참는 시간이 길어질수록 힘이 커져서, 오히려 큰 웃음소리가 되어 격하게 폭발한다.

CHAPTER 14

공통관계

14.1 예제(1) p. 348

내가 젊었을 때는, 인간이 영혼과 육체로 이루어져 있고 육체는 시공간 속에 있지만 영혼은 시간 속에만 존재한다는 것을 누구나 알고 있었다, 아니 알고 있다고 생각했다. 인간이 죽은 뒤에도 영혼이 존속하는지의 문제에 대해서는 견해가 나뉘기도 했지만, 영혼이 존재한다는 것은 확실하다고 여겨졌다.

14.1 예제(2) p. 349

그해 여름도 끝나갈 무렵, 우리들은 강과 평야 너머로 산이 보이는 마을의 어느 집에 살고 있었다. 강가에는 햇빛에 하얗게 말라 있는 자갈과 조약돌이 있고, 강은 투명하고 물살이 빠르고 푸르렀다. 병사들은 집 옆을 지나가곤 하는데, 나뭇잎은 그들이 일으키는 먼지를 뒤집어쓰고 있었다. 나무줄기에도 먼지가 묻어 있었다. 그해는 나뭇잎이 빨리 졌다. 우리들은 병사들이 가도를 행군하면 흙먼지가 피어오르고 바람에 흔들려 나뭇잎이 떨어지고, 병사들이 지나간 뒤에 길에는 아무것도 없이 하얀 나뭇잎만 남는 것을 보았다.

14.2 예제(1) p. 356

외국어로 된 책을 읽는 습관이 있는 사람이라면 대부분 이미 경험했겠지만, 여성작가가 쓴 책보다 남성작가가 쓴 책이 평균적으로 더 어렵다. 남성작가의 책에는 생소한 단어나 방언이나 전문용어 등이 훨씬 더 많이 들어있기 때문이다.

14.2 예제(2) p. 357

필력은 여러 다른 목적에 사용할 수 있다. 예를 들어 시대의 추세를 지지할 수도 있고 그것에 반대할 수도 있다. 하지만 어떤 목적이 되었든 효과를 올리기 위해서는, 쓴 말이 필자와 동시대 사람들의 마음에 도달해 감정을 울리는 것이어야 한다.

14.2 예제(3) p. 358

미국에 이주한 사람들은 대부분 가난했다. 그들이 도착한 곳은 황무지였다. 농장을 만들기 위해 벌목을 하고, 광산을 개발하고, 집과 상점과 공공건물을 세우지 않으면 안 됐다. 그 건설에 모든 사람들이 힘을 보태야 했다. 당시에는 육체노동이 무척 대접을 받았다. 상공업에서 성공하기 위해 머리를 써서 일하는 사람이 대접을 받게 된 것은 그보다 뒤의 일이었다. 지금도 미국에는 먹고살기 위해 더는 육체노동에 의지할 필요가 없는 지위까지 출세했다는 자부심과 자기의 손으로 성취할 수 있는 것에 대한 순수한 기쁨이 묘한 형태로 결합되어 있다.

14.3 예제(1) p. 364

오늘날의 거대 국가에서 정치가 진정한 의미에서 국민에 의해 실시된다는 것은 절대로 있을 수 없다. 하지만 국민의 진정한 대표자, 바꿔 말하면 국민의 진정한 이익, 즉 사회 전체의 이익을 대표하는 사람들이 정치를 하는 것은 가능하며, 또 우리들이 민주주의자인 이상 당연히 그래야 한다.

14.3 예제(2) p. 366

인간은 무지한 한, 이 우주 아래에서 작고 약한 존재다. 종교의 교리나 인습, 특히 공포—미지의 것에 대한 공포—에 의해 자신의 활동을 제한하고 있는 한, 인간은 무지하다. 과학에 있어서 미지의 것은 흥미와 희망으로 가득한 하나의 문제다. 사실 과학은 미지의 것에서 자양분을 얻고 있으며, 모든 좋은 것은 그 무한한 영역에서 얻은 것이다. 하지만 과학의 빛이 없다면 미지의 것은 하나의 위협이다. 터부에 의해 그것을 피하거나, 주술이나 제물로써 누그러뜨리지 않으면 안 되는 것이 된다. 과학의 전통은 무엇보다도 인간에 대한 신뢰에 기초하고 있다. 즉 인간에게는 주위의 세계를 물리·생물·사회의 모든 방면에서 이해하고, 궁극적으로는, 사물의 본성이 가진 한계 안에서이긴 하지만, 그것을 지배할 능력이 있다는 신념이다.

14.4 예제 p. 372

여러 철학자들이 '선'에 대해 다양한 개념을 만들어왔다. '선'은 신을 알고 사랑하는 것이라고 생각하는 철학자가 있는가 하면, '선'은 만인을 사랑하는 것이라고 생각하는 철학자도 있다. 미를 향수하는 것을 '선'이라고 하는 사람도 있고, 또 쾌락을 '선'이라고 하는 사람도 있다. 일단 '선'이 정의되면, 윤리학의 나머지 부분은 저절로 결정된다. 즉 우리는 '선'을 최대한 많이 낳고 악을 최대한 적게 낳는다고 생각되는 방식으로 행동해야 한다. 궁극적인 '선'이 무엇인지 알고 있다고 생각하는 한, 도덕률의 형성은 과학적으로 해결할 수 있는 문제다.

CHAPTER **15**

삽입의 여러 형식

15.1 예제(1) p. 382

앙리 루소는 세관의 말단 직원으로 약 20년간 일한 뒤, 얼마 되지 않는 연금에 기대어 퇴직하고 나머지 25년은 마음껏 그림을 그렸다. 요즘은 이런 예술가에게 좀 더 많은 연금을 주는 나라도 있을지 모르지만, 하지만 그것은 어떤 공인된 기준이나 양식에 맞는 그림을 그리는 경우에만 해당한다. 루소는 가난하게 살 수밖에 없었지만, 적어도 자신의 이미지를 자유롭게 실현할 수 있었으니 행복한 사람이었던 것 같다.

15.1 예제(2) p. 384

오늘날 공공도서관은 시민의 명백한 권리의 하나로 당연한 것으로 간주되고 있다. 공기처럼 완전히 공짜는 아니더라도, 적어도 산책하는 공원이나 발밑을 비추는 가로등보다는 일단 비용이 들지 않는 공공시설이다. 하지만 시민들이 이 권리를 누릴 수 있게 된 뒤로 아직 한 세기가 조금 지났을 뿐이다.

15.2 예제(1) p. 390

동물원의 매력은 많지만, 그것이 무한하다는 것이 상당한 매력이다. 항상 뭔가 새로운 동물이 있다. 그리고 그에 못지않은 만족감을 주는 것은, 언제 가도 옛날부터 있었는데 지금까지 못 봤던 것을 발견한다는 것이다.

15.2 예제(2) p. 391

그의 재능은 취미에 쓰였는데, 그것은 서적수집과 정원 가꾸기였다. 그는 평생의 직업으로 틀에 박힌 직업을 가지고 있어서, 그 마을의 은행 지점장이라는 것에 무척 만족하고 있었다. 그의 아내는 남편이 진취적인 성격이 없는 것에 짜증이 났고, 남편의 취미에 조금 질투를 느끼고 안달복달하고 있었다. 취미가 있으면 그렇게 되듯이, 취미는 남편을 자신 속에 가두었고, 그녀가 보기에 그것은 남편에게 전혀 도움이 되지 않았기 때문이다.

15.3 예제(1) p. 398

내성적인 사람의 고민은 항상 다른 사람에게는 매우 재미있어서 먼 옛날부터 희극작품의 소재가 되어 왔다. 하지만 좀 더 깊이 생각해보면, 그 정경에는 가엾은, 비극적이라고도 부를 수 있는 측면이 있다는 것을 알 수 있다. 내성적인 사람이란 고독한 사람 —모든 우정, 모든 사교에서 단절된 사람을 의미하기 때문이다.

15.3 예제(2) p. 399

나는 평화시에도 전시에도, 여행할 때는 반드시 책을 가지고 간다. 하지만 몇 날 몇 달이 지나도록 그 책들을 읽지 않을 때가 있다. 곧, 아니 내일이라도, 아니 마음이 내키면 읽자고, 나는 마음속으로 말한다. 그러는 사이에도 시간은 흘러가지만, 그렇다고 해서 특별히 지장은 없다. 왜냐하면 책이 내 곁에 있어서 내가 읽을 마음이 들었을 때 기쁨을 줄 거라고 생각하는 것만으로 얼마나 많은 편안함과 위로를 받고 있는지, 상상도 할 수 없기 때문이다.

Index 서문

참고서의 학습효과를 보완하고 총괄하는 것으로 충실한 Index를 빠뜨릴 수 없다. 여기에 대해서는『英文解釋教室 基礎編(p.241); 같은 책 入門編(별책 p.49)』을 참조하기 바란다. 필자가 지금까지 쓴 책은 모두 Index가 상세한 것이 특징의 하나였는데, 여기에도 해당 항목 속에 책 속에서 설명한 것뿐만 아니라 책 속에 나온 모든 예를 실었다. 결과적으로 이 Index는 필자가 영어를 이해하는 데 무엇을 중시하는가 하는 주관적인 서술이 아니라, 영어 자체가 갖는 객관적인 측면을 보여주는 데 한걸음 접근했다. 각 항의 소제목을 최대한 많이 만든 것도 학습의 편의를 도모하기 위해서다.

방금 이 책에 나오는 '모든' 용례를 검색할 수 있다고 말했지만, '모든'이라는 말이 1997년 1월 1일자 *The New York Times*의 전 지면이라든가, 모 작가의 1990년부터 1995년 사이의 모든 작품처럼, 그 안과 밖을 나누는 확실한 기준이 있는 경우에만 의미가 있다는 것을 필자도 잘 알고 있다.『영문해석교실』은 20년 전에 필자가 필요하다고 본 영문을 모은 것으로 다소 자의적이고 주관적인 것이기 때문에, 이 안에 있는지 없는지에 본질적인 의미를 부여할 수는 없을 것이다. 하지만 자료는 초판과 거의 같지만, Index의 항목, 말하자면 Index의 각도를 바꿈으로써 초판에서는 숨어 있던 큰 구조가 모습을 드러냈다는 점도 분명하다. V+that절도 V가 어떤 종류이며 그 빈도가 어느 정도인지를 보여줌으로써 이해를 심화시킨다. be 형 to－나, V O to－[p.p.]에 대해서도 마찬가지다.

이게 다가 아니다. 이 거대한 숲 속을 걷다보면 cannot...too라든가 too... to－; there is no －ing와 같은 입시영어에서 강조하는 숙어구문이 놀랄 만큼 적게 나온다는 것을 알 수 있다. not only...but also나 not...but처럼 입시영어의 기본으로 간주되는 표현도 마찬가지로, 비슷한 유형을 포함해도 이 책 안에 각각 두 번과 여섯 번밖에 나오지 않는다. so...that도 여섯 번에 그친다. 이런 사실을 안다면 영어를 가르치는 측의 자세도 바뀌어야 하지 않을까. 이 방대한 Index가 말하는 것은, 초판의 '서문'에서 필자가 '가끔씩 곁들이는 표현'이라고 한 것이 사실은 폭풍우가 지나간 뒤 바닷가에 떠내려 온 나뭇조각에 불과하고, 그것을 잡다하게 수집하고 배열한다고 해도 영어라는 풍요로운 바다의 실상을 아는 것은 애초에 불가능하지 않을까 하는 두려움 때문이다.

all the year round는 '기본적인'이라는 숙어인데, 이 책에는 한 번(⇨ 9-3-2)밖에 나오지 않는다. 드문 것보다 문법적으로 중요하고 자주 나오는 것을 최대한 구체적으로 채록하는 것이 편집방침이기 때문에, 이 Index는 유사한 책들과 상당히 다른 양상을 보인다. 첫 번째로 A and (M) B; S p.p.…V; S+V(S+V) S+V; V O M 등 기호를 중심으로 하는 항목이 많다는 점이다. 하지만 본문과 함께 꼼꼼히 읽어보면 알겠지만, 이것은 영문의 구성에 관해 이 책이 발견한 새로운 법칙에 관련된 부분이다. 그런 예문이 한 군데 집중되지 않고, 책 전체에 분산되어 있다는 것은 법칙의 유효성을 보여준다. Index 속에 이런 부분을 얼마나 살렸고 앞으로 살릴 수 있는지가, 이 책에 대한 이해도를 보여주는 척도다.

두 번째로 눈에 띄는 것은 '의문과 해결' '예상과 확인' '〈앞에서부터〉 읽는 법' 등 직독직해를 실천할 때의 구체적인 두뇌의 작용에 관한 항목으로, 이것이 이번 개정과 합치하는 부분이다. 이 책을 한 번 읽었다면 Index의 각 항목에 있는 소제목을 보는 것만으로도 요령을 터득할 테고, 그렇지 않다면 이 책에 대한 이해가 부족한 것이다. 세 번째로, 초판에는 본문에 있던 '번역의 요령'을 개정판에서는 별책에 모았다.

『영문해석교실』이라는 소소한 기치를 올린 지 20년이 지났다. 이 기간은 3대 입시학원의 성쇠를 봐도 알 수 있듯이, 전무후무한 입시계의 격동기였다. 그 파도도 지난 지금에 되돌아보면, 입시영어의 세계, 특히 독해법과 교수법은 안타깝게도 여전히 구태의연하다. 『영문해석교실』과, 의식적이든 무의식적이든 그 흐름을 이으려고 하는 '교실[구문]파'가 겨우 살아남은 것 외에 격동의 흔적은 아무것도 남아 있지 않고, 예전보다 더욱 폐쇄적인 상황에 있다. '구문파'도 힘이 있었던 것은 처음뿐이었다. 조금 복잡한 영문을 마주하면 자신의 논리에 스스로 발목이 잡혀 넘어지기 일쑤다. 낡은 교수법도 마찬가지다. 5문형과 it...that, so...that이나 not only...but also로 대표되는 숙어 구문을 가르치면 영어를 읽을 수 있게 된다는 고리타분한 가르침을 사수하느라 실제의 영어와 접촉하지 못하게 된 것이다. 이제부터 참고서를 집필하려는 사람에게는 그가 추천하는 독해법에 따르면 적어도 그 참고서에 나온 영문은 읽을 수 있다는 것을 Index라는 형태로 입증하는 의무를 부여하는 것이 어떨지. 실제 영어와 끊임없이 접촉하게 함으로써 생생한 교류를 보증하는 것, 그것이 참고서의 고갈을 피하는 절대 조건이며, 그런 실증적인 노력을 거듭할 때 비로소 21세기의 영문 해석의 새로운 지평이 열린다는 것을 필자는 믿어 의심치 않는다.

약어와 기호 일람표

이 책에서 사용한 약어와 기호에 대해서는 본문의 각 부분에서 설명했지만, 아래에 일람표를 싣는다. 또 가로선 아래에 적은 약어와 기호는 색인에서만 사용된 것이다.

A : 동격어구
C : 보어
H : 피수식어
관 : 관계대명사
M : 수식어
m : 직후에 오는 어구에 대한 수식어
O : 목적어
O′ : 의미상의 목적어
P : 술어
P′ : 의미상의 술어
p.p. : 과거분사

S : 주어
S′ : 의미상의 주어
V : 동사
Ⓥ : 조동사
⇨ : 참조할 것
참 : **참고**
역 : **번역의 요령** (별책)
to－, －ing의 －는 동사 원형이 들어가는 곳을 나타낸다.
[ ]은 대체가 가능한 것, ( )은 그 밖의 경우를 나타낸다.

전 : 전치사
대 : 대명사
비 : 비교급
형 : 형용사
명 : 명사

부 : 부사
M_1 : 형용사적 수식어
M_2 : 부사적 수식어
접 : 접속사
소 : 소유격

Index

색인의 의의와 중요성에 대해서는 'Index 서문' 참조. **1-3-0**은 Chapter1의 1.3과 예문1 사이, **10-1-7**은 Chapter10의 10.1 예문7, **15-3-pre9**는 Chapter15의 15.3 예문9의 직전 부분을 나타낸다. **1-3예1-2**는 Chapter1의 1.3 예제(1)의 두 번째 문장을, **15-1예1-1**은 Chapter15의 15.1 예제(1)의 첫 번째 문장을 나타낸다.

[B]

[C·D·E]

[F·G]

[H]

[I · J]

[K]

[L·M]

[N]

[S]

[T]

[Y]

이토 가즈오伊藤和夫

1927년 나가노 현 출생.
도쿄 대학교 문학부 서양철학과 졸업.
슨다이 요비코駿台予備校 영어과에 주임으로 있을 때 정평 있는 교재와 시험문제 및 해설을 집필했다.
저서에 『英文法のナビゲーター(上·下)』『テーマ別英文読解教室』『英文解釈教室〈基礎編·入門編＞』『英語長文読解教室』『英文法教室』『予備校の英語』(이상 겐큐샤研究社) 외에, 『ビジュアル英文解釈〈Part Ⅰ·Ⅱ〉』『新 · 英文法頻出問題演習〈Part Ⅰ·Ⅱ〉』(이상 슨다이 분코駿台文庫) 등 다수의 롱 스테디셀러가 있어, 영어 학습서 분야에서는 선구자적 존재다.
1997년 1월 21일 별세.
입시 지도에 있어서 양심적인 존재로서 그 업적이 높은 평가를 받고 있다.

김경남 역자

학력
이화여자대학교 철학 학사
도쿄대학교 대학원 문학 박사

현재는 전문번역가로 일하고 있다. 옮긴 책은 마쓰모토 세이초의 〈일본의 검은 안개〉〈점과 선〉〈잠복〉, 구로사와 아키라의 〈구로사와 아키라, 자서전 비슷한 것〉, 사키 류조의 〈복수는 나의 것〉 외 다수.

영문해석교실

초판발행 2018년 9월 30일

지은이 이토 가즈오
옮긴이 김경남
펴낸이 안종만

편 집 조혜인
기획/마케팅 조성호
표지디자인 권효진
제 작 우인도·고철민

펴낸곳 도서출판 박영사
경기도 파주시 회동길 37-9(문발동)
등록 1952. 11. 18. 제406-3000000251001952000002호(倫)
전 화 02)733-6771
f a x 02)736-4818
e-mail pys@pybook.co.kr
homepage www.pybook.co.kr
ISBN 978-89-10-98004-9 13740

정 가 18,000원